Gott spricht
Der göttliche Plan der Schöpfung

MEHER BABA

Gott spricht
Das Thema der Schöpfung und ihr Zweck

Aus dem Englischen
von Stephan Schuhmacher

Die Originalausgabe erschien erstmals 1967 unter dem Titel
God Speaks im Verlag Sufism Reoriented, USA.

1. Auflage 2004
Unter dem Titel
Der göttliche Plan der Schöpfung:
Eine spirituelle Kosmologie
Lotos Verlag
Lotos ist ein Verlag der Verlagsgruppe Random House GmbH.

ISBN 3-7787-8161-8

2. Auflage 2019
Unter dem Titel *Gott spricht*
Das Thema der Schöpfung und ihr Zweck
Companion Books, USA

ISBN 978-0-9565530-2-7

Dem Universum gewidmet –
der Illusion, die die Wirklichkeit trägt

Inhalt

Teil 9

Teil 10

Vorwort zur ersten Ausgabe

Beim Abfassen und der Redaktion dieses Buches haben Faktoren eine Rolle gespielt, die einer gewissen Erklärung bedürfen.

Meher Baba hat den größten Teil dieses Werkes, das heißt die Teile I bis VIII, gänzlich mit Hilfe seiner Buchstabiertafel diktiert. Die Teile IX und X, »Die zehn Zustände GOTTES« und die »Schlußbemerkung« verfaßte Eruch B. Jessawala auf der Grundlage von Notizen, die Meher Baba ihm diktierte. Sie stellen eine Rekapitulation der vorangehenden und direkt von Meher Baba diktierten Teile dar.

Bestimmte Fußnoten wurden von den Herausgebern unter Verwendung von veröffentlichten sowie unveröffentlichten Aussagen Meher Babas hinzugefügt. Dazu kamen zur Erläuterung in freier Form wiedergegebene Zitate aus dem Werk bedeutender mystischer Dichter des Ostens. Außerdem enthalten mehrere Anmerkungen sowie der Anhang zu diesem Werk Aufzeichnungen von einigen Schülern, darunter der verstorbene Dr. Abdul Ghani Munsiff, der über fünfundzwanzig Jahre lang ein Sufi-Schüler Meher Babas war. Sie beruhen auf Meher Babas Erläuterungen und wurden mit seiner Genehmigung verwendet. Die Übersetzung des persischen Gedichts »Der Aufstieg der Seele« auf Seite 86 basiert auf der englischen Übersetzung von Reynold A. Nicholsons, die unter dem Titel *Rumi, Poet and Mystic*, bei George Allen & Unwin erschien ist. Das Zitat aus der *Bhagavad Gita* auf Seite 25 der Einführung beruht [in der englischen Ausgabe] auf der Übersetzung von Sir Edwin Arnold, erschienen unter dem Titel *The Song Celestial*, bei Routledge & Kegan Paul. Wir sind den genannten Verlagen für die Abdruckgenehmigung sehr dankbar. Der gesamte Inhalt von *Der göttliche*

Plan der Schöpfung wurde von Meher Baba sorgfältig korrigiert und genehmigt.

Die Aufgabe der Herausgeber bestand vorwiegend darin, sich um gewisse technische Details zu kümmern, die zu berücksichtigen sind, wenn man irgendein Werk zur Veröffentlichung in eine endgültige Form bringt. Angesichts der grundlegenden Natur dieses Werkes hätten sie selbst diese geringfügigen Eingriffe nicht unternommen, hätte der Autor das nicht ausdrücklich verlangt.

Die Beziehung der Herausgeber zu Sufism Reoriented sollte von den wenigen Personen, die sich dieser Verbindung bewußt sind, nicht mißverstanden werden. Die Aussagen Meher Babas waren stets ohne sektiererischen Zweck oder Vorurteil. Er hat sich oft dahingehend erklärt, daß er alle »-ismen« (Sufismus, Vedantismus, Buddhismus, Christentum, Zoroastrismus usw.) sowie religiöse und politische Parteien wegen der vielen guten Dinge, die sie zu erreichen suchen, wertschätze. Er selbst gehöre aber zu keinem und könne das auch nicht. Für ihn schließt die Absolute Wahrheit alle ein und transzendiert sie. Er sieht seine Funktion darin, von allen diesen göttlichen Pfaden losgelöst zu sein und deren Anhänger zu ihrem wahren Sinn und echten Geist zu erwecken. »Die Einheit alles Lebendigen ist integral und unteilbar. Trotz aller ideologischen Unterschiede bleibt sie unangreifbar und unverletzlich.«

Der Leser wird bald bemerken, daß zahlreiche Passagen von *Der göttliche Plan der Schöpfung* eindeutige Wiederholungen sind. Wäre dieses Werk dazu bestimmt, einige einigermaßen wohlbekannte Lehrsätze der gegenwärtigen Kulturen zu erklären oder neu zu formulieren, dann wäre es wahrscheinlich wünschenswert, das Werk in einer einfachen logischen Abfolge anzuordnen und es der These zu erlauben, sich in prägnanter Finalität zu entfalten. *Der göttliche Plan der Schöpfung* greift jedoch nicht nur die Fragmente früherer Konzepte spiritueller Wahrheit auf und arrangiert sie auf geordnete und gegenseitig kompatible Weise, sondern führt das gesamte Thema um mehrere Schritte weiter, als es das bisher gegeben hat, und begründet etliche neue und detaillierte Denkstrukturen.

12

Um dies wirksam tun zu können, scheint es notwendig, das Thema immer wieder aus verschiedenen Blickwinkeln und mit wachsender Ausweitung der Terminologie zu behandeln. Im Rahmen dieser verschiedenartigen Zusammenhänge werden Erläuterungen und Anekdoten oft wiederholt, damit jeder einzelne Teil eigenständig sein kann, was es dem Leser erspart, wegen bestimmter Einzelheiten auf frühere Textteile zurückgreifen zu müssen, die in einem späteren Kontext vielleicht weggelassen wurden.

Das Endergebnis ist der Wirkung nicht unähnlich, die musikalisch in dem ständig weiter ausgearbeiteten Thema in Ravels *Bolero* oder Bachs Fuge aus dem *Wohltemperierten Klavier* erzielt wird.

Es mag zwar zunächst als geringfügiges Detail erscheinen, doch war eines der schwierigsten Probleme bei der Herausgabe dieses Werkes, zu einer konsistenten Vorgehensweise bei der Großschreibung von Wörtern zu kommen. Normalerweise wird dies Eigennamen, der Gottheit und ihren unmittelbaren Attributen vorbehalten.[1] Das führt jedoch zu einem bedauernswerten Dilemma in einem Werk, das die Göttlichkeit der gesamten Schöpfung zum Hauptthema hat. Eine solche Konnotation von Begriffen konsistent durch Großschreibung anzudeuten, würde zu einer Flut von großgeschriebenen Wörtern führen, was keineswegs dazu beitragen würde, eine solche These zu betonen, und darüber hinaus den Lesefluß behindern würde.

Das Ganze wird sogar noch verwirrender durch die subtile Art, in der Meher Baba nach und nach die Aufmerksamkeit des Lesers von der Auffassung GOTTES in Seinen unmanifestierten

---

1 Dies bezieht sich auf das englische Original. Die genannten Wörter werden hier großgeschrieben, während normale Substantive, anders als im Deutschen, kleingeschrieben werden. Es ist im Englischen also leicht, ein Substantiv dadurch hervorzuheben, daß man es mit großem Anfangsbuchstaben schreibt. Da diese Großschreibung im Deutschen die Regel ist, werden Begriffe, die – wie weiter unten erläutert – im Englischen zur Hervorhebung großgeschrieben sind in der deutschen Übersetzung in KAPITÄLCHEN geschrieben. (Anm. d. Übers.)

Zuständen auf Entwicklungsstufen lenkt, in denen die individualisierte Seele augenscheinlich am weitesten davon entfernt ist, ihr essentielles ewiges Einssein mit GOTT zu erkennen. Eine strikt rationale Vorgehensweise der Großschreibungen über eine solche Progression der Entwicklung, die mit der endgültigen Rückkehr zu einer vollen Vereinigung mit dem Vater endet, hinweg ist augenscheinlich nicht erreichbar. Deshalb haben die Herausgeber sich für die leichter durchführbare Verwendung der Großschreibung der Gottheit und ihrer unmittelbaren Attribute entschieden und Großbuchstaben [bzw. Kapitälchen im Deutschen] hauptsächlich für Hervorhebungen verwendet, die dem Leser helfen sollen, leichter zwischen den mit höheren Ebenen assoziierten Zuständen und den kontrastierenden gröberen Ebenen zu unterscheiden (so ist zum Beispiel von der ENERGIE der subtilen Ebenen die Rede im Kontrast zu atomarer Energie).

Ähnliche Probleme ergaben sich bei einem so mechanischen Vorgang wie der Zeichensetzung. Bei den komplexen Themen, die Meher Baba hier auf überaus detaillierte Weise erläutert, würde das strikte Festhalten an den klassischen Regeln der Zeichensetzung zu einem fast unerträglichen Wirrwarr an Kommas, Semikolons, Bindestrichen und Doppelpunkten führen. Auch hier haben die Herausgeber von sich aus bewußt auf eine peinlich genaue Zeichensetzung innerhalb eines Satzes verzichtet, solange der Gedankenfluß leicht erkennbar ist.

In vielen Fällen hat Meher Baba Begriffe geprägt, um ein spezifisches Konzept zu benennen. Es schien befriedigender, ein ganz genaues Verständnis seiner Absicht zu ermöglichen, als das Werk auf konventionellere Weise verständlich zu machen, etwa durch Verwendung einer herkömmlichen Terminologie, die den Sinn des von Meher Baba verwendeten Satzes nur *beinahe* zum Ausdruck bringt. In zahlreichen Fällen wurden umgekehrte und komplexe Satzstrukturen so belassen, wenn eine Umstrukturierung oder Kürzung von Sätzen zu Zweideutigkeit oder zur Unterbrechung des Gedankenflusses geführt hätte.

Im allgemeinen ist es die Funktion eines Herausgebers, ein Werk für seine konventionelle Nutzung und leichte Aufnahme

14

aufzubereiten. Wo immer die Herausgeber dies jedoch mit der Intention des Werkes unvereinbar fanden, haben sie den konventionellen Gebrauch und die Einfachheit des Stils leichten Herzens zugunsten der Besonderheit der dahinterstehenden Absicht geopfert.

Es würde nicht ausreichen, den technischen Teil dieses Vorwortes ohne die Warnung an den Leser zu beenden, daß die meisten Schriftsteller zwischen den Begriffen »Wissen« und »Weisheit« unterscheiden, wobei sie dem letzteren Begriff eine wertvollere oder spirituelle Funktion zuweisen. Meher Baba macht diese Unterscheidung nicht und verwendet »WISSEN« eher im Sinne von »wahres Wissen«.

Nach intensivem Studium dieses Buches werden vielleicht einige Leser den Wunsch haben, ihre Kenntnisse über Meher Babas Anschauungen zum Thema des Endlichen und des Unendlichen zu erweitern. Wertvolles zusätzliches Material findet man in seinen *Discourses*, veröffentlicht in fünf Bänden von Meher Publications, Ahmednagaar, Indien,[2] sowie in Meher Babas Vorwort zu Dr. William Donkins *The Wayfarers* und auch in Kapitel I jenes Werkes.

Ivy O. Duce & Don E. Stevens
Washington D. C., 23. Januar 1955

---

2 Die deutsche Übersetzung erschien in gebundener Ausgabe 1991 im O. W. Barth Verlag, Bern, München, Wien, unter dem Titel *Darlegungen über das Leben in Liebe und Wahrheit* und 1996 als Taschenbuch beim Fischer Taschenbuch Verlag (Reihe »Spirit«), Frankfurt am Main.

Einführung zur ersten Ausgabe

GOTT hat niemals in meiner Gegenwart gesprochen, doch bin ich sicher, Ihn in menschlicher Form handeln gesehen zu haben. Allein auf diese Weise kann ich mir die unglaubliche Sensibilität des Handelns und Reagierens erklären, die Meher Baba während jenes kurzen Zeitraums an einem Samstagnachmittag in New York charakterisierte, als ich ihn zum ersten Male handelnd erlebte.

Er erzählte gerade die Geschichte eines Wahrheitssuchers, dem es auferlegt wurde, eine äußerst willkürliche und harte Behandlung zu erdulden, bevor sein Lehrer ihn akzeptierte. Während Meher Babas Finger über die Alphabettafel flogen, die er für seine Kommunikation benutzte, und er seine Hände hin und wieder zu kurzen Gesten erhob, fand ich mich selbst mehr vom Erzähler und der Art seines Erzählens hingerissen als von seiner Erzählung.

Ich saß an der Seite außerhalb seines Gesichtsfeldes und hob fast unwillkürlich meine Hand mit dem Daumen am Zeigefinger zur Beschreibung des uralten Kreises der Vollkommenheit. Schon als ich zu dieser Geste ansetzte, wurde mir warm ums Herz, als ich sah, wie Meher Baba seinen Blick voll auf mich richtete und seine Hand zu einer identischen Geste hob. Die meisten Menschen sind nicht gerade oft der Gefühle ihrer Mitmenschen gewahr, ganz zu schweigen von einer präzisen Reaktion darauf, und ich war überrascht, mich in der Gegenwart eines Menschen mit einer solchen Sensibilität des Empfindens zu finden.

Ich vergaß diese Episode bis zu dem Augenblick später am Tag, als Meher Baba auf dem Weg zum Fahrstuhl war und ich in der Menschenansammlung stand, die seinen Weg säumte.

Erneut hob ich meine Hand zu einer ähnlichen Geste, wobei ich mich diesmal ganz bewußt fragte, ob er sie trotz meines diesmal noch weniger günstigen Standortes bemerken werde. Und wiederum wandte er sich mir in dem Moment zu, als ich dazu ansetzte, bis er mir voll in die Augen sah, und wiederholte seine Antwort.

Über das, was nun die Ausmaße eines unerklärlichen Phänomens anzunehmen begann, war ich diesmal mehr überrascht als erfreut. Während er weiter durch die Halle ging und schließlich den Fahrstuhl betrat, hob ich schnell meine Hand zum dritten Male zur Geste des Kreises der Vollkommenheit. Dieses Mal wandte er mir seinen ganzen Körper zu und wiederholte nachdrücklich seine Bestätigung.

Meines Erachtens ist dieses Ereignis nicht zu trivial, um damit ein so bedeutsames Thema wie den grundlegenden Sinn und die Mechanik der Schöpfung sowie den Autor dieser Abhandlung einzuführen. Meher Baba ist nicht wegen seiner unbezweifelbaren Genialität im Bereich der Philosophie und der kosmischen Mechanik bemerkenswert und höchst befriedigend, sondern weil er wie kein anderer die Fähigkeit besitzt, das Innerste des Herzens anzusprechen.

Letztlich strebt jeder von uns nach einem tiefen inneren Gefühl der Zufriedenheit und des Friedens, der Geborgenheit in irgendeiner Präsenz, die vertrauenswürdig und liebevoll ist, einem Gefühl, in den eigenen innersten Bedürfnissen spontan verstanden zu werden und eine Reaktion darauf zu erhalten. Wir wollen vor allem wir selbst sein und ganz und gar unserer selbst willen angenommen werden. Die tiefe Reaktion, die Meher Baba in so vielen Menschen hervorruft, ist auf jene ungeahnte Sensibilität gegenüber unserem tiefsten Selbst zurückzuführen.

Ich könnte noch viel erstaunlichere Geschichten aus der überlieferten Kunde erzählen, die sich in den vier Jahrzehnten angesammelt hat, die vergangen sind, seit diese überragende Gestalt ihren gegenwärtigen spirituellen Stand erreicht hat. Doch würden sie alle nur das eine zentrale Thema verdunkeln, nämlich seine totale Fähigkeit, das Selbst eines anderen nicht nur zu verstehen, sondern in gewisser Weise es zu *sein*. Man verlange von mir nicht, ein solches Phänomen zu beschreiben oder gar zu erklären. Man muß es erleben, um es glauben zu können.

Doch selbst dann würde man erwarten, daß ein solches Wohlgefühl nach und nach vergeht, sobald seine Quelle nicht mehr greifbar ist. Selbst das ekstatischste Erlebnis vergeht normalerweise und wird zur Erinnerung, wie es auch bei einem Alptraum der Fall ist. Doch liegt darin ein weiteres unerklärliches Geheimnis des Kontakts mit einem solchen Wesen. Während ich nach einem ungemein ereignisreichen Wochenende auf dem Heimweg im Flugzeug saß, begann ich in meinen normalen Wirklichkeitskontext zurückzufallen. Als ich in diesem Zusammenhang begann, über eine oder zwei meiner Lieblingssorgen nachzugrübeln, wurde mir plötzlich bewußt, daß sie mir keine Sorgen mehr bereiteten.

Ich lasse mich nicht so leicht zu hektischen Schlußfolgerungen hinreißen. Also zog ich noch mehrere andere schwierige Probleme heran und war total verblüfft, daß mir in einigen Fällen Antworten einfielen, auf die ich zuvor nicht gekommen war, und andere kein Gefühl der Aufregung mehr hervorriefen. Ich erwartete, meine gewohnten sorgenvollen Beziehungen zu diesen schwierigen Themen bald nach meiner Ankunft zu Hause wieder aufgreifen zu müssen. Während jedoch Tage, Wochen, Monate und schließlich Jahre vergingen, begann ich zu erkennen, daß bereits ein kurzes Wochenende in Gegenwart eines solchen Mannes einen bedeutenden chirurgischen Eingriff in meine emotionale Anatomie bewirkt und mein Vermögen, mir Sorgen zu machen, beseitigt hatte.

Diese Vorkommnisse beschreibe ich weder mit einem Gefühl des Stolzes noch um damit zu prahlen. Es sind zwei Geschehnisse aus meinem Leben und es wäre ein Versäumnis, würde ich sie in diesem kleinen Rahmen nicht erwähnen, den um das meisterliche Gemälde auf den folgenden Seiten zu legen mir anvertraut wurde. Ich bin sicher, daß ich GOTT nicht bewußt habe sprechen hören, doch bin ich mir sicher, daß ich Ihn zu meinen Lebzeiten habe handeln sehen.

18

Mit der Wahl eines Titels für sein Buch *Der göttliche Plan der Schöpfung* (im Original *God speaks*) hat Meher Baba sowohl die Hauptthese, die er ausführlich entwickeln wird, knapp formuliert, als auch seine Befugnis, autoritativ über Themen zu sprechen, die nur von den Fortgeschrittensten unseres Zeitalters behandelt werden dürfen. Bevor wir erörtern, welches Recht der Autors hat, eine derart sublime Quelle für sein Werk zu implizieren, wäre es wohl angebracht, die Komplexität des Themas durch die Feststellung zu vervollständigen, daß der größte Teil der Schüler und Anhänger Meher Babas in der ganzen Welt ihn als den *Avatar* unseres Zeitalters ansieht. In westlicher Terminologie ausgedrückt: Sie betrachten ihn als den CHRISTUS unseres Zeitalters, als Nachfolger der Tradition von Mohammed, Jesus, Buddha, Krishna, Rama, Zarathustra und so weiter zurück in das Dunkel der Vorgeschichte sowie als das identische Wesen, das sich in diesen spezifischen und aufeinander folgenden Persönlichkeiten reinkarnierte.

Wenn Meher Baba tatsächlich eine derart krönende Position in der spirituellen Struktur unserer Zivilisation einnimmt, dann steht sein Recht, unzweideutig und mit Autorität über die tiefste Mechanik der Schöpfung zu sprechen, wohl kaum in Frage. Doch wird dann das einfachere Thema seiner Göttlichen Quelle zum viel größeren der Legitimität seiner Funktion in der Schlüsselrolle einer religiösen Hierarchie, die nun wiederum von vielen Menschen angezweifelt wird oder an die sie schlicht nicht glauben.

In zwei Absätzen haben wir ein unerhörtes und herausforderndes Problem benannt. Es ist jedoch eines, das in der Aktualität durch andere Mittel als das geschriebene Wort einer Einführung herausgearbeitet werden muß. Letztlich gibt es nur zwei zuverlässige Antworten auf die fundamentale Frage, ob ein bestimmter Mensch der Messias sei. Die persönliche Antwort kann persönlicher Kontakt sein. In dem Augenblick, in dem dies geschrieben wird, ist dies physisch noch möglich, und viele Menschen haben sich der Möglichkeit bedient, diese Frage derart direkt anzupacken. Für viele von ihnen hat sich die Frage positiv beantwortet. Ein überraschend kleiner Teil ist zu einem definitiv

verneinenden Schluß gelangt, und wieder andere gestehen, daß
sie dadurch zu einer tiefen Nachdenklichkeit gefunden haben, in
die sich Freude und Entzücken als zwei Hauptbestandteile
mischen, auch wenn sie sich offenbar noch außer Stande sehen,
zu einer definitiven Schlußfolgerung zu gelangen.

Die umfassende und langfristige Antwort muß in dem bestehen, was für die Menschheit in ihren kommenden Generationen
unter dem Strich als Bewertung der in Bewegung gesetzten
Kräfte herauskommt. Wenn die gesprochenen Worte und die
vorgebrachten Konzepte an Vitalität und Wirklichkeit zuzuneh-
men scheinen, dann wird im Nachhinein automatisch anerkannt, daß dieser Mensch der größte Bildhauer der göttlichen
Gestalt in seiner Epoche gewesen ist.

Doch kann keine Menge vorweggenommener Argumente
oder Demonstration die Gesellschaft überzeugen. Es ist vielmehr so, als besäßen die Konzepte ihre eigene Vitalität und würden zum Bestandteil und zur Losung des Wettrennens, und zwar
ungeachtet aller Bemühungen, sich mit ihrem Zweck zu verbinden oder ihn zu vereiteln.

Viele jedoch werden keine Gelegenheit zu einem höchst-
persönlichen Kontakt und damit zu einer Zustimmung oder Ablehnung in der physischen Begegnung haben. Und da diese
Geschehnisse sich in unserem Zeitalter abspielen, kann sich niemand von uns auf den Konsens in der Bewertung verlassen,
welche die Gesellschaft über die kommenden Generationen vor-
nehmen wird. Von jenen also, die sich in einer solchen Lage finden, wird gefordert, sorgfältig zu lesen, nachzudenken und offe-
nen Geistes nachzugrübeln, denn hier könnte sich durchaus ein
großes Schatzhaus jener Wahrheit und Realität finden, die jeder
einzelne von uns sein Leben lang sucht. Es ist nicht notwendig,
über die Frage von Akzeptanz oder Ablehnung in Verzweiflung
zu geraten; wir sollten es den beschriebenen Konzepten einfach
erlauben, in unserem eigenen mentalen Schmortopf zu köcheln.
Nach und nach werden das eigene tiefe Gespür für das Ausrei-
chende sowie die bloße Faktizität des Lebens selbst die beschriebenen Grundgedanken bekräftigen oder zurückweisen.

20

Während der fünf Jahre, die zwischen der Zeit, zu der ich das erste Male davon hörte, daß es da jemand namens Meher Baba gibt, und meinem ersten Zusammentreffen mit ihm in New York vergingen, hatte ich ausgiebig Gelegenheit, Fragen zu stellen, zu rebellieren und wieder zum neutralen Punkt des »Ich weiß es einfach nicht« in Hinsicht auf so manch kontroverse Details in Meher Babas Biographie zurückzukehren. Er ist nicht der Mann, den man leicht entweder akzeptiert oder ablehnt.

Das eine Wochenende mit seinen mehrfachen Gelegenheiten, ihn in Aktion zu erleben, reichte aus, um mich zu überzeugen, daß er (selbst mit dem Handicap einer Alphabettafel) fraglos der beste Geschichtenerzähler mit sanftem Humor war, dem ich jemals begegnet bin, der beste Geschäftsmann, den ich in meinem der Arbeit im Big Business gewidmeten Leben getroffen habe, der beste Philosoph, dem ich jemals begegnet bin, und das sensibelste und liebevollste menschliche Wesen, das zu treffen ich je das Vergnügen hatte.

Das ist gewiß eine hinreichend beeindruckende Ansammlung von Eigenschaften, doch werden Sie sofort einwenden, daß die Addition endlicher Eigenschaften niemals Unendlichkeit hervorbringen kann. Bin ich also zu dem Schluß gekommen, er sei tatsächlich der *Avatar* unseres Zeitalters?

Offengestanden habe ich nicht die leiseste Ahnung, und für mich ist diese Frage auch unerheblich. Ich bin einerseits sicher, nicht dafür qualifiziert zu sein, die Voraussetzungen und Errungenschaften der Avatarschaft beurteilen zu können. Andererseits fand ich, daß Meher Baba alle meine bisherigen Standards herausragender Leistung in Bereichen übertraf, in denen ich mich zu einem kompetenten Urteil befugt fühlte. Doch sobald die Rakete meine irdische Sphäre verlassen hat, verfüge ich über keine konkreten Mittel, ihre Position im Weltraum zu identifizieren. Eines jedoch kann ich sagen: Meine eigene Intuition sagt mir, daß ich nie wieder einen Menschen mit solchen tiefen Begabungen und jener untrüglichen Fähigkeit, mich innerlich zu befriedigen, treffen werde, wie ich ihn in Meher Baba gefunden habe.

Ich kann nicht umhin, mich einer Bemerkung zu erinnern, die einer meiner Forschungskollegen vor einigen Jahren machte, nachdem er einen brillanten Vortrag über den wahren CHRISTUS gehört hatte, den eine leitende Persönlichkeit der Kirche der Mormonen gehalten hatte. Er sagte: »Ich habe so eine Idee, daß wenn CHRISTUS heute auf der Erde lebte, fast keiner von uns Ihn erkennen oder akzeptieren würde.«

Diese Worte haben heute für mich eine besondere Bedeutung, weil sie einen viel tieferen Gehalt haben als den oberflächlich zur Schau getragenen Zynismus. Fast keiner von uns würde Ihn erkennen, und zwar nicht nur wegen der in uns verwurzelten Vorurteile, sondern weil fast niemand von uns die inneren Maßstäbe entwickelt hat, mit denen man das wahre Ausmaß eines solchen Wesens messen könnte. Seine Kapazität und Sein Status schwingen sich in Bereiche auf, in die wir nicht folgen können, und so müssen wir uns eingestehen, daß wir Ihn unmöglich ermessen können, selbst wenn wir noch nicht der beinahe unüberwindlichen Versuchung erlegen sind, Ihn einfach abzulehnen.

Eine unserer häufigsten Krücken bei der Einschätzung des wahrscheinlichen spirituellen Kalibers eines Menschen ist es, nach Wundern Ausschau zu halten, die man ihm zuschreibt. »Welche Wunder hat Meher Baba vollbracht, um seinen Status zu unterstreichen?« fragt man. Darüber gibt es viele Geschichten, und ich persönlich war Zeuge von Ereignissen, die meine gefestigten Vorstellungen von der Normalität von Geschehnissen durcheinandergebracht haben. Man würde jedoch hinter der Aktualität zurückbleiben und die Realität mit Belanglosigkeiten verschleiern, wollte man beginnen, Wunder zu bewerten. Die Bedeutung des Kommens einer spirituell hochentwickelten Seele liegt nicht in dem, was sie augenscheinlich außerhalb der Naturgesetze bewirkt, sondern darin, was sie ist und innerhalb derselben tut. Ein solches Individuum tritt nicht als eine Art Showmaster mit Glorienschein auf, um die Welt durch unglaubliche Taten in Erstaunen zu versetzen. Das würde nur bewirken, daß die Menschheit für eine kurze Weile verblüfft gaffte, und nicht das Grundmuster ihres Lebens beeinflussen und ihr einen Maßstab an die Hand zu geben, mit dem Menschen ihre eigenen Leistungen messen können, und es würde auch nicht die Fähigkeit eines jedes Menschen fördern, eine solche Lebensweise zu verwirklichen.

Diese Schlüsselfiguren in der Geschichte des spirituellen Lebens nehmen die übermenschliche Aufgabe auf sich, ein lebendes Beispiel von Vollkommenheit zu liefern, demonstriert inmitten all der Einschränkungen und Begrenzungen, mit denen wir gewöhnlicheren Menschen konfrontiert sind. Ein solches Beispiel zu liefern, indem man sich Kräften außerhalb unseres Horizontes bedient, die von den vielen Einschränkungen, mit denen wir uns herumschlagen müssen, unbeeinträchtigt sind, wäre offensichtlich nicht gerechtfertigt, und wir würden alles Recht haben, uns von solch einem unrealistischen Entwurf zu distanzieren.

Wird dieses Beispiel jedoch in der rauhen Welt harter Realitäten geliefert, einer Welt, die all den Bedingungen jener Realitäten unterworfen ist und sich dennoch als unglaublich wunderbar erweist, dann besteht tatsächlich Grund zu hoffen und nach derselben Sache zu streben. Dies ist eine der Funktionen solcher Individuen. Eines der Grundprinzipien wirkungsvollen Lehrens besteht darin, eine praktische Demonstration des anstehenden Themas entweder durch ein exemplarisches Experiment oder durch empirische Erfahrung zu liefern. Die Tatsache, daß GOTT selbst genau diese Technik zur Demonstration seiner Wirklichkeiten benutzt, sollte niemanden erstaunen.

Es sind unerhörte Dinge, denen wir begegnen, und wir sollten bei ihrer Bewertung nicht vorschnell sein.

An dieser Stelle könnte man nach den Umständen fragen, unter denen ein GOTTMENSCH sich manifestiert. Das scheint einem grundlegenden Naturgesetz des Bedarfs zu folgen, ähnlich dem Wirtschaftsgesetz von Angebot und Nachfrage. Beginnt der Faden des Erkennens spiritueller Wahrheit brüchig zu werden, dann reagiert dieser Aspekt GOTTES auf das Bedürfnis, und der große Erwecker wird geboren, der die Menschheit wieder aufwecken wird. Demzufolge wurde die Ankunft eines großen spirituellen Lehrers stets von einer Krise in den Angelegenheiten der Welt begleitet, gefolgt von einer Wiederbelebung menschlicher Entwicklung in einem Bereich, der zuvor fast brachgelegen hatte.

Es ist gut, folgendes zu wissen: Wenn der *Avatar* kommt, dann kommt er, um uns durch der Natur inhärente Gesetze und Techniken die Wirklichkeit unseres Selbst zu zeigen. Es ist gut zu wissen, daß diese Dinge herzhaft, spontan und zumindest dreidimensional sind, statt distanziert, jenseitig, blaß und zweidimensional. Es ist gut zu wissen, daß, wenn ein legitimierter spiritueller Lehrer uns eine Aufgabe oder Disziplin zuweist, diese deshalb wirksam sind, weil sie auf der tiefen Einsicht in die Methoden beruht, mit denen die Natur selbst Wandel herbeiführt, sowie auf den Bedürfnissen der menschlichen Natur. Dann wird Spiritualität zu einer herausfordernden Angelegenheit des robusten Alltagslebens statt zu einer restriktiven Disziplin, die man Sonntags auf sich nimmt und die im Verlauf der Woche nach und nach verlorengeht.

Es wäre nicht angemessen, verschiedene Höhepunkte aus der Lebensgeschichte von Meher Baba anzusprechen, ohne einige kontroverse Aspekte seiner Natur zu erörtern. So ändert er oft seine Pläne inmitten ihres Ablaufs, oder er sagt, er beabsichtige etwas zu einer bestimmten Zeit zu tun, um es dann zu verschieben oder scheinbar überhaupt nicht zu tun. Ist es nicht unverantwortlich oder kurzsichtig, wenn eine so großartige Persönlichkeit so handelt?

Meher Babas Vorgehen plötzlicher Umkehr ist in der Tat schroff, bringt jedoch wertvolle Ergebnisse hervor. Diejenigen, die lange Zeit mit Meher Baba zusammengelebt haben, werden fast überall ihrer Beweglichkeit und Anpassungsfähigkeit gerühmt. Doch muß man zweifellos grundlegendere Gründe hinzufügen, die mit der schieren Unberechenbarkeit des freien Willens eines Durchschnittsmenschen zusammenhängen sowie mit dem Funktionieren eines VOLLKOMMENEN MEISTERS auf anderen Ebenen der Existenz, als wir sie kennen.

24

Ich komme nicht um die Vermutung herum, daß es ein direktes Übergreifen der in der Welt materieller Angelegenheit gelernten Lektionen in den Bereich spiritueller Entwicklung gibt. Trifft es nicht zu, daß ein Individuum, das niemals zu physischer Routine verknöchert sondern ziemlich wachsam und anpassungsfähig ist, eine ähnliche Anpassungsfähigkeit gegenüber den vielfachen Veränderungen beweisen wird, die im Laufe der inneren Entwicklung zu bewältigen sind?

Die Tatsache, daß Meher Baba ziemlich oft fastet, ist vielen Menschen unverständlich, die mit seiner Arbeitsweise nicht vertraut sind. Baba hat immer wieder während kürzerer oder längerer Perioden gefastet, und diese Phase tritt in seiner Arbeit als etwas Durchgehendes und Bedeutsames in Erscheinung. Das wurde oft als eine gute und heilige Handlung für ihn selbst oder als Buße oder Streben nach spirituellem Nutzen mißverstanden. Doch tut er das nicht für sich selbst, sondern für sein Wirken hier auf Erden. Was sagt doch Krishna in der *Bhagavad Gita* zu Arjuna:

In den drei Welten hab' ich nichts, o Prithā-Sohn, zu führen aus,
Noch zu erlangen, was mir fehlt, und doch beweg' ich mich im Tun. (III,22)[3]

Auch Meher Babas fast drei Jahrzehnte andauerndes Schweigen und die Benutzung einer Alphabettafel als Kommunikationsmittel sind verwirrend. Viele Leute mögen als unproduktiv ansehen, eine Alphabettafel zu verwenden, und andere werden das sogar als Ausflucht werten.

Es hat seitens Meher Babas und anderer Personen zahlreiche Diskussionen über die Gründe für dieses lange anhaltende Schweigen gegeben. Ich möchte hier nicht auf die verschiedenen potentiellen Erklärungen eingehen, sondern nur die Auf-

---

3 *Bhagavadgita. Des Erhabenen Gesang*, übertragen von Leopold von Schroeder, Düsseldorf und Köln: Eugen Diederichs, 1975.

merksamkeit auf die erstaunlichste Tatsache von allen lenken. Trotz einer solchen Beeinträchtigung, vergleichbar etwa mit der Fesselung einer Hand auf den Rücken, hat Meher Baba bis in jede Einzelheit und persönlich die komplexesten Geschehnisse geplant, Hunderte von Menschen unterwiesen und Tausende gesegnet, Unternehmen geleitet und weit entfernten Personen tröstende Worte gespendet, sowie in einem relativ kurzen Zeitraum ein so monumentales Werk wie dieses Buch »diktiert«.

Meher Babas Methoden rufen oft Verärgerung hervor. Vieles von dem, was er tut, entzieht sich dem Verstehen, und er geht munter weiter seinen Tätigkeiten nach, ohne sich um eine Erklärung zu bemühen. Ich persönlich bewundere jemanden außerordentlich, der sich nicht nach jedem zweiten seiner Schritte hinsetzt, um sich zu rechtfertigen. Doch gibt es offensichtlich ganz gesunde Gründe für ein derartiges Verhalten, weil einfach nicht die Zeit für ständige Erklärungen gegeben ist, noch besteht wahrscheinlich in uns das Verständnis, eine Erläuterung der besonders abstrusen Phasen zu erfassen, wenn sie denn gegeben würde.

Meher Baba wurde am 25. Februar 1894 als Sohn persischer Eltern in Poona, Indien, geboren. Sie gaben ihm den Namen Merwan Sheriar; der Familienname ist Irani. Im Jahre 1914 erlangte er durch einen Kuß auf die Stirn, dem ihm der bedeutende Sufi-Meister Hazrat Babajan gewährte, GOTT-Verwirklichung[4]. Im Jahre 1915 begegnete er seinem zweiten Meister, Upasni Maharaj. Im Jahre 1921 wurde er ein VOLLKOMMENER MEISTER. Im Jahre 1925 begann er sein Schweigen und benutzte als Kommunikationsmittel eine kleine rechteckige Tafel, auf der die Buchstaben des Alphabets aufgemalt sind. Baba bildet die Worte schnell, indem er nacheinander auf die Buchstaben auf

---

4 Der *Avatar* ist in Wirklichkeit eins mit GOTT, aber er kommt in die physische Welt mit einem Schleier, der von einem VOLLKOMMENEN MEISTER entfernt werden muß, wenn die Zeit dafür reif ist. Hazrat Babajan erfüllte diese Funktion für Baba.

dieser Tafel zeigt. Zu dieser Zeit hatte er bereits eine kleine Gruppe von Schülern um sich gesammelt, die ihn »Meher Baba« nannten. Im Jahre 1931 begab er sich in die westliche Welt und hatte seine ersten Kontakte mit dem Westen. Im Jahre 1932 wurde er von vielen der Personen gefeiert, die Sie und ich vielleicht als die Größten von Hollywood betrachten würden. Mit achtundfünfzig Jahren brach er sich bei einem schweren Autounfall in Oklahoma ein Bein und einen Arm. Heute, im Alter von 61 Jahren, ist Meher Baba dynamisch, aktiv und in jedem Augenblick all dessen gewahr, was um ihn herum geschieht.

Ich habe nicht versucht, die Geschehnisse in Babas bisherigem Leben in Einzelheiten zu schildern, weil sie vortrefflich in C. B. Purdoms Buch *The Perfect Master*[5] beschrieben wurden sowie etwas später in Jean Ariels *The Avatar*[6]. Der hier wiedergegebene biographische Umriß soll nur als Orientierungspunkt dienen, so daß wir fortfahren können, einige der Schlüsselthemen zu erörtern, die mit Babas Leben zu tun haben und die von Natur aus komplex und vielleicht letztlich unmöglich zu interpretieren sind.

Es hat viele Spekulationen über die Gründe für Babas Aktionen und Reisen gegeben, doch bleibt der größere Teil davon weiterhin zu einem gewissen Grade geheimnisumwittert. In einer derartigen Situation erklärt man die betreffende Person gewöhnlich für irrational und tut ihre Aktionen als Wahnvorstellungen ab. Bei Baba geschieht das nicht, und zwar aus dem einfachen Grunde, weil sich eine beträchtliche Zahl seiner Bemühungen und Vorschläge als auf einer Einsicht in die Gestaltung der Dinge beruhend herausstellt, die weit über den durchschnittlichen menschlichen Horizont hinausgeht. Ein derartiges Ergebnis zeigt sich oft schon innerhalb von Stunden. Manchmal ergibt sich das Urteil über bestimmte Geschehnisse erst nach Wochen, Monaten oder gar Jahren.

5 C. B. Purdom, *The Perfect Master*, Williams & Norgate, 1937.
6 Jean Adriel, *The Avatar*, J. F. Rowny, 1947.

Doch veranlaßt diese unheimliche Einsicht jene Menschen, die mehr als nur einige wenige Augenblicke gelegentlicher Kritik geäußert haben, still zu halten und sich darauf einzustellen, auf lange Sicht die gewünschte Antwort im Hintergrund von Babas Aktionen zu finden, ganz gleich wie unerklärlich sie im Augenblick zu sein scheinen.

Es gibt noch andere Gründe, Babas Taten und Anregungen voll guten Glaubens zu betrachten. Man würde sich schwer tun, wollte man auch nur eine einzige Situation finden, in der sein Einfluß sich schädlich für die betroffene Person ausgewirkt hätte. Oft treibt er jemanden bis zur Erschöpfung oder sogar Verzweiflung an, um die Fähigkeiten dieser Person zu steigern. Doch gibt es eine feine Linie des Möglichen, die er niemals überschreitet.

Eine der Perioden in Babas Leben, die sowohl von Dramatik als auch Pathos gekennzeichnet sind,[7] ist die Gründung seiner Schule für Knaben aller Sekten und Kasten. Im Sommer 1927 gegründet, zählte sie zu einem Zeitpunkt insgesamt 102 Schüler, davon waren 49 Hindus, 20 Moslems, 37 Zarathustraanhänger und einer ein Christ.

Ali, einer von Babas Lieblingsschülern, wurde von seinem Vater von der Schule genommen, als dieser durch Berichte aufgeschreckt wurde, viele der Knaben in dieser Schule erlitten periodische Anfälle unkontrollierten Weinens. Es gab da offenbar einen Zusammenhang mit den von den Knaben praktizierten täglichen Meditationen.

Dreimal nahm Alis Vater den Jungen von der Schule und brachte ihn zurück in sein Zuhause in Bombay. Dreimal entfloh der Junge der sorgsamsten Überwachung und fand den Weg zurück zur Schule, zum größten Teil zu Fuß, so tief war seine Loyalität gegenüber Baba. Bald nachdem man Ali zum vierten Mal von der Schule genommen hatte, schickte Meher Baba alle Schüler vorübergehend nach Hause, und früh im Jahre 1929

---

7 Sie ist in einem Buch von Ramjoo Abdulla mit dem Titel *Sobs and Throbs* sehr schön beschrieben.

wurde die Schule endgültig geschlossen. Bald darauf begann Babas Periode ausgedehnter Weltreisen, und in sieben kurzen Jahren unternahm er sieben Reisen in den Westen und zwei rund um die Welt.

Diese Reisen waren von mancher guten Publizität begleitet sowie von vielem, was kritisch oder sogar skurril war. Baba hat niemals versucht, sich eine wohlwollende »Presse« zu verschaffen. Er besteht beharrlich auf dem Standpunkt, daß diejenigen, die ihn angreifen, ihre Arbeit genau so tun wie diejenigen, die ihn loben. Seine beharrliche Weigerung, sich zu verteidigen oder Irrtümer beim Zitieren seiner »Bemerkungen« oder auch nur einfache Mißverständnisse zu korrigieren, ist ein Phänomen zu einer Zeit, in der die Welt von dem Bedürfnis überzeugt ist, sich selbst in den Augen der Gesellschaft zu rechtfertigen. Eine derartige totale Gleichgültigkeit könnte dem Mangel an praktischer Erkenntnis zugeschrieben werden. Doch schließlich bekommt man das Gefühl, daß Baba im Einklang mit einem tiefen inneren Wissen handelt und sich damit zufrieden gibt, daß die Ergebnisse sich ohne Rücksicht auf irgendeine Interpretation zeigen werden. In Europa und Amerika wurden große Empfänge für ihn gegeben, und die durch seine Einführung in Hollywood entfachte Publizität erzeugte eine Flut von Aussagen, die wahrscheinlich niemals vollständig miteinander zu vereinbaren sein werden.

Diese Reisen in den Westen erzeugten ihren eigenen Schatz an Zwischenfällen, die reich sind an menschlichen Emotionen. Besonders berührt hat mich der Bericht über Babas Begegnung mit einer russischen Dame. Sie war zutiefst bekümmert wegen ihrer Unfähigkeit, eine warmherzige Beziehung zu ihrer Tochter herzustellen, die damals in ihren Zwanzigern war. Baba streichelte ihre Hand und sagte, er werde ihr helfen. Einige Tage später erwachte sie morgens erfüllt von einem tiefen und warmen Gefühl der Liebe zu ihrer Tochter, wie sie es zuvor nie gekannt hatte. Sofort bat sie ihre Tochter um Vergebung für die Behandlung, die sie ihr in der Vergangenheit hatte zuteil werden lassen, und fortan war eine tiefe und vertrauensvolle Beziehung hergestellt.

Ein anderer Vorfall mit einem Beigeschmack seiner Wunderlampe menschlicher Emotionen war Babas Begegnung in Italien mit einem verstörten und brillanten Universitätsprofessor, der seine gesamten Kenntnisse esoterischer Philosophie vor Baba ausbreitete. Obwohl Baba ihm geduldig zuhörte, war der Professor in seinem Bemühen, die einzelnen Teile seiner Lebensweisheit irgendwie zusammenzufügen, schließlich dermaßen frustriert, daß er nur noch verzweifelt die Arme in die Luft warf und Baba bat, einfach still mit ihm in Meditation zu sitzen.

Baba lächelte und legte seine Hand auf die des Professors, und die im Raum Anwesenden berichten von einem tiefen Gefühl des Friedens, das den Raum durchdrang und nach und nach den Ausdruck von Verzweiflung aus dem Gesicht des Mannes vertrieb. Nach einigen Augenblicken des Schweigens rief er plötzlich aus: »Jetzt weiß ich, daß Wahrheit Liebe ist.«

Es gibt wundersame Erzählungen über Babas Aufenthalt in der Höhle, in der der heilige Franz von Assisi einst meditiert hatte, sowie über ein Treffen der Hierarchie auf einem Berggipfel in den Schweizer Alpen und über ein heftiges Gewitter, das wütete, während Baba unberührt davon in einer Lichtbahn stand, die durch die sich teilenden Wolken drang, während seine Begleiter, die wenige Meter bergabwärts auf ihn warteten, völlig durchnäßt wurden.

Es folgten einige Jahre, die er mit Geisteskranken und dann mit spirituell Berauschten verbrachte. Ein sogenannter »Verrückten-Ashram« wurde 1936 in Rahuri gegründet, dem Baba und seine Schüler eine Anzahl wirklich verrückter Individuen zuführten. Später beschäftigte Baba sich zunehmend mit »spirituell Berauschten«, mit Menschen, die infolge ihres Berauschtseins von ihrer göttlichen Liebe den normalbewußten Kontakt mit ihrer Umgebung verloren hatten.

In Indien wird der Unterschied zwischen konventionellem Wahnsinn und einem Verlust des normalen Bewußtseins als Ergebnis spiritueller Ekstase anerkannt. Es ist Tradition, daß die Leute sich um diese »*Masts*«, wie sie genannt werden, kümmern.

30

Babas Tätigkeit in diesem Bereich erinnert an die Funktion, die Upasni Maharaj sieben Jahre lang für ihn ausübte, der VOLLKOMMENE MEISTER, der ihn wieder zum vollen Bewußtsein seiner Umwelt zurückführte, nachdem der Kuß auf die Stirn durch den Sufi Meister Babajan den Schleier weggezogen hatte. Beide VOLLKOMMENE MEISTER erwählten Meher Baba zu ihrem spirituellen Erben, eine einzigartige Funktion, die die höchste Blüte sowohl der hinduistischen wie der muslimischen Überlieferungen vereinigt.

Meher Babas Arbeit mit den *Masts* in seinem Ashram in Rahuri weitete sich zunehmend aus, und im Verlauf der folgenden Jahre reiste er immer häufiger ins Herz und in die entferntesten Winkel Indiens, wobei er, und sei es nur für kurze Augenblicke, alle erreichbaren *Masts* und Heiligen traf. Die Geschichte dieser Reisen kennt viele Augenblicke äußerster Mühsal und größter Anstrengungen aller, die daran teilnahmen.[8]

Über die Folgen solcher Kontakte kann man wiederum nur spekulieren. Sollte ich eine Vermutung wagen, dann die, daß sie eine zweifache Funktion erfüllt haben. Ganz gewiß kontrollieren oder besitzen derart spirituell fortgeschrittene Seelen irgendwelche grundlegenden psychischen oder kosmischen Energien, oder wie man es auch nennen mag. In ihrer Gesamtheit handeln sie etwa wie die Arbeitsbienen und Indien funktioniert irgendwie als die Honigwabe.

Als königlicher Patriarch des Bienenschwarms stellte Baba seine Verbindung her, um aus diesem riesigen Energievorrat zu schöpfen, und im Austausch gab er zweifellos jedem einzelnen *Mast* oder Heiligen einen weiteren Schub zu seiner spirituellen Weiterentwicklung. Diese Kontaktaufnahme mit den *Masts* erreichte von 1946 bis 1948 einen Höhepunkt. Dann folgten zwei Jahre, die Baba seine »New Life«-Phase nannte; sie begann am 16. Oktober 1949. Das ist zweifellos die unbegreiflichste aller

---

8 Näheres dazu findet sich in William Donkin, *The Wayfarers*, Meher Publications, Ahmednagar, Indien. (Nachdruck 1969 von Sufism Reoriented, Inc.)

Unbegreiflichkeiten, mit denen der Schüler sich herumschlagen muß. Vor dem Beginn der »New Life«-Phase löste Baba alle Ashrams für die *Masts* und die mehr oder weniger permanenten engen Schüler auf, desgleichen die für die ihm ständig zuströmenden Menschen, deren Aufenthalt dort von einem kurzen Interview bis zu einem Zeitraum von Wochen, Monaten oder Jahren dauerte.

Für die Betreuung abhängiger Menschen wurde Vorsorge getroffen. Dann rief Baba Freiwillige auf, ihm auf einer Reihe von Reisen zu folgen, die oft zu Fuß und unter großer Mühsal durchgeführt wurden. In einem Appell an die Freiwilligen wurden strenge Regeln der Disziplin und des Verzichts für die Schüler aufgestellt, die Baba in die Phase seines Neuen Lebens folgen wollten, eine Phase des Exils, der Hilflosigkeit und des Verzichts. Schließlich wurden zwanzig ausgewählt, die sich mit Baba auf den Weg machten.

Die Reisen und die spirituelle Disziplin dieser beiden Jahre gehörten zu den schwierigsten, denen Babas Schüler je ausgesetzt waren. Diejenigen, die an diesen Reisen teilgenommen hatten, waren müde, abgemagert und erschöpft, als sie Ende 1951 wieder in Erscheinung traten. Die detaillierte Beschreibung von Einzelheiten und deren Bedeutung bedarf einer umfangreicheren Arbeit, doch kommt der Betrachter nicht um die Annahme herum, daß während dieser obskuren Phase ein wichtiger Entwurf für die zukünftige individuelle und gesellschaftliche Entwicklung der menschlichen Rasse etabliert wurde. Am 16. Oktober 1950 hatte Baba in Mahabaleshwar geäußert: »Mein altes Leben stellt mich auf den Altar von Göttlichkeit und Göttlicher Vollkommenheit. Mein Neues Leben läßt mich Zeugnis ablegen als ein demütiger Diener GOTTES und seines Volkes. In meinem Neuen Leben bin ich der Suchende, der Liebende und der Freund. Diese beiden Aspekte – vollkommene Göttlichkeit und vollkommene Demut – waren GOTTES Wille, und beide sind auf ewig mit GOTTES ewigem Leben verknüpft.«

Am 13. Februar 1951 war Baba für etwa hundert Tage in Mahabaleshwar in eine Klausur gegangen, an deren Ende er verkündete, am 16. Oktober würde es sich als notwendig erweisen, daß er eine weitere Phase seiner Tätigkeit beginne. Diese wurde später als *Manonash* (Vernichtung des Mentalen) -Periode bekannt. Diese Arbeit dauerte vier Monate und endete am 16. Februar 1952.

Damals verkündete Baba, er werde in Kürze mit einigen wenigen Schülern in die Vereinigten Staaten aufbrechen, und er werde vom 21. März bis zum 10. Juli 1952 ein »kompliziert-freies« Leben führen, in dem Schwäche über Stärke dominieren werde, vom 10. Juli bis zum 15. November ein »voll-freies« Leben, in dem Stärke über Schwäche dominieren werde, und ab 15. November ein »feurig-freies« Leben, in dem Stärke wie Schwäche vom Feuer der Göttlichkeit verzehrt würden.

Am 20. April 1952 traf Baba mit sechs männlichen und sechs weiblichen Schülern westlicher und östlicher Herkunft in New York ein. Sie begaben sich sofort nach Myrtle Beach in South Carolina, wo man Baba ein Grundstück zur Verfügung gestellt hatte, und nach einer Periode von mehreren Wochen empfing Baba viele alte und neue Anhänger, vor allem am 17. Mai, als sich eine riesige Menge aus allen Teilen der Vereinigten Staaten versammelte, um ihn zu sehen.

Die Gruppe machte sich dann im Automobil auf den Weg nach Kalifornien zu einer weiteren geplanten Serie von Begegnungen. Bei der Fahrt durch Oklahoma verunglückte der Wagen mit Baba, und vier der fünf Insassen wurden bei diesem auf den amerikanischen Fernverkehrstrassen so typischen erschütternden Unfall schwer verletzt.

Glücklicherweise gab es in der naheliegenden Kleinstadt Prag, Oklahoma, eine kleine Privatklinik unter Leitung eines Dr. Burleson. Die Bemühungen dieses Mannes und seines winzigen Stabs, die sich einer Masse blutenden Fleisches und blutbefleckter Kleidung gegenübersahen, in die ein schweigsamer Meister und seine verletzten Gefährten eingehüllt waren, ist gewiß ein Epos der medizinischen Welt in ihrem unaufhörlichen Ringen um die Linderung von Elend und die Verlängerung des Lebens. Als dieser Knoten des Elends nach und nach entwirrt war, wurde deutlich, daß sich niemand in unmittelbarer Lebensgefahr befand, die Zahl der gebrochenen Knochen und Hautabschürfungen und bloßliegenden Fleischwunden allerdings gewaltig war. Tagelang ging man der dumpfen und trostlosen Routine nach, Glieder zu richten, Wunden zu säubern, zu verbinden und neues Leben einzupumpen. Babas gebrochenes linkes Bein und schwere Quetschungen im Gesicht gehörten nicht zu den ernstesten Verletzungen, jedoch zu den schmerzhaftesten. Nach zwei Wochen kehrten alle in einem Krankenwagen zu einer Periode der Erholung nach South Carolina zurück.

Wie konnte ein großer spiritueller Führer es zulassen, daß ihm und seinen Anhängern ein solcher Unfall widerfuhr? Er hätte ihn doch wohl voraussehen und verhindern können, oder nicht? Ich frage mich, wie oft diese Fragen gestellt wurden. Tatsächlich hatte Baba schon seit 1928 vorausgesagt, daß er einen solchen Unfall haben werde und daß er notwendig sei. Er hatte sogar bei einer Gelegenheit erwähnt, es würde notwendig werden, »in Amerika sein Blut zu vergießen«. Wollte ich jedoch betonen: »Er hat das schon immer gewußt«, dann würde das völlig an dem wichtigen Punkt vorbeigehen. Die großen spirituellen Führer aller Zeitalter haben niemals die Mißgeschicke einer rücksichtslosen und unachtsamen Zivilisation gemieden. Tatsächlich haben sie ihren Teil an menschlichen Katastrophen auf sich genommen und ihn durchlebt, ohne willkürlichen Gebrauch von den ihnen zur Verfügung stehenden kosmischen Kräfte zu machen. Die höchste Funktion der großen spirituellen Wesen liegt nicht in dem, was sie außerhalb der Gesetze unserer physischen Welt tun, sondern was sie innerhalb leisten.

Im Jahre 1937 hatte Baba diese Funktion des Vollkommenen Meisters erläutert.[9] »Ein Vollkommener Meister, der die Bürde der Welt auf sich nehmen muß, muß, um sie absorbieren

9 Zu dieser Zeit hatte Baba sich noch nicht öffentlich zu seiner Avatarschaft bekannt und wurde allgemein als ein Vollkommener Meister (*Sadguru*) angesehen. In Anhang 30 erläutert Baba jedoch den Unterschied zwischen *Avatar* und Vollkommener Meister. (Anm. d. Hrsg.)

34

zu können, zwangsläufig physische Reaktionen haben und muß als Folge davon wie gewöhnliche Menschen physisch leiden. Indem sie sich selbst dem Gesetz von Ursache und Wirkung unterwerfen, etablieren die VOLLKOMMENEN MEISTER dieses Gesetz und werden selbstlos und freiwillig davon betroffen. Doch auch wenn sie sich selbst diesem Gesetz unterwerfen, stehen sie über ihm und könnten sich von physischen Reaktionen befreien. Was aber wären dann Sinn und Zweck von ›Ursache und Wirkung‹?

VOLLKOMMENE MEISTER absorbieren den dualen Effekt der ›universalen Illusion‹, indem sie die Menschheit aus der Illusion herausholen, sie aus den Fesseln von Ursache und Wirkung befreien.

Der VOLLKOMMENE MEISTER absorbiert die Dualität in seiner wahren Existenz, um sie zu sublimieren.«

Nach weiteren Tagen von Gesprächen mit Menschen in New York reiste Baba auf dem Luftwege nach Europa, um dort alte und neue Anhänger zu besuchen. Er kehrte Ende August 1952 nach Indien zurück. Fast unmittelbar danach unternahm er weitere Reisen im Lande, um einige weitere *Masts* zu treffen, doch konzentrierten sich seine Aktivitäten jetzt mehr darauf, den großen Massen, die sich bei seinen öffentlichen Auftritten an den jeweiligen Plätzen zusammenfanden, spirituellen Segen zu erteilen. Diese Massen-Darshans erreichten ihren Höhepunkt im September 1954, als er seine männlichen Anhänger in aller Welt aufforderte, sich zu einer »letzten« spirituellen Versammlung in seinem Ashram in Ahmednagaar zusammenzufinden. Etwa eintausend trafen aus den verschiedenen Gegenden Indiens und aus allen Ecken Asiens, Europas und Amerikas ein. Wer von ihnen schon früh ankam, wurde am 12. September Zeuge der Zusammenkunft von sechzigtausend Seelen aus der Umgebung von Ahmednagaar, die Babas Segen in der Form eines *Prasad* empfingen.

Nach diesem farbenprächtigen und bewegenden Ereignis unterwies Baba persönlich die Anreisenden. Am 29. September sprach Baba zu den Tausend, die sich auf seinen Ruf hin versammelt hatten. Er segnete sie und schickte sie auf den Weg. Am 7. Oktober hörte er auf, seine Alphabettafel zu benutzen, und verließ sich bei seiner Kommunikation nur noch auf Gesten. (Es ist interessant festzustellen, daß die von Baba zur Kommunikation benutzten Gesten weder die alphabetischen Buchstaben A B C D usw. sind – Stellungen der Finger, die eine stumme Person nutzt – noch eine Zeichensprache, wie die Taubstummen sie verwenden, sondern zwanglose und etwas übertriebene Gesten ganz eigener Art, die sehr lebhaft beschreiben, was er übermitteln will.)

Nochmals verkündete Baba, daß der Bruch seines Schweigens, seine Manifestation und sein Tod dicht bevorstünden. Baba sagte, wenn er sein Schweigen breche, dann werde er nur ein Wort sprechen, das Wort aller Worte, das die Herzen der Menschen durchdringen werde.

Ich habe hier in Zusammenarbeit mit Murshida Duce versucht, nochmals das ereignisreiche Leben des *Avatar* Meher Baba auf den neuesten Stand zu bringen. Es bleibt der Geschichte überlassen, im Überblick über die Anhäufung von Geschehnissen die Bedeutung seines Lebens und seines Tuns einzuordnen und zu gewichten. Wir, die wir an der Unmittelbarkeit des Jetzt Teil haben, können nur das Maß unserer Liebe und menschlichen Anhänglichkeit bieten und unsere Dankbarkeit zum Ausdruck bringen für das Großartige, das in unser Leben getreten ist.

Don E. Stevens

Einführung zur zweiten Auflage

In den achtzehn Jahren, die seit dem Erscheinen der ersten Auflage von *Der göttliche Plan der Schöpfung* vergangen sind, hat die ansteigende Flut von Babas Präsenz sich um die ganze Welt verbreitet, und sein Name ist zu einem Symbol von Hoffnung und Glauben für Millionen geworden. Ende Januar vor vier Jahren schied er aus seinem Körper, der jetzt in einem Grab bestattet liegt, das schon vor vielen Jahren unter seinen detaillierten Anweisungen in Meherabad bei Ahmednagaar in Indien vorbereitet wurde.

In diesem Zeitraum war es möglich, Zeuge des Eindrucks, den die Universalität von Meher Babas Herangehensweise an Probleme der Welt hinterlassen hat, und der Uniformität der Reaktion von Menschen aller Glaubensrichtungen und Sekten auf seine Liebe zu sein. Schon sehr früh hatte Meher Baba darauf hingewiesen, daß er keiner bestimmten religiösen Gruppe angehöre. Vielmehr war es sein Ziel, den in allen großen Weltreligionen anzutreffenden Worten der Wahrheit Lebenskraft einzuhauchen. In wiederholten, klaren und genauen Erklärungen hat er seine Unabhängigkeit im Handeln und Universalität in der Methode unterstrichen:

»Ich habe keine Beziehungen zur Politik. Für mich sind alle Religionen gleich. Und alle Kasten und Bekenntnisse sind mir teuer. Und auch wenn ich alle ›-ismen‹, Religionen oder politische Parteien wegen der vielen guten Dinge schätze, die sie zu erreichen suchen, gehöre ich nicht und kann ich nicht zu irgendeiner dieser ›-ismen‹, Religionen oder politischen Parteien gehören. Denn die Absolute Wahrheit schließt sie zwar auf gleiche Weise ein, transzendiert jedoch alle und läßt keinen Raum

37

für trennende Teilungen, die allesamt gleich falsch sind. Die Einheit allen Lebens ist integral und unteilbar. Sie bleibt unangreifbar und unverletzlich trotz aller vorstellbaren ideologischen Unterschiede.

> Ich bin gleichermaßen zugänglich für einen und alle, Große und Kleine,
> Heilige, die aufsteigen, und Sünder, die fallen,
> Für alle die verschiedenen Pfade, die den Göttlichen Ruf erschallen lassen.
> Ich bin auf gleiche Weise zugänglich für den Heiligen, den ich verehre,
> Und den Sünder, für den ich eintrete.
> Gleichermaßen für Sufismus, Vedantismus, Christentum,
> Den Zoroastrismus oder Buddhismus sowie für andere ›-ismen‹ jeglicher Art,
> Direkt zugänglich auch ohne jegliche Vermittlung durch irgendwelche ›-ismen‹ …«[10]

Das dornige Thema von Meher Babas Avatarschaft (Status als CHRISTUS, Messias) wurde in den seither vergangenen Jahren ebenfalls beträchtlich klargestellt. Als der Öffentlichkeit im Jahre 1955 die erste Ausgabe von *Der göttliche Plan der Schöpfung* vorgelegt wurde, hatte man die Tatsache von Babas Funktion als *Avatar* erst seit wenigen Jahren über seinen engsten Schülerkreis hinaus beschrieben. Vor dieser Zeit hatten die meisten Menschen ihn als einen großen Heiligen oder VOLLKOMMENEN MEISTER gesehen, ohne die weitere Bedeutung seiner Mission zu ahnen.

Im Jahre 1954 jedoch erklärte Baba eindeutig und zum ersten Male öffentlich, er sei der *Avatar* des Zeitalters. Für seine Anhänger, die ihn ja bereits als VOLLKOMMENEN MEISTER anerkannt hatten, war es kein Problem, diese Ausweitung seiner universalen Verantwortung zu akzeptieren.

---

10 Aus den während des »feurig-freien Lebens« im Jahre 1952 in Umlauf gebrachten Botschaften.

38

Für Außenseiter jedoch, denen das Kaliber Meher Babas Rätsel aufgab und die noch nicht Gelegenheit gehabt hatten, durch persönliche Hingabe von seinem Wesen absorbiert zu werden, war es noch zu früh, die äußeren Aktivitäten und Ergebnisse dieser avatarischen Rolle zu beurteilen. Überraschenderweise nahmen nur sehr wenige Menschen öffentlich starken Anstoß an der Erklärung, Baba sei der *Avatar* des Zeitalters. Viele waren durch die Lektüre von *Der göttliche Plan der Schöpfung* zu der Überzeugung gelangt, ein solches Werk könne nur von jemandem stammen, der den höchsten spirituellen Status erreicht hat, weswegen es besser wäre, zu warten und zu beobachten, bevor man ein Urteil fällt.

Seltsamerweise waren es unter den Menschen, die Baba nicht höchstpersönlich begegnet waren, nicht die traditionell spirituell Veranlagten, die als erste begannen, ihn als den Immerwiederkehrenden zu akzeptieren. Vielmehr waren es die Jungen, die Experimentierfreudigen, die in einem Leben voller Verwirrung und Frustration nach Schlüsseln für den Sinn des Lebens suchten, die plötzlich das Bild und die Worte des schweigsamen Meisters zu erkennen begannen. Ihr von innerer Not geschärfter und durch wiederholt gescheiterte Annäherungen strapazierter Instinkt fand die Antwort plötzlich in einem Foto von Baba, einem Buch seiner Darlegungen, einem auf einer kleinen Karte gedruckten gehaltvollen Spruch über das Leben.

Wie Baba während der vergangenen Jahrzehnte so oft erklärt hat, wird die Ankunft des *Avatar* und die Akzeptanz seiner Lehre durch die Not der Schöpfung beschleunigt. Wenn die Not am größten ist, dann kommt der *Avatar*. Und sein Wort wird akzeptiert, weil es das einzige ist, was befriedigen kann. Die Suche der Menschheit nach würdigen und zuverlässigen Zielen ist seit Generationen gewachsen. Heute ist sie so dringend geworden, daß sie eine Welle sozialer Turbulenzen nach der anderen erzeugt hat.

In diesen sozialen Gärungsprozeß greift Meher Baba mit einer klaren Äußerung über den Sinn der Schöpfung und einer kraftvollen, allumfassenden Liebe ein, welche die rohen Schrammen der Not so abrupt lindert, daß sie Schweigen und Tränen der Erleichterung hervorbringt. Baba beschreibt die Schöpfung wiederholt als das Vehikel, durch das GOTTES Drang, seine eigene Göttlichkeit bewußt zu erkennen, Früchte trägt. In *Der göttliche Plan der Schöpfung* beschreibt er mit sorgsamen Äußerungen die Weise, auf die sich der Mechanismus zur Hervorbringung von Bewußtsein entwickelt. Bis in die winzigsten Einzelheiten zeigt er die Realität der unendlichen Einheit auf und wie das Bewußtsein sich entwickelt, indem es die innerhalb des Dualismus der Schöpfung auftretenden unendlichen Herausforderungen besteht. Die physische Form, die als Medium für das Erfahren der Gegensätze der Schöpfung fungiert, wird als ein zunehmend komplexes Nebenprodukt dieses Willens GOTTES, Sich Selbst bewußt zu erkennen, erklärt. Die eigentliche Kraft der Evolution von Formen wird nicht zu einer zufälligen Selektion der Stärksten, sondern zu einem Ergebnis der Notwendigkeit, daß Rückstände der Erfahrung sich selbst durch zunehmend komplexere Instrumente zum Ausdruck bringen. Die Evolution und die Vervollkommnung des Bewußtseins als solche wird als der gesamte Zweck der Schöpfung beschrieben.

»Und, im Hinblick auf den evolutionären Prozeß, sollte man stets dessen eingedenk sein, daß der Anfang ein Anfang im Bewußtsein ist, die Evolution ist eine Evolution im Bewußtsein, das Ende, sollte es ein Ende geben, ist ein Ende im Bewußtsein ...«[11]

Diese und eine Menge anderer ausgewogener und praktischer Einsichten ins Alltagsleben, die Meher Baba jahrzehntelang verkündete, waren genau das, wonach die jungen Menschen verlangt hatten. Sie erkennen Baba empirisch als das, was er ist: die Antwort auf das Dilemma des modernen Lebens. Und dies ist genau das, was der *Avatar* nach Babas Aussagen sein muß. Hand und Handschuh passen also bestens aufeinander. Betrachtet man

---

11 *The Awakener*, Band VIII, Nr. 4, 1962.

das zusammenpassende Paar, dann kann kein Zweifel bestehen, daß Baba genau das ist, was er von sich behauptet, der *Avatar* des Zeitalters.

Wie steht es jedoch um Meher Babas persönlicheres Leben während dieses Zeitraums? Trotz seines lange vorausgesagten Autounfalls in der Nähe von Prag, Oklahoma, im Jahre 1952 und eines noch schwereren Unfalls nahe Satara in Indien im Dezember 1956, bei dem sein Hüftgelenk zerschmettert und Dr. Nilu auf der Stelle getötet wurde, waren diese fünfzehn Jahre von viel innerer und äußerer Arbeit erfüllt. Hinsichtlich dieser beiden Unfälle sollte man nicht vergessen, daß wir in einer Welt systematischer Ausgewogenheiten leben, in der nichts durch die Magie eines Zauberstabs gelenkt wird. Der *Avatar* selbst bewahrheitet diese Ausgewogenheit durch den Prozeß des Leidens, dem er sich freiwillig unterwirft. Bei diesen beiden Gelegenheiten hat er sein Blut auf zwei Kontinenten für die Sache vergossen, die seiner Kenntnis nach erledigt werden mußte.

Im Jahre 1956 unternahm er eine Reise nach Europa und Amerika und weiter um die Welt, wobei er zum ersten Mal Australien besuchte. Dieser zwölfte Besuch im Westen ist ausführlich in *The Awakener* (Band IV, Nr. 1, und Band V, Nr. 2) sowie in anderen Werken dargestellt.

Seine dreizehnte Reise in den Westen im Jahre 1958, die ihn diesmal nur nach Australien und Amerika führte, schuf eine intensive Atmosphäre wechselseitiger Liebe zwischen Liebenden und dem Geliebten (*The Awakener*, Band V, Nr. 3 und 4). Bei dieser Gelegenheit wurde klar, daß Baba für jene, die um ihn wußten, der Gesang ihres Herzens war. Die Öffentlichkeit wurde nicht entmutigt, die Gegenwart dieses anziehenden Wesens zu suchen, doch wurde keinerlei Werbung für den Besuch gemacht. Es handelte sich um ein echtes Leben in der Anwesenheit des Geliebten. Rückblickend begreift man, daß Baba wußte, für viele würde dies der letzte persönliche Kontakt sein. Tatsächlich hat er das auch ausgesprochen, doch haben wir ihn nicht gehört.

Im Jahre 1962 wirkte Meher Baba erneut die Magie, seine engsten Anhänger um sich zu versammeln, diesmal jedoch in einem bedeutsam anderen Rahmen. In der Vergangenheit hatten sich seine Anhänger aus Ost und West nur in äußerst geringem Ausmaß vermischt. Im Jahre 1962 jedoch erfolgte die Mischung wohlüberlegt und in großem Maßstab.

Hunderte strömten aus Europa, Amerika und Australien zum Ort der Begegnung in Poona. Weitere Tausende kamen aus dem Iran, aus Pakistan und Indien. Die »Ost-West-Begegnung« in der schönen Residenz Guruprasad in Poona war ein Epos des Zusammenfließens von Strömen der Liebe aus sehr unterschiedlichen natürlichen Quellen der Kultur. Fünf Tage lang saß Meher Baba mit dieser geschlossenen Gesellschaft von einigen tausend Eingeladenen beisammen und mischte die Elemente der Verschiedenheit in jenem Lösungsmittel zusammen, welches die einzig wahre Einheit erzeugt: allerhöchste Liebe.

Man fragt sich, wie dieses unglaubliche Wesen in der Lage war, aus einem durch langen harten Gebrauch und verstümmelnde Unfälle schwer behinderten Körper die physische Kraft zu ziehen, die riesige Menge viele Stunden am Tage und bis in die Nacht hinein zu begrüßen und zu segnen. Am sechsten Tage ging er sogar noch weiter. Die Tore von Guruprasad wurden weit geöffnet und den Massen wurde erlaubt, für den ersehnten spirituellen Segen vor ihn zu treten. Von Sonnenaufgang bis Sonnenuntergang floß der lebendige Strom an ihm vorbei, und als die Tore schließlich bei Anbruch der Dunkelheit geschlossen wurden, da erstreckte sich ein langes Band von Menschen, jeweils vier Seite an Seite, bis in weite Ferne, Menschen, die wider alle Hoffnung doch noch auf die Möglichkeit eines kurzen Blicks oder einer Berührung hofften.

Von nun an, mit kurzen Ausnahmen für seine indischen Anhänger in den Jahren 1963 und 1965, zog Meher Baba sich immer mehr von der Öffentlichkeit zurück. Im August 1966 gab er schließlich Anweisung, niemanden mehr zu ihm vorzulassen ausgenommen von ihm persönlich Eingeladene. Es wurden nur sehr, sehr wenige Einladungen ausgesprochen und sogar noch weniger Ausnahmen gemacht. Er ließ alle Welt wissen, er sei in der krönenden Phase seines universalen Werkes, und dann schließlich, sein Werk sei zu seiner hundertprozentigen Zufriedenheit vollendet.

Das hätte für seine ergebenen Anhänger das Signal sein sollen. Doch stellt man sich niemals den Tag vor, an dem der Geliebte physisch nicht mehr vorhanden sein werde. Am 1. Februar 1969 verbreitete sich über das Netzwerk tiefer Verehrung rasch die Nachricht um die Welt, daß Meher Baba kurz nach Mittag des vorhergehenden Tages seinen Körper abgelegt habe. Sieben Tage lang lag seine Hülle bekränzt und mit duftenden Rosenblüten bestreut in dem schon lange zuvor für diesen Anlaß vorbereiteten Grab, das Haupt auf ein dünnes Kissen gebettet, »so daß ich meinen Liebenden Darshan geben kann, ohne aufstehen zu müssen«. Er hatte gesehen, was notwendig sein würde, und hatte wie stets alles vorbereitet. Seine gläubigen Anhänger erkannten »das Hinscheiden des Unendlichen als Unendliches in seine eigene Unendlichkeit«. Auf die Grablegung folgten im April, Mai und Juni Besuche großer Gruppen aus Ost und West in Guruprasad, in Meherazad, der Residenz, und in Meherabad, dem Grab. Wir wissen nicht, wie wir das dort Geschehene beschreiben könnten. Die einzige Möglichkeit, davon zu erfahren, besteht darin, sich mit jemandem zusammenzusetzen, der dabeigewesen ist. Francis Brabazon hat über dieses großartige Ereignis wunderschön in einer Broschüre berichtet, die 1969 von Meher House Publications in Sidney, Australien, unter dem Titel *Three Talks* veröffentlicht wurde.

In die hier vorliegende revidierte Ausgabe von *Der göttliche Plan der Schöpfung* sind gewisse von Meher Baba selbst vorgeschlagene neue Punkte und Korrekturen eingegangen. Es gab auch einige Ergänzungen im Anhang. Bei mehreren Diagrammen wurden kleinere, jedoch notwendige Veränderungen vorgenommen und fünf weitere hinzugefügt. Eine Farbtafel wurde als ein Werk der Liebe von Ludwig Dimpfl angefertigt und betrifft »mystische, sufische und vedantische Begriffe in Bezug auf die Ebenen des Bewußtseins und ihre Verwendung in *Der göttliche Plan der Schöpfung*«. Diese Farbtafel wurde Meher Baba mehrere Jahre, bevor er seinen Körper ablegte, zugeschickt.

Eruch B. Jessawala berichtet uns, Baba habe es gründlich durchgesehen und zwei oder drei Korrekturen angebracht und seine
volle Zufriedenheit darüber ausgedrückt sowie seine Zustimmung zur Verwendung in *Der göttliche Plan der Schöpfung* gegeben. Es war so groß, daß es separat beigelegt wurde. Dem Text
wurden weitere Fußnoten beigefügt, die auf separaten Informationen beruhen, welche Meher Baba von Zeit zu Zeit gegeben
hatte.

Diesmal sollte auch angemerkt werden, daß einige in Über-
schriften benutzte Ausdrücke aus der sufischen, der vedantischen und mystischen Terminologie in gewissen Fällen nicht die
klassischen Ausdrücke sind, die in diesen drei Disziplinen verwendet werden. Sie wurden vielmehr verwendet, um dem Leser
vergleichende Studien und ein besseres Verständnis des Themas
zu ermöglichen. Ein vollständiges, von Ludwig Dimpfl zusam-
mengestelltes Glossar wurde von Meher Baba genehmigt, bevor
er seinen Körper ablegte.

Abschließend können wir nicht umhin, auf eine unvermeidliche Begleiterscheinung des Lebens und der Worte Meher Babas
hinzuweisen. Auch wenn er für den inneren Menschen lebte,
damit dieser die Fesseln der Täuschungen der Wirklichkeit
abschütteln könne, mit denen er sich selbst gebunden hat, haben
die von Meher Baba vermittelten Klarstellungen eine erhebliche
Bedeutung auch für die physischen Disziplinen. Liest man die
verschiedenen Werke, die der »Höchste der Hohen« unserer Zeit
hinterlassen hat, dann erkennt man ihre Implikationen für alle
Arten physischer Wissenschaft als grundlegend und revolu-
tionär. Wenn Kundige in den Fachgebieten der Physik, Chemie,
Geologie, Psychologie und vielen anderen Fächern das Leben
und die Lehren von Meher Baba studieren, dann werden sie
diese zu Recht zunächst für die Bedürfnisse ihrer eigenen inneren Natur anwenden. Wenn jedoch seine Worte ihre erste Aufgabe erfüllt haben, nämlich einen Sinn für die lebenswichtige
Zielsetzung und die sicher zugesagte Hilfe zu vermitteln, dann
wird eine zweite Phase der Bedeutung unvermeidlich von selbst
ans Licht kommen. Das Leben beginnt sich zu bewegen. Und es

bewegt sich innerlich wie äußerlich. Den schnell aufeinanderfolgenden Erkenntnissen von Wahrheiten, die nach innen wirkten, folgen entsprechende Einsichten in das Funktionieren des Äußeren.

Die einfachen, fast selbstverständlichen Aussagen Meher Babas fügen sich zu einem Kaleidoskop fundamentaler und erregender Implikationen zusammen. Er ging sparsam mit Worten um. Er erging sich nicht ausführlich. Er legte nur eine vitale Neuinterpretation grundlegender Wahrheiten dar. Aus ihr entspringt eine Vielfalt unvermeidlicher Schlußfolgerungen. Hat der Physiker erst einmal die Räder in Gang gesetzt, um sein essentielles Selbst wiederzuentdecken, wird er auch den Einfluß von Meher Baba auf sein eigenes Fach der Physik zu entdecken beginnen.

Meher Baba ist nun einmal so. Er fließt ruhig durch alle Aspekte des Lebens, und bevor man sich versieht, ist das ganze Leben zu nichts anderem geworden als dem faszinierenden Spiel, zu beobachten, wie Meher Baba mit Meher Baba umgeht. Ganz gewiß ist dies das allerhöchste an Universalität.

Ivy O. Duce & Don E. Stevens
San Francisco, Kalifornien
April 1973

Anmerkung zur deutschen Übersetzung

Bei der deutschen Übersetzung englischsprachiger spiritueller Literatur gibt es seit jeher ein unausweichliches Problem, nämlich daß die englischen Wörter *mind* und *spirit* im Deutschen beide mit »Geist« zu übersetzen sind. *Mind* steht jedoch für die Gesamtheit der »mentalen« Fähigkeiten des Menschen, also Denken, Fühlen, Wahrnehmen, Wollen, während *spirit* den transzendenten oder göttlichen »Geist« bezeichnet. Die Verwendung von »Geist« für *mind* UND *spirit* würde diese wichtige Unterscheidung verwischen, zumal in einem Werk, in dem die Begriffe so eindeutig definiert und stringent durchgehalten werden wie in dem vorliegenden. Hier steht das englische Wort *mind* durchgängig für den Marathi- bzw. Hindi-Begriff *Mana* (Sanskrit: *Manas*), welcher die Gesamtheit der mentalen Fähigkeiten oder das Organ von Denken, Fühlen, Begehren usw. bezeichnet. Da auch der Begriff »das Mentale« als Übersetzung von *the mental* (was hier gelegentlich neben *mind* auftaucht) schon belegt ist, wurde *mind* (hier als ein Vermögen der Seele definiert) in der deutschen Übersetzung mit »Gemüt« wiedergegeben. Gemüt ist nämlich nach dem *Großen Wörterbuch der deutschen Sprache* die »Gesamtheit der seelischen und geistigen Kräfte eines Menschen« oder (nach dem *Duden Herkunftswörterbuch*) auch der »Sitz der inneren Empfindungen oder Gedanken« und damit eine gute Entsprechung zu *Manas* oder *mind*, wie der englische Begriff hier verwendet wird.

Stephan Schuhmacher

46

Ich bin nicht gekommen, um irgendeinen Kult, eine Gesellschaft oder Organisation, noch gar eine neue Religion zu gründen. Die Religion, die ich geben werde, lehrt das Wissen um das Eine hinter den vielen. Das Buch, das ich die Menschen lesen lassen werde, ist das Buch des Herzens, das den Schlüssel zum Geheimnis des Lebens enthält. Ich werde ein glückliches Verschmelzen von Kopf und Herz zustande bringen. Ich werde alle Religionen und Kulte neu beleben und sie wie Perlen auf einer Schnur zusammenfügen.

– Meher Baba

Teil 1

Bewußtseinszustände

Alle Seelen (*Atmas*) waren, sind und werden in der ÜBERSEELE (*Paramatma*) sein.

Seelen (*Atmas*) sind alle Eins.

Alle Seelen sind unendlich und ewig. Sie sind formlos.

Alle Seelen sind Eins. Es gibt keinen Unterschied bei den Seelen oder in ihrem Sein und ihrer Existenz als Seelen.

Es gibt einen Unterschied beim Bewußtsein der Seelen;

es gibt einen Unterschied bei den Bewußtseinsebenen der Seelen;

es gibt einen Unterschied bei den Erfahrungen der Seelen, und somit gibt es einen Unterschied beim Zustand der Seelen.

Die meisten Seelen sind sich des **grobstofflichen** Körpers (*Sthul Sharir*) bewußt;

einige Seelen sind sich des **feinstofflichen** Körpers (*Pran*) bewußt;

einige wenige Seelen sind sich des **mentalen** Körpers bewußt (das Gemüt oder *Mana*);

und

sehr wenige Seelen sind sich des SELBST bewußt.

Die meisten Seelen haben eine Erfahrung der grobstofflichen Sphäre (Welt);

einige Seelen haben eine Erfahrung der feinstofflichen Sphäre (Welt);

einige wenige Seelen haben eine Erfahrung der mentalen Sphäre (Welt); und

sehr wenige Seelen haben eine Erfahrung der ÜBERSEELE.

Die meisten Seelen befinden sich auf der grobstofflichen Ebene (*Anna Bhumika*);

einige Seelen befinden sich auf der feinstofflichen Ebene (*Pran Bhumika*);

einige wenige Seelen befinden sich auf der mentalen Ebene (*Mano Bhumika*); und

sehr wenige Seelen befinden sich auf der Ebene jenseits der mentalen Ebene (*Vidnyan*).

Die meisten Seelen haben starke Bindungen; einige Seelen haben wenig Bindungen; einige wenige Seelen haben sehr wenige Bindungen; und sehr wenige Seelen haben überhaupt keine Bindungen.

Alle diese Seelen (*Atmas*) verschiedenen Bewußtseins, verschiedener Erfahrungen, verschiedener Zustände befinden sich in der ÜBERSEELE (*Paramatma*).

Wenn nun aber alle Seelen sich in der ÜBERSEELE befinden und alle EINS sind, warum gibt es dann Unterschiede des Bewußtseins, der Ebenen, der Erfahrungen und der Zustände?

Die Ursache dieses Unterschieds ist, daß die Seelen unterschiedliche und verschiedenartige Eindrücke (*Sanskaras*) haben.[12]

Die meisten Seelen haben **grobstoffliche** Eindrücke; einige Seelen haben **feinstoffliche** Eindrücke; einige wenige Seelen haben **mentale** Eindrücke; und ganz wenige Seelen haben überhaupt **keine** Eindrücke.

Seelen mit grobstofflichen Eindrücken, Seelen mit feinstofflichen Eindrücken, Seelen mit mentalen Eindrücken und Seelen mit überhaupt keinen Eindrücken sind alle Seelen in der ÜBERSEELE und sind alle Eins.

Seelen mit grobstofflichen Eindrücken haben ein Bewußtsein des grobstofflichen Körpers (*Sthul Sharir*) und eine Erfahrung der grobstofflichen Sphäre.

---

12 [Siehe auch: Meher Baba, »Entstehung und Funktion der *Sanskaras*«, in: *Darlegungen über das Leben in Liebe und Wahrheit*, Bern, München, Wien: O. W. Barth, 1991, S. 51 ff. (Anm. d. Hrsg.)]

Seelen mit feinstofflichen Eindrücken haben ein Bewußtsein des feinstofflichen Körpers und eine Erfahrung der feinstofflichen Sphäre.

Seelen mit mentalen Eindrücken haben ein Bewußtsein des mentalen Körpers (*Mana* oder das Gemüt) und haben eine Erfahrung der mentalen Sphäre.[13]

Seelen ohne Eindrücke haben ein Bewußtsein des SELBST (Seele, *Atma*) und die Erfahrung der ÜBERSEELE (*Paramatma*).

Seelen mit grobstofflichen Eindrücken erfahren also die grobstoffliche Sphäre durch den grobstofflichen Körper; das heißt sie erleben verschiedene und unterschiedliche Erfahrungen wie Sehen, Hören, Riechen, Essen, Schlafen, Darmentleerung, Urinieren. Alle diese sind Erfahrungen der grobstofflichen Ebene.

Seelen mit feinstofflichen Eindrücken erfahren nacheinander drei Ebenen der feinstofflichen Sphäre durch den feinstofflichen Körper, und auf diesen drei Ebenen haben sie nur die Erfahrungen des Sehens, Riechens und Hörens.

Seelen mit mentalen Eindrücken erfahren durch den mentalen Körper oder **das Gemüt** in der mentalen Sphäre nur Sehen, und dieses Sehen ist das Sehen von GOTT.

Seelen, die keine Eindrücke haben, erfahren durch das SELBST die UNENDLICHE MACHT, das UNENDLICHE WISSEN und die UNENDLICHE GLÜCKSELIGKEIT der ÜBERSEELE.

Die Seele, die sich des grobstofflichen Körpers bewußt ist, ist sich **nicht** des feinstofflichen Körpers bewußt, **nicht** des mentalen Körpers bewußt und **nicht** des SELBST bewußt.

13	SPHÄRE		KÖRPER	
	mystisch	*mystisch*	*sufisch*	*vedantisch*
	grobstoffliche Sphäre (Welt)	grobstofflicher Körper	*Jism-e-kasif*	*Sthul Sharir*
	feinstoffliche Sphäre (Welt)	feinstofflicher Körper	*Jism-e-latif*	*Sukshma Sharir (Pran)*
	mentale Sphäre (Welt)	mentaler Körper	*Jism-e-altaf*	*Karan Sharir (Manas)*

Die Seele, die sich des feinstofflichen Körpers bewußt ist, ist sich **nicht** des grobstofflichen Körpers bewußt, **nicht** des mentalen Körpers bewußt und **nicht** des SELBST bewußt.

Die Seele, die sich des mentalen Körpers bewußt ist, ist sich **nicht** des grobstofflichen Körpers bewußt, **nicht** des feinstofflichen Körpers bewußt und **nicht** des SELBST bewußt.

Die Seele, die sich des SELBST bewußt ist, ist sich **nicht** des grobstofflichen Körpers bewußt, **nicht** des feinstofflichen Körpers bewußt und **nicht** des mentalen Körpers bewußt.

Die Seele mit einer Erfahrung der grobstofflichen Welt hat keine Erfahrung der feinstofflichen Welt noch eine Erfahrung der mentalen Welt, noch hat sie eine Erfahrung der ÜBER-SEELE.

Die Seele mit einer Erfahrung der feinstofflichen Welt erfährt nicht die grobstoffliche Welt, noch hat sie eine Erfahrung der mentalen Welt, und sie hat auch keine Erfahrung der ÜBER-SEELE.

Die Seele mit einer Erfahrung der mentalen Welt erfährt nicht die grobstoffliche Welt, noch erfährt sie die feinstoffliche Welt, und sie hat auch keine Erfahrung der ÜBERSEELE.

Die Seele mit einer Erfahrung der ÜBERSEELE erfährt nicht die grobstoffliche Welt, noch erfährt sie die feinstoffliche Welt, noch erfährt sie die mentale Welt. Das heißt: Die Seele, die sich des SELBST bewußt ist und eine Erfahrung der ÜBERSEELE hat, ist sich nicht des grobstofflichen Körpers, feinstofflichen Körpers und mentalen Körpers bewußt und erfährt nicht die grobstofflichen, feinstofflichen und mentalen Sphären (Welten).

Das bedeutet: Um Bewußtsein des SELBST und die Erfahrung der ÜBERSEELE zu haben, muß die Seele das Bewußtsein des grobstofflichen, feinstofflichen und mentalen Körpers verlieren. Solange jedoch die Seele Eindrücke des grobstofflichen, feinstofflichen oder mentalen Körpers trägt, ist sich die Seele durchweg jeweils des grobstofflichen Körpers, feinstofflichen Körpers oder mentalen Körpers bewußt, und die grobstofflichen, feinstofflichen und mentalen Erfahrungen werden andauern und zwangsläufig durchlebt.

52

Der offensichtliche Grund dafür ist: Solange das Bewußtsein der Seele von grobstofflichen Eindrücken geprägt ist, gibt es keinen anderen Ausweg, als diese grobstofflichen Eindrücke durch den grobstofflichen Körper zu erfahren.

Gleichermaßen, solange das Bewußtsein der Seele von feinstofflichen Eindrücken geprägt ist, gibt es keinen anderen Ausweg, als diese feinstofflichen Eindrücke durch den feinstofflichen Körper zu erfahren.

Desgleichen, solange das Bewußtsein der Seele von mentalen Eindrücken geprägt ist, gibt es keinen anderen Ausweg, als diese mentalen Eindrücke durch den mentalen Körper zu erfahren.

Wenn die Eindrücke des Grobstofflichen, Feinstofflichen und Mentalen sich verflüchtigen oder ganz verschwinden, wird das Bewußtsein der Seele automatisch und offensichtlich auf sich selbst gelenkt und fokussiert, und diese Seele hat dann zwangsläufig keine Alternative, als die Erfahrung der ÜBERSEELE aufzunehmen.

Nun sind aber der grobstoffliche, der feinstoffliche und der mentale Körper nichts als die **Schatten der Seele**. Die grobstoffliche, die feinstoffliche und die mentale Sphäre (Welt) sind nichts als der **Schatten der** ÜBERSEELE.

Der grobstoffliche, der feinstoffliche und der mentale Körper sind endlich; sie besitzen eine Form und sind veränderlich und zerstörbar. Die grobstoffliche, die feinstoffliche und die mentalen Welt sind täuschend; sie sind NICHTS, Einbildung und leere Träume. Die einzige Wirklichkeit ist die ÜBERSEELE (*Paramatma*).

Wenn daher die Seele mit ihrem grobstofflichen, feinstofflichen und mentalen Körper die grobstoffliche, feinstoffliche und mentale Welt erfährt, dann erfährt die Seele in Wirklichkeit die Schatten der ÜBERSEELE mit Hilfe ihrer eigenen Schatten.

Mit anderen Worten: Mit ihrer endlichen und zerstörbaren Form erfährt die Seele Täuschung, Nichts, Einbildung und einen leeren Traum.

Nur wenn die Seele die ÜBERSEELE mit ihrem SELBST erfährt, dann erfährt sie das WIRKLICHE mit der Wirklichkeit.

Ist die Seele sich ihres grobstofflichen Körpers bewußt, dann identifiziert diese Seele sich mit dem grobstofflichen Körper und hält sich selbst für den grobstofflichen Körper.

Das bedeutet, daß die unendliche, ewige, formlose Seele sich selbst für endlich, sterblich und mit Form ausgestattet hält.

Eindrücke (*Sanskaras*) sind die Ursache dieser Unwissenheit. Am Anfang erwirbt die Seele, die sich auf ewig in der ÜBERSEELE befindet, erst einmal durch Eindrücke Unwissenheit, statt WISSEN zu erwerben.

Nimmt die Seele entsprechend bestimmten Eindrücken eine besondere Form an (Körper oder *Sharir*), dann fühlt und erfährt sie sich selbst als diese bestimmte Form.

Die Seele in ihrer Steinform erfährt sich als Stein. Dementsprechend erfährt und empfindet die Seele sich zur gegebenen Zeit als Metall, Pflanze, Wurm, Fisch, Vogel, Säugetier, Mann oder Frau. Was auch immer die Art der grobstofflichen Form oder die Gestalt dieser Form sein mag, die Seele assoziiert sich spontan mit dieser Form und Gestalt, und erlebt, daß sie selbst diese Form und Gestalt ist.

Ist die Seele sich des feinstofflichen Körpers bewußt, dann erfährt diese Seele sich als den feinstofflichen Körper.

Wird die Seele sich des mentalen Körpers bewußt, dann erfährt diese Seele sich als der mentale Körper.

Nur aufgrund der Eindrücke (*Nuqush-e-amal* oder *Sanskaras*) erfährt die Seele ohne Form, die UNENDLICHE SEELE, daß sie wahrhaft ein grobstofflicher Körper (*Sthul Sharir*), oder ein feinstofflicher Körper (*Pran*) oder ein mentaler Körper (*Mana* oder das Gemüt) ist.

Während die Seele die grobstoffliche Welt durch grobstoffliche Formen erfährt, assoziiert sie sich mit und dissoziiert sie sich von zahllosen grobstofflichen Formen. Die Assoziierung mit und Dissoziierung von grobstofflichen Formen bezeichnet man als **Geburt** beziehungsweise **Tod**.

54

Nur aufgrund der Eindrücke muß die ewige, unsterbliche Seele, die in Wahrheit ohne Geburten und ohne Tode existiert, unzählige Male Geburten und Tode erfahren.

Während die Seele aufgrund der Eindrücke diese Erfahrung unzähliger Geburten und Tode durchmachen muß, muß sie nicht nur die grobstoffliche Welt erfahren, die ein Schatten der ÜBERSEELE und eine Täuschung ist, sondern die Seele muß zugleich auch das Glück und das Elend, die Tugenden und die Laster der grobstofflichen Welt erfahren.

Es ist nur aufgrund der Eindrücke, daß die Seele, die jenseits von Glück und Elend, Tugend und Laster und von diesen frei ist, notwendig Erfahrungen von Glück und Elend, Laster und Tugend durchmachen muß.

Es steht nunmehr also fest, daß die Erfahrungen von Geburten und Toden, Glück und Elend, Tugend und Laster nur von der grobstofflichen Form der Seele gemacht werden, während sie die grobstoffliche Welt erfährt. Doch ist die grobstoffliche Form der Seele ein Schatten der Seele und die grobstoffliche Welt ist ein Schatten der ÜBERSEELE.

Dementsprechend sind alle Erfahrungen von Geburten und Toden, Tugend und Laster, Glück und Elend, wie sie von der Seele erlebt werden, nichts als die Erfahrungen des Schattens. Also ist alles, was so erfahren wird, eine Täuschung.

In Wahrheit ist der *Atma Paramatma*

Um die Beziehung »*Atma/Paramatma*« zu klären, vergleichen wir den *Paramatma* mit einem unendlichen, einem grenzenlosen Ozean. Und der *Atma* ist ein Tropfen in diesem Ozean. Der *Atma* befindet sich niemals außerhalb des grenzenlosen Ozeans (*Paramatma*).

Der *Atma* kann niemals außerhalb des *Paramatma* sein, weil der *Paramatma* unendlich und unbegrenzt ist. Wie könnte der *Atma* aus der Grenzenlosigkeit des Grenzenlosen herausgelangen oder einen Platz jenseits davon haben? Daher befindet der *Atma* sich im *Paramatma*.

Nach Feststellung der grundlegenden Tatsache, daß der *Atma* sich **im** *Paramatma* befindet, gehen wir einen Schritt weiter und sagen, der *Atma* **ist** *Paramatma*. Wieso?

Stellen wir uns zum Beispiel einen unbegrenzten Ozean vor. Stellen wir uns ebenfalls vor, wir entnehmen der grenzenlosen Ausdehnung dieses unbegrenzten Ozeans einen Tropfen (ein Jota) Ozean. Daraus folgt, daß dieses Jota Ozean, während es sich im unbegrenzten Ozean befindet, vor der Trennung von ihm der Ozean selbst ist, und in diesem Ozean ohne Küsten befindet es sich nicht als ein Jota des Ozeans, weil jedes Jota des Ozeans, solange es nicht durch die Begrenzungen eines Tropfens be-grenzt wird, der unbegrenzte Ozean ist.

Nur wenn ein Jota Ozean vom unbegrenzten Ozean getrennt oder als ein Tropfen aus dem unbegrenzten Ozean entnommen wird, erhält dieses Jota seine separate Existenz als ein Tropfen des küstenlosen Ozeans und man fängt an, dieses Jota Ozean als einen Tropfen des unbegrenzten Ozeans zu betrachten.

Mit anderen Worten: Der unendliche, unbegrenzte und gren-zenlose Ozean selbst wird jetzt als ein bloßer Tropfen jenes unendlichen, unbegrenzten und grenzenlosen Ozeans betrach-tet. Und im Vergleich mit jenem unendlichen, unbegrenzten und grenzenlosen Ozean ist dieses Jota Ozean oder dieser Tropfen des Jotas Ozean äußerst endlich und äußerst begrenzt mit unendlichen Begrenzungen. Das heißt, das unendliche freie Jota findet sich selbst unendlich gebunden.

Auf gleiche Weise erlangt der *Atma*, den wir mit einem Trop-fen des unendlichen Ozeans verglichen haben, eine scheinbar separate Existenz, obwohl er in Wahrheit niemals außerhalb der Grenzenlosigkeit des grenzenlosen *Paramatma* sein kann, den wir mit dem unendlichen, unbegrenzten und grenzenlosen Ozean verglichen haben.

Genauso jedoch wie das Jota des Ozeans seine Begrenzung als ein Tropfen dadurch erhält, daß es die Form eines Bläschens auf der Oberfläche des Ozeans hat, und dieses Bläschen dem Jota

56

Ozean eine scheinbar separate Existenz vom unendlichen Ozean verleiht, so erfährt der *Atma*, der **im** *Paramatma* ist und zugleich der *Paramatma* **ist** scheinbar eine separate Existenz vom unendlichen *Paramatma* durch die Begrenzungen eines Bläschens (der Unwissenheit), mit dem der *Atma* sich selbst verhüllt. Kaum platzt das Bläschen der Unwissenheit, findet der *Atma* sich selbst nicht nur **im** *Paramatma* sondern erfährt sich selbst **als** der *Paramatma*.

Durch seine vom Bläschen der Unwissenheit geformte Begrenzung, die vom *Atma* selbstgeschaffen ist, erbt der *Atma* eine scheinbar vom *Paramatma* getrennte Existenz. Und wegen dieser selbsterzeugten Getrenntheit vom unendlichen *Paramatma*, erfährt der *Atma*, der selbst unendlich, unbegrenzt und grenzenlos ist, sich selbst augenscheinlich als höchst endlich mit unendlichen Begrenzungen.

Teil 2

Der ursprüngliche Drang und die Reise des evolvierenden Bewußtseins

Denken wir nun an eine unbewußte Seele.

Am Anfang besaß die Seele keine Eindrücke (*Sanskaras*) und kein Bewußtsein.

Daher besaß die Seele in diesem Stadium oder in diesem Zustand keine grobstoffliche Form oder keinen grobstofflichen Körper, keinen feinstofflichen oder mentalen Körper, **weil nur die Existenz grobstofflicher, feinstofflicher und mentaler Eindrücke (*Sanskaras*) einem grobstofflichen, feinstofflichen und mentalen Körper Existenz verleihen kann**, und nur die Existenz dieser Körper kann die Existenz grobstofflicher, feinstofflicher und mentaler Welten ermöglichen.

Deshalb besaß die Seele am Anfang kein Bewußtsein eines grobstofflichen, feinstofflichen und mentalen Körpers und war sich auch nicht ihres eigenen Selbst bewußt. Und so hatte die Seele natürlich keine Erfahrung der grobstofflichen, der feinstofflichen und der mentalen Welt und auch keine Erfahrung der ÜBERSEELE (*Paramatma*).

Durch diesen unendlichen, eindruckslosen, unbewußten ruhevollen Zustand der Seele widerhallte ein Impuls, den wir DER ERSTE DRANG nennen (der erste Drang, sich selbst zu erkennen).

Der erste Drang war im *Paramatma* latent.

Vergleichen wir den *Paramatma* mit einem unendlichen, grenzenlosen Ozean und sagen, daß der *Paramatma* den ersten Drang verspürte, dann könnte man vergleichsweise auch sagen, der unendliche, grenzenlose Ozean habe den ersten Drang oder DIE LAUNE[14] verspürt.

Ins UNENDLICHE sind das Endliche wie das Unendliche eingeschlossen.

War denn nun dieser erste Drang unendlich oder endlich, und war er zunächst endlich und dann unendlich oder umgekehrt?

Der erste Drang war äußerst endlich, doch war dieser erste Drang ein Drang des UNENDLICHEN.

Dieser endlichste erste Drang war ein Drang des unendlichen Ozean-*Paramatma*, und die Manifestation dieses latenten endlichsten ersten Drangs des UNENDLICHEN war beschränkt auf einen äußerst endlichen Punkt im unendlichen, unbegrenzten Ozean.

Da jedoch dieser endlichste Punkt der Manifestation des latenten ersten Drangs, der ebenfalls äußerst endlich war, sich im unendlichen, unbegrenzten Ozean befand, war dieser endlichste Punkt der Manifestation des ersten Drangs auch unbegrenzt.

Durch diesen endlichsten Punkt der Manifestation des ersten Drangs (ebenfalls äußerst endlich) erschien nach und nach der Schatten des UNENDLICHEN (ein Schatten, der, wenn er innerhalb der WIRKLICHKEIT ist, unendlich ist)[15] und dehnte sich weiter aus.

Diesen endlichsten Punkt der Manifestation des latenten ersten Drangs nennt man den **Om-Punkt** oder **Schöpfungspunkt**, und dieser Punkt ist unbegrenzt.

Gleichzeitig mit dem Widerhallen des ersten Drangs entstand der grobstofflichste erste Eindruck, der die Seele als das absoluteste Gegenteil und den endlichsten Widerpart des UNENDLICHEN objektivierte.

---

14 [Siehe auch: Meher Baba, »The Whim from the Beyond«, in: *Beams from Meher Baba on the Spiritual Panorama*, San Francisco: Sufism Reoriented, Inc., S. 7–11. (Anm. d. Hrsg.)]

15 Was mit »erscheinen« hier gemeint ist, ist, daß der Schatten des UNENDLICHEN durch den äußerst endlichen Punkt sickerte oder daraus hervorquoll.

Wegen dieses grobstofflichsten ersten Eindrucks des ersten Drangs **erfuhr** die unendliche Seele zum ersten Male. Diese erste Erfahrung der unendlichen Seele bestand darin, daß sie (die Seele) eine Gegensätzlichkeit innerhalb ihrer Identität mit diesem unendlichen, eindruckslosen, unbewußten Zustand erfuhr.

Diese Erfahrung der Gegensätzlichkeit bewirkte Veränderlichkeit in der ewigen, unteilbaren Stabilität der unendlichen Seele, und es kam spontan zu einer Art Eruption, die das unteilbare Gleichgewicht und die unbewußte Ruhe der unendlichen Seele durch einen **Rückstoß oder furchtbaren Schock** zerriß, wodurch die Unbewußtheit der unbewußten Seele mit einem ersten Bewußtsein ihrer augenscheinlichen Trennung vom unteilbaren Zustand des *Paramatma* geschwängert wurde. Da die Seele jedoch unendlich ist, war das erste Bewußtsein, das aus dem Rückstoß oder Schock eines absolut gegensätzlichen und grobstofflichsten ersten Eindrucks von seiner augenscheinlichen Getrenntheit abgeleitet wurde, natürlich und zwangsläufig **endliches** erstes Bewußtsein.

Dieses durch die Seele abgeleitete erste Bewußtsein ist offensichtlich äußerst, äußerst endlich im Verhältnis zur Erfahrung der absoluten Gegensätze ihres eigenen ursprünglichen unendlichen Zustands.

Das bedeutet also, daß die Seele am Anfang, als die eindruckslose unendliche Seele zum ersten Male einen Eindruck erhielt, einen absolut grobstofflichen Eindruck als ihren ersten Eindruck erhielt. Und das erste Bewußtsein, das sie (die Seele) daraus ableitete, war äußerst endlich.

Gleichzeitig erfuhr die Unbewußtheit der unendlichen Seele in diesem Augenblick tatsächlich allerendlichstes erstes Bewußtsein des grobstofflichsten ersten Eindrucks.

Diese unendliche und ewige Seele erhielt tatsächlich Bewußtsein, doch war dieses Bewußtsein durch Eindruck kein Bewußtsein ihres **ewigen** Zustands oder ihres unendlichen Selbst, sondern war durch den grobstofflichsten Eindruck Bewußtsein des Endlichsten.

61

Wenn nunmehr, wie später erläutert wird, die Seele der Eindrücke (*Sanskaras*) bewußt ist, dann **muß** die Seele **diese Eindrücke zwangsläufig erfahren**, und um die Eindrücke zu erfahren, muß die Bewußtheit der Seele sie durch geeignete Medien erfahren.

So wie die Eindrücke sind, so sind auch die Erfahrungen von Eindrücken, und so müssen auch die Medien zur Erfahrung der Eindrücke sein. Das heißt, die Eindrücke bringen Erfahrungen hervor, und um die Eindrücke erfahren zu können, bedarf es geeigneter Medien.

Wenn daher die unendliche, ewige und formlose SEELE nunmehr das allerendlichste erste Bewußtsein des allergrobstofflichsten ersten Eindrucks hat, dann muß dieses allerendlichste erste Bewußtsein der Seele ganz offensichtlich und zwangsläufig das allerendlichste und allergrobstofflichste **erste** Medium benutzen, um den allergrobstofflichsten ersten Eindruck zu erfahren.

In diesem Stadium genügt es für das begrenzte menschliche Verständnis zu erwähnen, daß das allerendlichste erste Bewußtsein der Seele während der Erfahrung des allergrobstofflichsten ersten Eindrucks sich in einem angemessenen allerendlichsten und allergrobstofflichsten Medium zentrierte, was die SEELE (ohne Form) dazu geneigt machte, ihr sehr unendliches, ewiges SELBST mit dieser allergrobstofflichsten und allerendlichsten begrenzten Form als ihrem ersten Medium zu assoziieren und zu identifizieren.

Das erste Bewußtsein der unteilbaren SEELE, das den ersten Eindruck durch das erste Medium erfährt, erzeugt eine Tendenz in der Seele, ihr ewiges, unendliches SELBST mit der ersten Form, der endlichsten und grobstofflichsten, zu assoziieren und zu identifizieren. Diese besaß als der Same der Gegensätzlichkeit, der spontan durch den Widerhall des ersten Drangs gesät wurde, unmerklich aufkeimte und sich manifestierte, zum ersten Male die Gestalt der Dualität. Wenn sie durch ihr neu gewonnenes Bewußtsein dazu gebracht wird, sich mit der endlichen, grobstofflichen Form oder dem endlichen grobstofflichen Medium zu assoziieren und zu identifizieren, dann bringt das Bewußtsein der Seele tatsächlich die unendliche, ewige, unteilbare SEELE ohne Form dazu, sich als jene endliche, grobstoffliche Form zu erfahren.

Daher erfährt das von der unbewußten Seele gewonnene Bewußtsein, statt die **Wirklichkeit** durch Einheit und Identität mit der ÜBERSEELE zu erfahren, eine **Illusion** durch die Dualität und Identität mit der grobstofflichen Form. Dabei vervielfältigt sie in einer Reihe von Erfahrungen unterschiedliche zahllose EINDRÜCKE, während sie sich mit der grobstofflichen Form assoziiert und nach und nach mehr und mehr Bewußtsein erlangt oder entwickelt.

Um deutlicher und konkreter zu verstehen, wie das von der Seele gewonnene Bewußtsein sich durch den Prozeß der Evolution nach und nach entwickelt, wollen wir den Zustand der bewußten Seele untersuchen, in dem das Bewußtsein der Seele sich selbst mit der Steinform als dem endlichsten und grobstofflichsten Medium assoziiert und die Seele sich dementsprechend selbst als Stein zu identifizieren beginnt.

Tatsächlich nutzt das Bewußtsein der Seele die Steinform erst nach unzähligen Zyklen und Zeitaltern unterschiedlicher Erfahrungen durch unterschiedliche Spezies von Formen. Unter ihnen gibt es **sieben größere** verschiedene Hauptarten allerendlichster und allergrobstofflichster gasförmiger Formen, die gewöhnliche Menschenwesen nicht einmal konkret erfassen oder sich vorstellen können.

Zum leichteren Verständnis beginnen wir mit dem Zustand der bewußten Seele, in dem sie sich gerade mit der Steinform zu assoziieren und identifizieren beginnt.

Auch bei der Steinform gibt es unterschiedliche Spezies, und das Bewußtsein der Seele muß jede einzelne und alle dieser Spezies eine nach der anderen als geeignete Medien benutzen, und zwar in Übereinstimmung mit der Vielfalt der Eindrücke der Seele, um verschiedenartige und zahllose Eindrücke zu erfahren, die einer nach dem anderen in der Steinform gesammelt werden.

Nehmen wir also Stein als das Medium für die grobstofflichsten Eindrücke, so folgt daraus, daß die Seele, die ewig in der

ÜBERSEELE ist, jetzt mit endlichstem Bewußtsein die grobstofflichsten Eindrücke durch das Medium der Steinform erfährt.

Deshalb bedient sich die unendliche, unteilbare, ewige Seele (ohne Form), die sich auf ewig in der ÜBERSEELE befindet, während sie durch ihr eigenes endlichstes Bewußtsein die endlichsten grobstofflichen Eindrücke erfährt, des allerendlichsten grobstofflichen Mediums der ersten Steinspezies (wobei »erste« hier die allererste meint). Auf diese Weise wird die Seele unmerklich, wenn auch spontan dazu gebracht, sich als Stein zu identifizieren.

Nach vielen Zeitaltern und Zyklen wird das endlichste grobstoffliche Bewußtsein in der Seele nach und nach durch zahllose und verschiedenartige Erfahrungen endlicher EINDRÜCKE evolviert, und zwar durch die Identifizierung der Seele mit der allerersten Spezies von Stein. Ist dann schließlich eine Grenze des Sammelns von Erfahrungen erreicht, dann wird die Identifizierung der Seele mit der allerersten Steinspezies schließlich nach und nach dissoziiert, und diese Steinform wird aufgegeben.

Nunmehr bleibt die Seele für eine gewisse Zeit ohne jedes Medium, obwohl das endlichste Bewußtsein, das entwickelt wurde, zusammen mit den grobstofflichsten endlichen EINDRÜCKEN der allerersten Steinspezies, die eben erst aufgegeben wurde, verbleibt.

Daher ist sich die Seele, jetzt ohne irgendein Medium oder eine Form, der endlichsten Eindrücke (*Sanskaras*) bewußt. Solange jedoch das Bewußtsein in Eindrücken zentriert ist, muß die Seele zwangsläufig diese Eindrücke erfahren.

Um daher die Eindrücke der aufgegebenen allerersten Spezies der Steinform zu erfahren, beginnt das in den Eindrücken der aufgegebenen Steinform zentrierte Bewußtsein der Seele sich mit der allernächsten Spezies der Steinform zu assoziieren. Die Seele identifiziert sich mit dieser Steinspezies, und das Bewußtsein der Seele beginnt durch Assoziierung mit dem neuen Medium der allernächsten Spezies der Steinform die Eindrücke der allerersten Spezies der Steinform zu erfahren.

Der wichtigste Punkt, den es hier zu begreifen gilt, ist folgender: Wenn das Bewußtsein der Seele seine Identifizierung mit einer Form oder einem Medium dissoziiert und nur die Eindrücke der auf diese Weise dissoziierten Form zurückbehält, dann werden diese Eindrücke durch ein anderes geeignetes Medium erfahren, sobald das Bewußtsein der Seele sich mit dem nächsten Medium oder der nächsten Form assoziiert. Doch wird dieses Medium oder diese Form stets aus den konsolidierten Eindrücken der letzten Spezies der Form geschaffen und gebildet, mit der die Seele sich selbst assoziiert und identifiziert hat und deren Eindrücke vom Bewußtsein der Seele selbst dann beibehalten wurden, als sie von der Form dissoziiert war.

Unzählige verschiedenartige Erfahrungen zahlloser Eindrücke, die das Bewußtsein der Seele durch verschiedene Spezies der Steinform erfahren hat, führen also nach und nach zur größeren Evolution des Bewußtseins der Seele.

Nach vielen Zeitaltern und Zyklen von Erfahrungen wird schließlich ein Stadium erreicht, in dem das Bewußtsein der Seele dazu tendiert, die Seele selbst von der allerletzten Spezies der Steinform zu dissoziieren. Und obwohl die allerletzte Form der Steinspezies von der Seele dissoziiert oder aufgegeben wird, verbleibt das bisher entwickelte endlichste Bewußtsein zusammen mit den endlichsten grobstofflichen Eindrücken der aufgegebenen allerletzten Spezies der Steinform.

Die nun weder Medium noch Form besitzende Seele ist sich der endlichsten grobstofflichen Eindrücke (*Sanskaras*) der allerletzten Spezies der Steinform bewußt. Die Seele muß zwangsläufig diese Eindrücke erfahren.

Um nun die Eindrücke der allerletzten Steinform zu erfahren, assoziiert und identifiziert die Seele sich mit einem anderen Medium - der Metallform. Dieses Medium der Metallform ist nichts als die Gußform der Eindrücke der allerletzten Spezies der Steinform. Mit anderen Worten: Die allererste Spezies der Metallform wird aus den allerletzten Spezies der Steinform-Eindrücke geschaffen und gebildet.

Auf diese Weise erfährt die unendliche, ewige Seele ohne Form, die auf ewig in der ÜBERSEELE weilt, durch das entwickelte Bewußtsein die grobstofflichsten endlichen Eindrücke der allerletzten Spezies der Steinform, während sie sich mit der allerersten Spezies der Metallform assoziiert und identifiziert.

Es gibt verschiedene Spezies der Metallform, ebenso wie der Steinform, und das Bewußtsein der Seele bedient sich dieser verschiedenartigen zahllosen Spezies der Metallform als Medien, durch welche sie die gesammelten unterschiedlichen und zahllosen Eindrücke erfährt. Dadurch gewinnt die Evolution des Bewußtseins der Seele an Schwungkraft in Relation zur Menge der unterschiedlichen und vielfachen Erfahrungen unterschiedlicher und zahlloser Eindrücke durch unterschiedliche Medien oder Spezies von Formen.

Auf diese Weise fahren die Zyklen der Evolution des Bewußtseins der Seele fort, durch die Evolution von Formen höherer und höherer Spezies ein weiteres und größeres Bewußtsein zu entwickeln, wobei sie die Eindrücke der dissoziierten Formen der niedrigeren und niedrigeren Spezies erfahren und ausschöpfen.

Das Bewußtsein der Seele erfährt all die Eindrücke der allerletzten Spezies der Steinform durch das Medium der allerersten Spezies der Metallform und schöpft sie aus. Sobald alle Eindrücke der allerletzten Spezies der Steinform ausgeschöpft sind, löst sich das Bewußtsein der Seele von der allerersten Spezies der Metallform und gibt diese Form auf. Doch bewahrt das Bewußtsein nunmehr die Eindrücke der allerersten Spezies der Metallform.[16]

Diese Eindrücke der allerersten Spezies der Metallform werden nun von der bewußten Seele durch ihre Assoziierung und Identifizierung mit der allernächsten Spezies der Metallform

---

16 [Der Leser sollte nicht denken, daß die häufig auftauchende Vorsilbe »aller-« wie etwa in »allererste«, »allernächste« usw. überflüssig oder redundant ist. Jede Spezies einer bestimmten Form – Stein zum Beispiel – hat zahlreiche Wiederholungen mit winzigen Variationen, bevor sie zur allernächsten Spezies derselben Form übergeht, und es schien notwendig, hier zu differenzieren. »Allerletzte« wird also benutzt, um die zu allerletzt angetroffene Form zu bezeichnen, das heißt die höchste und letzte evolutionäre Form der Spezies und sollte nicht als die niedrigste Form auf der Skala mißverstanden werden. (Anm. d. Hrsg.)]

erfahren. Diese Form ist nichts als die konsolidierte Gußform der
allerersten Spezies der Metallform, die von der bewußten Seele
aufgegeben oder dissoziiert wurde. Auf diese Weise wird eine
Kette verschiedenartiger Spezies von Metallformen hervorgebracht, und die Seele (oder um präziser zu sein: das Bewußtsein
der Seele) assoziiert sich mit und dissoziiert sich von jeder Spezies der Metallform, wobei sie verschiedene Eindrücke ausschöpft und erwirbt. Während sie diese Eindrücke erfährt, entwickelt die Seele gleichzeitig mit der Evolution immer höherer
Spezies von Formen immer mehr Bewußtsein. Nach vielen Zeitaltern und Zyklen assoziiert und identifiziert sich das Bewußtsein der Seele schließlich mit der allerletzten Spezies der Metallform, um die Eindrücke der vorletzten Spezies der Metallform zu
erfahren, welche die Seele soeben aufgegeben oder dissoziiert hat.

Diese Seele, die sich auf ewig in der ÜBERSEELE befindet,
erfährt sich selbst als Metall, obwohl sie unendlich und ohne
Form ist.

Während sie sich mit verschiedenen Spezies der Metallform
identifiziert, beginnt die Seele gleichzeitig die grobstoffliche
Welt zu erfahren, und zwar in Übereinstimmung mit und Proportion zu den Erfahrungen der Seele mit der Steinform und der
Metallform.

Die Metallform, die eine ganze Reihe verschiedener Metall-
spezies umfaßt, ist ebenso anorganisch, unbelebt und fest wie die
Steinform, die eine ganze Reihe von unterschiedlichen Steinspezies umfaßt.

Die Seele oder genauer gesagt das Bewußtsein der Seele erfährt sich, während es sich mit den Spezies der Stein- und Metallformen identifiziert, als eins mit der Stein- und der Metallform
und realisiert sich selbst als anorganisch, unbelebt und fest und
erfährt diese anorganischen, unbelebten und festgefügten Zustände im Verlauf der gesamten Evolution der Stein- und
Metallformen in der grobstofflichen Welt.

Der feste, unbelebte Zustand der Seele ist ein Zustand, in dem
Leben und Energie trotz größerer Evolution des Bewußtseins
noch schlummern. Daher können sich die Formen in diesem

festen Zustand nicht von selbst und aus eigenem Antrieb umherbewegen (d. h. sie verfügen nicht über willkürliche Bewegung), und daher neigt das Bewußtsein der Seele, das sich mit diesen festen Formen, die unbelebt und anorganisch sind und deren Leben und Energie noch schlummern, assoziiert, dazu, liegende, horizontale Positionen einzunehmen, statt einen vertikalen, aufrechten Stand oder eine aufgerichtete Position in der grobstofflichen Welt einzunehmen.

Nach vielen Zeitaltern und Zyklen verschiedenartiger unzähliger grobstofflicher Erfahrungen unterschiedlicher und zahlloser Eindrücke durch eine Vielfalt von Spezies der Metallform dissoziiert sich das Bewußtsein der Seele schließlich von der allerletzten Spezies der Metallform. Somit wird die Identität der Seele mit der allerletzten Spezies der Metallform aufgegeben, und wie gewöhnlich ist die bewußte Seele wieder einmal zeitweilig mit keinerlei Form identifiziert (d. h. die Seele ist jetzt ohne irgendeine Form).

In diesem Zustand der bewußten Seele, in dem es keine Form gibt, mit der sie sich assoziieren kann, ist das Bewußtsein der Seele allein in den Eindrücken der allerletzten Spezies der Metallform zentriert, die jetzt aufgegeben ist.

Dementsprechend ist die bewußte Seele in diesem Zustand – nämlich keine Form zur Identifikation zu haben – nur der Eindrücke der allerletzten Spezies der Metallform bewußt.

Die bewußte Seele muß diese Eindrücke der allerletzten Spezies der Metallform dadurch ausschöpfen, daß das Bewußtsein der Seele diese Eindrücke durch ein geeignetes Medium erfährt. Und das geeignete Medium zum Erschöpfen oder Ausschöpfen dieser Eindrücke der allerletzten Spezies der Metallform ist die allererste Spezies der Pflanzenform. Diese Spezies der Pflanzenform ist nichts weiter als die konsolidierte Gußform der Eindrücke der allerletzten Spezies der Metallform.

Wenn sich das Bewußtsein der Seele nunmehr mit der allerersten Spezies der Pflanzenform assoziiert, dann neigt die also bewußte Seele dazu, sich mit dieser Form zu identifizieren und erfährt sich tatsächlich als jene Spezies der Pflanzenform, wobei sie sich der Wirklichkeit ganz und gar nicht bewußt ist, daß sie (die Seele) unendlich, ewig und ohne Form ist – auf ewig in der ÜBERSEELE (*Paramatma*).

In diesem Zustand der allerersten Spezies der Pflanzenform erfährt das Bewußtsein der Seele die grobstoffliche Welt in Übereinstimmung mit und in Proportion zu den Eindrücken, die sie in der Steinform und der Metallform erfahren hat und der Pflanzenform erfährt.

Während dieses Bewußtsein der Seele, das mit der Pflanzenform identifiziert ist, so die grobstoffliche Welt erfährt, realisiert es jetzt, daß es Pflanze ist und halb unbelebte und halb belebte Eigenschaften besitzt. Die bewußte Seele nimmt nun in der grobstofflichen Welt durch diese pflanzliche Form einen aufrechten, aufgerichteten Stand ein. Auch wenn diese Form nicht unabhängig aus sich allein stehen kann, bedient sie sich der Hilfe anderer Medien, um einen aufrechten Stand einzunehmen. Jedoch ist diese Form noch nicht in der Lage, dem Bewußtsein der Seele die Erfahrung willkürlicher Bewegung zu vermitteln.

Nachdem die Eindrücke der allerletzten Spezies der Metallform vom Bewußtsein der Seele durch die allererste Spezies der Pflanzenform ausgeschöpft sind, wird diese allererste Spezies der Pflanzenform aufgegeben (d. h. das Bewußtsein der Seele dissoziiert sich von dieser allerersten Spezies der Pflanzenform).

Wiederum erkennt die bewußte Seele, daß sie keine Form besitzt, obwohl das entwickelte Bewußtsein vorhanden ist. Dieses entwickelte Bewußtsein der Seele ist nun in den Eindrücken der allerersten Spezies der gerade aufgegebenen oder dissoziierten Pflanzenform zentriert.

Um diese Eindrücke der allerersten Spezies der Pflanzenform zu erfahren, bedient sich das jetzt formlose Bewußtsein der Seele eines geeigneten Mediums, und zwar der allernächsten Spezies der Pflanzenform. Diese ist nichts als die konsolidierte Gußform der Eindrücke der allerersten Spezies der Pflanzenform.

Durch Assoziation mit dem Medium der allernächsten Spezies der Pflanzenform erfährt das Bewußtsein der Seele in der grobstofflichen Welt die Eindrücke jener letzten Spezies der

Pflanzenform, die gerade aufgegeben wurde. Sobald diese Eindrücke durch verschiedenartige Erfahrungen ausgeschöpft sind, gibt das Bewußtsein der Seele ihre Assoziation mit der allernächsten Spezies der Pflanzenform auf und erfährt, daß sie (die Seele) ohne grobstoffliche Form und ihr Bewußtsein nur in den Eindrücken der zuletzt aufgegebenen Spezies der Form zentriert ist. Um wiederum diese Eindrücke zu erfahren, macht das Bewußtseins der Seele die Seele dazu geneigt, sich mit der nächsten Spezies der Pflanzenform zu identifizieren. Diese Kette von Eindrücken, Erfahrungen und Spezies der Form, von einer Form zur nächsten, ist so eng verbunden, daß sie augenscheinlich endlos ist. Und um sich selbst ganz und vollständig zu entwickeln, bleibt dem Bewußtsein der Seele kein anderer Weg übrig, als selbst in diesen Circulus vitiosus verwickelt zu werden, bis das auf diese Weise erlangte Bewußtsein der Seele diese zwangsläufig erkennen läßt, daß sie unendlich, ewig und auf ewig in der Überseele ist, und die Seele so Unendliche Macht, Unendliches Wissen und Unendliche Glückseligkeit erfahren läßt.

Folgendes ist wichtig und muß sorgsam bedacht werden: Während der Zyklus der Evolution des Bewußtseins immer weiter voranschreitet und durch Erfahrungen weiterer und größerer Eindrücke ein weiteres und größeres Bewußtsein entwickelt wird, entwickelt diese Evolution des Bewußtseins unbeabsichtigt eine Aufeinanderfolge von Formen immer höherer Spezies, während sie die Eindrücke der niederen und noch niedrigeren Spezies, die dissoziiert, aufgegeben oder abgelegt werden, ganz ausschöpft.

Die Lücke zwischen dem Beginn und dem Ende einer Reihe von Spezies einer bestimmten Form, etwa der Steinform, der Metallform, der Pflanzenform oder sonstiger Formen, angefangen bei der niedrigsten oder gröbsten allerersten Spezies einer ganz bestimmten Art von Form und endend bei der höchsten oder sublimen allerletzten Spezies der Form dieser besonderen Art, wird daher fortschreitend ausgefüllt, und zwar durch die Evolution von Formen höherer und immer höherer Typen, die für die Eindrücke geeignet und dem Bewußtsein der Seele

70

behilflich sind, ein höheres und immer höheres Bewußtsein zu erlangen. Kurz gesagt: Zwischen den allerersten und allerletzten Formen-**Spezies** einer bestimmten Form gibt es verschiedene Formen-Spezies jener besonderen Form, die entwickelt wurden, um den Anforderungen des evolvierenden Bewußtseins der Seele zu entsprechen.

An den Punkt gelangt, wo das Bewußtsein der Seele sich mit der allerletzten Spezies der Pflanzenform assoziiert, identifiziert die bewußte Seele sich mit dieser allerletzten Spezies der Pflanzenform und erfährt die Eindrücke der vorletzten Spezies der Pflanzenform, die zuletzt aufgegeben wurde.

Sobald alle Eindrücke dieser vorletzten Spezies der Pflanzenform ausgeschöpft sind, identifiziert die bewußte Seele sich nicht länger mit der allerletzten Spezies der Pflanzenform, weil das Bewußtsein der Seele sich von jener allerletzten Spezies der Pflanzenform dissoziiert hat. Diese allerletzte Spezies der Pflanzenform wird schließlich ebenfalls von der bewußten Seele abgestreift, und zwar nach vielen Zeitaltern und Zyklen der Erfahrung des gesamten Pflanzenreiches überall in der grobstofflichen Welt auf dem festen Land und in den Gewässern.

Obgleich die allerletzte Spezies der Pflanzenform von der bewußten Seele abgestreift wurde und die Seele jetzt ohne Form ist, ist jedoch das entwickelte Bewußtsein vorhanden, und durch dieses Bewußtsein ist sich die Seele (auch wenn sie keine Form hat) der Eindrücke der soeben abgestreiften allerletzten Spezies der pflanzlichen Form bewußt.

Diese Eindrücke müssen zwangsläufig erschöpft oder ausgeschöpft werden.

Um diese Eindrücke zu erfahren, assoziiert das Bewußtsein der Seele sich jetzt mit einem geeigneten Medium, um diese Eindrücke der allerletzten Spezies der Pflanzenform zu erfahren. Das Bewußtsein der Seele macht daher die Seele geneigt, sich mit der allerersten Spezies der Wurmform zu identifizieren. Man muß daran denken, daß diese Form der allerersten Spezies der Wurmform nichts anderes ist als die konsolidierte Gußform der Eindrücke der allerletzten Spezies der Pflanzenform.

71

Während die bewußte Seele sich daher mit dieser allerersten Spezies der Wurmform identifiziert, erkennt die Seele, daß sie tatsächlich ein Wurm ist und wird wurmbewußt.

Trotz allen bis dahin entwickelten Bewußtseins ist die Seele noch nicht ihrer Wirklichkeit bewußt, ihres ursprünglichen, unendlichen, ewigen Zustands, auf ewig in der ÜBERSEELE. Obwohl die Seele auf ewig in der ÜBERSEELE weilt und unendlich und ohne Form ist, erfährt diese teilweise bewußte Seele sich tatsächlich als einen Wurm in der grobstofflichen Welt. Das ist Unwissenheit. Diese Unwissenheit besteht so lange, wie das Bewußtsein der Seele nicht voll entwickelt ist. Doch selbst wenn die Seele zu vollem Bewußtsein gelangt ist, gilt sie immer noch als in Unwissenheit eingehüllt, weil dieses voll entwickelte Bewußtsein die Seele nicht unverzüglich SELBST-bewußt macht. Im Gegenteil: Wenn das Bewußtsein der Seele voll entwickelt ist, beginnt die Seele sich als ein Menschenwesen zu identifizieren.

Während das Bewußtsein der Seele sich mit der allerersten Spezies der Wurmform assoziiert, erfährt es die Eindrücke der allerletzten Spezies der Pflanzenform und schöpft diese aus. Sind alle Eindrücke der allerletzten Spezies der Pflanzenform durch die verschiedenartigen Erfahrungen der Seele während des Stadiums ihrer Identifikation mit der allerersten Spezies der Wurmform völlig ausgeschöpft oder erschöpft, dann wird diese allererste Spezies der Wurmform aufgegeben oder dissoziiert, und die Seele ist wiederum ohne irgendeine Form, obwohl sie sich der Eindrücke der allerersten Spezies der Wurmform bewußt ist.

Diese Eindrücke der allerersten Spezies der Wurmform müssen erfahren und ausgeschöpft werden. Deshalb assoziiert sich das Bewußtsein der Seele mit einem anderen geeigneten Medium und macht die Seele dazu geneigt, sich mit der allernächsten Spezies der Wurmform zu identifizieren. Dieses Medium der allernächsten Spezies der Wurmform ist nichts anderes als die konsolidierte Gußform der Eindrücke der allerersten Spezies der Wurmform.

72

Auf diese Weise wird eine Spezies der Wurmform nach der anderen geformt und wieder aufgegeben während das Bewußtsein der Seele sich rasch durch das Erleben der verschiedenartigen Eindrücke von Wurmformen durch diverse Spezies von Wurmformen entwickelt.

Wenn das Bewußtsein der Seele wurmbewußt ist und sich selbst als Wurm in der grobstofflichen Welt erfährt, dann hat das Bewußtsein der Seele zum ersten Male die Erfahrung willkürlicher Bewegung und erfährt auch, daß es eine belebte Kreatur ist. In ihrem Ringen darum, mehr und mehr Bewußtsein zu erlangen, erfährt diese wurmbewußte Seele sich in der grobstofflichen Welt als ein wirbelloses Tier und in einem späteren Stadium in anderen Zuständen von mit einer Wirbelsäule versehenen gliederlosen, kriechenden Wurmformen verschiedener Spezies. In anderen verschiedenartigen Spezies der Wurmform durchläuft das Bewußtsein der Seele weitere unterschiedliche Erfahrungen willkürlicher Bewegung durch Kriechen, durch Beinpaare und manchmal durch mehrfache Beinpaare, gelegentlich auch durch Bein- und Flügelpaare. Manchmal erkennt die wurmbewußte Seele sich in verschiedenartigen Spezies der Wurmform als ein Geschöpf mit behaarter Oberfläche, manchmal mit glatter und seidiger oder mit rauher oder schuppiger Oberfläche (Haut). Die wurmbewußte Seele erkennt jetzt auch genauer, daß sie um ihren Unterhalt und auch um ihr Überleben kämpfen muß und mit Empfindungen und Leben ausgestattet ist.

Diese wurmbewußte Seele, deren Bewußtsein sich durch größere und unterschiedliche zahllose Erfahrungen verschiedenartiger und multipler Eindrücke von Wurmformen entwickelt, erfährt und realisiert auch, daß sie ein Amphibium ist und nicht nur über willkürliche Bewegung auf dem Lande sondern auch über Freiheit und Beweglichkeit im Wasser verfügt.

Um uns das Verständnis der Evolution des Bewußtseins einfacher und leichter zu machen, beziehen wir in die Wurmform die verschiedenen Spezies von Würmern, die verschiedenen Spezies von Insekten, die verschiedenen Spezies von Reptilien und die verschiedenen Spezies von Amphibien mit ein. Kurz gesagt: Wir beziehen in die Wurmform alle Spezies ein, die dazu neigen zu kriechen oder die trotz Gliedern, Beinen und Flügeln kriechen oder sich auf andere Weise von Vögeln und Vierbeinern unterscheiden.

Die Steinform und die Metallform hatten keinen aufrechten oder aufgerichteten Stand. Es waren liegende Formen. Ihre Stellung war flach oder horizontal. Die Pflanzenform hatte einen aufrechten, aufgerichteten Stand. Nun gehört die Wurmform wiederum zum liegenden Formtypus, der kein aufrechtes oder aufgerichtetes Stehen kennt, sondern die Veranlagung hat, flach ausgestreckt zu sein.

Sobald das Bewußtsein der Seele sich nach dem Erleben aller Eindrücke der verschiedenartigen Spezies der Wurmform mit der allerletzten Spezies der Wurmform assoziiert, und sobald die bewußte Seele dann wirklich nach vielen Zeitaltern und Zyklen multipler diverser Erfahrungen in der grobstofflichen Welt diese allerletzte Spezies der Wurmform aufgibt und abstreift, dann findet sich die bewußte Seele wiederum ohne jede Assoziation oder Identifizierung mit Formen. Doch ist das Bewußtsein der Seele nunmehr in den Eindrücken der eben abgestreiften allerletzten Spezies der Wurmform zentriert. Diese Eindrücke müssen zwangsläufig durch Erfahrungen ausgeschöpft werden, und es bedarf eines geeigneten Mediums, um Erfahrungen machen zu können.

Daher assoziiert sich das Bewußtsein der Seele, das in den Eindrücken der allerletzten Spezies der Wurmform zentriert ist, mit einem geeigneten Medium und macht die Seele geneigt, sich mit der allerersten Spezies der Fischform zu identifizieren, um die Eindrücke der allerletzten Spezies der Wurmform zu erfahren und auszuschöpfen. Diese allererste Spezies der Fischform ist nichts anderes als die konsolidierte Gußform der Eindrücke der allerletzten Spezies der Wurmform.

Sobald die Eindrücke der allerletzten Spezies der Wurmform durch Erfahrungen aufgebraucht sind, wird die allererste Spezies der Fischform aufgegeben oder abgestreift, weil sich das Bewußtsein der Seele von dieser allerersten Spezies dissoziiert

74

und die bewußte Seele sich nicht länger mit dieser Spezies identifiziert.

Obwohl die bewußte Seele wieder einmal zeitweilig ohne Form ist, bleibt das Bewußtsein der Seele in den Eindrücken der allerersten Spezies der Fischform zentriert.

Um diese Eindrücke der allerersten Spezies der Fischform zu erfahren, assoziiert sich das Bewußtsein der Seele mit einem geeigneten Medium und macht die bewußte Seele geneigt, sich mit der allernächsten Spezies der Fischform zu identifizieren. Diese Spezies ist nichts anderes als die konsolidierte Gußform der Eindrücke der allerersten Spezies der Fischform.

Nach vielen Zeitaltern und Zyklen und nach unzähligen verschiedenartigen Eindrücken diverser Spezies der Fischform, die erfahren und ausgeschöpft wurden, assoziiert sich das Bewußtsein der Seele schließlich mit der allerletzten Spezies der Fischform, um alle Eindrücke der vorletzten Spezies der Fischform zu erfahren und auszuschöpfen.

Auf diese Weise erfährt die fischbewußte Seele bei ihrer Identifizierung mit unterschiedlichen Spezies der Fischform in der grobstofflichen Welt, daß sie eine lebendige Kreatur im Wasser ist, ein mit Leben, Empfindungen und willkürlicher Bewegung ausgestattetes Wirbeltier, eine lebende Kreatur mit Gliedern, die (wenn vorhanden) zu Flossen modifiziert sind. Und sie erfährt, daß sie um ihren Lebensunterhalt und ums Überleben kämpfen muß. Die fischbewußte Seele erfährt keine aufrechte, aufgerichtete Haltung, sondern erlebt sich als liegend, als ein Geschöpf, das den Kopf niemals hoch und aufrecht halten und in der grobstofflichen Welt eine aufgerichtete Stellung einnehmen kann.

Die fischbewußte Seele streift schließlich ihre Identität mit der allerletzten Spezies der Fischform ab oder gibt sie auf, und zwar sobald das Bewußtsein der Seele alle Eindrücke der vorletzten Spezies der Fischform erfahren und ausgeschöpft hat. Somit findet sich die bewußte Seele erneut ohne Identifikation mit irgendeiner Form. Doch ist sich das Bewußtsein der Seele der Eindrücke der allerletzten Spezies der Fischform bewußt.

Diese Eindrücke der allerletzten Spezies der Fischform müssen erfahren und ausgeschöpft werden, weshalb das Bewußtsein der Seele sich nun mit einem anderen geeigneten Medium assoziiert und auf diese Weise die Seele dazu geneigt macht, sich mit der allerersten Spezies der Vogelform zu identifizieren, die nichts anderes ist als die konsolidierte Gußform der Eindrücke der allerletzten Spezies der Fischform.

In der allerersten Spezies der Vogelform erfährt das Bewußtsein der Seele die Eindrücke der allerletzten Spezies der Fischform und schöpft sie aus.

Sobald auf diese Weise alle Eindrücke ausgeschöpft sind, dissoziiert sich das Bewußtsein der Seele von der allerersten Spezies der Vogelform, und die bewußte Seele gibt ihre Identität mit der allerersten Spezies der Vogelform auf oder streift sie ab (d. h. die allererste Spezies der Vogelform wird aufgegeben).

Die bewußte Seele ist wieder einmal ohne Form, besitzt jedoch ein Bewußtsein, das in den Eindrücken der soeben aufgegebenen allerersten Spezies der Vogelform zentriert ist.

Diese Eindrücke müssen erfahren und aufgebraucht werden, weshalb das Bewußtsein der Seele sich automatisch mit der allernächsten Spezies der Vogelform assoziiert und die bewußte Seele geneigt macht, sich mit der allernächsten Spezies der Vogelform zu identifizieren, wobei diese Spezies nur die konsolidierte Gußform der Eindrücke der allerersten Spezies der Vogelform ist.

Weiter und weiter, Zeitalter über Zeitalter und Zyklen nach Zyklen bewegt diese Kette aufeinanderfolgender Assoziationen mit und Dissoziationen von den verschiedenen Spezies einer bestimmten Form sich stetig und fortschreitend voran und erzeugt zahllose unterschiedliche Eindrücke, die von der bewußten Seele erfahren werden müssen. Direkt und indirekt sind diese Assoziationen und Dissoziationen des Bewußtseins der Seele absolut unerläßlich, um das Rad der Evolution des Bewußtseins in Gang zu halten. Die Evolution grobstofflicher Formen ist nur ein Nebenprodukt der universalen Fabrik der Bewußtseinsevolution.

Die vogelbewußte Seele identifiziert sich mit einer Spezies, dann mit der nächsten und danach wieder mit der nächsten Vogelform, eine nach der anderen in regelmäßiger Aufeinanderfolge, bis das Bewußtsein der Seele sich nacheinander mit allen Spezies der Vogelform assoziiert und sich wieder davon dissoziiert hat, während es mannigfaltige Eindrücke in der grobstofflichen Welt erfahren hat, wobei das entwickelte Bewußtsein der bewußten Seele die Seele auf diese Weise geneigt macht, sich selbst als einen Vogel in jeder Spezies der Vogelform zu erkennen. Obwohl die Seele ewig ohne Form und in der ÜBERSEELE ist, realisiert die vogelbewußte Seele dennoch, daß sie nichts anderes ist als ein Vogel in der grobstofflichen Welt, der auf dem Lande, im Wasser und in der Luft die Eindrücke eines Vogels erfährt. Sie erkennt sich als ein gefiedertes Wirbeltier, das in der Lage ist, in der Luft zu fliegen, und mit Hilfe zweier Beine bewahrt sie eine aufrechte Haltung.

Schließlich, nach vielen Zeitaltern und Zyklen von Erfahrungen mit verschiedenartigen Spezies der Vogelform, streift die vogelbewußte Seele die allerletzte Spezies der Vogelform ab oder gibt sie auf, und zwar sobald das Bewußtsein der Seele sich von der allerletzten Spezies der Vogelform dissoziiert. Und das Bewußtsein der Seele trennt sich von der allerletzten Spezies der Vogelform, sobald das Bewußtsein alle Eindrücke der vorletzten Spezies der Vogelform in der allerletzten Spezies der Vogelform erfahren und ausgeschöpft hat.

Und wiederum erfährt die bewußte Seele sich als ein Wesen, das zur Zeit keine Form hat, obwohl das weiter und umfassender entwickelte Bewußtsein stets gegenwärtig ist. (Sobald die Seele einmal Bewußtsein erreicht hat, entwickelt sich dieses Bewußtsein weiter und weiter und kann niemals verlorengehen oder zurückentwickelt werden.) Dieses Bewußtsein der Seele ohne Form zentralisiert sich jetzt in den Eindrücken der eben aufgegebenen allerletzten Spezies der Vogelform. Diese Eindrücke müssen zwangsläufig vom Bewußtsein der Seele verbraucht oder ausgeschöpft werden. Daher assoziiert das Bewußtsein sich mit einem geeigneten Medium und macht die bewußte Seele auf diese Weise geneigt, sich mit der allerersten Spezies der Säugetierform zu identifizieren. Durch diese allererste Spezies der Säugetierform erfährt das Bewußtsein der Seele die Eindrücke der allerletzten Spezies der Vogelform, die es aufgegeben oder von der es sich dissoziiert hat. Diese allererste Spezies der Säugetierform ist nichts anderes als die konsolidierte Gußform der abgestreiften allerletzten Spezies der Vogelform.

Nach zahllosen und unterschiedlichen Erfahrungen der Eindrücke der allerletzten Spezies der Vogelform durch die Form der allerersten Spezies der Säugetierform schöpft das Bewußtsein der Seele die Eindrücke der allerletzten Spezies der Vogelform vollständig aus und dissoziiert sich dann automatisch von der Identifizierung mit der allerersten Spezies der Säugetierform. Auf diese Weise wird die Form jener Spezies von der bewußten Seele abgestreift oder man bezeichnet die Form jener Spezies als aufgegeben oder abgestorben.

Wiederum findet sich die bewußte Seele mit stärker entwickeltem Bewußtsein ohne eine Form, wenn auch das Bewußtsein der Seele in den Eindrücken der (eben aufgegebenen oder abgestreiften) Form der allerersten Spezies der Säugetierform zentriert ist.

Diese Eindrücke der (soeben aufgegebenen) Form der allerersten Spezies der Säugetierform müssen vom Bewußtsein der Seele erfahren oder ausgeschöpft werden, damit die bewußte Seele nicht etwa irgendwelcher Eindrücke irgendeiner Form gewahr ist, sondern nur der **Wirklichkeit** ihres eigenen unendlichen, ewigen Zustands, ohne Formen oder Eindrücke bewußt ist und die ÜBERSEELE durch WISSEN erfährt. Während dieses ganzen Ringens der Seele darum, dieses Bewußtsein für sich selbst zu erlangen, welches sie die Wirklichkeit ihres SELBST erkennen lassen würde, schreitet die bewußte Seele in einer augenscheinlich nicht endenden Kette fort und fort in dem unablässigen Bemühen ihres Bewußtseins, alle Eindrücke zu erfahren und auszuschöpfen, die das Bewußtsein der Seele auf einen Punkt zentrieren und dieses Bewußtsein dabei von der Wirklichkeit des ewigen und unendlichen Zustands des SELBST (ewig in der ÜBERSEELE) ablenken und hin zum Bewußtsein der Dualität der Illusion der grobstofflichen Welt lenken. Auf diese Weise ist das Bewußtsein der Seele in dem Bemühen, Bewußtsein der Wirklichkeit des SELBST zu erlangen, ständig von einem Schleier der Unwissenheit umhüllt.

Damit nun das Bewußtsein der Seele die Eindrücke der allerersten Spezies der Säugetierform erfahren und ganz ausschöpfen kann, assoziiert das Bewußtsein der Seele sich jetzt automatisch mit einem geeigneten Medium, das es ihm ermöglicht und das ihm hilft, die Eindrücke der allerersten Spezies der Säugetierform zu erfahren. Diese Assoziation des Bewußtseins der Seele macht die bewußte Seele geneigt, sich mit der allernächsten Spezies der Säugetierform zu identifizieren. Diese allernächste Spezies der Säugetierform ist nichts anderes als die konsolidierte Gußform der Eindrücke der allerersten Spezies der Säugetierform.

Sobald die Eindrücke durch die allernächste Spezies der Säugetierform erfahren und ganz ausgeschöpft sind, wird diese Spezies von der bewußten Seele aufgegeben. Erneut erfährt die Seele, daß sie mit keiner grobstofflichen Form der grobstofflichen Welt identifiziert ist.

Ist die säugetierbewußte Seele ohne irgendeine Form, dann ist das Bewußtsein der Seele in den Eindrücken der eben aufgegebenen oder abgestreiften allernächsten Spezies der Säugetierform zentriert.

Diese Eindrücke müssen ebenfalls erfahren werden, damit sie ausgeschöpft werden können, weshalb sich das Bewußtsein der Seele automatisch mit einem anderen Medium assoziiert. Das macht die bewußte Seele zwangsläufig geneigt, sich mit der allernächsten der nächsten Spezies der Säugetierform zu identifizieren.

Nach vielen Zeitaltern und Zyklen verschiedenartiger und zahlloser Assoziationen mit und Dissoziationen von verschiedenen Spezies der Säugetierform assoziiert das Bewußtsein der Seele sich schließlich mit jenem Medium, das die bewußte Seele geneigt macht, sich als die allerletzte der letzten Spezies der Säugetierform zu identifizieren.

Während der gesamten Erfahrungen der säugetierbewußten Seele identifiziert sich die Seele (durch ihr Bewußtsein) mit verschiedenartigen Spezies von Säugetieren der grobstofflichen Welt im Wasser, auf dem Lande und unter der Oberfläche der Erde. Daher erlebt sie die Erfahrungen einer belebten Kreatur, gewöhnlich eines vierbeinig organisierten Wesens, das ausgestattet ist mit Leben, Empfindungen und willkürlicher Bewegung, einer Kreatur, die während dieser ganzen Zeit um ihren Lebensunterhalt und ihr Überleben kämpfen muß, manchmal als Pflanzenfresser und manchmal als fleischfressendes Geschöpf. Die Säugetierform nimmt keine aufgerichtete oder aufrechte Haltung ein und neigt dazu, mit abwärts hängendem Kopf nach unten zu blicken. Affen jedoch sind der am weitesten entwickelte Typ des Säugetiers, und sie neigen zu aufrechter Haltung wie die Menschen.

Schließlich, nach vielen Zeitaltern und Zyklen, wenn alle Eindrücke der vorletzten Spezies der Säugetierform durch das Medium der allerletzten Spezies der Säugetierform erfahren und ausgeschöpft sind, dissoziiert sich das Bewußtsein der Seele von der allerletzten Spezies der Säugetierform, und die bewußte Seele identifiziert sich nicht länger mit dieser allerletzten Spezies der Säugetierform. Von dieser Form dissoziiert sich das Bewußtsein der Seele und sie wird aufgegeben oder abgestreift. Auch wenn die allerletzte Spezies der Säugetierform aufgegeben oder abgestreift wird, bleiben jedoch die Eindrücke der allerletzten Säugetierform zurück oder erhalten, und das Bewußtsein der Seele ist in den Eindrücken der allerletzten Spezies der Säugetierform zentriert oder auf diese fokussiert. Wieder einmal ist die bewußte Seele ohne Form.

Diese Eindrücke müssen zwangsläufig erfahren und ausgeschöpft werden, weshalb das Bewußtsein der Seele sich nunmehr mit einem anderen geeigneten Medium assoziiert und die Seele notgedrungen dazu neigt, sich durch ihr eigenes Bewußtsein mit der allererste Menschenform zu identifizieren. Diese Menschenform ist nichts anderes als die konsolidierte Gußform der allerletzten Spezies der Säugetierform.

Durch die allererste Menschenform erfährt das Bewußtsein der Seele die Eindrücke der allerletzten Spezies der Säugetierform und erschöpft diese.

Sobald alle Eindrücke der allerletzten Spezies der Säugetierform erfahren und ausgeschöpft sind, dissoziiert sich das
Bewußtsein der Seele von der allerersten Menschenform, und
die bewußte Seele gibt ihre Assoziation mit dem Körper automatisch auf oder streift sie ab. Man nennt dies den **Tod** der allerersten Menschenform. Doch ist das Bewußtsein der Seele jetzt
auf die Eindrücke der allerersten Menschenform fokussiert oder
in diesen zentralisiert, und die Seele ist nun zeitweilig ohne eine
Form.

Damit die Eindrücke der allerersten Menschenform erfahren
und ausgeschöpft werden können, assoziiert sich das Bewußtsein
der Seele mit einem anderen geeigneten Medium. Daraufhin
neigt die bewußte Seele dazu, sich mit der allernächsten
menschlichen Form zu assoziieren, die nichts anderes ist als die
konsolidierte Gußform der Eindrücke der eben aufgegebenen
oder abgestreiften allerersten Menschenform. Diese Identifizierung der bewußten Seele mit der nächsten Form und den darauf
folgenden nennt man die **Geburt** eines menschlichen Wesens.

Sobald das Bewußtsein der Seele sich mit der allerersten
menschlichen Form assoziiert, ist DIE EVOLUTION DES BE-
WUSSTSEINS ABGESCHLOSSEN UND VOLLSTÄNDIG[17].
Weil das Bewußtsein (1)[18] der Seele in der Menschenform voll
entwickelt ist, ist die Evolution der Form ebenfalls abgeschlos-

---

17 [Meher Baba ist der Ansicht, daß Themen wie dieses nicht länger im
   Unklaren bleiben sollten, auch wenn er einräumt, daß der Glaube oder
   Nichtglaube an Evolution und Reinkarnation den spirituellen Fortschritt
   des Menschen in keiner Weise beschleunigt oder behindert. Er beschreibt
   uns die spirituelle Bedeutung von Evolution und Reinkarnation mit folgenden Worten: »Es ist das evolutionäre Ringen, das es der Seele erlaubt,
   volles Bewußtsein wie das in der menschlichen Form zu entwickeln, und
   ist dieser Zweck einmal erreicht, dann müssen die Nebenthemen oder
   Begleitprodukte der evolutionären Reise (die *Nuqush-e-amal* oder *Sanskaras*) beseitigt werden, während das Bewußtsein intakt erhalten bleibt. Der
   Prozeß der Reinkarnation soll daher die Seele in die Lage versetzen, die
   Sanskaras im Durchgang durch den Schmelzofen von Schmerz und Lust
   auszuräumen.« (Anm. d. Hrsg.)]
18 Alle in Klammern gesetzten Nummern beziehen sich auf Anmerkungen,
   die im Anhang enthalten sind.

sen, und keine neuen höheren Formen werden mehr entwickelt, sobald die bewußte Seele sich mit der allerersten Menschenform identifiziert. Die Menschenform ist die höchste und sublimste während der Evolution des Bewußtseins entwickelte Form. Daher ist das Bewußtsein im menschlichen Wesen voll entwickelt, und die nach vielen Zeitaltern und Zyklen geformte und gegossene Form ist die perfekteste Form oder das perfekteste Medium. Das Bewußtsein der Seele bedient sich daher dieses perfekten Mediums, um alle Eindrücke zu erfahren und **gänzlich** auszuschöpfen, auf daß die voll bewußte Seele jeglicher Eindrücke entleert wird und dadurch in der Lage ist, ihren eigenen wahren, ewigen und unendlichen Zustand in der ÜBERSEELE zu erkennen.

Teil 3

Charakteristische Merkmale der verschiedenen Reiche

Um die vollständige Entwicklung des Bewußtseins in der menschlichen Form zu erreichen, mußte der evolutionäre Prozeß sieben große Sprünge vollziehen, nämlich vom Stein zum Metall, vom Metall zur Pflanze, von der Pflanze zum Wurm, vom Wurm zum Fisch, vom Fisch zum Vogel, vom Vogel zum Säugetier, und schließlich vom Säugetier zum menschlichen Wesen. Jede dieser Seinsformen besitzt unterschiedliche charakteristische Merkmale.

Merkmale des Reichs der Steine und des Reichs der Metalle

In der Steinform und der Metallform macht die Seele ihre Anfangserfahrungen der grobstofflichen Welt. Das Reich der Metalle ist wie das Reich der Steine anorganisch und fest. Beide Reiche umfassen innerhalb ihrer Bandbreite eine reiche Vielfalt von Spezies. In den festen Zuständen der Steine und Metalle befinden Leben und Energie sich noch im Schlummer, weshalb diese Zustände als unbelebt gelten. Die Steinformen und die Metallformen können sich nicht von selbst umherbewegen, das heißt sie verfügen über keine willkürliche Bewegung. Das Bewußtsein, das sich mit diesen Formen verbindet, neigt deshalb dazu, eine liegende, horizontale Position in der grobstofflichen Welt einzunehmen (statt eine aufrecht stehende oder vertikale Position).

Merkmale des Pflanzenreichs

Im Reich der Pflanzen realisiert das Bewußtsein sich als halb belebt und halb unbelebt. Das erweiterte Bewußtsein der Pflanzenform behauptet seine Existenz in der grobstofflichen Welt durch eine aufrechte, aufgerichtete Haltung. Um eine aufrechte Haltung bewahren zu können, bedürfen die Pflanzenformen der Unterstützung anderer Dinge, etwa von Erde oder Gestein. Sie können weder von allein stehen noch sich willkürlich von einem Platz zu einem anderen bewegen, da sie an einem Fleck verwurzelt sind.

Merkmale des Reichs der Würmer

Im Wurmbewußtsein sammelt die Seele Erfahrungen mit willkürlicher Bewegung. Sie erfährt sich selbst als belebt. In ihrem Ringen um größeres und umfassenderes Bewußtsein erfährt die wurmbewußte Seele sich in der grobstofflichen Welt zunächst als wirbelloses, dann als Wirbeltier und bewegt sich in verschiedenen Wurmspezies kriechend vorwärts. Willkürliche Bewegungen erfolgen durch Kriechen mittels eines Paars von Beinen, manchmal mittels mehrerer Beinpaare und manchmal durch Bein- und Flügelpaare. Die Oberfläche der verschiedenen Arten von Gewürm kann haarig, glatt, seidig, rauh oder schuppig sein. Der Wurm muß um seine Existenz und sein Überleben kämpfen und ist mit Empfindung und Leben ausgestattet. Manchmal ist er eine Amphibie, das heißt, er kann sich willkürlich nicht nur auf festem Boden, sondern auch im Wasser bewegen. Im Rahmen der hier gegebenen Darstellung gehören zur Wurmform alle Würmer, Insekten, Reptilien und Amphibien mit ihren verschiedenen Spezies. Auch dort wo sie mit Beinen und Flügeln ausgestattet sind, bewegen sie sich doch tendenziell kriechend fort und unterscheiden sich von Vögeln und vierfüßigen Säugetieren. Die Wurmform existiert in liegender Position, hat keine aufrechte oder aufgerichtete Haltung, und hat die Veranlagung, flach ausgestreckt zu liegen.

Merkmale des Reichs der Fische

Die fischbewußte Seele identifiziert sich mit verschiedenen Fischspezies und erlebt die grobstoffliche Welt als lebendige Kreatur im Wasser (als mit Leben, Empfindung und willkürlicher Bewegung ausgestattetes Wirbeltier) und besitzt Schwimmflossen. Sie muß um Nahrung und ums Überleben kämpfen. Ihre Existenz in der grobstofflichen Welt behauptet die fischbewußte Seele nicht durch aufrechte Haltung. Sie erfährt sich vielmehr als flach liegendes Geschöpf, das den Kopf niemals hoch und aufgerichtet hält.

Merkmale des Reichs der Vögel

Die Vogelform bereichert (erleuchtet) das Bewußtsein durch neue Erfahrungen, da sie als gefiedertes Wirbeltier imstande ist, in der Luft zu fliegen und in der grobstofflichen Welt mit Hilfe der beiden Füße eine aufrechte Haltung einzunehmen.

Merkmale des Reichs der Säugetiere

Die Form der Säugetiere bringt dem Bewußtsein eine noch stärkere Erweiterung, da sie durch die im Reich der Säugetiere vorhandene größere Vielfalt neue Erfahrungen hervorbringt. Ausgestattet mit Leben, Empfindung und der Kraft zur willkürlichen Fortbewegung, müssen vierbeinige Säugetiere sich dem Kampf um die bloße Existenz und ums Überleben stellen. Manchmal sind sie Pflanzenfresser, manchmal Fleischfresser. Das Säugetierbewußtsein behauptet seine Existenz in der grobstofflichen Welt nicht durch erhobene oder aufgerichtete Haltung, sondern neigt dazu, mit gesenktem Haupt nach unten zu schauen. Allerdings haben die Affen, der am weitesten entwickelte Typ von Säugetieren, die Tendenz, aufrecht zu stehen wie Menschen.

Merkmale des Reichs der Menschen

In seiner menschlichen Form erreicht das sich entwickelnde Bewußtsein der Seele seine volle Entwicklung. Der Prozeß der Bewußtseinsevolution findet in der menschlichen Form seinen Endpunkt. Hier ist das Bewußtsein voll und ganz entwickelt.

Wird ein Menschenwesen geboren, dann kann es zunächst nur flach liegen und erfährt diesen Zustand noch über eine ziemlich lange Zeit. Bald jedoch bringt es seine Neigung zum Ausdruck, zunächst aufrecht zu sitzen und dann aufrecht zu stehen. Das voll entwickelte Bewußtsein der Seele behauptet seine Existenz in der grobstofflichen Welt durch eine aufrechte Haltung.[19]

---

19 DER AUFSTIEG DER SEELE

> Ich starb als Mineral und wurde zur Pflanze,
> Ich starb als Pflanze und stieg auf zum Tier,
> Ich starb als Tier und ich war ein Mensch.
> Was sollte ich fürchten? Ward ich je weniger durchs Sterben?
> Und doch muß ich als Mensch noch einmal sterben,
> Um mich emporzuschwingen mit der Schar gesegneter Engel.
> Doch selbst vom Engeldasein muß ich mich verabschieden,
> Denn alles außer GOTT vergeht. Und hab ich derart
> Auch meine engelhafte Seele hingegeben,
> So will ich werden, was kein Verstand sich je erdenken könnte.
> O laß mich nicht-sein! Denn dieses Nichtsein jubelt
> Mit brausendem Orgelklang: »Wir kehren heim zu Ihm«!
>
> – Jalaluddin Rumi

Teil 4

Reinkarnation und das eindruckslose Gleichgewicht des Bewußtseins

Im Verlauf der Evolution ihres Bewußtseins hat die Seele (*Atma*), während sie sich **bewußt** mit verschiedenartigen, endlichen, grobstofflichen Formen identifizierte, sich zugleich, wenn auch **unbewußt**, mit ihrer endlichen feinstofflichen und endlichen mentalen Form identifiziert, welche in einem kompakten, homogenen, unbewußten Bündnis während des gesamten Verlaufs der Bewußtseinsevolution vom allerersten Drang an mit der Seele assoziiert waren.

Auch wenn die Seele sich häufig und bewußt von den endlichen grobstoffliche Formen trennte, welche als Medium zur Erfahrung der im Verlauf der Entwicklung von größerem und höherem Bewußtsein gewonnenen Eindrücke dienten, konnte sie sich niemals bewußt oder unbewußt, direkt oder indirekt von ihrer endlichen feinstofflichen und ihrer endlichen mentalen Form lösen.

Im Gegenteil. Während die Seele ihre Identifizierung mit irgendeinem Medium der endlichen grobstofflichen Form aufgab, war es die unbewußte Assoziierung der Seele mit ihrer endlichen feinstofflichen Form, welche die Seele (nunmehr ohne irgendein grobstoffliches Medium) mit endlicher Energie (der Antriebskraft) stärkte. Das geschah, um das Bewußtsein der Seele geneigt zu machen, sich mit dem nächsten Medium der nächsten endlichen grobstofflichen Form zu identifizieren, um die Eindrücke der letzten aufgegebenen endlichen grobstofflichen Form zu erfahren, die von der endlichen mentalen Form dieser Seele beibehalten und reflektiert wurden.

Es ist nur natürlich, daß zusammen mit der Evolution des höheren und umfassenderen Bewußtseins der Seele auch die Evolution der endlichen feinstofflichen Form der Seele stattfindet, um die Seele mit größerer endlicher Energie zu stärken. Dadurch soll das Bewußtsein der immer mehr grobstofflich-bewußten Seele dazu gebracht werden, sich mit immer höheren Typen endlicher grobstofflicher Formen zu identifizieren, die von den Eindrücken der letzten vorausgegangenen endlichen grobstofflichen Form entwickelt wurden.

Auf ähnliche Weise findet auch gleichzeitig die Evolution der endlichen mentalen Form der Seele statt, welche die immer zahlloseren, verschiedenartigen Eindrücke, die bei der Evolution eines immer größeren Bewußtseins der Seele gewonnen und angesammelt wurden, aufnimmt, bewahrt und reflektiert.

Das führt zu Folgendem: Wenn die Seele dazu neigt, sich mit verschiedenartigen Spezies pflanzlicher Formen zu identifizieren, beginnen die entwickelte endliche feinstoffliche Form und die entwickelte endliche mentale Form der Seele nunmehr größere und sichtbare Anzeichen der Assoziierung der Seele mit ihrer stark evolvierten endlichen feinstofflichen und endlichen mentalen Form zu zeigen. Das äußert sich in Gestalt von verschiedenartigen, schnellen Zyklen von Veränderungen, die in Pflanzenformen stattfinden, sowie darin, daß Pflanzenformen die erste Anzeichen besonderer, verschiedenartiger und sinnvoller Tendenzen zur Selbsterhaltung und zum Überleben der Stärksten aufweisen.

In der Wurm-, Vogel- und Fischform wird diese Neigung der endlichen mentalen Form der Seele nach und nach und stetig in die Gestalt des Instinkts umgewandelt, bis sich dieser Instinkt in der Säugetierform als einer der endlichen Aspekte der endlichen mentalen Form der Seele voll manifestiert. Nach und nach wird dieser Instinkt weiter und vollständig in Intellekt umgewandelt, welcher der höchste endliche Aspekt der Manifestation der mentalen Form in der Menschenform der die grobstoffliche

Welt erfahrenden grobstofflich-bewußten menschlichen Seele ist.

So kommt es, daß der feinstoffliche Körper und der mentale Körper nur in der menschlichen Form voll entwickelt sind, weshalb die sich bewußt mit der menschlichen Form assoziierende Seele sozusagen voll mit einem menschlichen Körper, feinstofflichen Körper und mentalen Körper zusammen mit vollem Bewußtsein des Grobstofflichen ausgestattet ist.

Obwohl die Seele Bewußtsein in menschlicher Form erlangt hat und auf diese Weise die grobstoffliche Welt erfährt, ist die grobstofflich-bewußte Seele sich dennoch des feinstofflichen Körpers nicht bewußt und kann daher die feinstoffliche Welt auch nicht erfahren. Sie ist sich auch des mentalen Körpers nicht bewußt und kann daher die mentale Welt nicht erfahren.

Und selbst obwohl die Seele nur grobstoffliches Bewußtsein besitzt und sich des feinstofflichen und mentalen Bereichs nicht bewußt ist, wirkt sie doch durch den feinstofflichen und mentalen Körper – wenn auch indirekt – auf der grobstofflichen Ebene. Und selbst obwohl sich die grobstofflich-bewußte menschliche Seele ihres feinstofflichen und mentalen Körpers und deren jeweiliger feinstofflicher und mentaler Welt nicht bewußt ist und deshalb die Energie der feinstofflichen und den Geist der mentalen nicht erkennt, kann sie dennoch Energie durch verschiedene grobstoffliche Aspekte von Energie, beispielsweise Kernenergie, **benutzen**. Und sie kann das Gemüt durch verschiedenartige grobstoffliche Aspekte des Gemüts wie beispielsweise Verlangen, Emotionen und Gedanken **benutzen**. Von diesen sind Begierden der vorherrschende Aspekt des Gemüts.

Diese sich nunmehr der allerersten menschlichen grobstofflichen Form voll grobstofflich-bewußte und noch des Feinstofflichen und Mentalen nicht bewußte Seele erlebt also in der grobstofflichen Welt die Eindrücke der allerletzten abgestreiften oder aufgegebenen grobstofflichen Tierform.

Sobald alle Eindrücke der allerletzten animalischen grobstofflichen Form ausgeschöpft sind, ist es nur natürlich, daß die allererste menschliche grobstoffliche Form von der Seele dissoziiert wird. Diese Erfahrung der Seele wird ganz allgemein als der Tod des menschlichen Wesens bezeichnet.

Wie vorhin schon erläutert, wird diese Seele, auch wenn sie von der allerersten grobstofflichen menschlichen Form dissoziiert wird, **niemals** von ihren feinstofflichen oder mentalen Formen oder Körpern dissoziiert.

An anderer Stelle wurde auch schon folgendes erläutert: Obwohl diese Seele von ihrer allerersten menschlichen grobstofflichen Form dissoziiert wird, bewahrt und erfährt sie durch den feinstofflichen und den mentalen Körper die Eindrücke der aufgegebenen oder dissoziierten allerersten menschlichen Form. Und so assoziiert die Seele sich wiederum mit der allernächsten menschlichen Form, um die Eindrücke der aufgegebenen vorherigen menschlichen Form zu erfahren. In der Tat ist die allernächste menschliche Form nichts als die konsolidierte Gußform der vergangenen Eindrücke des vorherigen Körpers oder der vorherigen von der Seele dissoziierten Form, die bewahrt wurden. So nennt man denn die Assoziierung der Seele mit der allernächsten menschlichen Form ganz allgemein die Geburt eines menschlichen Wesens.

Die augenscheinliche Lücke zwischen dem Tod und der Geburt eines menschlichen Wesens ist der Zeitraum, in dem die grobstofflich bewußte Seele durch ihre Assoziation mit ihrem voll entwickelten feinstofflichen Körper und mentalen Körper Erfahrungen des vorherrschenden Widerparts der von der kurz davor abgetrennten menschlichen Form gesammelten gegensätzlichen Eindrücke macht. Diesen Zustand der Seele in der augenscheinlichen Lücke zwischen Tod und Geburt bezeichnet man allgemein als Hölle oder Himmel. Und dieser Prozeß abwechselnder Assoziation und Dissoziation des Bewußtseins der bewußten Seele in menschlicher Form, die nunmehr voll bewußt ist, bezeichnet man als den »Reinkarnationsprozeß«.

Wenn der vorherrschende Widerpart der Eindrücke von Gegensätzen (wie etwa Tugend und Laster, Gut und Böse,

90

Männlich und Weiblich, usw.), wie er von der jetzt nur mit dem Feinstofflichen und dem Mentalen assoziierten Seele erfahren wird, der von Tugend oder Güte ist (d. h. dem positiven Aspekt der gegensätzlichen Eindrücke), dann sagt man, die Seele befinde sich im Himmel. Ist er zum Laster oder Bösen zu rechnen (d. h. den negativen Aspekten der gegensätzlichen Eindrücke), dann sagt man, die Seele befinde sich in der Hölle.

Die Zustände von Himmel und Hölle sind nichts anderes als Zustände intensiver Erfahrungen des Bewußtseins der Seele, das die jeweils vorherrschenden Widerparts der gegensätzlichen Eindrücke erfährt, während die Seele vom grobstofflichen menschlichen Körper oder der grobstofflichen Form dissoziiert ist. Die Seele selbst geht nicht, wie allgemein geglaubt wird, in den Himmel oder die Hölle, weil sie immerwährend unendlich und auf ewig in der ÜBERSEELE ist. Es ist das Bewußtsein der Seele, das die Eindrücke erfährt.

Sobald der vorherrschende Widerpart der Eindrücke erfahren und ausgeschöpft ist und gerade wenn ein Gleichgewicht zwischen den gegensätzlichen Eindrücke der letzten menschlichen Form, die aufgegeben wurde, im Entstehen ist, an dieser Nahtstelle assoziiert die Seele sich automatisch mit der allernächsten menschlichen Form, die aus den konsolidierten Eindrücken der Gegensätze geformt wird, die gerade dabei sind, einen Zustand des Gleichgewichts zu erreichen.

Nachdem das grobstoffliche Bewußtsein der Seele also Himmel oder Hölle erfahren hat, assoziiert es sich mit der nächsten menschlichen Form (nimmt eine andere Geburt an), um die verbliebenen gegensätzlichen Eindrücke der letzten Geburt zu erfahren und auszuschöpfen. Wie bereits gesagt, ist diese nächste menschliche Form der Seele nichts anderes als die konsolidierte Gußform der übriggebliebenen gegensätzlichen Eindrücke der letzten Form.

Auf diese Weise bildet sich eine augenscheinlich nicht endende Kette von Geburten und Toden von Menschenformen oder Menschenwesen, die neu entstehen und wieder vergehen. Dies ist der Verlauf der Reinkarnation in menschlichen Formen der Seele, nachdem sie durch den gesamten Ablauf der Evolution des grobstofflichen Bewußtseins volles grobstoffliches Bewußtsein erlangt hat. Angefangen vom unbewußten Zustand der Seele (vergleichbar mit dem Zustand des Menschen im Tiefschlaf) bis zu dem Augenblick, in dem sie volles grobstoffliches Bewußtsein erreicht hat (vergleichbar mit den weit geöffneten Augen des Menschen im Wachzustand) ist die Seele, während sie die grobstoffliche Welt erfährt, EINS – unteilbar, unendlich, formlos und auf ewig in der ÜBERSEELE.

Im Verlauf des gesamten Prozesses der Evolution war Reinkarnation ein absolut spontanes Ergebnis des ersten Dranges, der sich in der unbewußten Seele manifestierte, nämlich des Dranges, ihres ewigen und unendlichen SELBST bewußt zu werden.

Wie bereits erwähnt, können wir jetzt verstehen, daß der Zyklus der Evolution des Bewußtseins der **Seele** weiteres und umfassenderes **Bewußtsein** entwickelte, zusammen mit der Evolution von **Formen** höherer und immer höherer Typen, während die Eindrücke der dissoziierten Formen niedrigerer Typen ausgeschöpft wurden.

Dementsprechend veranlaßt die Evolution des Bewußtseins der Seele die Seele augenscheinlich, sich mit immer höheren grobstofflichen Spezies von Formen der grobstofflichen Welt zu identifizieren und deren verschiedenartige zahllose Eindrücke zu sammeln.

Die klar umrissenen und größeren konkreten grobstofflichen Formen (nach den allerersten sieben größeren, höchst abstrakten gasförmigen und flüssigen Formen), mit denen das Bewußtsein der Seele sich assoziierte (mit jedem Sprung größeren und immer größeren Bewußtseins), werden voneinander getrennt durch die sieben Sprünge vom Stein zum Metall, vom Metall zur Pflanze, vom der Pflanze zum Wurm, vom Wurm zum Fisch, vom Fisch zum Vogel, vom Vogel zum Säugetier und schließlich vom Säugetier zum menschlichen Wesen.

Der endlichste erste Eindruck des ersten Dranges gab der unbewußten Seele das endlichste erste Bewußtsein. Nach und nach erwarben verschiedenartige Eindrücke für die Seele größeres endliches Bewußtsein, und schließlich war die Evolution des Bewußtseins vollendet, als die Seele sich mit der allerersten menschlichen Form identifizierte.

In der Menschenform erlangt die Seele volles und vollständiges Bewußtsein.

Die Seele, die nunmehr in menschlicher Form volles und vollständiges Bewußtsein erlangt hat, braucht daher keine weitere oder andere höhere Form mehr, um Bewußtsein zu entwickeln. Dieses Bewußtsein ist voll und vollständig.

Obwohl diese Seele volles und vollständiges Bewußtsein erlangt hat, ist sie sich noch keineswegs ihres Selbst als EINS bewußt – unteilbar, ewig und unendlich – und sie erfährt auch nicht UNENDLICHES WISSEN, UNENDLICHE MACHT und UNENDLICHE GLÜCKSELIGKEIT. Sie ist sich vielmehr nur ihrer Identität mit der menschlichen Form und deren verschiedenen Aspekten voll bewußt und erfährt voll und ganz die grobstoffliche Welt.

Die Seele mit ihrem vollen Bewußtsein ist sich immer noch nicht ihres ursprünglich unendlichen Zustands bewußt, und zwar aufgrund der unerwünschten (jedoch notwendigen) Bürde der grobstofflichen Eindrücke der Menschenform, von denen das Bewußtsein der Seele sich dissoziiert, indem diese Form abstirbt. Diese Eindrücke der nunmehr abgestorbenen menschlichen Form hängen immer noch am erlangten vollen Bewußtsein. Und wie gewöhnlich zentralisiert sich das Bewußtsein der Seele in diesen Eindrücken der gerade aufgegebenen grobstofflichen menschlichen Form.

In dem Bemühen, dem Bewußtsein die Bürde dieser Eindrücke zu nehmen, macht das grobstoffliche Bewußtsein der Seele die Seele geneigt, diese Eindrücke durch zahllose gegensätzliche Erfahrungen im Verlauf einer Reihe von Reinkarnationen zu erleben und auszuschöpfen. In diesem Prozeß der Reinkarnation wird das Bewußtsein der Seele bei dem Versuch, sich von der Bürde der Eindrücke zu befreien, in jedem Stadium der Reinkarnation noch tiefer verwickelt. Gerade in dem Augenblick, in dem ein vollständiges Gleichgewicht von Erfahrungen gegensätzlicher Eindrücke nahezu erreicht ist, wird es dadurch gestört, daß das Bewußtsein der Seele sich mit der nächsten neuen menschlichen Form assoziiert. Die Abwesenheit dieser Assoziation hätte sonst die Wirkung der Eindrücke durch ein Ausbalancieren jeweils gegensätzlicher Erfahrungen neutralisiert und hätte auf diese Weise das Bewußtsein der Seele von allen Eindrücken von Gegensätzen befreit.

Hier wäre das Gleichnis einer »perfekten Waage« angebracht. Das von der Seele während des Evolutionsprozesses gewonnene Bewußtsein ähnelt dem am Drehpunkt einer perfekten Waage angebrachten Zeiger, und die beiden Schalen der Waage sind mit den ungleichen Gewichten gegensätzlicher Eindrücke, wie etwa Tugend und Laster, gefüllt.

Auf diese Weise versucht das Bewußtsein, das wie der Zeiger am Drehpunkt wirkt, ein Gleichgewicht zu erlangen, was unmöglich ist, solange es ungleiche Eindrücke von Gegensätzen gibt, die noch erfahren werden müssen. Aus diesem Grunde versucht das grobstoffliche Bewußtsein der Seele ständig, die **vorherrschenden** gegensätzlichen Eindrücke zu erfahren, um zu einem totalen Gleichgewicht der Eindrücke von Gegensätzen zu kommen.

Die Tragödie ist jedoch folgende. Indem das grobstoffliche Bewußtsein der Seele dazu neigt, den Nullpunkt des Gleichgewichts durch schrittweises Erfahren der vorherrschenden gegensätzlichen Eindrücke zu erfahren, kommt es dazu, daß das Bewußtsein der Seele sich so sehr auf die Erfahrung der vorherrschenden gegensätzlichen Eindrücke einläßt und sie zu einem solchen Maße erfährt und ausschöpft, daß diese vorherrschenden gegensätzlichen Eindrücke jetzt auf ein solches Niveau reduziert werden (durch die Erfahrung), daß diejenigen Eindrücke, die von den ursprünglich vorherrschenden gegensätzlichen Eindrücken überwogen wurden, jetzt ihrerseits das Übergewicht erlangen. So kommt es zu einer erheblichen Störung der Balance oder des Gleichgewichts. Deshalb schwingt das Bewußtsein, das wie der Zeiger an der Waage wirkt, in genau die Gegenrichtung ihrer ursprünglichen Erfahrung.

Und es ist an diesem Schnittpunkt, an dem das Bewußtsein der Seele sich der Erfahrung der **neuerdings** vorherrschenden gegensätzlichen Eindrücke durch eine andere menschliche Form zuwendet. Ein menschliches Wesen nimmt Geburt oder Form als ein Medium an, um das drängende Bedürfnis des Bewußtseins der Seele zu befriedigen, das nunmehr versucht, die dominanteren gegensätzlichen Eindrücke auszuschöpfen, zu erschöpfen oder zu erfahren.

Es ist nur natürlich, daß die nunmehr von dieser menschlichen Seele manifestierten vorherrschenden Eigenschaften mit den vorherrschenden gegensätzlichen Eindrücken in Übereinstimmung sind, für die diese neue Menschenform nichts als die Gußform ist.

So muß die völlig grobstofflich bewußte menschliche Seele, gestärkt durch den voll entwickelten feinstofflichen und den voll entwickelten mentalen Körper, derer sie sich jedoch nicht bewußt ist, im Prozeß der Reinkarnation zwangsläufig zahllose verschiedenartige Eindrücke von Gegensätzen erfahren – von einander diametral entgegengesetzten Eindrücken –, und zwar in einer Kette nicht endender Erfahrungen.

Durch ihre Assoziierung mit dem grobstofflichen Körper versucht die Seele, ihre zuvor angesammelten gegensätzlichen Eindrücke auszuschöpfen, was ihr jedoch nur selten gelingt. Ganz im Gegenteil, oft häuft sie noch **frische** Eindrücke von Gegensätzen an. Sobald die grobstoffliche Form die Eindrücke beinahe ausgeschöpft hat, die sie zum Existieren gebracht hatten, wird sie aufgegeben. Die restlichen gegensätzlichen Eindrücke führen die Seele in den Himmel oder die Hölle, je nach dem Überwiegen von Tugend oder Laster. Auch in der körperlosen Existenz streben alle gegensätzlichen Eindrücke danach, durch das subjektive Erfahren lebhafter Eindrücke aufgebraucht zu werden. Doch selbst hier, im Zustand von Himmel oder Hölle, kommt es im allgemeinen zu einer Annäherung an das Gleichgewicht von Eindruckslosigkeit, doch wird dieses verfehlt, und die übriggebliebenen vorherrschenden gegensätzlichen Eindrücke treiben das Bewußtsein der Seele dazu, sich mit einem neuen grobstofflichen Medium zu assoziieren. Das vollständige Gleichgewicht fehlt beim Tod ebenso wie bei der Geburt. Es kann nur in der grobstofflichen Welt erreicht werden. Daher wird durch die übriggebliebenen Eindrücke eine endlose Kette von Leben in der grobstofflichen Sphäre aufrecht erhalten, bis es dem Bewußtsein gelingt, fest in eindruckslosem Gleichgewicht zu stehen.

In jedem Stadium und in jedem Zustand der Reinkarnation wird das Bewußtsein der völlig menschlich-bewußten Seele fest in den zunehmend konzentrierten Eindrücken der Menschenformen zentralisiert, mit denen es sich identifiziert und von denen es sich dissoziiert hat. Aus diesen konzentrierten Eindrücken scheint es kein Entkommen zu geben.[20] Diese Eindrücke müssen erfahren und ausgeschöpft werden, und je mehr die Eindrücke erfahren werden, desto mehr werden die Eindrücke konzentriert.

---

20 Wohl wissend, daß die Schöpfung kein Zufall ist und einen tieferen Sinn hat als für das Auge erkennbar, haben die Seher aller Zeitalter die Aufmerksamkeit der Welt immer wieder auf die Tatsache gelenkt, daß der Mensch sich zwar während eines bestimmten Zeitraums seines Lebens auf diesem Planeten vielleicht ausschließlich mit dem Leben der Sinne identifizieren mag, daß das transzendentale Geschick des Menschen aber in der GOTT-Verwirklichung liegt.

In seinem Werk *Masnavi* erzählt Maulana Rumi eine Parabel, die das illustriert: Das Junge eines Tigers wurde zufällig in einer Schafherde aufgezogen. Während es so aufwuchs, entwickelte das Tigerjunge alle Eigenschaften der Schafe; es graste und blökte wie diese, so daß ihm niemals der Gedanke kam, es könne etwas anderes sein als ein Schaf. Eines Tages jedoch näherte sich ihm ein Tiger aus dem Dschungel und sagte zu ihm: »Weißt du eigentlich, daß du ein Tiger bist wie ich und kein Schaf?« Danach überredete er den abgeirrten Tiger dazu, sein Spiegelbild in einem nahegelegenen Fluß anzuschauen, wodurch es ihm gelang, diesen über seine wahre Natur aufzuklären.

Die Moral dieser Geschichte ist, daß auch der Mensch es zuläßt, daß er mit der Welt der Sinne identifiziert wird und daraus scheinbar nicht entkommen kann. Es gibt jedoch einen Ausweg, denn schließlich erscheint ein Meister, der ihn erleuchtet. Er wird dann erlöst und findet sich im Lauf der Zeit von Angesicht zu Angesicht mit seinem höchsten Ziel, der GOTT-Verwirklichung.

Die einzige Lösung, um diese Konzentration von Eindrücken »auszudünnen«, besteht für das Bewußtsein der voll menschlich-bewußten Seele darin, diese Eindrücke zunehmend und schneller so und in so großer Häufigkeit zu erfahren, daß jeder erfahrene Eindruck und der Eindruck, den diese Erfahrung erzeugt, auf irgendeine Weise von einem gegensätzlichen Eindruck aufgewogen wird.

Während des gesamten Prozesses der Reinkarnation setzt sich dieses Spiel des Ausbalancierens und Kompensierens der Gegensätze von Eindrücken fort, und auf dieses Spiel stützt sich der Reinkarnationsprozeß. Von diesem Spiel hängt die letztliche Emanzipation der menschlich-bewußten Seele von den Fesseln der Unwissenheit ab, sowie die endgültige Verwirklichung des SELBST-Bewußtseins.

Während des Prozesses der Reinkarnation muß daher die voll grobstofflich-bewußte menschliche Seele zwangsläufig unzählige und unterschiedliche Erfahrungen von gegensätzlichen Eindrücken erfahren – von einander diametral entgegengesetzten Eindrücken –, und zwar in einer augenscheinlich endlosen Kette zusammenhängender Erfahrungen.

Während die grobstofflich-bewußte menschliche Seele, die inzwischen vollbewußt ist, die Erfahrung von **Gegensätzen** in der grobstofflichen Welt macht, muß das Bewußtsein der Seele sich wiederholt erst als Mann und dann als Frau und umgekehrt identifizieren (oder reinkarnieren), und zwar in verschiedenen Kasten, Konfessionen, Nationalitäten, Hautfarben und an verschiedenen Orten. Einmal als reich und dann als arm, manchmal gesund und manchmal krank, und so fort. Und während dieser ganzen Zeit geht es gegensätzliche Eindrücke durch, schafft es gegensätzliche Eindrücke und braucht sie gleichzeitig durch gegensätzliche Erfahrungen auf.

Nur durch diese verschiedenen gegensätzlichen Eindrücke und ihre entsprechenden gegensätzlichen Erfahrungen könnte die grobstofflich-bewußte menschliche Seele in der grobstofflichen Welt eines Tages vielleicht – nach Millionen von Toden und Geburten und durch diese gegensätzlichen Erfahrungen von Geburten und Toden – imstande sein, die restlichen oder konzentrierten gegensätzlichen Eindrücke auszubalancieren oder auszudünnen.[21]

Dieser Zyklus von Toden und anschließenden Geburten von Menschenformen ist es, der schließlich dazu führt, das voll evolvierte Bewußtsein der grobstofflich-bewußten menschlichen Seele zu veranlassen, dieses Bewußtsein so tiefgehend zu **involvieren**, daß das voll involvierte Bewußtsein dieser Seele die Wirklichkeit des unendlichen, ewigen Zustands des SELBST erkennt.

Dieser Prozeß der Involution von Bewußtsein findet nach und nach statt, während die grobstofflichen Eindrücke der Gegensätze nach und nach schwächer und weniger konzentriert werden.

In diesem Stadium dissoziiert sich das Bewußtsein der grobstofflich bewußten menschlichen Seele schrittweise von der grobstofflichen Welt, während die Involution des Bewußtseins die Eindrücke der grobstofflichen Welt einfaltet und sie nach und nach vom Erfahren löst.

Diese Involution des grobstofflichen Bewußtseins ist nur möglich, wenn die gegensätzlichen Eindrücke nach und nach – nach einem sehr, sehr langen Prozeß – durch den Prozeß unausweichlicher Reinkarnation ausgedünnt werden, was zu den Grenzen grobstofflicher Eindrücke der Gegensätze und grobstofflicher Erfahrungen der Gegensätze führt.

---

21 *Sarāpā ārzū hone ne bandah kardiyā ham ko*
Vagarnah ham <u>kh</u>udā the gar dil-i be mudu'ā hotā.
– Mīr taqī

Die Tatsache, daß ich von Kopf bis Fuß mit Begierden beladen bin, hat einen Sklaven aus mir gemacht.
In Wirklichkeit sollte ich GOTT sein, wäre mein Herz und mein Gemüt ohne Begierden.

Teil 5

Die Ebenen

Involution des befreienden Bewußtseins

Sobald das Bewußtsein der Seele reif (2) ist für seine Entflechtung von der grobstofflichen Welt, betritt die Seele den spirituellen Pfad und wendet sich nach innen. Ihre grobstofflichen Eindrücke werden jetzt weniger tief. Sie werden schwächer oder subtiler, mit dem Ergebnis, daß die Seele jetzt **feinstofflich-bewußt** wird. Das ist der erste Schritt bei der Involution des Bewußtseins, die ein Streben nach Befreiung von der Last der Eindrücke bedeutet. Eine Anzahl von Zyklen von Geburten und Toden in der menschlichen Form müssen zu dieser Reife grobstofflicher Erfahrung beitragen, die letztlich das Bewußtsein der Seele auf den Pfad der befreienden Involution treibt, auf dem Eindrücke schwächer werden und schließlich verschwinden. Grobstoffliche Eindrücke werden zu feinstofflichen; aus feinstofflichen Eindrücken werden mentale; und mentale Eindrücke werden schließlich ausgelöscht und lassen dem Bewußtsein die Freiheit, die WAHRHEIT widerzuspiegeln.

Der Prozeß der Involution findet allgemein schrittweise statt. Das Erbe des Menschen an Formen und Eindrücken stammt von den Tieren, so daß die grobstofflichen Eindrücke sehr stark sind. In äußerst seltenen Fällen können die grobstofflichen Eindrücke plötzlich verschwinden, und das befreite Bewußtsein der Seele erfährt die ÜBERSEELE. Es ist jedoch üblicher, daß die grobstofflichen Eindrücke schwächer und schwächer werden (und auf diese Weise in feinstoffliche und mentale Eindrücke umgewandelt werden) und dann vollständig vergehen. Ganz allgemein gilt, daß die Seele, die ihre Heimreise begonnen hat, nicht mehr zur grobstofflichen Welt zurückkehrt, in der sie sich wie in einer Wildnis verirrt hatte. Das bedeutet nicht, daß die feinstofflich-bewußte Seele nicht eine grobstoffliche Form annimmt oder mit ihrem grobstofflichen Körper in der grobstofflichen Welt wohnt. Es besagt vielmehr, daß das Bewußtsein der Seele nicht mehr in die grobstoffliche Form oder die grobstoffliche Welt verstrickt ist, und daß sie hauptsächlich in die feinstoffliche Welt vertieft ist. Im allgemeinen kappt die Seele zuerst ihre Bindungen an die grobstoffliche, dann an die feinstoffliche und zuletzt die mentale Welt und kommt zu der Erkenntnis, daß sie selbst jenseits von all dem steht. Beim Durchschreiten dieses Pfades kreuzt sie sechs Ebenen, deren erste drei zur feinstofflichen Welt gehören, die vierte sich an der Scheidelinie der feinstofflichen und mentalen Welten befindet, während die fünfte und sechste zur mentalen Welt gehören. Die Seele, die auf ewig in der ÜBERSEELE wohnt, befindet sich jenseits aller Ebenen.

Die erste und zweite Ebene

Während das grobstoffliche Bewußtsein der grobstofflich-bewußten menschlichen Seele nach und nach involviert, erfährt dieses involvierende grobstoffliche Bewußtsein **teilweise** die erste Ebene (3) der feinstofflichen Welt durch das Medium des voll entwickelten feinstofflichen Körpers der Seele.

In diesem Stadium erhält das involvierte grobstoffliche Bewußtsein der grobstofflich-bewußten menschlichen Seele die ersten flüchtigen Einblicke in die erste Ebene der feinstofflichen Welt und erfährt diese Einblicke oder Eindrücke teilweise durch den grobstofflichen und teilweise durch den feinstofflichen Körper. Hier werden die grobstofflichen und die feinstofflichen Sinne gleichzeitig benutzt.

100

Dies ist das Stadium, von dem man sagt, daß die menschliche Seele gewissermaßen an der Demarkationslinie steht (wie in Farbtafel I im Farbteil des Buches), welche die grobstoffliche von der feinstofflichen Welt trennt. Das Bewußtsein dieser menschlichen Seele erfährt seltsame Dinge. Mit ihren grobstofflichen Augen hat sie flüchtige Einblicke in die feinstoffliche Ebene, mit ihren grobstofflichen Ohren hört sie himmlische Musik der feinstofflichen Ebene, und mit ihrer grobstofflichen Nase genießt sie feinstoffliche Düfte. Kurz gesagt: Die grobstofflich bewußte menschliche Seele, die sich zum Teil auf der ersten Ebene der feinstofflichen Welt befindet, erfährt mit den grobstofflichen Sinnen feinstoffliche Eindrücke.

Bei weiterer Involution des grobstofflichen Bewußtseins erfährt die grobstofflich-bewußte menschliche Seele vollständig die erste Ebene der feinstofflichen Welt. Nunmehr ist die grobstofflich-bewußte menschliche Seele nicht mehr grobstofflich-bewußt, sondern feinstofflich-bewußt. Diese feinstofflich-bewußte menschliche Seele wird sich nach und nach der zweiten Ebene (4) der feinstofflichen Welt bewußt. Diese feinstoffliche Welt ist der Bereich unendlicher Energie, der Unendlichen Macht Gottes, die, wenn man sie ins Endliche überträgt, sich hier in Form der unendlichen Energie der feinstofflichen Welt manifestiert.

Wenn die Seele in menschlicher Form feinstoffliches Bewußtsein hat, dann ist sie sich des Körpers (grobstofflich) und Gemüts (oder des mentalen Körpers) nicht bewußt. Doch wirkt sie durch den grobstofflichen Körper und durch das Gemüt (mentaler Körper) zwar nicht unmittelbar, aber auf der feinstofflichen Ebene.

Auch wenn die feinstofflich-bewußte menschliche Seele sich des grobstofflichen und des mentalen Körpers nicht bewußt ist und deshalb die grobstoffliche und die mentale Welt nicht erkennen kann, so kann sie doch den grobstofflichen Körper durch verschiedene Aspekte des Grobstofflichen benutzen, etwa Essen, Trinken, Schlafen, Sehen, Fühlen, Hören usw. Und sie kann den mentalen Körper durch verschiedene Aspekte des

Gemüts (mentaler Körper) nutzen, beispielsweise Begierden, Gedanken und Emotionen.

Auf der zweiten Ebene erlangt die feinstofflich-bewußte menschliche Seele bei weiterer Involution des Bewußtseins nach und nach Bewußtsein von der unendlichen Energie der feinstofflichen Welt und ist in der Lage, Tricks anzuwenden oder kleinere Wunder niedrigen Grades zu vollbringen. So kann sie zum Beispiel mit einem bloßen Wunsch einen dürren Baum grün werden lassen oder umgekehrt. Sie kann Eisenbahnzüge und Autos zum Stehen bringen, einen ausgetrockneten Brunnen mit frischem Wasser füllen und so fort. Diese feinstofflich-bewußte menschliche Seele erfährt auf der zweiten Ebene die feinstoffliche Welt durch die feinstofflichen Sinne ihres feinstofflichen Körpers. Sie ist sich nun der grobstofflichen Welt überhaupt nicht bewußt, obwohl sie allem äußeren Anschein nach wie ein gewöhnlicher Mensch funktioniert – sie ißt, schläft und hat Empfindungen von Schmerz und Lust und dergleichen. Dennoch erfährt ihr involvierendes Bewußtsein in Wirklichkeit nicht die grobstoffliche, sondern die feinstoffliche Welt und erzeugt frische feinstoffliche Eindrücke nur von den Anblicken, Gerüchen und Klängen der feinstofflichen Welt.

Die dritte Ebene

Die weitere Involution des feinstofflichen Bewußtseins der feinstofflich-bewußten Seele läßt die Seele die dritte Ebene (5) der feinstofflichen Welt erfahren. Hier erlangt das feinstoffliche Bewußtsein größeres Bewußtsein der unendlichen Energie der feinstofflichen Welt, und die Seele erfährt größere endliche Macht. Hier ist sie fähig, große Wunder zu vollbringen, wie etwa Blinde sehend zu machen und den Verstümmelten Gliedmaßen zurückzugeben. Hier ist diese feinstofflich-bewußte menschliche Seele auch in der Lage, die verschiedenen Ebenen und Welten der feinstofflichen Sphäre zu erfahren, ebenso wie die grobstofflich-bewußte menschliche Seele in der Lage ist, unter

Verwendung der ihr verfügbaren grobstofflichen Vehikel von Asien nach Australien oder Amerika zu reisen. (6)

Die zweite und dritte Ebene der feinstofflichen Sphäre sind die beiden Hauptebenen, die sich ausschließlich in der Domäne der feinstofflichen Sphäre befinden. Die erste Ebene befindet sich teilweise im Bereich der feinstofflichen und teilweise in der grobstofflichen Sphäre. Auf ähnliche Weise gehört die vierte Ebene teils zur feinstofflichen und teils zur mentalen Sphäre. Diese vierte Ebene ist bekannt als die Schwelle zur **mentalen Sphäre.**

Die vierte Ebene

Durch schrittweises Fortschreiten bei der Involution des Bewußtseins der feinstofflich-bewußten menschlichen Seele macht das Bewußtsein der Seele die Seele geneigt, die vierte Ebene zu erfahren. Auf der vierten Ebene ist die Seele der **unendlichen Energie** voll bewußt. Es ist dieselbe unendliche Energie, die der schattenhafte Aspekt der Unendlichen Macht Gottes ist. Hier ist die Seele mit voller Macht ausgestattet und sogar in der Lage, Tote zu erwecken und neue lebendige Formen und Welten zu erschaffen.[22] Auf der vierten Ebene gibt es keine okkulten Kräfte. Es sind vielmehr göttliche Kräfte.

Wie in Farbtafel I im Farbteil dargestellt, sieht man die feinstofflich-bewußte Seele auf der vierten Ebene, die jetzt den Schlüssel zum Reservoir Unendlicher Macht besitzt, an der Schwelle zur mentalen Welt, wo sie mit der vollen Wucht intensiver Begierden und Emotionen konfrontiert ist, welche die Aspekte des Gemüts der mentalen Welt sind. Auf dieser Stufe erfährt die Seele gewissermaßen einen Zustand schwärzester Nacht. Sie findet sich gefangen zwischen dem Teufel und der

---

22 Die *Vidnyan*-bewußte Seele des *Qutub*-Zustands oder Vollkommenen Meisters kontrolliert ein solches Geschehen und achtet darauf, daß es nicht zu solch groben Mißgeschicken kommt, es sei denn, sie sind vorbestimmt.

Unterwelt. Der überwältigende Anreiz durch intensive Begierde, diese unendliche Energie willkürlich anzuwenden und sich ihrer zu bedienen, erweist sich als ein tückischer Widersacher an diesem Schnittpunkt, wo die Involution des Bewußtseins dieser feinstofflich-bewußten menschlichen Seele unaufhaltsam auf dem Weg zur schnellen Meisterung aller Begierden voranschreitet.

Wenn diese Begierden auf ihrem Höhepunkt die Seele auf der vierten Ebene überwältigen und die Kräfte mißbraucht werden, dann erweist sich die Erfahrung der Freisetzung dieser unendlichen Energie an dieser Nahtstelle für die Seele auf der vierten Ebene unweigerlich als fatal. Das Resultat ist, daß das gesamte von der Seele erlangte Bewußtsein auf gewalttätige Weise zerstört wird und die Seele nur das endlichste Bewußtsein behält und sich wieder mit der Steinform identifiziert. Diese Seele muß dann den gesamten Prozeß der Evolution angefangen bei der Steinform durchlaufen, um wieder volles Bewußtsein zu erlangen.

Die Seele der vierten Ebene besitzt halb-feinstoffliche und halb-mentale Eindrücke. Sie ist äußerst quälenden Versuchungen unterworfen, weil sie intensive und überwältigende, gute oder schlechte Begierden hat. Da sie im Besitz unerhörter Macht ist, fühlt sie sich dazu getrieben, davon guten oder bösen Gebrauch zu machen. Mißbraucht sie ihre Macht zur Befriedigung der Lust oder aus Ruhmessucht oder zu irgendeinem anderen niedrigen Zweck, kommt es zu einem plötzlichen Absturz dieses Bewußtseins der Seele, der sie auf die Stufe des Steinstadiums des Bewußtseins zurückwirft. Überwindet sie jedoch diese Versuchungen und macht guten Gebrauch von ihren unerhörten Kräften oder bedient sich ihrer Kräfte erst gar nicht, dann geht sie auf die fünfte Ebene über, wo sie sicher ist und keine Möglichkeit des Absturzes besteht. Jedoch auch wenn sie guten Gebrauch von ihren Kräften macht, wird sie manchmal von den *Vidnyan*-bewußten Seelen des *Qutub*-Zustands oder VOLLKOMMENEN MEISTERN (aber nicht *Jivanmuktas* oder *Majzoobs*) in die sechste Ebene hinaufgezogen.

Gute Nutzung von Macht in der grobstofflichen Welt könnte auf materielle und spirituelle Zwecke gelenkt werden. Reichtum könnte beispielsweise für das materielle Wohlergehen anderer genutzt werden, etwa für wohltätige Krankenhäuser, Hilfe für Hungernde und Verzweifelte, und so weiter; man könnte ihn aber auch für ihr spirituelles Wohlergehen einsetzten, indem man ihnen ermöglicht, spirituelle Unterweisung zu erhalten und spirituelle Möglichkeiten auszunutzen. Auf der vierten Ebene besteht der gute Gebrauch von Macht jedoch unweigerlich darin, sie nur für das spirituelle Wohlergehen anderer einzusetzen. Diese Kräfte können niemals genutzt werden, um jemandem materiellen Wohlstand zu verschaffen; das wäre ohne Zweifel ein schlechter Gebrauch. Folgendes könnten wir als ein Beispiel eines guten Gebrauchs der Kräfte auf der vierten Ebene ansehen:

Nehmen wir an, ein spiritueller Pilger wandert durch eine Wüste und ist dicht davor, an unstillbarem Durst zu sterben. Die Seele der vierten Ebene kann ihm im grobstofflichen Körper erscheinen und ihm helfen, indem sie ihm einen Krug mit Wasser gibt, um danach wieder zu verschwinden. Einen solchen Gebrauch kann man als guten Gebrauch bezeichnen.

Macht kann für das individuelle oder das kollektive Wohl genutzt werden. **Doch selbst guter Gebrauch bindet die Seele und hält ihren weiteren Fortschritt auf.** Aus diesem Grunde ist die vierte Ebene am schwierigsten zu durchqueren und ist voller größter Gefahren. Die Person, die sich auf der vierten Ebene befindet, findet es äußerst schwierig, auf die unerhörten Kräfte zu verzichten, die ihr zur Erfüllung ihrer überwältigenden Begierden zur Verfügung stehen.

Die vierte Ebene ist die Schwelle zur mentalen Welt. Mehr als auf jeder anderen feinstofflichen Ebene läuft der spirituelle Pilger Gefahr, steil abzustürzen. Die Krise, mit welcher die Seele auf der vierten Ebene konfrontiert ist, ist ernst und gefährlich, weil sie in den Besitz gewaltiger göttlicher Kräfte gelangt, noch bevor sie ihr Gemüt zu vollständiger Unterwerfung gebracht hat. Sie kann ihr Gemüt nicht vollständig unter Kontrolle halten, denn solange sie nicht zur fünften Ebene aufgestiegen ist, die zur mentalen Welt gehört, kann sie ihr Gemüt nicht direkt erfahren oder benutzen. Wie die grobstofflich-bewußte menschliche Seele benutzt auch die feinstofflich-bewußte Seele der vierten Ebene ihr Gemüt indirekt. Auf dieser vierten Ebene ist das Gemüt nunmehr voll lebendig. Es funktioniert in all seinen voll entwickelten Aspekten des Denkens, Fühlens und Begehrens, die sich auf dem Zenit ihrer überwältigenden Intensität befinden. Einerseits versucht die Seele, die Herrschaft über ihr eigenes aufsässiges Gemüt zu erlangen und die subversiven Kräfte der losgelassenen Begierden zu unterwerfen. Andererseits steht ihr die unendliche Energie der Ebenen voll und ganz zur Verfügung und sucht sich ständig irgendeinen Ausdruck oder eine Verwendung.

Erliegt die Seele der überwältigenden Versuchung, ihre Kräfte falsch zu nutzen, dann kommt es zu einem enormen psychischen Zusammenbruch von unvorstellbarer Größenordnung. Die dabei freigesetzten explosiven Kräfte führen zu einer vollständigen Desintegration des Bewußtsein, wodurch es zu einem **kataklystischen Absturz von den Höhen des feinstofflichen Bewußtseins der vierten Ebene in die niedrigsten Tiefen des rudimentären Stein-Bewußtseins** kommt, in das Bewußtsein, das die Seele ganz zu Anfang ihrer Evolution erfuhr. Dieser psychische Kataklysmus der Desintegration ist mit dem Durchbrennen einer elektrischen Glühbirne aufgrund eines irreparablen Kurzschlusses vergleichbar. Die abgestürzte Seele hat nunmehr keine andere Alternative, als den langen und mühsamen Aufstieg des evolvierenden Bewußtseins wieder auf sich zu nehmen, und zwar durch endlose Zeiten der Evolution und Reinkarnation in zahllosen Formen, um danach wieder nach und nach und geduldig durch die Ebenen aufzusteigen.

Diese Desintegration des Bewußtseins erfolgt nur bei einem Bewußtsein, das sich auf der vierten Ebene befindet, und hier auch nur selten – nur wenn die Kräfte der vierten Ebene mißbraucht werden. Gewöhnlich ist es der Fall, daß ein einmal erlangtes Bewußtsein nicht mehr verlorengehen kann, doch im

Falle des Bewußtseins der vierten Ebene gibt es die einzige Ausnahme.

Mißbraucht die Seele die ihr zur Verfügung stehenden Kräfte nicht, sondern setzt sie für das Gute ein, ohne von Begierden überwältigt zu werden, dann erfährt das Bewußtsein der feinstofflich-bewußten menschlichen Seele bei weiterer Involution des Bewußtseins manchmal unmittelbar die sechste Ebene der mentalen Welt und überspringt die Erfahrungen der fünften Ebene der mentalen Welt.[23]

Wenn jedoch dieses Bewußtsein der Seele auf der vierten Ebene die Kräfte der vierten Ebene weder gebraucht noch mißbraucht, dann überschreitet die feinstofflich-bewußte menschliche Seele auf der vierten Ebene bei weiterer Involution des Bewußtseins die Schwelle der vierten Ebene und betritt die mentale Welt auf der fünften Ebene.

Die fünfte und sechste Ebene

Bei größerer Involution des Bewußtseins der feinstofflich-bewußten menschlichen Seele auf der vierten Ebene identifiziert sich das Bewußtsein der feinstofflich-bewußten menschlichen Seele mit dem GEMÜT der mentalen Ebene und erfährt die mentale Welt.

Dieses GEMÜT der mentalen Ebenen hat zwei Abteilungen. In der ersten Abteilung ist der Zustand des GEMÜTS forschend oder reflektierend. In diesem Zustand funktioniert das GEMÜT als Gedanken – hohe Gedanken, niedrige Gedanken; gute Gedanken, schlechte Gedanken; materielle Gedanken, spirituelle Gedanken und so weiter.

In der zweiten Abteilung ist der Zustand des GEMÜTS beeindruckbar oder mitfühlend. In diesem Zustand funktioniert das

---

23 Der Eintritt in die mentale Welt, die aus der fünften und sechsten Ebene besteht, läßt sich mit dem Eintreten in einen Raum vergleichen, nachdem man die Schwelle – die vierte Ebene des Bewußtseins – überschritten hat.

GEMÜT als Gefühle – Gefühle des Leidens, der Emotionen; Gefühle von Begierden, von Verlangen; Gefühle der Qual, der Trennung und so weiter.

Wenn das GEMÜT der mentalen Welt ganz bestimmte duale Funktionen hat, dann ist es notwendig, daß die Erfahrungen auf dem Feld des GEMÜTS (d. h. der mentalen Welt) auch deutlich von zweierlei Art sein müssen.

Die mentale Welt hat dementsprechend zwei Bereiche – den Bereich der fünften Ebene des Bewußtseins der **Gedanken** sowie den Bereich der sechsten Ebene des Bewußtseins der **Gefühle**.[24]

Daher identifiziert sich das Bewußtsein der mentalbewußten menschlichen Seele auf der fünften Ebene (7) nur mit der ersten Abteilung des GEMÜTS und ist sich des Zustands des GEMÜTS bewußt, der forschend oder reflektierend ist. Daher ist diese mentalbewußte menschliche Seele der fünften Ebene der Schöpfer und Meister von Gedanken und ist in der Lage, **nur die Gedanken** aller grobstofflich-bewußten und feinstofflich-bewußten Seelen zu kontrollieren. Das wird oft als **Kontrolle des Gemüts** aller grob- und feinstofflich bewußten Seelen fehlinterpretiert. (Sie kontrolliert nicht das Gemüt als Ganzes, sondern nur den Zustand des GEMÜTS, der allein als Gedanken funktioniert.)

Die mentalbewußte menschliche Seele auf der fünften Bewußtseinsebene sendet, während sie sich als forschendes oder reflektierendes GEMÜT identifiziert, nur Gedanken aus. Sie identifiziert sich nicht mit dem zweiten Zustand des GEMÜTS und ist daher nicht fähig, eine Herrschaft über Gefühle, Emotionen und Begierden zu etablieren.

---

24 Den Unterschied zwischen dem involvierenden Bewußtsein der fünfte und der sechsten Ebene könnte man mit dem Unterschied zwischen den Blickwinkeln vergleichen, die ein Mann hat, der einen Raum betritt – die mentale Welt. Wenn der Mann beim Eintreten in den Raum geradeaus schaut, dann **sieht** er spontan GOTT von Angesicht zu Angesicht und erlangt dadurch direkt das Bewußtsein der sechsten Ebene. Wenn sein Blick sich jedoch zufällig auf eine der Ecken des Raumes ausrichtet, dann gewinnt er zuerst das Bewußtsein der fünften Ebene.

Mit zunehmender Involution des Bewußtseins jedoch erlangt die mentalbewußte menschliche Seele auf der fünften Ebene Bewußtsein des zweiten Gemütszustands der mentalen Welt auf der sechsten Ebene und neigt daher dazu, sich als dieses GEMÜT im zweiten Zustand zu identifizieren – als beeindruckbares oder mitfühlendes GEMÜT. Somit hat das Bewußtsein der mentalbewußten menschlichen Seele das Sechste-Ebene-Bewußtsein der mentalen Welt involviert.

Die mentalbewußte menschliche Seele der sechsten Ebene des Bewußtseins erfährt die mentale Welt durch vollständiges Bewußtsein von Gefühlen und hat daher überhaupt keine Gedanken. Jedoch spürt sie tatsächlich, sich des Gefühls bewußt zu sein, GOTT von Angesicht zu Angesicht zu schauen, und zwar andauernd in allem und überall. Sie »schaut« GOTT unablässig,[25] kann sich jedoch selbst nicht als GOTT in GOTT sehen. Deshalb kann sie ihr Gefühl der Schau von GOTT nicht mit ihrer eigenen Identität mit GOTT in Einklang bringen, und deshalb sehnt sie sich nach Vereinigung mit GOTT, strebt nach ihr, hat ein quälendes Verlangen nach der Vereinigung mit GOTT, den sie von Angesicht zu Angesicht »schaut«. Diese Identifizierung mit dem zweiten Zustand des GEMÜTS – dem Fühlen – ist der vorherrschende Aspekt göttlicher Liebe, die schließlich zur Vereinigung mit GOTT führt.

Die fünfte Ebene der mentalen Welt ist der Zustand vollen Bewußtseins des Denkens, weshalb hier nur die Beherrschung der Kontrolle und des Erzeugens von Gedanken erreicht wird, während keine Beherrschung oder Kontrolle von Gefühlen, Emotionen und Begierden erreicht wird.

Die sechste Ebene der mentalen Welt ist der Zustand vollen Bewußtseins des Fühlens. Deshalb wird hier die Meisterung von Kontrolle und Erzeugung von Gefühlen erreicht, und es bleibt

---

25 Das darf man jedoch nicht mit unserer gewöhnliche Weise, ein Objekt mit unseren gewöhnlichen Augen zu sehen, verwechseln. GOTT von Angesicht zu Angesicht zu »schauen« bedeutet, GOTT durch den einen und einzigen Sinn der mentalen Ebene zu erfassen, und dieser Sinn ist der der »Schau«. Hier hat der Pilger intuitive GOTT-Erkenntnis.

kein Spielraum dafür mehr, daß ein Gedanke, nicht einmal ein einziger, in den Bereich der Gefühle eindringt. Das Bewußtsein der sechsten Ebene ist Gedanken-los und regiert die Gefühle der grobstofflich- und feinstofflich-bewußten Seelen. Das wird oft als Herrschaft über die Herzen aller grobstofflich- und feinstofflich-bewußten Seelen fehlinterpretiert. (Eine Seele mit Bewußtsein der sechsten Ebene regiert oder reguliert nicht das sogenannte Herz, sondern kontrolliert und regiert den Zustand des GEMÜTS auf der mentalen Ebene, der Gefühle von Emotionen und Begierden aussendet.)

Die Liebe zu GOTT und das Verlangen nach Vereinigung mit Ihm wird auf der sechsten Ebene wirklich und voll demonstriert. Wenn selbst die sechste Ebene der mentalen Welt transzendiert wird, dann verschwindet jede Illusion und GOTT wird verwirklicht.

Ist die Seele in der menschlichen Form mentalbewußt[26], dann ist sie sich des grobstofflichen Körpers wie des feinstofflichen Körpers nicht bewußt. Doch wirkt sie durch den grobstofflichen und den feinstofflichen Körper, zwar nicht direkt, aber auf der mentalen Ebene. Also selbst wenn die mental bewußte menschliche Seele sich des grobstofflichen Körpers und des feinstofflichen Körpers nicht bewußt ist und deshalb die grobstoffliche Welt und die feinstoffliche Welt nicht erkennt, kann sie unbewußt doch das Grobstoffliche durch verschiedene **Aspekte** des Grobstofflichen nutzen, was dann als Essen, Trinken, Schlafen, Sehen, Hören und Fühlen eines gewöhnlichen grobstofflich-bewußten Menschen gesehen wird, obwohl sie sich immerwährend nur mit ihrem mentalen Sinn des »Schauens« der mentalen Welt bewußt ist. Desgleichen kann diese Seele unbewußt das Feinstoffliche durch verschiedene grobstoffliche **Aspekte** der Energie in der Form von Kernenergie und dergleichen nutzen, während sie sich die ganze Zeit über nur des »Schauens« mit

---

26 [Siehe auch: Meher Baba, »Mental Consciousness«, in: *The Everything and the Nothing*, Beacon Hill, N. S. W., Australien: Meher House Publications, 1963, S. 63 ff. (Anm. d. Hrsg.)]

ihren mentalen Sinnen bewußt ist. Die mentalbewußte menschliche Seele in der mentalen Welt hat nur einen Sinn, nämlich den des »Schauens«.

So erfährt diese mentalbewußte menschliche Seele auf der fünften Ebene den ersten Zustand der mentalen Welt mit dem mentalen Körper oder GEMÜT und erlangt Bewußtsein des ersten Zustands des GEMÜTS. Hier ist diese Seele in der Lage, den ersten Zustand des GEMÜTS zu kontrollieren (d. h. Gedanken der grobstofflich-bewußten und feinstofflich-bewußten menschlichen Seelen). Doch ist sie jetzt wegen ihrer totalen Unbewußtheit der unendlichen Energie der feinstofflichen Welt und ihrer Kräfte total unfähig, irgendwelche Wunder zu vollbringen. Da diese mentalbewußte menschliche Seele jedoch den ersten Zustand des GEMÜTS der feinstofflich-bewußten menschlichen Seelen beherrscht, wird in der feinstofflich-bewußten menschlichen Seele die Verlockung, Wunder zu vollbringen, gezähmt, kontrolliert oder verstärkt, je nach dem Wunsch und Willen des Gemüts der mentalbewußten menschlichen Seele, die in der Lage ist, die Gedanken anderer Gemüter zu erzeugen und zu kontrollieren, die aber selbst stabil ist und nie wieder auf eine niedrigere Bewußtseinsebene abrutschen kann.

Während die Involution des Bewußtseins der mentalbewußten menschlichen Seele tiefer und tiefer voranschreitet, erfährt sie nach und nach die Beherrschung des zweiten Zustands des GEMÜTS (d. h. das Fühlen). Nun wird sie sich des Gemüts oder des mentalen Körpers voll bewußt und erfährt die Gesamtheit des mentalen Körpers auf der sechsten Ebene. (8) Diese Erfahrung ist eine des »Schauens« GOTTES von Angesicht zu Angesicht – sie sieht GOTT überall und in allem.

Angefangen bei der ersten Ebene aufwärts bis zur sechsten Ebene ging die Involution des Bewußtseins schrittweise und stetig voran, da das Bewußtsein der Seele immer weniger häufig Erfahrungen mannigfaltiger und verschiedenartiger gegensätzlicher Eindrücke hatte, die zunehmend schwächer wurden. Während die Involution des Bewußtseins der Seele voranschritt, wurden die verschiedenen gegensätzlichen Eindrücke nach und nach seltener und schwächer, bis das involvierte Bewußtsein der Seele auf der sechsten Ebene des mentalen Körpers voll bewußt ist und die mentale Welt vollständig und praktisch ohne jegliche Eindrücke erfährt, ausgenommen eine schwache letzte Spur restlicher Eindrücke von Gegensätzen. Das heißt, daß sich das involvierte Bewußtsein voll mit dem GEMÜT identifiziert und die Seele dazu neigt, zu realisieren, daß sie GEMÜT ist – und als GEMÜT hat diese Seele einen letzten und totalen Eindruck, daß sie GOTT in allem von Angesicht zu Angesicht »schaut«, doch kann sie sich nicht selbst in GOTT sehen.

Diese fast von allen Eindrücken geleerte[27] und sich nur des GEMÜTS bewußte mentalbewußte menschliche Seele auf der sechsten Ebene steht GOTT jetzt von Angesicht zu Angesicht gegenüber und sieht GOTT in allem, jedoch sieht sie sich selbst nicht in GOTT, weil sie, immer noch des Gemüts bewußt, sich selbst für GEMÜT hält. Diese mentalbewußte menschliche Seele assoziiert sich mit dem Gemüt und ist sich ihrer selbst als GEMÜT bewußt, und sie erfährt sich selbst immer noch als etwas anderes als GOTT. Diese mentalbewußte menschliche Seele auf der sechsten Ebene »schaut« tatsächlich GOTT von Angesicht zu Angesicht, und zwar lebhafter und intensiver als die grobstofflich- oder feinstofflich-bewußte menschliche Seele die Objekte der grobstofflichen oder der feinstofflichen Welten sieht.

In diesem Stadium erfährt das Bewußtsein der Seele, das verschiedene, zahllose und gegensätzliche Eindrücke erfahren hat, nunmehr die letzte Spur dualer Eindrücke der Gegensätze. Diese mentalbewußte menschliche Seele auf der sechsten Ebene ist sich immer noch der Dualität bewußt, während sie sich selbst als GEMÜT identifiziert und sich selbst von GOTT differenziert. (9)

---

27 Wie ein schmerzender Zahn, der sich allmählich lockert, aber trotzdem für lange Zeit noch nicht ausfällt, verbleibt das falsche Ich bis zum letzten Stadium der ersten spirituellen Reise, auch wenn es zunehmend schwächer wird, während die Seele auf dem PFAD fortschreitet. Es verschwindet erst in dem endgültigen *Fana* der siebten Ebene für immer und wird von dem grenzenlosen WAHREN ICH abgelöst.

Die siebte Ebene

Diese Erfahrung von Dualität zieht sich immer und immer weiter hin, bis schließlich die endgültige Involution des Bewußtseins der mentalbewußten menschlichen Seele die Seele dahin bringt, sich vom Gemüt zu dissoziieren (das Bewußtsein des GEMÜTS hatte GOTT objektiviert), und läßt die Seele sich mit ihrem eigenen SELBST assoziieren – der SEELE oder *Atma*.

Nunmehr sagt man, das Bewußtsein der Seele erfahre endlich das Bewußtsein der siebten Ebene. Hier auf der siebten Ebene ist sich die SELBST-bewußte menschliche Seele ihrer selbst als GOTT bewußt und erfährt UNENDLICHE MACHT, UNENDLICHES WISSEN und UNENDLICHE GLÜCKSELIGKEIT.

Es ist völlig unmöglich, daß die mentalbewußte menschliche Seele aus eigener Kraft[28] die sechste Ebene durchschreitet und die siebte erreicht. (10) In diesem Stadium ist die **Gnade** eines VOLLKOMMENEN MEISTERS absolut wesentlich, um der mentalbewußten menschlichen Seele zu helfen, sich vom Bewußtsein des GEMÜTS zu dissoziieren und sie ihre Einheit mit dem unbegrenzten Zustand erkennen zu lassen, sie unbegrenzte SELIGKEIT bewußt erfahren und erkennen zu lassen, daß sie (*Atma*) **ewig in** GLÜCKSELIGKEIT schwelgt.

So kommt es, daß die SELBST-bewußte menschliche Seele der siebten Ebene sich nunmehr voll des SELBST als unbegrenzt und ewig bewußt ist und sich nunmehr auch **der Quelle** von Energie und GEMÜT **bewußt ist**, die nichts weiter waren als schattenhafte Aspekte ihrer eigenen unbegrenzten Macht und ihres eigenen unbegrenzten Wissens.

Diese SELBST-bewußte menschliche Seele, die nunmehr SELBST-verwirklicht oder GOTT-verwirklicht ist, erfährt nicht nur UNENDLICHE MACHT, UNENDLICHES WISSEN und UNENDLICHE GLÜCKSELIGKEIT, sondern strahlt diese gleichzeitig aus. Manchmal, in gewissen Fällen, machen solche SELBST-bewuß-

---

28 Allerdings verwirklichen die auf der sechsten Bewußtseinsebene Befindlichen GOTT zu dem Zeitpunkt, wo sie ihren Körper ablegen.

ten Seelen auch direkten und bewußten Gebrauch von dieser
Unendlichen Macht, diesem Unendlichen Wissen und dieser
Unendlichen Glückseligkeit, um andere Seelen von ihren
Eindrücken und der jeweiligen Assoziierung mit den grobstoff-
lichen, feinstofflichen und mentalen Formen und Welten zu
befreien.

In seinem Ringen um die Verwirklichung von Selbst-
Bewußtsein sammelte und erfuhr der individuelle ewige *Atma*
(die Seele), der sich seines unendlichen Zustands im *Paramatma*
nicht bewußt war, zahllose verschiedenartige Eindrücke. Und
während dieser ganzen Zeit assoziierte er sich mit endlichen und
ephemeren Seinsformen, wobei er die grobstoffliche, die feinstoffliche und die mentale Welt entfaltete, während er ein grobstoffliches Bewußtsein der grobstofflichen Welt entwickelte
(**evolvierte**) und das Bewußtsein der feinstofflichen und mentalen Ebenen der feinstofflichen und mentalen Welten **involvierte**.

Die Involution des Bewußtseins des *Atma* (Seele), die durch
die Gnade eines Vollkommenen Meisters auf den Höhepunkt
getrieben wurde, brachte den *Atma* zur Selbst-Verwirklichung
seines unendlichen Zustands im *Paramatma*.[29]

Auf diese Weise erlangte das Bewußtsein des *Atma* Selbst-
Bewußtsein, erfuhr Unendliche Macht, Unendliches Wissen
und Unendliche Glückseligkeit und erkannte, daß es existiert
– auf ewig. Es realisierte, daß während des gesamten Ringens um
Selbst-Bewußtsein die Eindrücke, Erfahrungen und Assoziationen der grobstofflichen, feinstofflichen und mentalen Körper
und Welten nicht mehr waren als ein leerer Traum und daß die
Identifizierung mit grobstofflichen Körpern, Kreaturen und

---

29 *Sav bār tahīrā dāman hā thon mīre āyā*
    Jab ānkh khulī dīkhā apnā hī garībān hai.
    – Asghar

    »Hundertmal meinte ich, dein Kleid fest in meinen Händen zu halten;
    Doch als ich die Augen öffnete, fand ich zu meiner Überraschung,
    daß es mein eigenes Kleid war, das ich hielt.«

menschlichen Wesen sowie alle Erfahrungen der drei Welten und sechs Ebenen mit all ihrem Drum und Dran in ihrer relativen Existenz solange unterstützt und aufrechterhalten wurden, wie das Bewußtsein des *Atma* noch unreif war. Reife wurde erst auf der siebten Ebene bei voll involviertem Bewußtsein erreicht. Das brachte den *Atma* dazu, sein SELBST zu verwirklichen, oder machte den *Atma* der GOTT-Verwirklichung voll bewußt. Mit anderen Worten: Der eigene unbegrenzte Zustand des *Atma* im *Paramatma* wurde bewußt zur Kenntnis genommen.[30]

Erst nach der endgültigen Vernichtung des Gemüts und der Abnutzung des Schleiers mentaler Eindrücke kann das Bewußtsein in voller Freiheit von allen Bindungen durch Eindrücke funktionieren. Das bedeutet das Überwinden des tiefen Abgrunds, der die sechste von der siebten Ebene trennt. Die siebte Ebene ist der formlose Wohnort des HÖCHSTEN DER HOHEN.[31] Das ALLERHÖCHSTE oder der unendliche GOTT als Wahrheit kann nur durch das Transzendieren des gesamten Reichs der Einbildungskraft erkannt werden. Nur auf der siebten Ebene erfüllt sich für die Seele wirklich der anfängliche Drang zur Selbsterkenntnis, indem sie ihr eigenes SELBST als identisch mit der wandellosen, ewigen, unteilbaren und formlosen ÜBERSEELE erfährt, mit UNENDLICHEM WISSEN, UNENDLICHER WIRKLICHKEIT (WAHRHEIT), UNENDLICHER MACHT und UNENDLICHER GLÜCK-SELIGKEIT.

---

30 Der GOTT-verwirklichte Mensch ist der Allmächtige plus Wissen und Bewußtsein. Er ist der vollkommen erwachte Zustand. Er ist Wissen, Wissender und Gewußtes. Er ist Liebe, Liebender und der Geliebte. Er weiß, daß er in jedem *Jiv-Atma* ist und daß jedermann in ihm ist. Der GOTT-verwirklichte Mensch weiß, daß er das gesamte Dasein und das gesamte Ende der Existenz ist und daß er schon immer derselbe eine, unendliche OZEAN DER WAHRHEIT war und bleiben wird. Aber der gewöhnliche Mensch **weiß** nicht, woher er kam und wohin er gehen wird.

31 [Der Leser sei auf Fariduddin Attars *Mantiq-ut-Tayr* verwiesen, eine sufische Allegorie, die im Westen als die »Konferenz der Vögel« bekannt ist. Hier findet er eine herrliche Beschreibung der Reise durch die Ebenen. (Anm. d. Hrsg.)]

Teil 6

Zusammenfassender Überblick über Zustände göttlichen Bewußtseins

Auch nachdem er menschliche Form angenommen und volles Bewußtsein erlangt hat, jenes Bewußtsein, nach dem der *Atma* (die Seele) sich gesehnt hat, um *Paramatma* erfahren zu können, erfährt der *Atma* immer noch nicht *Paramatma*. Denn solange dieses Bewußtsein in grobstofflichen Eindrücken zentriert bleibt, wird der *Atma* selbst nach dem Erreichen von vollem Bewußtsein zwangsläufig des grobstofflichen Körpers bewußt gemacht und muß daher die grobstoffliche Welt erfahren.

Ohne menschliche Form zu haben, ist es dem *Atma* unmöglich, das Bewußtsein des feinstofflichen und des mentalen Körpers sowie des SELBST zu erlangen. Desgleichen ist es unmöglich, Erfahrungen der feinstofflichen, der mentalen Welt und des *Paramatma* zu sammeln. Für die Evolution des Bewußtseins, der Form und für die Erfahrung der grobstofflichen Welt ist es absolut notwendig, grobstoffliche *Sanskaras* (Eindrücke) zu haben, und solange es grobstoffliche Eindrücke gibt, hat der *Atma* kein Bewußtsein des feinstofflichen und des mentalen Körpers.

Wegen der Evolution vollen Bewußtseins und wegen der Evolution perfekter Form in Gestalt menschlicher Wesen und weil die grobstoffliche Welt voll erfahren wurde, besteht in der Menschenform kein Bedarf mehr an grobstofflichen Eindrücken. Grobstoffliche Eindrücke können zu feinstofflichen Eindrücken, feinstoffliche Eindrücke zu mentalen Eindrücken werden, und mentale Eindrücke können verschwinden. So kann der *Atma* in der Menschenform Bewußtsein des feinstofflichen und des mentalen Körpers und des *Atma* selbst haben sowie Erfahrung der feinstofflichen Welt, der mentalen Welt und des *Paramatma*. Jedoch besteht die Tragödie darin, daß der *Atma* unmittelbar nach Erlangen vollen Bewußtseins in der menschlichen Form nicht Bewußtsein des feinstofflichen (*Pran*) und des mentalen (*Mana*) Körpers sowie des SELBST erlangt sowie desgleichen weder die feinstoffliche noch die mentale Welt erfährt und keine Erfahrung des *Paramatma* hat.

Das ist so, weil aus grobstofflichen *Sanskaras* keine feinstofflichen *Sanskaras* werden und die mentalen *Sanskaras* auch nicht sofort verschwinden, nachdem der *Atma* volles Bewußtsein in der Menschenform erlangt hat. Der Grund dafür ist, daß die erste Menschenform, die aus der letzten Säugetierform entstanden ist, ein Erbe von Eindrücken der ersten menschlichen Form hinterläßt, wenn sie aufgegeben wird, und dann entsteht jede folgende inkarnierte Menschenform aus den *Sanskaras* der letzten menschlichen Form. Obwohl er volles Bewußtsein besitzt, nimmt also der *Atma* eine Anzahl menschlicher Formen an, solange grobstoffliche *Sanskaras* existieren.

Schließlich geschieht eines von zwei Dingen: Entweder die grobstofflichen *Sanskaras* des *Atma* können ganz plötzlich völlig verschwinden, und der *Atma* verliert das Bewußtsein des grobstofflichen Körpers und erlangt Bewußtsein des SELBST, wodurch er die Erfahrung der grobstofflichen Welt verliert und Erfahrung des *Paramatma* erlangt. Oder aber es tritt die zweite, wahrscheinlichere Möglichkeit ein: Die grobstofflichen *Sanskaras* schwinden endlich dahin und werden zu feinstofflichen *Sanskaras*, die feinstofflichen *Sanskaras* werden schwächer und werden zu mentalen *Sanskaras*, und schließlich werden die mentalen *Sanskaras* so schwach, daß sie verschwinden. In diesem Falle verliert der *Atma* zunächst das Bewußtsein des grobstofflichen Körpers und die Erfahrungen der grobstofflichen Welt und erlangt Bewußtsein des feinstofflichen Körpers und Erfah-

118

rung der feinstofflichen Welt. Dann verliert der *Atma* das Bewußtsein des feinstofflichen Körpers und erlangt Bewußtsein des mentalen Körpers und verliert die Erfahrung der feinstofflichen Welt und gewinnt Erfahrung der mentalen Welt. Schließlich verliert der *Atma* das Bewußtsein des mentalen Körpers, wodurch er Bewußtsein des *Atma* selbst erlangt und die Erfahrung der mentalen Welt verliert sowie Erfahrung des *Paramatma* gewinnt.

Nachdem der *Atma* SELBST-Bewußtsein erlangt hat und den *Paramatma* erfährt, erbt der *Atma* einen der DREI ZUSTÄNDE (nicht zwei oder vier, sondern definitiv drei Zustände).

Erster Zustand A: Bald nach dieser Erfahrung des HÖCHSTEN DER HOHEN gibt der *Atma* im allgemeinen alle seine schattenhaften Körper auf (den grobstofflichen, den feinstofflichen und den mentalen) und genießt auf ewig individualisierte Erfahrung als ein Ganzes – die UNENDLICHE MACHT, das UNENDLICHE WISSEN und die UNENDLICHE GLÜCKSELIGKEIT GOTTES –, **ohne von diesen Attributen Gebrauch zu machen.**

Erster Zustand B: Der *Atma* mag diese drei Körper vielleicht erst einige Zeit später aufgeben, obwohl er sich dieser Körper absolut nicht bewußt ist. Davon abgesehen, daß er die Körper behält, ist sein Zustand genau derselbe wie »A«.

Zweiter Zustand: Der *Atma* behält die drei Körper und hat nicht nur SELBST-Bewußtsein, sondern ist sich gleichzeitig auch seiner drei Schatten (des grobstofflichen, des feinstofflichen und des mentalen Körpers) bewußt. Zur gleichen Zeit erfährt er die UNENDLICHE MACHT, das UNENDLICHE WISSEN und die UNENDLICHE GLÜCKSELIGKEIT GOTTES. Er erfährt auch die grobstoffliche Welt, die feinstoffliche Welt und die mentale Welt als die Schatten GOTTES. Doch nutzt er die MACHT, das WISSEN und die GLÜCKSELIGKEIT GOTTES nicht für die anderen *Atmas*, die mentalbewußt, feinstofflich-bewußt und grobstofflich-bewußt sind, und **ist damit unabhängig.**

119

Dritter Zustand: Er ist genauso wie der zweite Zustand, ausgenommen daß der *Atma* hier seine UNENDLICHE MACHT, sein UNENDLICHES WISSEN und seine UNENDLICHE GLÜCKSELIGKEIT wirklich benutzt, indem er grobstofflich-bewußte *Atma*s feinstofflich-bewußt macht, feinstofflich-bewußte *Atma*s mentalbewußt macht und mentalbewußte *Atma*s ihres SELBST bewußt macht. Er kann sogar grobstofflich-bewußte *Atma*s auf einen Schlag ihres SELBST bewußt machen.

Die volle Entwicklung des feinstofflichen und des mentalen Körpers in der Menschenform und die Involution des Bewußtseins

Nur in der Menschenform sind der feinstoffliche (*Pran*) und der mentale (*Mana*) Körper voll entwickelt. Selbst wenn der *Atma* grobstoffliches Bewußtsein hat und sich des *Pran* und des *Mana* nicht bewußt ist, arbeitet er durch *Pran* und *Mana*, allerdings nicht unmittelbar, sondern auf der grobstofflichen Ebene. Selbst wenn sich also der grobstofflich bewußte menschliche *Atma* des *Pran* und des *Mana* nicht bewußt ist und er deshalb ENERGIE und GEMÜT nicht realisiert, kann er doch ENERGIE durch verschiedene Aspekte von Energie nutzen (etwa Kernenergie), und er kann das GEMÜT durch verschiedene Aspekte des Gemüts nutzen – etwa Gedanken, Begierden und Emotionen.

Wenn der *Atma* in der Menschenform feinstoffliches Bewußtsein hat, ist er sich des grobstofflichen (*Sharir*) und des mentalen (*Mana*) Körpers nicht bewußt, arbeitet aber dennoch durch *Sharir* und *Mana*, zwar nicht direkt, jedoch auf der feinstofflichen Ebene. Selbst wenn sich also der feinstofflich-bewußte *Atma* des *Sharir* und des *Mana* nicht bewußt ist und deshalb die grobstofflichen und mentalen Welten nicht erkennt, kann er das Grobstoffliche nutzen, und zwar durch verschiedene Aspekte des Grobstofflichen wie Essen, Trinken, Schlafen, Sehen, Fühlen, Hören und so weiter. Und er kann das GEMÜT

120

durch verschiedene Aspekte des Gemüts nutzen, etwa Gedanken, Begierden und Emotionen.

Wenn der *Atma* in der Menschenform mentales Bewußtsein hat, ist er sich des grobstofflichen (*Sharir*) und des feinstofflichen (*Pran*) Körpers nicht bewußt, arbeitet jedoch durch *Sharir* und *Pran*, und zwar nicht unmittelbar, sondern auf der mentalen Ebene. Also selbst wenn der mentalbewußte menschliche *Atma* sich des *Sharir* und des *Pran* nicht bewußt ist und deshalb die grobstoffliche und die feinstoffliche Welt nicht erkennt, kann er das Grobstoffliche durch verschiedene Aspekte des Grobstofflichen nutzen – etwa Essen, Schlafen, Sehen, Fühlen, Hören –, und er kann ENERGIE durch verschiedene Aspekte der Energie nutzen, beispielsweise Kernenergie.

Um ein Gleichnis zu geben, wollen wir für einen Augenblick annehmen, es gäbe einen grobstofflich-bewußten menschlichen *Atma* als eine Seele auf der Erde (die wir als ein Muster für die grobstoffliche Ebene nehmen), und zwar weit weg von der Sonne, die wir uns, ebenfalls zum Zweck unseres Gleichnisses, als die Quelle der ENERGIE des Feinstofflichen und die Quelle des GEMÜTS des Mentalen vorstellen. (Das Gleichnis von Sonne und Erde darf niemals als die Sonne und Erde des Sonnensystems mißverstanden werden.)

Diese Sonne, die wir nun als unser Modell gewählt haben, sendet ihre Strahlen von ENERGIE und GEMÜT fortlaufend und gleichzeitig auf die Erde (die wir als Modell für das Grobstoffliche gewählt haben). Und die grobstofflich-bewußte menschliche Seele auf Erden, die sich nur des Grobstofflichen bewußt ist – saugt unbewußt aus den Sonnenstrahlen die ENERGIE des Feinstofflichen auf, indem sie in der grobstofflichen Welt den weitestgehenden Gebrauch der Aspekte dieser ENERGIE in der Form von Kernenergie macht. Diese grobstofflich-bewußte menschliche Seele auf Erden benutzt in der grobstofflichen Welt ebenfalls unbewußt Aspekte des GEMÜTS, etwa Gedanken, Begierden und Emotionen, die sie ebenfalls aus diesen Sonnenstrahlen aufsaugt.

Um bei diesem Gleichnis zu bleiben, stellen wir uns jetzt die feinstofflich-bewußte menschliche Seele als eine Seele in der

Luft vor, die somit dieser Sonne viel näher ist als der grobstofflich-bewußte menschliche *Atma* auf der Erde. Diese feinstofflich-bewußte menschliche Seele in der Luft ist sich nur des Feinstofflichen bewußt. Sie saugt bewußt die vollste Energie aus dieser Sonne auf, die die Quelle der Energie ist, und macht bewußt Gebrauch von dieser unerhörten Energie in ihrer Entstehungsform. Daher ist diese feinstofflich-bewußte Seele in der Lage, unerhörte Macht auszuüben, und sie ist durchaus imstande, Blinde sehend zu machen oder Verstümmelten ihre Glieder zurückzugeben. Das ist die Domäne der ersten drei Ebenen, und die Befähigung dieser Seele, Energie in jeder beliebigen Intensität freizusetzen, wird je nach dem Ausmaß erreicht, in dem sie auf der zweiten oder dritten Ebene feinstoffliches Bewußtsein erlangt.

Während diese feinstofflich-bewußte Seele in ihrem Reich der ENERGIE bewußten Gebrauch von Energie in deren Entstehungszustand macht, ist sie sich des Mentalen nicht bewußt. Daher macht sie unbewußt Gebrauch von solchen Aspekten des Geistes wie Gedanken, Begierden und Emotionen. Obwohl sie imstande ist, durch ihr Bewußtsein von ENERGIE unerhörte Kräfte einzusetzen, läuft sie doch Gefahr, sich in das Gemüt zu verstricken, während sie unbewußt Gebrauch von den Aspekten des GEMÜTS macht. Aus diesem Grunde gleitet diese feinstofflich-bewußte menschliche Seele, auch wenn sie äußerst mächtig ist, manchmal auf die niedrigere Ebene des feinstofflichen Bewußtseins ab, während sie bewußten Gebrauch von deren Energie in der Form wundertätiger Kräfte macht.

Um es noch genauer zu formulieren: Die feinstofflich-bewußte menschliche Seele befindet sich je nach dem Grad des erlangten feinstofflichen Bewußtseins auf der ersten, zweiten oder dritten Ebene. Oder man könnte sagen, daß die Domäne der feinstofflichen Sphäre die erste, zweite und dritte Ebene umfaßt. Nun ist die vierte Ebene jener Bewußtseinszustand, der eine Trennungslinie zwischen der Domäne der feinstofflichen Welt und der Domäne der mentalen Welt zieht. Anders ausgedrückt: Der feinstofflich-bewußte menschliche *Atma* auf der vierten Ebene gleicht einer menschlichen Seele, die auf der **Schwelle** (zur mentalen Welt) steht, welche die feinstoffliche von der mentalen Welt trennt.

Daher ist sich die feinstofflich-bewußte menschliche Seele auf der Stufe des Bewußtseins der vierten Ebene voll der ersten, zweiten und dritten Ebene bewußt und erfährt voll und ganz die feinstoffliche Welt, weshalb sie sich der unerhörten Energie der feinstofflichen Welt vollständig bewußt ist. Somit ist diese menschliche Seele an der Schwelle der mentalen Welt, welche die Energie auf ihrem Höhepunkt beherrscht, jetzt der Domäne des GEMÜTS ganz nahe, welche die mentale Welt darstellt. Damit ist sie noch empfänglicher für die überwältigenden Kräfte der Aspekte des Gemüts, als da sind Gedanken, Begierden und Emotionen. Und obwohl diese feinstofflich-bewußte menschliche Seele auf der vierten Ebene bewußten Gebrauch von der Energie der feinstofflichen Welt auf ihrem Höhepunkt macht, ist sie sich immer noch nicht des GEMÜTS bewußt. Sie macht daher unbewußten Gebrauch von den Aspekten des GEMÜTS, die jetzt allzu überwältigend und daher überaus verlockend für diese Seele sind, die nun dem vollen Ansturm der Aspekte des GEMÜTS (Gedanken, Begierden und Emotionen) auf deren Höhepunkt ausgesetzt ist und ihnen standhalten muß.

Für die menschliche Seele auf der vierten Ebene ist diese Situation äußerst gefährlich, weil sie äußerst trügerisch ist. Ausgestattet mit höchster Energie, von der sie entweder den besten oder den schlechtesten Gebrauch machen kann, muß die Seele hier eine Art von Gleichgewicht zwischen zwei Kräften auf deren Zenit aufrechterhalten, nämlich zwischen dem Höhepunkt der Energie der feinstofflichen Welt und der überwältigenden Höhe der Aspekte des Gemüts der mentalen Welt. Wird diese menschliche Seele auf der vierten Ebene, während sie unbewußt die Aspekte des GEMÜTS benutzt, von den übermächtigen Verlockungen dieser Aspekte überwältigt, dann kann sie dem nicht widerstehen, diese Energie auf ihrem Höhe-

punkt zum Schlimmsten zu verwenden, indem sie Wunder vollbringt – wie etwa Tote auferstehen zu lassen, Blinde sehend zu
machen, Kranke und Behinderte zu heilen und dergleichen
mehr –, und das nur, um eigene übermächtige Wünsche zu
befriedigen. Sie ist sogar in der Lage, die ganze Welt der Formen
mit ihrer gesamten Schöpfung zu erschaffen, so groß ist die
Macht, die sie aus der Energie auf ihrem Höhepunkt erlangt
hat, derer sich die feinstofflich-bewußte menschliche Seele bewußt ist.

So erzeugt also der Mißbrauch von Energie auf ihrem Höhepunkt durch das Medium und die übermächtigen Verlockungen
der ebenfalls auf ihrem Höhepunkt befindlichen überwältigenden Aspekte des Geistes eine Art von unerhörtem, irreparablem
Kurzschluß bei den beiden fundamentalen übernatürlichen
Kräften – der Energie auf ihrem Zenit in Gestalt gewaltiger
Macht und des Gemüts auf seinem Zenit in Gestalt unwider-
stehlicher Begierden. Das führt zu einem unvorstellbar gewaltigen Zusammenprall und einer Explosion im fortgeschrittenen
Bewußtsein der feinstofflich-bewußten menschlichen Seele auf
der vierten Ebene. Auf diese Weise entsteht im Bewußtsein dieser Seele eine absolute Verstörung, mit dem Ergebnis eines
direkten Zerfalls des fortgeschrittenen Bewußtseins dieser
menschlichen Seele. Daraufhin fällt diese feinstofflich-bewußte
Seele unweigerlich auf die unterste Ebene des Bewußtseins,
welche die begrenzteste Art von Bewußtsein der gröbsten Form
ist. Daher muß diese menschliche Seele die Form von Stein
annehmen und erneut den gesamten Prozeß der Evolution
durchlaufen.

Beispiel eines grobstofflich-bewußten Wissenschaftlers

Versuchen wir einmal, diese Situation durch eine Beschreibung
dessen zu erläutern, was gelegentlich selbst auf der grobstofflichen Ebene einem normalen Menschen geschieht, der unerhörte
Macht handhabt und der sich in den meisten Fällen nicht dem

intensiven Wunsch widersetzen kann, seine Kräfte zu demonstrieren.

Vergleichen wir in diesem Zusammenhang eine feinstofflich-
bewußte menschliche Seele auf der vierten Ebene, wie oben
beschrieben, mit einem hochangesehenen Wissenschaftler in der
grobstofflichen Welt. Dieser, der sich der grobstofflichen Ebene
voll bewußt ist, erkennt mittels bloßen Bemühens und durch viel
Forschen in den Bereichen der Wissenschaften von der Energie
in vollem Umfang die Möglichkeit, durch bestimmte Experi-
mente gewaltige Energien freizusetzen.

Zum Zweck unserer Erläuterung wollen wir ferner annehmen, dieser Wissenschaftler werde sich nach und nach voll der
enormen Energie bewußt, die greifbar vor ihm liegt und die
schließlich unter seine vollständige Kontrolle geraten wird. Daraufhin verlangt es ihn intensiv, sie zu nutzen.

Selbst wenn dieser grobstofflich-bewußte Wissenschaftler
sich in der grobstofflichen Welt des höchstmöglichen grobstofflichen Aspekts der ENERGIE bewußt ist, ist er sich überhaupt nicht dieser ENERGIE in ihrem Entstehungszustand
bewußt, die allein der Domäne der feinstofflichen Welt an-
gehört und nur von der feinstofflich-bewußten menschlichen
Seele erfahren und beherrscht werden kann, jedoch niemals
und unter keinen Umständen von irgendeinem grobstofflich-
bewußten Menschen erfahren oder experimentell erforscht
werden kann.

Wenn daher dieser grobstofflich-bewußte Wissenschaftler in der grobstofflichen Welt auf Erden sich der höchstmöglichen grobstofflichen Aspekte der Kernenergie bewußt ist,
ist er sich praktisch nur eines der höchsten grobstofflichen
Aspekte der Energie der Domäne der feinstofflichen Welt voll
bewußt.

Und wenn dieser Wissenschaftler, der sich eines der höchsten
grobstofflichen Aspekte der Energie, den er nun völlig unter seiner Kontrolle hat, bewußt ist, von einem intensiven Verlangen
überwältigt wird, sie zu nutzen – einem Verlangen, das auch der
höchste Aspekt des GEMÜTS der mentalen Welt ist –, dann hängt

seine ganze Karriere in der Schwebe und ist daher sehr oft gefährdet.

An dieser Nahtstelle widerstreitender Gedanken, die einerseits den Wissenschaftler reizen, seine Macht zu demonstrieren, und andererseits besänftigend auf ihn einwirken, zurückhaltend zu sein, muß der Wissenschaftler sich äußerst sorgfältig um ein Gleichgewicht bemühen – das heißt, er muß die ihm zur Verfügung stehenden unerhörten Aspekte der Energie ausbalancieren. An ihm liegt es, sie zum Wohle der Welt zu nutzen oder sie mit verheerenden Wirkungen zu mißbrauchen, oder aber, sie überhaupt nicht zu verwenden. Er wird von der unwiderstehlichen überwältigenden Macht des vorherrschenden Aspektes des Gemüts in Gestalt intensiven Verlangens konfrontiert, die ihn mit Ruhm, großem Namen und Macht verlocken und sein Ego bis zum Äußersten kitzeln, selbstsüchtigen Zielen ohne Rücksicht auf die potentiellen Zerstörungen und Verwüstungen, die daraus folgen können, nachzugehen.

Erliegt der Wissenschaftler daher diesem nunmehr auf seinem Zenit befindlichen arroganten Verlangen und wird dazu verleitet, die Macht, die er in Form eines der höchsten Aspekte der Energie beherrscht, zu mißbrauchen, dann bringt er sich bewußt dahin, die tödlichste Waffe unter seiner Kontrolle zur Explosion zu bringen – die mächtiger ist als, sagen wir, die neueste Wasserstoffbombe.

Dies ist das Stadium, in dem der alles entscheidende Punkt erreicht wird.

Der Wissenschaftler bringt seine Waffe zur Explosion, mit weithin verheerenden Folgen. Und das Gleichgewicht, das bis dahin gerade noch zwischen der Nutzung der Macht und dem überwältigenden Verlangen aufrechterhalten wurde, ist nun absolut gestört.

Dieser Wissenschaftler konnte sich nicht zügeln und war nicht imstande, ein Gleichgewicht zu wahren zwischen dem in dieser Waffe latenten gewaltigen Aspekt der Energie, der seine Macht stärkte, und dem intensiven Verlangen, diese Waffe

126

bewußt explodieren zu lassen, ohne Rücksicht auf das unvorstellbare Ergebnis.

Die Tragödie dieser ganzen Angelegenheit war folgende. Dieser Wissenschaftler, der sich des Ergebnisses der Explosion der Bombe bewußt war und daran ein intensives Eigeninteresse hatte, war der erste, der trotz aller ergriffenen notwendigen Vorsichtsmaßnahmen direkt von der Gewalt der Explosion betroffen wurde. Die unmittelbare Konsequenz für ihn selbst war, daß er zunächst von seinem eigenen Experiment überwältigt wurde und darüber entsetzt war. Und er fiel flach auf den Boden, absolut bewußtlos. Zu dieser Tragödie kam noch etwas anderes hinzu. Als er das Bewußtsein wiedererlangte, geschah das zu welchem Preis? Er hatte seinen Status als bedeutender und fortschrittlicher Wissenschaftler völlig vergessen und war auch nicht in der Lage, sich seiner jüngsten Vergangenheit zu erinnern, seiner Kindheit und seiner Aktivitäten als junger Mann mit allen dazugehörigen Assoziationen von Ehefrau, Kindern und Freunden. Die größte Veränderung, die in ihm vorging, war jedoch die, daß er nicht einmal merkte, daß ihm **irgend etwas verlorengegangen** war – nämlich sein Gedächtnis und sein Bewußtsein, ein bedeutender Wissenschaftler zu sein. Die Ärzte nennen ein solches Geschehen einen Fall von Amnesie. Er war sich nur der Tatsache bewußt, daß er ein Mensch von höchst rudimentärerem Typ war. Daraufhin begann er ein neues Leben, wobei er sich niemals vorstellte, daß er das Leben eines bedeutenden Wissenschaftlers geführt hatte, der gewaltige und unerhörte Energiekräfte beherrscht hatte. Auf ähnliche Weise verläuft die Tragödie der fortgeschrittensten feinstofflich-bewußten menschlichen Seele auf der vierten Ebene. Sie, die sie personifizierte Energie ist, mißbraucht die Energie auf ihrem Zenit in der feinstofflichen Welt und verliert daraufhin alles Bewußtsein, ausgenommen das begrenzteste Bewußtsein, das laut dem Gesetz der Evolution die grobstofflichste Form des Steins annehmen muß, um jenes begrenzteste Bewußtsein zu erfahren.

Eine der Funktionen des VOLLKOMMENEN MEISTERS ist es, die Seele der vierten Ebene davor zu bewahren, ihre spirituelle

Laufbahn durch den Mißbrauch göttlicher Kräfte zu ruinieren.[32] Sehr oft geschieht es, daß der Seele auf der vierten Ebene, wenn sie dicht davor steht, die Herrschaft über ihr Gemüt zu verlieren, ihre Kräfte von den VOLLKOMMENEN MEISTERN, die das Gemüt aller feinstofflich-bewußten und grobstofflich-bewußten Seelen beherrschen können, entrissen werden. Fälle von tatsächlichem Absturz sind dementsprechend selten und geschehen als Ausnahmen von der Regel. Sie müssen letzten Endes nicht irgendeinem Versagen der von den VOLLKOMMENEN MEISTERN aufrechterhaltenen Wachsamkeit zugeschrieben werden, sondern dem ursprünglichen Drang in GOTT selbst. Damit trifft es also buchstäblich zu, daß jedes und alles, ob klein oder groß, was im Universum geschieht, nur im Einklang mit dem Willen des Allmächtigen geschieht.

In diesem Zusammenhang ist es wichtig, Folgendes zu wissen: Obwohl es eine feststehende Tatsache ist, daß einmal in menschlicher Form erlangtes volles Bewußtsein praktisch niemals verlorengeht, gibt es in diesem Fall der feinstofflich-bewußten menschlichen Seele auf der vierten Ebene die Möglichkeit, das erlangte Bewußtsein zu verlieren. Das geschieht, wenn die Kräfte der vierten Ebene mißbraucht werden und wenn das Gleichgewicht zwischen der höchsten verfügbaren Energie und dem Gegengewicht der überwältigenden Verlockung unendli-

---

32 Als Meher Baba von den Herausgebern nach den »Versuchungen« von Jesus gefragt wurde, antwortete er:

»Die Wahrheit ist, daß Jesus nicht von Satan versucht wurde, sondern daß Jesus **selbst in Versuchung geriet** und Er die Versuchung überwand. Dahinter stand ein großer Sinn. Er mußte von sich aus in Versuchung geraten. Auf diese Weise schulterte er die Bürde der Kräfte der Versuchungen, die in der Welt vorherrschten. Jesus überwand dann alle Versuchungen und schuf auf diese Weise eine gewaltige Kraft, die wie eine enormer Rückschlag gegen die Kräfte universaler Versuchungen wirkte. Dasselbe traf im Falle von Buddha zu und ist immer wieder dasselbe in avatarischen Perioden. Jedesmal wenn GOTT sich auf Erden als Avatar manifestiert, gibt sein GOTTESTUN einen universalen Schub, und das Ergebnis ist universal. Das heißt, daß nicht nur die Menschheit den Nutzen davon hat, sondern alles in der gesamten Schöpfung genießt die Wohltaten des universalen Schubs.«

cher Begierden, die der höchste Aspekt des GEMÜTS sind, nicht
bewahrt wird. Auch wenn Gedanken, Begierden und Emotionen die drei fundamentalen Aspekte des GEMÜTS sind, bilden die
Begierden doch den höchsten Aspekt des GEMÜTS.

Wenn jedoch die feinstofflich-bewußte menschliche Seele
auf der vierten Ebene die von ihr beherrschte Energie nicht
mißbraucht und das Gleichgewicht durch besonnenen Gebrauch unbegrenzter Energie zum allgemeinen Wohl aufrechterhält, dann überschreitet diese Seele auf der vierten Ebene
nicht nur diese Schwelle der vierten Ebene und betritt den
Bereich der fünften und sechsten Ebene der mentalen Welt, sondern erlangt **unmittelbar** Bewußtsein der sechsten. Das geschieht, weil diese Seele (mit feinstofflichem Bewußtsein und
besonnener Nutzung der Energie auf ihrem Zenit) in der Lage
war, die verlockendsten und übermächtigsten höchsten Aspekte
des GEMÜTS zu überwinden und ihnen zu widerstehen, den
Begierden, Gedanken und Emotionen, die auf ihrem Zenit
äußerst tückisch waren. Auf diese Weise erlangt die feinstofflich-bewußte menschliche Seele unmittelbar das Bewußtsein
der sechsten Ebene durch Überwindung der Begierden, Gedanken und Emotionen auf deren Zenit. Und sie wird deren Meister, der sie jetzt beherrscht und sogar die Fähigkeit besitzt, sie zu
erschaffen.

Einige feinstofflich-bewußte menschliche Seelen verwenden
weder die gewaltige Flut von Energie auf ihrem Höhepunkt, die
in der feinstofflichen Welt freigesetzt wird, noch mißbrauchen
sie sie. Und wenn solche Seelen nicht ihren Begierden, die ebenfalls auf ihrem Höhepunkt sind, zum Opfer fallen, dann überschreiten diese feinstofflich-bewußten menschlichen Seelen die
Schwelle der vierten Ebene und erlangen das Bewußtsein der
fünften Ebene in der Domäne der mentalen Welt. Hier sind nun
die mentalbewußten menschlichen Seelen nicht mehr die Sklaven ihres Gemüts, weil sie sich nun des ersten Zustands des
GEMÜTS, der die Gedanken kontrolliert, bewußt sind.

Die mentalbewußten menschlichen Seelen auf der fünften
und sechsten Ebene sind sich jetzt ganz und gar des GEMÜTS

bewußt und erfahren die mentale Welt entsprechend dem Grad, in dem ihr Bewußtsein auf der fünften und sechsten Ebene fortgeschrittenen ist. Diese mentalbewußten menschlichen Seelen der fünften und sechsten Ebene sind sich nicht länger der Bewußtseinsstufen der ersten, zweiten, dritten und vierten Ebene der feinstofflichen Welt bewußt, noch erfahren sie weiter die feinstoffliche Welt. Daher sind diese mentalbewußten menschlichen Seelen sich der gewaltigen Energie der feinstofflichen Welt nicht bewußt. Daher sind sich diese mentalbewußten menschlichen Seelen – obwohl sie bewußte Meister des GEMÜTS sind – der Macht der Energie der feinstofflichen Welt absolut nicht bewußt. Aus diesem Grunde können diese mentalbewußten menschlichen Seelen auch niemals Wunder vollbringen. Sie können weder Tote auferstehen lassen noch Blinde sehend machen oder Krüppeln ihre Glieder zurückgeben, und das obwohl ihr fortgeschrittenes Bewußtsein größer ist als das Bewußtsein der feinstofflich-bewußten menschlichen Seele. Da diese mentalbewußten menschlichen Seelen jedoch die bewußten Herren des GEMÜTS sind, können sie das Gemüt der grobstofflich-bewußten und der feinstofflich-bewußten menschlichen Seelen erschaffen und kontrollieren. Wenn es notwendig ist, können sie Gemüter erzeugen und kontrollieren, und das ist ein bloßes Kinderspiel für sie.

Im Falle der mentalbewußten menschlichen Seele wollen wir annehmen, sie sei in der Nähe der Sonne positioniert (die wir für unser Modell als ein Gleichnis genommen haben). Diese Seele in menschlicher Form saugt bewußt solche Aspekte des GEMÜTS wie Gedanken, Begierden und Emotionen auf und kontrolliert sie, und sie macht in der mentalen Welt vollen Gebrauch vom GEMÜT, das von der Sonne ausgeht (die wir zum Zwecke der Erläuterung als die Quelle betrachten). Damit ist sich diese mentalbewußte menschliche Seele in den Bereichen der fünften und sechsten Ebene nicht nur des Gemüts und seiner Aspekte voll bewußt, sondern sie ist auch imstande, die Gedanken, Begierden und Emotionen aller anderen Gemüter zu erschaffen und zu kontrollieren. Die Seele ist jetzt ganz stabil und kann nie mehr auf eine andere Bewußtseinsebene fallen oder abgleiten, wie das bei der feinstofflich-bewußten menschlichen Seele auf der vierten Ebene möglich war (weil die grobstofflich-bewußte menschliche Seele und die feinstofflich-bewußte menschliche Seele Sklaven ihres Gemüts sind, während die mentalbewußte menschliche Seele der Meister ihres Gemüts ist.

Schließlich ist der Fall der SELBST-bewußten menschlichen Seele wie eine Seele in der Sonne selbst. (Wer diese Erläuterung verstehen will, sollte daran denken, daß die Bezugnahme auf die Sonne nur als ein Gleichnis gedacht ist. Man darf diese Sonne nicht als unsere irdische Sonne mißverstehen noch unsere irdische Sonne als das echte Modell der unbegrenzten und ewigen Quelle UNENDLICHER MACHT, UNENDLICHEN WISSENS und UNENDLICHER GLÜCKSELIGKEIT. Auch sollten wir unserer irdischen Sonne keinerlei Bedeutung beimessen, denn unsere irdische Sonne ist nichts weiter als eines der Objekte der SCHÖPFUNG, welches die Seele selbst hervorgebracht hat.)

Diese SELBST-bewußte menschliche Seele der siebten Ebene ist sich dieser Sonne bewußt (die wir als ein Beispiel für eine Quelle von ENERGIE und GEMÜT angenommen haben), und obwohl sie beständig UNENDLICHE MACHT, UNENDLICHES WISSEN und UNENDLICHE SELIGKEIT erfährt und in alle Ewigkeit ausstrahlt, macht eine solche Seele in einigen Fällen auch **Gebrauch** von dieser UNENDLICHEN MACHT, diesem UNENDLICHEN WISSEN und dieser UNENDLICHEN SELIGKEIT. Sie tut dies direkt und bewußt zur Befreiung der Seelen von den *Sanskaras* der grobstofflichen, der feinstofflichen und der mentalen Welt.

Teil 7

Der Siebenfältige Schleier

Kabir war nicht nur ein VOLLKOMMENER MEISTER, sondern auch ein Poet. Das *Kabirwani*, die Sammlung seiner Gedichte, ist wegen seiner klaren Ausführungen über GOTT, die Liebe zu GOTT, den göttlichen Pfad und die illusorische SCHÖPFUNG ein ausgesprochen einzigartiges Werk. Als VOLLKOMMENER MEISTER hat Kabir den Mann auf der Straße ebenso angesprochen wie den Eingeweihten. Er zögert nicht, allegorisch wie auch in deutlichen Worten einige der spirituellen Geheimnisse zu enthüllen, um die, auch wenn sie durchaus in der Reichweite des normalen Menschen sind, dennoch nur die spirituell Erleuchteten wissen, die allein den tieferen Sinn, der den meisten dieser Aussagen zugrunde liegt, wirklich verstehen.

Es gibt Yogis (Menschen, die sich einer systematischen Schulung auf dem Gebiet des esoterischen Wissens unterziehen), die von sich aus ihren physischen Körper während der Zeit, in der sie sich in vorübergehendem *Samadhi* (Trance) befinden, in der Luft schweben lassen können. Einige von ihnen können ohne die Hilfe äußerer Mittel auf dem Wasser wandeln oder in der Luft fliegen, und dennoch ist all das kein Zeichen oder Beweis dafür, daß sie göttliche Liebe erfahren haben. Auf einer spirituellen Waage gewogen haben diese Wunder keinerlei Wert. In der Tat sind die wundertätigen Spielereien des durchschnittlichen Yogis nicht nur Welten entfernt vom spirituellen Pfad, sondern auch ein echtes Hindernis bei der Evolution des Einzelnen hin zu spirituellem Fortschritt. (11) (12)

Der folgende Zwischenfall im Leben eines HINDU-MEISTERS zeugt von der Mißachtung solchen Verhaltens durch VOLLKOMMENE MEISTER, die die personifizierte WAHRHEIT sind. Der MEISTER stand eines Tages am Flußufer und wartete auf eines der kleinen Fährboote, die Passagiere für den winzigen Fahrpreis von einem *Anna* über den Strom bringen. Ein Yogi, der ihn so warten sah, kam zu ihm und wandelte buchstäblich hin und zurück über den Fluß. Dann sagte er: »Das war doch viel leichter, nicht wahr?« Der MEISTER antwortete lächelnd: »Ja, und das war weniger wert als der Fahrpreis mit dem Boot – ein *Anna*.«

Die Fähigkeit, die eigenen niederen Begierden ständig unter Kontrolle zu halten, ist keine geringe Errungenschaft. Erfolg bei der dauerhaften Sublimierung aller Begierden ist in der Tat eine noch größere. Die größte Errungenschaft ist jedoch, alle eigenen Begierden ein und für alle mal hinwegzubrennen, was allein göttliche Liebe vollbringen kann. Da aus der göttlichen Liebe niemals eine Show gemacht wird, erfolgt dieses »Verbrennen« durch die Liebe stets ohne »Rauch«, das heißt ohne Showeffekte. Es gibt Zeiten, in denen der äußere Ausdruck von GOTTESLIEBE geradezu heroisch erscheinen mag. Aus der eigenen Liebe zu GOTT jedoch zu irgendeiner Zeit eine Show zu machen, nur um der Show willen, das kommt einer GOTTESLÄSTERUNG gleich. Aus diesem Grunde sagt Kabir: Wer während der Meditation (13) (14) ein *Asan* (Stellung) einnimmt, um über GOTT zu meditieren, der sollte lernen, dabei zu vermeiden, etwa schwingende Körperbewegungen zur Schau zu stellen, selbst wenn dies nur zur eigenen Befriedigung geschieht.

Im Vergleich zu Träumen ist das physische Leben tatsächlich eine Realität. Gleichermaßen sind im Vergleich mit der Wirklichkeit des Pfades die Welt und alles weltliche Leben nur leere Träume seitens des Menschen. Doch so, wie die Welt und alle ihre Erfahrungen illusorisch sind, ist auch der spirituelle Pfad, der zur WIRKLICHKEIT führt, illusorisch. Das erste könnte man trügerische Illusion nennen und das letztere wahre Illusion. Trotz der riesigen Unterschiede zwischen ihnen sind dennoch

134

beide Illusionen, denn GOTT allein ist die einzige WIRKLICH-
KEIT.

Wenn WISSEN[33] erlangt wird, dann wird Unwissenheit vertrieben. Damit Unwissenheit jedoch verschwinden kann, muß WIS-
SEN erworben werden. Einerseits sind GOTT und die Fähigkeit
des Menschen, GOTT zu sehen und eins mit ihm zu werden, stets
vorhanden. Andererseits bleibt die WAHRHEIT dem Menschen
verborgen, bis er wirklich auf dem Pfad ankommt oder GOTT
verwirklicht. Diese scheinbare Anomalie ist auf zwei verschiedene Faktoren zurückzuführen: die Unwissenheit des Menschen
hinsichtlich der WAHRHEIT und die Tatsache, daß die Wahrheit
jenseits des Vermögens des Verstandes sowie weit, weit über der
Sphäre des Intellekts liegt. Es bleibt eine Tatsache, daß der
Mensch GOTT geworden ist und GOTT werden kann, und zwar
aus dem einfachen Grunde, daß der Mensch, wissentlich oder
unwissentlich, GOTT **ist**. Nur solange die Unwissenheit des
Menschen andauert, scheint es für die plurale Vielfalt illusori-
scher Dinge kein Ende zu geben. Wenn göttliches WISSEN erlangt wird, erkennt er, daß es für das unteilbare Einssein GOTTES
kein Ende gibt. Im Rahmen der Illusion kosmischer Dualität
sprechen Meister über die scheinbare Trennung zwischen
Mensch und GOTT im allgemeinen in Begriffen eines dazwi-
schen befindlichen »Schleiers« und »Vorhangs«. Hafiz, ein VOLL-
KOMMENER MEISTER ebenso wie ein großer Poet, sagt:

Miyānah 'āshiq o m'ashūq hīc hāyal nīst
Tū khvud hijāb-i khvudī, Hāfiz, az miyān barkhīz.

»Es gibt keine Schranke zwischen dem Liebenden und
dem Geliebten;
Hafiz, hebe dich selbst hinweg, du bist selbst die Hülle
über dem SELBST.«

---

33 [Im Sinne von »Weisheit« und nicht von weltlichem Wissen. (Anm. d.
Hrsg.)]

In Bezug auf die Beseitigung der sieben Schichten des Schleiers sagt Kabir:

Tere ghunghata ke pata khola tujhe Rāma milegā.

»Öffne die Falten deines Schleiers, und du wirst GOTT finden.«

Ghunghat bedeutet wörtlich die Verhüllung, die eine Frau in mehreren Lagen über Kopf und Gesicht ausbreitet. In spiritueller Ausdrucksweise stellt dies die schweren Lagen der Unwissenheit dar, die dem Menschen seine wahre Identität verbergen. Lüftet man diese Lagen eine nach der anderen, dann entspricht dies der von einem Stadium zum nächsten fortschreitenden Reise eines Pilgers von der ersten bis zur fünften Ebene des göttlichen Pfades.

Der Schleier, der einen unwissenden Menschen von GOTT dem Allwissenden trennt, ist so feinstofflich, daß ihn selbst die höchsten und feinsten Gedanken nicht durchdringen können. Dieser Schleier besteht aus sieben Lagen von sieben verschiedenen, tiefen Farben. Jede Lage wird von einem eigenen Knoten gehalten. Es gibt also sieben Knoten für sieben Lagen. Die sieben Farben repräsentieren die sieben Wurzelbegierden, welche den sieben fundamentalen Eindrücken entsprechen, als da sind Lust, Habgier, Zorn und so weiter, in Verbindung mit den sieben Öffnungen der Sinneswahrnehmung im Gesicht, also: [1] Mund, [2] rechtes Nasenloch, [3] linkes Nasenloch, [4] rechtes Ohr, [5] linkes Ohr, [6] rechtes Auge, [7] linkes Auge.

In WIRKLICHKEIT und als die einzige WIRKLICHKEIT ist die Seele **immer** GOTT, ohne Anfang und ohne Ende. Die trügerische Illusion beginnt mit dem Abstieg der Seele in sieben materiellen Stadien, und die wahre Illusion endet mit dem Aufstieg der Seele zur siebten spirituellen Ebene.

GOTT ist ein Makrokosmos, GOTT ist ein Mikrokosmos, und GOTT ist auch **immer** jenseits von beiden. Wissentlich ist der

Mensch Körper und ist der Mensch GEMÜT, unwissentlich jedoch, wie im Tiefschlaf, ist der Mensch auch jenseits von beiden.

Analog trifft es zu, daß der Mensch nach dem Bilde GOTTES geschaffen wurde. Der Oberteil seines Kopfes repräsentiert den *Vidnyan Bhumika* oder *Arsh-e-ala*, den höchsten spirituellen Zustand oder den Sitz des *Brahman*. Die Stirn entspricht dem Eingang zur Göttlichkeit. Der Mittelpunkt der Stirn, gerade über den beiden äußeren Augen, ist der Sitz des inneren oder dritten Auges. Ist der Schleier mit allen seinen sieben Falten oder Lagen schließlich beseitigt, dann ist der Mensch durch das dritte Auge in der Lage, GOTT von Angesicht zu Angesicht zu sehen. Und er sieht ihn tatsächlicher und natürlicher als das, was er gewöhnlich von seinem Körper und der Welt durch die beiden äußeren Augen zu sehen vermag. Um zu dem in der Stirn lokalisierten göttlichen Eingang zu gelangen, muß der Mensch die sieben Pforten durchschreiten, wie sie durch die sieben physischen Öffnungen im Gesicht repräsentiert werden.

Gelingt es einem Eingeweihten tatsächlich, den göttlichen Pfad zu betreten, dann ist das für ihn eine einzelne Sieben-in-eins-Errungenschaft, und das gilt für die erste von sieben Lagen des Schleiers, nämlich: [1] Lösen des ersten Knotens, [2] Verschwinden der ersten Lage, [3] Auslöschung der ersten Wurzelbegierde, [4] Vernichtung der relativen fundamentalen Eindrücke, [5] Beseitigung der ersten der sieben tiefen, dunklen Farben, [6] Eintreten durch die erste Pforte (repräsentiert durch den Mund), und [7] Ankunft auf der ersten Ebene in der feinstofflichen Sphäre, dem *Pran Bhuvan* oder *Alam-e-malakut*. (15)

In seinen Träumen ist der normale Mensch in der Lage, **teilweisen** Gebrauch seines feinstofflichen Körpers mit feinstofflichem Bewußtsein zu machen, jedoch nur in Bezug auf grobstoffliche Erfahrung und nur grobstoffliche Objekte betreffend. Ebenso wie er die grobstoffliche Welt mit vollem grobstofflichem Bewußtsein durch seinen grobstofflichen Körper erfährt,

137

beginnt der Eingeweihte auf der ersten Ebene die feinstoffliche Welt mit feinstofflichem Bewußtsein durch seinen feinstofflichen Körper zu erfahren.

Ist der Eingeweihte in der Lage, weiter voranzuschreiten, und gelingt es ihm, den Fortschritt beizubehalten, dann steigt er in der feinstofflichen Sphäre weiter auf bis zur vierten Ebene. Zu diesem Fortschreiten gehören die zweite und die dritte aufeinanderfolgende einzelne Sieben-in-eins-Errungenschaft, die den siebenfältigen in der ersten Ebene erreichten Errungenschaften entsprechen. Dieses Durchschreiten der zweiten und dritten Pforte (repräsentiert durch das rechte und linke Nasenloch) führt zu einer noch größeren Intensivierung der wahren Illusion, das heißt zu höherer Bewußtheit des Pfades. Nach dem Passieren der zweiten Pforte realisiert der Eingeweihte sogar noch mehr die wundervollen Dinge der feinstofflichen Welt und läuft zugleich Gefahr, in diesem Irrgarten der Verwunderung verloren zu gehen. Die mystischen Bezauberungen des Pfades jenseits der dritten Pforte sind noch größer, und ebenso ist es auch die Möglichkeit, in ihren Bann zu geraten. Genauso wie diejenigen mit grobstofflichem Bewußtsein die grobstoffliche Sphäre und ihre illusorischen Erfahrungen für real halten, können die Pilger in der feinstofflichen Sphäre, absorbiert von der Verwunderung über die Ebene, auf der sie sich befinden, diese für die höchste WIRKLICHKEIT halten. Darum bleibt ein Pilger oft auf einer Ebene stecken, von deren Verzückungen dazu verleitet, sie als das ZIEL zu akzeptieren, bis ein VOLLKOMMENER MEISTER oder auch mentalbewußte Seelen ihm helfen, indem sie ihn auf die nächste Ebene treiben.

Die vierte Sieben-in-eins-Errungenschaft ist eine zweifache, weil zu ein und derselben Zeit [1] der vierte und fünfte Knoten gelöst werden, [2] die vierte und fünfte Lage verschwinden, [3] die vierte und fünfte Wurzelbegierde ausgelöscht werden, [4] die vierte und fünfte tiefe, dunkle Farbe verschwinden, [5] die vierten und fünften relativ fundamentalen Eindrücke vernichtet werden, [6] die vierte und fünfte Pforte (repräsentiert durch das rechte und linke Ohr) durchschritten werden, und [7] der Pilger zur höchsten Ebene der feinstofflichen Sphäre, der vierten Ebene, gelangt.

Wie schon gesagt, ist die vierte Ebene die Ebene spiritueller Pracht und göttlicher Kräfte (*Anwar-o-tajalliyat* oder *Siddhis*). Bis hierher fortgeschrittene Pilger können neben vielen anderen Dingen sogar Tote auferstehen lassen. Für sie besteht das sehr große Risiko, diese Kräfte zu mißbrauchen und dadurch Unheil heraufzubeschwören. Und nur sehr wenige können diese schwindelerregenden Höhen selbständig und sicher und ohne die Hilfe eines Vollkommenen Meisters durchqueren. Von ihnen sagt Hafiz:

Dar āsitān-i jānān āsmān biyandīsh
Kaz auj-i sar bulandī uftī bikẖāk-i pastī.

»Auf der Schwelle zum Geliebten hüte dich vor den Verlockungen der Himmel,
Damit du nicht deinen Fall von den Höhen des Fortschritts und der Größe in die Tiefen der Erniedrigung und des Verderbens herbeiführst.«

In einem solchen Fall wird der Mensch nicht nur des auf dem Pfad erlangten spirituellen Fortschritts beraubt, sondern von seiner durch physiologische Evolution errungenen Position auf den Zustand der Steinform zurückgeworfen.

Ebenso wie einem Menschen, der in pechschwarzer Nacht auf einem ihm unbekannten Weg wandert, alles mögliche geschehen kann, kann einem, der ohne die leitende Hand eines Vollkommenen Meisters durch die vierte Ebene wandern muß, alles mögliche widerfahren. Deshalb bezeichnet man in der christlichen Mystik die Periode des Durchwanderns der vierten Ebene trotz ihrer schwindelerregenden Pracht und Macht »die dunkle Nacht der Seele«.[34]

---

34 Für diejenigen, die auf dem Pfad wandern, sind die Kräfte der vierten Ebene so etwas wie der »Teufel«, von dem der Volksmund sagt, er führe die

Ist der fortgeschrittene Pilger überhaupt in der Lage, den Verlockungen und Tücken der dunklen Nacht der Seele zu widerstehen, dann betritt er die mentale Sphäre (*Mano Bhuvan* oder *Alam-e-jabrut*) durch die fünfte und letzte doppelte Sieben-in-eins-Errungenschaft, die auf dieselbe Weise geschieht wie die vierte. Alle Lagen des Schleiers werden zusammen mit den dazugehörigen Knoten, Begierden, Farben und Eindrücken beseitigt. Die sechste und die siebte Pforte (repräsentiert durch das rechte und linke Auge) werden durchschritten, und die fünfte Ebene des Lichts und der Liebe wird erreicht.

Diejenigen, die sicher auf der fünften Ebene angekommen sind, sind die *Wali Allah* (wörtliche Bedeutung »Freunde GOTTES«). Ihre innere Sicht, das dritte Auge, ist jetzt voll entwickelt. Doch auch wenn alle sieben Lagen des Schleiers jetzt verschwunden sind, ist der **Schleier selbst** immer noch da. Der Pilger steht daher GOTT noch nicht von Angesicht zu Angesicht gegenüber und kann den GELIEBTEN nicht sehen.

Wegen ihrer durch kein trügerisches Ego verfälschten reinen Liebe zu GOTT ist die Position dieser Pilger auf der fünften Ebene sicher, und es besteht keine Möglichkeit eines Rückfalles. Ohne jeden Schaden für sich selbst können sie bewußt oder unbewußt anderen riesige Hilfe in den feinstofflichen und grobstofflichen Sphären leisten, und tun es auch.

Mit seltenen Ausnahmen ist nunmehr weiterer Fortschritt aus eigener Kraft unmöglich. Mit Hilfe oder durch die Gnade eines VOLLKOMMENEN MEISTERS ist man imstande, den Schleier ganz zu beseitigen und dadurch auf die sechste Ebene zu gelangen, die

---

Menschen in die Irre. Wäre ihm nicht der *Sadguru* Dnyaneshwar rechtzeitig zur Hilfe gekommen, dann wäre der große Yogi Chang Deva genau auf dieser Ebene ins Unglück gestürzt. Ebenso: Als Baba Farid Ganje-Shakar dieses Stadium erreichte, konnte er sich nicht beherrschen, seine Kräfte auszuprobieren, indem er fliegende Vögel tot herabfallen ließ und dann versuchte, sie wieder zum Leben zu erwecken. Auch er wurde gerade noch rechtzeitig durch eine alte Frau gerettet, die eine Heilige der fünften Ebene war. Nach diesem Geschehnis kam Baba Farid in engen Kontakt mit seinem MEISTER, der ihn schließlich zu Qutubiyat oder VOLLKOMME-NER MEISTERSCHAFT führte.

höchste Ebene der mentalen Sphäre die Ebene der »göttlichen Schau«, der Pforte zur Göttlichkeit (repräsentiert durch die Stirn), wo man in der Lage ist, GOTT tatsächlich von Angesicht zu Angesicht zu schauen, überall und in allem. Dieses Stadium ist als »Überzeugung durch Schau« bekannt.

Die Menschen in der grobstofflichen Sphäre, die an die Existenz GOTTES glauben, gründen ihre Überzeugung (*Yaqin*) auf ihren reinen und einfachen Glauben und ihr Vertrauen. Diese Überzeugung ist *Ilm-ul-yaqin* (intellektuelle Überzeugung) und unterscheidet sich von den folgenden spezifischen Überzeugungen:

* Überzeugung durch intuitive Wahrnehmung (*Yaqin-ul-yaqin*);
* Überzeugung durch Schau (*Ain-ul-yaqin*);
* Überzeugung durch tatsächliche Erfahrung (*Haqq-ul-yaqin*). (16)

Die Menschen auf dem Pfad, durch die gesamte fünfte Ebene hindurch aufwärts, **wissen**, daß es GOTT gibt, mit einer definitiven intuitiven Gewißheit (*Yaqin-ul-yaqin*); ihre Überzeugung beruht auf sicherem WISSEN. Die Menschen auf der sechsten Ebene sehen GOTT überall; ihre Überzeugung beruht auf tatsächlicher Schau. Wer auf der siebten Ebene eins mit GOTT geworden ist, der besitzt Überzeugung durch tatsächliche Erfahrung.

Der weit fortgeschrittene Pilger auf der sechsten Ebene befindet sich immer noch im Bereich der Dualität. Obgleich er GOTT von Angesicht zu Angesicht gegenübersteht, bleiben »Schauender« und »Gesehener« durch ein tiefes, unauslotbares Tal getrennt, das nur durch die Berührung eines VOLLKOMMENEN MEISTERS überbrückt werden kann. Während ein Mensch die ersten fünf Errungenschaften selbständig erwerben kann, wird das tatsächliche Lüften des Schleiers auf der fünften Ebene gewöhnlich durch die gnädige Führung eines VOLLKOMMENEN MEISTERS erreicht. Der **Sprung** von der Illusion der sechsten zur WIRKLICHKEIT der siebten Ebene ist jedoch aus eigener Kraft unmöglich und hängt **ganz und gar** von der direkten Berührung eines VOLLKOMMENEN oder eines VOLLKOMMENEN MEISTERS (*Sadguru*) ab.

Auf der siebten Ebene, der Ebene UNENDLICHEN WISSENS, UNENDLICHER MACHT und UNENDLICHER GLÜCKSELIGKEIT, verschmilzt das Individuum mit GOTT und **wird zu** GOTT, ein VOLLKOMMENER für alle Zeiten und jenseits aller Zeit. Dann spielt es keine Rolle, ob der physische Körper bleibt oder abfällt. In der Regel fällt die grobstoffliche Hülle kurze Zeit nach der Verwirklichung ab. In einigen Fällen bleibt der physische Körper jedoch noch für längere Zeit erhalten. Diese GOTT-VERWIRKLICHTEN nennt man *Majzoobs* oder *Brahmi Bhoots*.

Wiederum nur durch die unmittelbare und persönliche Hilfe eines VOLLKOMMENEN MEISTERS kehrt man aus dem Kreis der GOTT-VERWIRKLICHTEN zur Ebene des gewöhnlichen Menschen zurück, wobei man das Bewußtsein aller Sphären (grobstoffliche, feinstoffliche und mentale) wiedererlangt während man gleichzeitig volles GOTT-Bewußtsein behält. Dieser Mensch ist dann der Mensch-GOTT, der VOLLKOMMENE MEISTER, *Sadguru* oder *Qutub*.

Wo Licht ist, da ist keine Dunkelheit mehr. Wo es WISSEN gibt, da ist Unwissenheit abwesend. Und da die Lagen, der Schleier und das Tal der Trennung sich sämtlich im Bereich der Unwissenheit befinden, kann ein VOLLKOMMENER MEISTER – der die »Sonne« allen Wissens ist – jedem, den er auswählt, im Nu GOTT-Verwirklichung gewähren.[35]

GOTT allein ist wirklich, und da wir alle auf Dauer im GÖTTLICHEN GELIEBTEN verweilen, sind wir alle eins.

---

35 [Siehe auch: Meher Baba, »The Fabric of the Universe«, in: *Beams from Meher Baba on the Spiritual Panorama*, a. a. O., S. 13–15.
    Siehe ferner: Meher Baba: »The Ways to the Path and Its States and Stages«, in: *Listen Humanity*, erzählt und herausgegeben von D. E. Stevens, New York: Dodd, Mead and Company, 1957. S. 160 ff. (Anm. d. Hrsg.)]

Teil 8

Der Jenseits-des-Jenseits-Zustand Gottes, der Erste Drang und der Zyklus der Evolution und Involution des Bewußtseins

Der Jenseits-des-Jenseits-Zustand Gottes

Um mit dem zu beginnen, was jenseits des Anfangs liegt: Es gibt da den ursprünglichen Zustand des Jenseits-des-Jenseits-Zustands Gottes oder *Paratpar Parabrahma*. Das ist der ursprüngliche Zustand des »Gott-Ist«. Nach sufischen Begriffen ist dies der Zustand des *Wara-ul-Wara*.

In diesem ursprünglichen Gott-Ist-Zustand herrscht ein unbegrenztes absolutes Vakuum.

In diesem absoluten Vakuum gibt es weder irgendeine Manifestation des bewußten oder unbewußten Zustands Gottes noch eine Manifestation des Bewußtseins oder Nichtbewußtseins Gottes. Auch gibt es weder das unbegrenzte »Ich« – das Göttliche Ich oder Universale Ich – noch das begrenzte »Ich« oder das individuelle Ego. Es gibt weder ein universales Gemüt noch ein begrenztes Gemüt, weder unendliche noch begrenzte Energie. Es gibt auch weder den universalen Körper – den *Mahakarana Sharir* – noch den begrenzten Körper. Es gibt weder Universen noch Welten. Es gibt nicht einmal Bewußtsein entweder des Bewußtseins – *Mahachaitanya* – oder des Unbewußten.

Dieser Zustand ist absolut der **ursprüngliche unbegrenzte absolute Vakuumzustand** Gottes – also weder der *Nirguna-nirakar*- noch der *Saguna-sakar*-Zustand Gottes –, wo »Gott-Ist« und »Bewußtsein nicht-ist«.

143

Wenn man sagt, »GOTT-IST«, dann bezeichnet dies den Zustand, der jenseits des Anfangs des Anfangs der SCHÖPFUNG herrscht.

Diesen Zustand von GOTT-IST nennt man auch den »ursprünglichen göttlichen Tiefschlafzustand GOTTES« im JENSEITS-DES-JENSEITS-Zustand.

Der GOTT-IST-Zustand ist der Zustand der Unendlichkeit. Unendlichkeit kraft Unendlichseins ist alles. Das heißt »ALLES« ist die Natur des Unendlichen.

Kraft des ALLES-Seins schließt ALLES sogar »NICHTS« ein, denn sonst könnte ALLES niemals alles bedeuten. Dieses NICHTS ist in dem ALLES **latent** vorhanden. Da jedoch NICHTS buchstäblich nichts ist, ist das eigentliche Sein des Nichtseins überhaupt nichts.

Da dieses NICHTS im ALLES latent ist, ist das NICHTSSEIN des NICHTS als die LATENZ in das ALLES eingebettet.

Daher ist in der Unendlichkeit des GOTT-IST-Zustands alles, was in der Natur der UNENDLICHKEIT, die ALLES ist, latent ist, das NICHTS. Daher gehört alles, was im ALLES latent ist, zum NICHTS.

Kurz gesagt, mit Ausnahme der Unendlichkeit des Unendlichen sind alle Dinge im GOTT-IST-Zustand von ALLEM latent. Und alles, was latent ist, gehört zum NICHTS mit all seinen Aspekten des NICHTSEINS.

Im GOTT-IST-Zustand, in dem das NICHTS latent ist, existiert Bewußtsein automatisch wegen der Natur des Nichtseins auch als NICHTS. Dementsprechend ist Bewußtsein im JENSEITS-DES-JENSEITS-Zustand GOTTES immer und ewig in GOTT latent, der Seiner Natur nach ALLES ist – unendlich, unbegrenzt und unbeschränkt. Deshalb trägt GOTT durch Seine Ihm eigene Natur, das ALLES zu sein, automatisch immer und ewig UNENDLICHE MACHT, UNENDLICHES WISSEN, UNENDLICHE GLÜCKSELIGKEIT und alles, was unendlich glorreich oder schön ist, in Sich.

Da GOTT das ALLES und das UNENDLICHE ist, muß das Gegenteil von dem ALLES, nämlich das NICHTS, äußerst endlich sein.

Deshalb ist das NICHTS im GOTT-IST-Zustand als das Endlichste latent. Oder: In dem unendlichen Zustand GOTTES als dem ALLES ist der endlichste Zustand des NICHTS latent.

Es ist nur natürlich, daß dieses latente und höchst endliche NICHTS, wenn es sich manifestiert, sich als das Endlichste manifestiert.

Doch ist es eine äußerst paradoxe Tatsache, daß, wenn dieses höchst endliche NICHTS sich manifestiert, seine Manifestation sich nach und nach *ad infinitum* ausweitet.

Das, was diesem höchst endlichen NICHTS Unendlichkeit verleiht, ist GOTTES eigene latente Dreifachnatur UNENDLICHER MACHT, UNENDLICHEN WISSENS und UNENDLICHER GLÜCKSELIGKEIT, die, da sie zur Natur GOTTES gehört, ganz offensichtlich die Unendlichkeit des GOTT-IST-Zustands latent durchdringt. Natürlich umfaßt diese grenzenlose Dreifachnatur auch dieses endlichste NICHTS, wenn es in der Unendlichkeit des ALLES latent ist.

Der *Om*-Punkt

Wenn sich daher dieses endlichste NICHTS als NICHTSEIN manifestiert, dann breitet sich die Manifestation des höchst endlichen NICHTS – die eng verbunden ist mit der gleichzeitigen Projektion der latenten, allesdurchdringenden Dreifachnatur GOTTES und von ihr ausgeweitet wird – schrittweise *ad infinitum* aus und wird augenscheinlich manifestiert als unendliches NICHTSEIN oder als die SCHÖPFUNG. Daher kann man das Universum des NICHTSEINS, das illusorisch ist, als GOTTES »**Schatten**« bezeichnen, und da GOTT unendlich ist, ist auch Sein Schatten unendlich.[36]

---

36 Die ganze SCHÖPFUNG kam aus dem NICHTS. Aus dem NICHTS entstanden zwei Dinge, Evolution und Erzeugung. Aus dem NICHTS kamen sieben gasförmige Zustände zustande. Der siebte evolvierte Zustand ist Wasserstoff. Aus diesem siebten gasförmigen Zustand traten Evolution und Erzeugung hervor.

Die Schöpfung läßt sich mit der Evolution vereinbaren, weil alles in sieben Stufen erfolgt: sieben Stadien der Erzeugung, sieben Stadien der Evolution und sieben Stadien der Involution. Daher heißt es, GOTT habe das Universum in sieben Tagen erschaffen. Aus dem NICHTS gingen der endlichste Schatten und der unendliche Schatten gleichzeitig hervor.

Wenn es sich manifestiert, dann projiziert sich das NICHTS, das höchst endlich und latent im ALLES vorhanden ist, aus einem höchst endlichen Punkt im ALLES, in dem das NICHTS als Endlichstes verkörpert ist.

Der endlichste Punkt, aus dem heraus das NICHTS sich als NICHTSEIN projiziert, heißt der **Schöpfungspunkt** oder der *Om-Punkt*. Dieser Schöpfungspunkt befindet sich natürlich auch im ALLES, welches GOTT im JENSEITS-DES-JENSEITS-Zustand ist.

Somit projiziert sich das endlichste NICHTS als die SCHÖPFUNG aus dem unendlichen ALLES durch den endlichsten »Schöpfungspunkt« ins Unendliche der Unendlichkeit des GOTT-IST-Zustands.

Kurz gesagt: Wenn das endlichste NICHTS als NICHTSEIN durch den endlichsten Schöpfungspunkt projiziert wird, der auch in der Unendlichkeit von der unendlichen Dreifachnatur GOTTES durchdrungen wird, dann erweitert sich die eng mit der allesdurchdringenden und von ihr aufrechterhaltenen Dreifachnatur GOTTES verknüpfte Projektion des endlichsten NICHTSEINS schrittweise *ad infinitum* und manifestiert sich augenscheinlich als unendliches NICHTSEIN oder als unendliche SCHÖPFUNG.

Die Laune oder Lahar

Die Ursache, die das im unendlichen ALLES latente endlichste NICHTS dazu brachte, sich als unendliches NICHTSEIN zu manifestieren, ist die **ursprüngliche** Ursache, genannt die »URSACHE«.

Diese URSACHE ist nichts weiter als die LAUNE oder *Lahar* GOTTES. Man kann diese ursprüngliche Laune auch das erste »WORT« nennen, das GOTT ausgesprochen hat – »WER BIN ICH?«

Die Unendlichkeit des GOTT-IST-Zustands machte GOTT absolut unabhängig, und kraft dieser absoluten Unabhängigkeit ist es nur natürlich, daß GOTT seine unendliche Laune dazu benutzt, Seine eigene Unendlichkeit zu erleben und zu ge-

146

nießen. Einer Laune nachzugeben ist stets das Kennzeichen einer unabhängigen Natur, weil es die Launenhaftigkeit ist, die stets eine unabhängige Natur färbt.

Die ursprüngliche unendliche Laune ist verantwortlich dafür, dem zum NICHTS gehörenden latenten All die URSACHE zu geben, sich als NICHTSEIN zu manifestieren.

Bevor GOTT jedoch Seiner ursprünglichen unendlichen Laune nachgab, das zum NICHTS gehörige latente All manifest zu machen, war diese Laune GOTTES selbst latent als das NICHTS im ALLES der Unendlichkeit des absolut unabhängigen GOTTES im GOTT-IST-Zustand.

Wie ist es denn nun der latenten ursprünglichen unendlichen Laune möglich, in GOTT zu entstehen und sich selbst und alles, was vom NICHTS latent ist, als NICHTSEIN zu manifestieren?

Eine Laune ist schließlich eine Laune, und ihrer ganzen Natur nach haben Fragen wie »warum – wofür – wann« in ihrer Natur keinen Platz. Eine Laune kann in jedem beliebigen Augenblick kommen, jetzt oder nach ein paar Monaten oder Jahren, und sie kann überhaupt nicht kommen.

Desgleichen ist die ursprüngliche unendliche Laune schließlich eine Laune. Sie ist die Laune GOTTES im Zustand der Unendlichkeit! Diese Laune mag vielleicht überhaupt nicht in GOTT entstehen. Und wenn sie dennoch entsteht, entweder in jedem Augenblick oder nach Tausenden von Jahren oder einer Million Zyklen, muß das nicht überraschend sein.

Es ist nun einmal so, daß die ursprüngliche unendliche Laune GOTTES im Zustand der Unendlichkeit **irgendwann einmal aufwallte**. Und sie wallte spontan und urplötzlich in einem absolut unabhängigen GOTT auf, der auf ewig EWIG ist. Deshalb fing diese irgendwann einmal aufgewallte Laune irgendwann einmal mit dem ANFANG aller Dinge in der SCHÖPFUNG an (siehe Farbtafel II im Farbteil).

Kurz gesagt: Diese ursprüngliche unendliche latente Laune GOTTES im Zustand der Unendlichkeit machte sich, sobald sie einmal in GOTT, der absolut unabhängig ist, aufwallte, manifest, und gleichzeitig mit ihrer Manifestation manifestierte sie das latente All, das zum Nichts gehörte, als Nichtsein. So schuf also die Laune das Nichts.

Fassen wir noch einmal zusammen, wie das unendliche Nichts aus dem endlichsten Alles entstand:

Gott Jenseits ist unendliches Alles. Unendliches Alles läßt sich mit einem unendlichen, grenzenlosen Ozean vergleichen. Deshalb ist dieser grenzenlose Ozean unendliches Alles. Also ist jeder Tropfen im Ozean endlichstes Alles. Kurz gesagt, wenn der unendliche Ozean unendliches Alles ist, dann ist jeder Tropfen des Ozeans endlichstes Alles.

Bevor die Laune im grenzenlosen Ozean aufwallt und bevor die Schöpfung manifestiert wird, befindet sich der Schöpfungspunkt (*Om*-Punkt), durch den die Schöpfung ausgestrahlt wird, selbst im grenzenlosen Ozean als unendliches Alles. Das ist so, weil vor dem Auftauchen der Laune vollkommene Ruhe herrschte und den grenzenlosen Ozean durchdrang. Da konnte man noch nicht von »Tropfen« des Ozeans sprechen und es gab kein Getrennt-sein. Es gab nur den grenzenlosen Ozean als unendliches Alles.

In dem Augenblick, in dem die Laune im unendlichen Alles aufwallte, manifestierte sich der Schöpfungspunkt oder *Om* als endlichstes Alles.

Das unendliche Nichts war im unendlichen Alles latent. Als jedoch die Laune aufwallte, wurde das unendliche Nichts durch das endlichste Alles manifestiert, das der *Om*-Punkt ist.

So wird also durch das **endlichste** Alles nach und nach das unendliche Nichts ausgestoßen und manifestiert sich als etwas, das sich *ad infinitum* ausbreitet.

Gleichzeitig mit der Projektion des latenten Nichts und der Manifestation des Nichtseins wurde auch das Bewußtsein, das in der Unendlichkeit des Gott-Ist-Zustands latent als Nichts existierte, projiziert und manifestierte sich nach und nach als das Bewußtsein Gottes. Es ließ Gott Sich Selbst als Gott den Schöpfer aller Dinge erfahren, die aus Seinem Zustand des Alles als Nichtsein projiziert wurden.

Daraufhin wurde Gott, der nach und nach volles Bewußtsein erlangte, im Zustand des Schöpfers ins Labyrinth des endlich-

148

sten Nichtseins verwickelt, das sich als unendlich erwies, als ausgeweitet und aufrechterhalten durch Seine eigene unendliche Dreifachnatur.

Die paradoxe Ironie ist, daß die Unendlichkeit GOTTES als solche es für GOTT unendlich schwierig macht, der trügerischen augenscheinlichen Unendlichkeit des NICHTSEINS zu entkommen, die sich *ad infinitum* durch die eng verknüpfte Dreifachnatur GOTTES ausbreitet, welche UNENDLICHE MACHT, UNENDLICHES WISSEN und UNENDLICHE SELIGKEIT ist. (17)

Aber diese Verwicklung ist absolut notwendig, damit GOTT in der Unendlichkeit des GOTT IST-Zustands volles und vollständiges Bewußtsein Seiner Selbst und Seiner unendlichen Wirklichkeit gewinnen und auf diese Weise bewußt Seine unbeschränkte, grenzelose, unendliche Dreifachnatur UNENDLICHER MACHT, UNENDLICHEN WISSENS und UNENDLICHER SELIGKEIT erfahren kann.

Es ist eine fundamentale Tatsache, daß einmal erlangtes volles Bewußtsein nie mehr verlorengehen kann. Es bleibt auf ewig bestehen, ganz gleich, ob dieses voll erlangte Bewußtsein ein Bewußtsein ist, das das trügerische NICHTSEINS für real hält, oder ob es das Bewußtsein der WIRKLICHKEIT SELBST ist.

Schließlich läßt das Bewußtsein GOTT Seine eigene Wirklichkeit erkennen, nachdem dieses selbe Bewußtsein vollständige Reife erlangt hat. Das Bewußtsein ist erst dann voll gereift, um die WIRKLICHKEIT zu erkennen, nachdem es durch die augenscheinliche Wahrnehmung des Trügerischen genährt wurde. Diese Wahrnehmung des Trügerischen als etwas Wahrem wird im Laufe der Evolution des Bewußtseins so intensiviert, daß das von trügerischer Bewußtheit überflutete Bewußtsein GOTT nur des Trügerischen gewahr werden läßt, das von GOTT als das Wahre erfahren wird. Das heißt, GOTT als SCHÖPFER erfährt die Manifestation des NICHTS als wirklich und als ALLES.

Damit das latente Bewußtsein GOTTES im GOTT-IST-Zustand es GOTT ermöglicht, Seine eigene ewige Wirklichkeit zu erkennen, sollte die Projektion des latenten Bewußtseins im ALLES (das, wenn nach außen projiziert, auf die trügerische Unendlichkeit des NICHTSEINS fokussiert wird) nach innen zurückgezogen werden. Durch einen solchen Rückzug ins Innere wird der Fokus dieses selben Bewußtseins auf die Unendlichkeit des ALLES zentriert (von der aus es sich nach außen projiziert hatte und die Erfahrung des unendlichen NICHTSEINS anstelle der Erfahrung der Unendlichkeit des ALLES hervorgebracht hatte).

Wie schon an anderer Stelle gesagt: Wenn das projizierte Bewußtsein nach innen zurückgezogen oder einer vollen und vollständigen Involution unterzogen wird, dann verschwindet jenes NICHTSEIN, das einst als Wirklichkeit erfahren wurde, automatisch für das Bewußtsein, das nunmehr vollständig auf die ewige Wirklichkeit der Unendlichkeit GOTTES fokussiert ist.

Kurz gesagt, es muß kein **neues** Bewußtsein erlangt werden, um die Wirklichkeit – das Ewige – zu erkennen. Es ist **dasselbe** im ALLES latente Bewußtsein, das bei seinem Auftauchen aus dem NICHTS sich zunächst nach und nach entwickelte und dann, während es sich mit dem NICHTSEIN assoziierte, das NICHTSEIN als wirklich erfährt. Wenn die Evolution dieses Bewußtseins abgeschlossen und vollständig ist, dann läßt dieses selbe Bewußtsein GOTT das trügerische NICHTSEIN, das sich *ad infinitum* ausbreitet, als wirklich und unendlich erfährt. Und wiederum: Wenn dasselbe volle und vollständig Bewußtsein durch seine eigene Involution volle und vollständige Reife erlangt, dann erkennt es die unendliche WIRKLICHKEIT als die **einzige Wirklichkeit** und verschafft GOTT die Erfahrung Seines eigenen realen und ewigen unendlichen Zustands.

In Seinem ursprünglichen Zustand der Unendlichkeit ist GOTT ewig unendlich durch Seine unendliche, unbeschränkte und unbegrenzte Dreifachnatur von UNENDLICHER MACHT, UNENDLICHEM WISSEN und UNENDLICHER GLÜCKSELIGKEIT. So wie GOTT ewig IST, so ist der einzige tatsächliche Unterschied zwischen dem ursprünglichen Zustand GOTTES und den neuen Zuständen GOTTES, die er annimmt, das fortschreitend durch die **Eindrücke** des projizierten NICHTSEINS erlangte Bewußtsein.

In Seinem ursprünglichen Zustand des GOTT-IST ist GOTT Sich weder Seiner eigenen unendlichen ewigen Existenz noch

150

Seiner eigenen unendlichen Natur bewußt, obwohl er unendlich und ewig existiert. Dank Seiner eigenen unendlichen Laune erlangt GOTT das Bewußtsein Seiner eigenen Wirklichkeit und erkennt Sein eigenes unendliches, ewiges, unbegrenztes Selbst, um Seine eigene unbeschränkte, unbegrenzte und unendliche Dreifachnatur zu erfahren.

Somit ist GOTT – nun mit Seinem neu erworbenen Zustand ewigen Bewußtseins – bewußt und auf ewig Seines ursprünglichen JENSEITS-DES-JENSEITS-Zustands von GOTT-IST gewahr, der sich selbst immer und ewig der Unendlichkeit seines eigenen GOTT-IST-Zustands nicht bewußt ist. Daher ist es das Ziel, den ewigen und unendlichen GOTT-Zustand **bewußt** zu erkennen.

Wie bereits beschrieben, ist der ursprüngliche Zustand GOTTES jener Zustand eines unbegrenzten absoluten Vakuums, in dem GOTT **ist** und das Bewußtsein **nicht-ist**. Dieser Zustand ist der ursprüngliche göttliche Tiefschlafzustand GOTTES jenseits des Anfangs des ANFANGS der SCHÖPFUNG.

Die ursprüngliche unendliche Laune GOTTES als die »Ursache« ist dafür verantwortlich, daß der Bann des ursprünglichen göttlichen Tiefschlafzustands GOTTES gebrochen wurde, und das Ergebnis, die SCHÖPFUNG, nennt man die »Wirkung«.

Um den göttlichen Tiefschlafzustand klar zu begreifen und besser all das zu verstehen, was sich unmittelbar aus dem Aufwallen der ursprünglichen unendlichen Laune in GOTT – die Ihn aus Seinem göttlichen Tiefschlaf aufschreckte – ergab, wollen wir den göttlichen Tiefschlafzustand GOTTES mit dem Tiefschlaf des Menschen vergleichen.

Dieser Tiefschlafzustand des Menschen ist buchstäblich derselbe wie der göttliche Tiefschlafzustand GOTTES. In Seinem GOTT-IST-Zustand befindet GOTT Sich auf ewig im ursprünglichen göttlichen Tiefschlafzustand, während GOTT im menschlichen Zustand täglich den Wechsel zwischen dem Tiefschlafzustand und dem Wachzustand erfährt.

Nur aufgrund des Auftretens des ersten endlichsten Eindrucks des NICHTS, das sich als NICHTSEIN manifestierte, erfährt der unendliche, eindruckslose und formlose ewige GOTT Sich

Selbst als endliche, begrenzte, unbelebte oder belebe Formen oder Wesen.

In einem bestimmten Stadium der Bewußtseinsevolution verleihen die Eindrücke des Nichts Gott die Erfahrungen des menschlichen Zustands.

Diese Eindrücke des Nichts sind einfach die Hervorbringungen des ursprünglichen endlichsten ersten Eindrucks, wie sie vom endlichsten ersten Strahl des Bewußtseins in Gott aufgegriffen werden, der im gleichen Moment manifest wurde, in dem die latente ursprüngliche Laune in Gott aufwallte und das latente Alles des endlichsten Nichts als Nichtsein projizierte.

Der ursprüngliche endlichste Eindruck vervielfältigte und vermehrte sich gleichzeitig und parallel zur Evolution des endlichsten ursprünglichen Rinnsals des Bewußtseins.

Die mannigfaltigen und verschiedenartigen auf diese Weise geformten Eindrücke wurden durch die weitere Evolution des Bewußtseins durch mannigfaltige und verschiedenartige Medien endlicher oder grobstofflicher Formen erfahren, weil die geformten Eindrücke zwangsläufig durch das Bewußtsein erfahren werden müssen. Damit das Bewußtsein jedoch die Eindrücke erfahren konnte, waren geeignete Medien absolut notwendig.

So schreitet also die Evolution des Bewußtseins voran, indem im Einklang mit der Evolution grobstofflicher Formen von relativ höheren und immer höheren Typen immer weiteres und umfassenderes Bewußtsein entwickelt wird, um die Eindrücke zu erfahren, die in Verbindung mit den vorangegangenen relativ niedrigeren Typen grobstofflicher Medien gesammelt wurden.

Kurz gesagt: Der endlichste erste Eindruck der in Gott aufwallenden ursprünglichen unendlichen Laune schenkte dem unbewußten unendlichen Gott das endlichste Bewußtsein. Nach und nach multiplizierten sich verschiedenartige Eindrücke, wodurch für Gott ein größeres endliches Bewußtsein gewonnen wurde. Schließlich war die Evolution des Bewußtseins vollendet, als die Eindrücke des erlangten vollen Bewußtseins Gott mit der menschlichen Form identifizierten. Nachdem GOTT nunmehr volles Bewußtsein in menschlicher Form erlangt hat, besteht keine Notwendigkeit mehr, daß zusätzliche oder höhere Formen das Bewußtsein weiter entwickeln, da dieses erlangte Bewußtsein voll und vollständig ist.

Während des Prozesses der Evolution von Bewußtsein identifizierte das Bewußtsein – während es GOTT bewußt mit verschiedenen endlichen grobstofflichen Formen, belebten und unbelebten, identifizierte – GOTT gleichzeitig, wenn auch unbewußt, mit seiner begrenzten feinstofflichen Form und seiner begrenzten mentalen Form. Diese Formen assoziierten sich während des gesamten Verlaufs der Evolution des Bewußtseins – und zwar von Anbeginn der ersten ursprünglichen Projektion des im ALLES latenten NICHTS an – in kompakter und homogener unbewußter Assoziierung mit der begrenzten grobstofflichen Form GOTTES.

Es ist nur natürlich, daß die Evolution der begrenzten und endlichen feinstofflichen und mentalen Formen gleichzeitig mit der Evolution größeren und immer größeren Bewußtseins GOTTES stattfindet, bis die begrenzten feinstofflichen und mentalen Formen GOTTES in der grobstofflichen menschlichen Form voll entwickelt sind.

Obwohl GOTT in der menschlichen Form volles Bewußtsein erlangt hat, und obwohl die begrenzte feinstoffliche und mentale Form in der menschlichen Form ebenfalls voll entwickelt sind, ist das auf diese Weise erlangte volle Bewußtsein nur ein Bewußtsein des grobstofflichen Bereichs, der nur Erfahrungen der grobstofflichen Welt vermittelt. Daher ist das voll erlangte Bewußtsein sich noch nicht der feinstofflichen und mentalen Formen bewußt, noch kann es die feinstofflichen und mentalen Welten bewußt erfahren.

Kurz gesagt: Obwohl GOTT im menschlichen Zustand volles und vollständiges Bewußtsein erlangt hat, ist Er Sich noch nicht Seiner begrenzten ENERGIE der feinstofflichen Form noch Seines begrenzten GEMÜTS der mentalen Form bewußt. Und noch weniger ist er Seiner Selbst als dem einen unteilbaren, ewigen und unendlichen GOTT mit unbeschränkter MACHT und unbegrenztem WISSEN gewahr oder bewußt. Auf dieser Stufe ist GOTT Sich nur Seiner Identität mit der menschlichen Form und deren verschiedenartigen Aspekten voll bewußt, und er erfährt voll und ganz nur die grobstoffliche Welt als ein gewöhnliches menschliches Wesen der Welt in der Form eines Mannes oder einer Frau.

Doch sind das Bewußtsein des Menschen zusammen mit seiner mentalen Form als Gemüt, seiner feinstofflichen Form als Energie und seiner grobstofflichen Form als Körper das Ergebnis der Manifestation des endlichen NICHTS als unendliches NICHTSEIN, das im GOTT-IST-Zustand latent war. Mit anderen Worten: Das begrenzte Gemüt, die begrenzte Energie und der endliche Körper gehören alle zum NICHTS, und das Bewußtsein des begrenzten Gemüts, der begrenzten Energie und des endlichen Körpers gehört ebenfalls zum NICHTS.

Im Menschen ist das Gemüt der Sitz der Begierden und Gedanken, Energie ist der Sitz von Kraft und Vitalität, und der Glück typisierende Körper ist der Sitz von Glück und Elend. Daher sind diese Begierden und Gedanken, Kraft und Vitalität, Glück und Elend jeweils die endlichen Aspekte des begrenzten Gemüts, der begrenzten Energie und des Körpers des Menschen.

Obgleich diese Aspekte der endlichen Grundlage der dreifachen Natur des Menschen – das Gemüt, die Energie und der Körper (der Glücksgefühl typisiert) – aufgrund der Tatsache, daß sie das Ergebnis der Manifestation des endlichsten NICHTS sind, endlich sind, demonstrieren diese endlichen Aspekte von Gemüt, Energie und Körper dennoch ihre Fähigkeiten *ad infinitum*.

Das ist so, weil jede einzelne dieser endlichen Grundlagen der dreifachen Natur des Menschen – Energie, Gemüt und (Glücksgefühl typisierender) Körper – eng mit jeweils einer der drei unendlichen Grundlagen der Dreifachnatur GOTTES (*Sat-Chit-Anand*) verknüpft ist und von ihr aufrechterhalten wird, nämlich UNENDLICHE MACHT, UNENDLICHES WISSEN und UNENDLICHE GLÜCKSELIGKEIT.

Tatsache ist Folgendes: Wenn die latente unendliche Dreifachnatur GOTTES nach und nach aus der schrittweisen Projektion des endlichen NICHTS heraus manifestiert wird, und wenn

154

sie gleichzeitig die Projektion des endlichen Nichts, das sich *ad infinitum* als Nichtsein manifestiert, vorantreibt, dann wird diese selbe unendliche Dreifachnatur Gottes in diesem Stadium der Manifestation in die augenscheinliche und trügerische Unendlichkeit des Nichtseins verstrickt und wird auf diese Weise selbst ausgedrückt als die endliche Dreifachnatur des Menschen mit Fähigkeiten, die *ad infinitum* demonstriert werden.

Wie [1] das Gemüt, [2] die Energie und [3] der Körper als die Dreifachnatur des Menschen ihre Fähigkeiten *ad infinitum* als Illusion demonstrieren, das wird auf folgende Weise klar erfahren: [1] durch den erfinderischen Geist eines Wissenschaftlers, der kein Ende findet für Entdeckungen und Erfindungen; [2] durch die Freisetzung von Kernenergie in der Illusion, welche ein Stadium erreicht hat, in dem sie durch ihre eigene Kraft der Illusion genau das Nichtsein zu zerstören droht, aus dem heraus sie entstand und sich zu einer so schrecklichen Kraft entwickelte; [3] durch den (Glücksgefühl typisierenden) Körper, der nun mit dem fortentwickelten Fortschritt der Evolution des Nichts Schritt hält, unendlich dazu gedrängt wird, nach immer mehr Glück zu streben, und zwar in einem derartigen Ausmaß, daß Glücksempfinden faktisch zur eigentlichen Grundlage des Lebens der Illusion wird.

Der einzige Grund für eine solche unendliche Demonstration im Bereich des Nichtseins (das Illusion ist) ist folgender: Die grundlegend endliche Dreifachnatur des Menschen – Energie, Gemüt und Glück des Nichtseins – wird von der grundlegenden unendlichen Dreifachnatur Gottes – Unendliche Macht, Unendliches Wissen und Unendliche Glückseligkeit des Alles – aufrechterhalten und *ad infinitum* ausgedehnt.

Unendliche Macht ist unbeschränkt und wird niemals reduziert oder erschöpft, während endliche Energie trotz ihrer Verknüpfung mit Unendlicher Macht reduziert und erschöpft wird, weil sie nur das Ergebnis des als die endliche Energie des Nichtseins manifestierten Nichts ist.

Unendliches Wissen ist ewig, einförmig und allesdurchdringend und daher ohne jeden Bruch seiner Kontinuität. Dagegen

wird das begrenzte Gemüt trotz seiner Verknüpfung mit UNEND-
LICHEM WISSEN ausgelöscht und schließlich zum Verschwinden
gebracht, weil es das Ergebnis des NICHTS ist, das sich als das
endliche Gemüt des NICHTSEINS manifestiert.

UNENDLICHE GLÜCKSELIGKEIT ist ewige und durchgängige
SELIGKEIT, und da sie unvergänglich ist, gibt es für sie keiner-
lei gegenteiligen Aspekt. Andererseits ist Glück, obwohl mit
UNENDLICHER SELIGKEIT verbunden, nicht unvergänglich und hat
daher einen gegenteiligen Aspekt, das Elend. Dieses endliche
Glück schwindet dahin, auch wenn es die eigentliche Grundlage
des Lebens des menschlichen Wesens ist, da das Leben selbst ver-
gänglich ist. Da das Leben in der Illusion das Ergebnis des als das
Leben des NICHTSEINS manifestierten NICHTS ist, muß dieses
Leben vergehen.

Ein Stadium wird erreicht, in dem der Mensch in seinem Ringen um GOTT-Verwirklichung letztlich seine grundlegende endliche Dreifachnatur – nämlich Körper (der Glück versinnbildlicht),
Energie und Gemüt – verliert und sich der grundlegend unendlichen Dreifachnatur von SELIGKEIT, MACHT und WISSEN bewußt
wird. In diesem Zustand erfährt der Mensch, daß seine Natur
nicht der endliche Körper ist (der Glück versinnbildlicht), sondern unendliche SELIGKEIT, nicht endliche Energie ist sondern
UNENDLICHE MACHT, nicht das endliche Gemüt ist sondern
UNENDLICHES WISSEN. Also verliert der Mensch seine grundlegende Dreifachnatur und erkennt, daß seine Natur die grundlegend unendliche Dreifachnatur GOTTES ist. Dies bedeutet, daß die
endliche Dreifachnatur des Menschen, die von der unendlichen
Dreifachnatur GOTTES aufrechterhalten wurde, von der grundlegenden unendlichen Dreifachnatur GOTTES abgekoppelt wird.

Auch wenn der Mensch seine grundlegend endliche Dreifachnatur verliert, geht das während seines Ringens erlangte
volle Bewußtsein nicht verloren, weil einmal erlangtes volles
Bewußtsein niemals verlorengeht, ausgenommen beim vorher
beschriebenen groben Mißbrauch der Kräfte der vierten Ebene.

In diesem Zustand werden bei intaktem und vollem Bewußtsein der begrenzte und endliche Körper (der Glück versinnbild-

licht), die begrenzte und endliche Energie sowie das begrenzte und endliche Gemüt völlig von der unbegrenzten und unendlichen SELIGKEIT, der unbegrenzten und unendlichen MACHT und dem unbegrenzten und unendlichen WISSEN abgekoppelt.

Dies ist das Stadium, in dem der Mensch voll bewußt ist und doch nicht mehr das trügerische endliche NICHTSEIN als wahr und unendlich erfährt. Der (Glück versinnbildlichende) Körper, sowie Energie und Gemüt, die ein Instrument zur Erfahrung des NICHTSEINS waren, ergreifen das Bewußtsein des Menschen nicht länger mit endlichen Eindrücken. Diese sind nunmehr abgekoppelt und einfach aus dem Fokus des Bewußtseins verschwunden. Sie müssen verschwinden, weil sie von Natur aus zum endlichen NICHTS gehörten, das buchstäblich absolut nichts bedeutet.

Bevor jedoch Körper, Energie und Gemüt schließlich ihren Zugriff auf das Bewußtsein des Menschen verlieren, gibt es im Alltagsleben des Menschen eine vorherrschende Erfahrung, nämlich an jedem Tag zu schlafen und aufzuwachen.

Diese grundlegende Erfahrung eines normalen Menschen bringt drei grundlegende Zustände in seinem Alltagsleben hervor:

Der erste Zustand	ist der Tiefschlafzustand oder der Zustand vollständiger Unbewußtheit des SELBST im Menschen.
Der zweite Zustand	ist der Traumzustand oder der halbbewußte oder halbwache Zustand.
Der dritte Zustand	ist der vollkommen wache Zustand oder der Zustand des vollständigen Bewußtseins des SELBST im Menschen als Mensch.

Nun ist die Erkenntnis des Menschen das **Leben** im Menschen, und das Leben des Menschen wird durch die **Handlungen** des Menschen erkennend gemacht. Handlungen werden durch die Eindrücke des Menschen erzeugt, und umgekehrt. Diese Eindrücke des Menschen werden durch Handlungen aufgegriffen und dem Gemüt des Menschen eingeprägt. Eindrücke und Handlungen sind also wechselseitig voneinander abhängig, weil Eindrücke von Handlungen genährt und Handlungen durch Eindrücke motiviert werden.

Wie zuvor schon gesagt, läßt sich die Quelle der Eindrücke bis zum latenten NICHTS im ALLES zurückverfolgen, was GOTT im GOTT-IST-Zustand bedeutet. Als sich das NICHTS zum ersten Male in der Gestalt der SCHÖPFUNG als NICHTSEIN manifestierte, ließ die ursprüngliche Manifestation des NICHTS die erste Spur von Bewußtsein in GOTT entstehen, woraufhin sich der erste Eindruck des NICHTSEINS manifestierte. Dieser erste Eindruck erzeugte mit der Evolution des Bewußtseins weitere Eindrücke.

Dementsprechend gehören alle Eindrücke zum NICHTS, und da NICHTS buchstäblich nichts bedeutet, sind diese Eindrücke natürlich nichts als bloße Eindrücke. Da jedoch das Bewußtsein genau durch diese Eindrücke voll und ganz im Menschen evolvierte, ist das Bewußtsein des Menschen eng mit diesen Eindrücken des NICHTS verknüpft und läßt den Menschen dieses trügerische NICHTS bewußt als ALLES und wahr erfahren.

Eindrücke als solche spielen im Leben des Menschen bis zu dem Zeitpunkt eine vitale Rolle, zu dem sie vollkommen ausgelöscht werden, wobei sie das Bewußtsein von der Erfahrung des trügerischen NICHTS als ALLES und wahr entlasten und befreien. Das von allen Eindrücken entlastete Bewußtsein wird das trügerische NICHTS nicht mehr als wahr erfahren, sondern die WIRKLICHKEIT als das unbegrenzte SELBST (d. h. GOTT) erfahren.

Solange Eindrücke weiter existieren und sie weiterhin das Bewußtsein des Menschen prägen, werden diese durch die Energie des Menschen aktivierten und erzeugten Eindrücke weiterhin dem Gemüt des Menschen eingeprägt und werden so in seinem Unterbewußtsein zurückbehalten oder gespeichert.

Manche dieser Eindrücke schlummern stundenlang, tage- oder jahrelang, ja manchmal mehrere Leben lang, im Unterbewußtsein des Menschen. Die meisten von ihnen werden jedoch durch das Unterbewußtsein im Menschen in jedem Augenblick

seines Lebens nach außen projiziert, während er den halbbewußten und den vollbewußten Zustand erfährt, also den Traum-
beziehungsweise den Wachzustand.

Verbleiben diese Eindrücke absolut schlummernd, dann
befindet der Mensch sich in seinem Tiefschlafzustand. Beginnen
diese Eindrücke aus dem Unterbewußtsein des Menschen projiziert zu werden, dann sind sie im Anfangsstadium verschwommen; sie werden in verschiedenen sub-feinstofflichen Formen,
die sich aus dem NICHTS heraus bilden, variiert, und man sagt,
der Mensch befinde sich in einem halbbewußten Zustand, in
dem er durch sein Unterbewußtsein Träume erfährt. Werden
diese verschwommenen Eindrücke in ihren endgültigen oder
reifen Stadien der Projektion klarer, dann wird das NICHTSEIN in
sub-feinstofflichen Formen als grobstoffliche Formen erfahren
und man sagt, der Mensch befinde sich in einem voll bewußten
oder wachen Zustand, in dem er die grobstoffliche Welt durch
sein volles Bewußtsein in einem völlig wachen Zustand erfährt.

Wenn der Mensch aufwacht, dann manifestieren die Projek-
tionen der Eindrücke des NICHTS denselben Traum des NICHT-
SEINS kraftvoller und realistischer. Mit anderen Worten kann
man sagen, derselbe Traum befinde sich jetzt im Wachzustand
des Menschen auf seinem Höhepunkt.

Deshalb ist der Wachzustand des Menschen die Erfahrung
desselben verschwommenen Zustands der Träume, nur daß diese
nunmehr klar erlebt werden, auf ihrem Höhepunkt und in ihren
voll ausgereiften und endgültigen Zuständen.

Der Traum eines Menschen ist nichts als ein von den schlummernden Eindrücken des Menschen inszeniertes Schauspiel.
Werden diese Eindrücke durch das Unterbewußtsein des Menschen projiziert, dann erschaffen sie Dinge und Geschöpfe des
Traums als sub-feinstoffliche Formen.

Der Mensch im Traumzustand wird nicht nur in das Schauspiel seines Traums verwickelt und spielt die Rollen sowohl des
Schöpfers dieses Traums als auch des Hauptdarstellers im
Schauspiel dieses Traums. Der Mensch wird in diesem Schauspiel auch mit den Dingen und Geschöpfen und ihren sub-fein-

stofflichen Formen assoziiert, die in diesem Traumzustand seine eigene Schöpfung sind. Dieses Erschaffen sub-feinstofflicher Formen ist ganz und gar ein Ergebnis der Manifestation der aus der eigenen Vergangenheit und Gegenwart stammenden Eindrücke des Menschen. Also assoziiert der Mensch sich in seinem Traumzustand unterbewußt mit Formen in sub-feinstofflichen Zuständen.

Erinnert ein Mensch sie in seinem Wachzustand, dann erinnern ihn genau diese Formen, die er im Traum gesehen und mit denen er sich assoziiert hat, an seine bewußten Assoziationen mit den grobstofflichen Formen als Dinge, Geschöpfe und mit seinem Alltagsleben der Gegenwart assoziierte Wesen, und er verknüpft sie mit seinen in seinem Leben der unmittelbaren und gelegentlich fernen Vergangenheit erlebten Beziehungen und Kontakten.

Häufig jedoch erinnert ein Mensch in seinem bewußten Wachzustand, daß eine spezielle grobstoffliche Form – sei sie ein Ding, ein Geschöpf oder ein Wesen –, mit der er sich eng assoziiert und die er tatsächlich sucht, ihn daran erinnert, daß er dasselbe Objekt in seinem Traum irgendwann in der Vergangenheit erlebt hat, vor ein paar Tagen, Monaten oder Jahren.

So geschieht es tatsächlich, daß eine Form der Zukunft, der er gelegentlich schon in seinem Traum aus der Vergangenheit begegnet ist, diesem Menschen als eine grobstoffliche Form in seinen grobstofflichen Lebensassoziationen der Gegenwart wiedererscheint.

Nachdem einige Zeit verstrichen ist, erscheint dasselbe Objekt, von dem der Mensch absolut keine Erinnerung hat, es jemals zu seinen Lebzeiten gesehen oder mit ihm Kontakt gehabt zu haben, ihm (nunmehr im Wachzustand) genau so, wie er es zuvor im Traumzustand erlebt hatte.

Es gibt auch Berichte über Erfahrungen ähnlicher Natur, bei denen ein Mensch gewisse Vorfälle in seinen Träumen Jahre vor ihrem wirklichen Auftreten erlebt.

Wie ist es einem Menschen möglich, im Voraus, im Schauspiel seines Traumes, solche künftigen Formen und Gescheh-

160

nisse zu erleben, wenn dieses Schauspiel des Traums nur das Ergebnis von Eindrücken aus dem Alltagsleben seiner Vergangenheit und Gegenwart ist?

Ist es im Traum der Gegenwart wirklich möglich, daß jemand einem gewissen Objekt begegnet und es erlebt, welches ganz und gar in die Zukunft gehört, und daß er im Voraus zukünftige Assoziationen bildet, während er die ganze Zeit über nicht um das Objekt weiß, bis er ihm schließlich eines Tages in ferner Zukunft tatsächlich begegnet und sich bewußt mit ihm assoziiert?

Selbst wenn so etwas wirklich möglich ist und wenn die Zukunft vom Menschen in seinem Traum unbeabsichtigt sondiert wird – woher taucht dann das Künftige plötzlich in der Gegenwart des Menschen auf?

Wie kann ein Mensch, der in der Gegenwart lebt, durch seine eigenen Eindrücke aus der Vergangenheit jemals Zugriff auf das Künftige haben – und sei es auch nur im Traumzustand –, und wie kann er sich im Voraus mit Eindrücken künftiger Geschehnisse und Objekte assoziieren? Was ist es, das dem Menschen die Fähigkeit des Vorauswissens verleiht?

Genau diese Assoziationen mit zukünftigen Objekten und Geschehnissen werden, obwohl vom Menschen unbeabsichtigt und unwissentlich in der Gegenwart erlebt, automatisch entwickelt und sind unvermeidlich vorhanden aufgrund der Tatsache, daß der Mensch der Schöpfer des Schauspiels in seinem Traumzustand ist.

Kaum wird der Mensch durch die Projektion seiner schlummernden Eindrücke zum Schöpfer des Schauspiels seines Traumzustands, da reflektiert genau diese Projektion seiner eigenen schlummernden Eindrücke seine Vergangenheit, als sei sie wirklich seine Gegenwart, und der Mensch, der sich in dieses Schauspiel verwickelt sieht, wird von seiner Vergangenheit absorbiert, während er seine Vergangenheit immer noch für seine Gegenwart hält.

Obwohl der Mensch während dieser ganzen Zeit in der Gegenwart verbleibt, fährt er auf diese Weise unbeabsichtigt und unwissentlich fort, seine Vergangenheit aufrechtzuerhalten, indem er sie weiterhin für seine Gegenwart hält. Bewahrt er jedoch weiterhin seine Vergangenheit, wird er (da er zugleich der Schöpfer ist) durch seine spontanen Assoziationen mit den Objekten im Geschehen seines Traumzustands gleichzeitig zum Bewahrer seiner eigenen Schöpfung. Obwohl unbeabsichtigt hergestellt, erhalten genau diese Assoziationen die Kontinuität des Schauspiels aufrecht und verleihen dem Schöpfer auch die Rolle des Bewahrers.

Bei jedem kleinsten Akt der Bewahrung all dessen, was vergangen ist, begründet der Mensch in seiner Gegenwart als Bewahrer seiner Vergangenheit unbeabsichtigt und unwissentlich auch gleichzeitig die Zukunft in genau dieser Gegenwart, und zwar durch den Akt der Bewahrung seiner Vergangenheit als seine Gegenwart, eine Gegenwart, die stets die Zukunft der Vergangenheit geblieben war.

Nehmen wir als Beispiel einen Menschen, der in der Gegenwart des Heute lebt und der das Gestern als die Gesamtheit seiner Vergangenheit betrachtet und das Morgen als die Gesamtheit seiner Zukunft.

Wenn also dieser Mensch behauptet, er lebe in der Gegenwart des Heute, dann hat er unbeabsichtigt und unwissentlich jene Vergangenheit des Gestern nicht nur als die Gegenwart des Heute, sondern auch als die Zukunft des Morgen bewahrt, und zwar einfach dadurch, daß er sich als heute in der Gegenwart lebend behauptet.

Bei jedem kleinsten Akt des Bewahrens jener Vergangenheit des Gestern bei gleichzeitiger Behauptung als in der Gegenwart des Heute Lebender, begründet dieser Mensch auch unbeabsichtigt und unwissentlich in seiner Gegenwart des Heute dieses Heute als die Zukunft des Gestern.

Es ist also so, daß die Vergangenheit und die Zukunft, obwohl sie ihren ganz eigenen Platz einnehmen, beide durchweg und in gleicher Weise nur in der Gegenwart bewahrt werden. Nur aufgrund der Gegenwart finden sowohl die Vergangenheit als auch die Zukunft ihren Verschmelzungspunkt auf immer in der Gegenwart.

In der Ewigkeit des Seins gibt es keine Zeit.[37] Es gibt keine Vergangenheit und keine Zukunft, nur die immerwährende Gegenwart. Deshalb ist in der Ewigkeit nichts jemals geschehen, noch wird jemals etwas geschehen. Alles geschieht im nie endenden JETZT, wenn überhaupt etwas geschieht, denn alles, was augenscheinlich geschehen ist, alles was augenscheinlich geschieht und alles, was jemals augenscheinlich im illusorischen kosmischen Universum geschehen wird – ist all das, was GOTT bereits in dem Augenblick geträumt hat, als Seine ursprüngliche unendliche Laune als die Frage »WER BIN ICH?« aufwallte. Also ist, wahr gesprochen, nichts geschehen und nichts wird jemals geschehen.

Assoziiert sich ein Mensch in seinem Traumzustand mit vergangenen, gegenwärtigen und selbst zukünftigen Formen, dann erfindet er einfach die Rollen dessen, der eine Assoziation erzeugt, der die Assoziation dann bewahrt und diese schließlich zerstört, während er in dieser ganzen Zeit behauptet, er sei in der Gegenwart seines Traumzustands Zeuge von all dem.

Von genau dieser Basis der Erschaffung und Bewahrung aller Dinge, Geschöpfe und Wesen, die erzeugt und bewahrt werden – sei es im Traumzustand oder im Wachzustand – hängt mit jedem Schritt in der Gegenwart eine unvermeidliche Zerstörung als Zukunft aller erschaffenen und bewahrten Dinge zusammen.

---

37 Die grobstoffliche, die feinstoffliche und die mentale Sphäre existieren nur in der Imagination, und somit existieren Zeit und Raum nur in der Imagination. Zeit hat deshalb keinen absoluten Wert, und in jeder dieser drei Sphären hat sie eine rein relative Wertigkeit, wobei diese Wertigkeiten voneinander ziemlich unabhängig sind. So ist also Zeit in der grobstofflichen Sphäre unabhängig von Zeit in der feinstofflichen und der mentalen Sphäre. Zeit in der feinstofflichen Sphäre ist unabhängig von Zeit in der grobstofflichen und der mentalen Sphäre. Und Zeit in der mentalen Sphäre ist unabhängig von Zeit in der grobstofflichen und in der feinstofflichen Sphäre. Ein Traum ist nicht mehr als eine Erfahrung grobstofflicher Dinge vermittels der feinstofflichen Organe, und wir alle haben schon gehört, daß ein langer und verwickelter Traum sich in einem unmöglich kurzen Moment jener imaginären Zeit abspielen kann, die durch die Bewegung der Zeiger unserer Armbanduhr gemessen wird.

Alles, was einen Anfang hat, muß auch unweigerlich ein Ende haben, und alle erschaffenen Dinge müssen unweigerlich zerstört werden, wie sehr sie auch bewahrt werden, in beabsichtigter oder unbeabsichtigter Vorwegnahme des Künftigen als Zerstörung. Genau durch diesen Akt der Bewahrung wird der Mensch in der Gegenwart automatisch zum Bewahrer aller Dinge, die er in der Vergangenheit geschaffen hat. Der Mensch wird zum Bewahrer in Kenntnis der Zukunft, die ihn beharrlich konfrontiert im Gewand unablässiger Zerstörung, die darauf wartet, als unvermeidliche Zukunft an die Reihe zu kommen. Natürlich ist der Mensch selbst sich **nicht** dessen **bewußt**, daß er die Zukunft kennt. Doch die Tatsache selbst, daß er der Bewahrer ist, zeigt, daß er die Zerstörung vorausahnen muß. Und da die Zerstörung in die Domäne des Künftigen fällt, weiß der Mensch, obwohl er sich nicht bewußt ist, daß er die Zukunft kennt, während der ganzen Zeit, die er damit beschäftigt ist, in der Gegenwart die Rolle des Bewahrers zu spielen, um die Zukunft.

Aus genau diesem Akt, der Schöpfer zu werden, folgt die Bewahrung aller geschaffenen Dinge, und der Schöpfer muß zwangsläufig gleichzeitig die Rolle des Bewahrers spielen. Gleichermaßen wird durch den Akt, der Bewahrer zu werden, die Zerstörung aller bewahrten Dinge antizipiert. Daher werden alle Dinge absichtlich oder unabsichtlich bewahrt, und der Bewahrer begründet in der Gegenwart die Zukunft aller erschaffenen und bewahrten Dinge, indem er ihre unvermeidliche Zerstörung antizipiert.

In Seinem ursprünglichen unendlichen göttlichen Traumzustand spielt GOTT in Ewigkeit die drei Rollen des SCHÖPFERS, des BEWAHRERS und des ZERSTÖRERS gleichzeitig.

Wenn GOTT Sich im Prozeß des Bewahrens Seiner eigenen unendlichen Schöpfung befindet, dann befindet Er Sich gleichzeitig bereits in der Zukunft. Und da Er bewahrt hat, was Er erschaffen hat, was vergangen ist, ist selbst in Seiner ewigen Gegenwart die Zukunft definitiv vor Ihm ausgebreitet – eine Zukunft, die zerstören wird, was Er in der Vergangenheit

164

erschaffen und was Er in der Gegenwart bewahrt hat. Daher weiß GOTT, da Er allwissend und auf ewig in der Gegenwart ist, um die Vergangenheit, die Er ewig als die Gegenwart bewahrt. Und gleichzeitig erfährt Er auch in Seiner ewigen Gegenwart im voraus alles, was in der Zukunft liegt.

Desgleichen erlebt GOTT im menschlichen Zustand, als ein Mensch, unbeabsichtigt während der ganzen Zeit in Seinem Traumzustand das, was auch in der Zukunft Seines Wachzustands erfahren werden wird. Auf diese Weise geschieht es, daß der Mensch manchmal Dinge im voraus weiß, die erst nach einer gewissen Zeit geschehen werden.

Um es zusammenzufassen: Im Akt der Schöpfung selbst sind der Akt der Bewahrung und der Akt der Zerstörung ebenfalls gegenwärtig. Indem GOTT also die Illusion erschafft, bewahrt und zerstört er sie gleichzeitig.

Daher wird in Wirklichkeit nichts erschaffen, das bewahrt und zerstört werden muß, weil die erschaffene SCHÖPFUNG zum NICHTS gehört, und dieses NICHTS bedeutet in Wirklichkeit in jeder Hinsicht absolut nichts.

Obwohl dieses NICHTS tatsächlich überhaupt nichts ist, so spricht man dennoch von ihm, wenn man sagt, das NICHTS sei von *Brahma* geschaffen, von *Vishnu* bewahrt und von *Mahesh* oder *Shiva* zerstört, allerdings nur in Begriffen der unendlichen Illusion, also in Begriffen des unendlichen, göttlichen Traumzustands GOTTES in bezug auf das illusorische Universum – das *Brahmand*.[38]

In der Ewigkeit der Wirklichkeit gibt es absolut nicht so etwas wie Schöpfung, Bewahrung oder Zerstörung. Und es gibt auch weder Raum noch irgendeine Perspektive für Relativität. So kann es denn noch weniger jemals die korrelierenden Faktoren der Zeit – wie Vergangenheit, Gegenwart und Zukunft – gegeben haben.

---

38 Von diesen drei Aspekten – SCHÖPFER, BEWAHRER und ZERSTÖRER – ist BEWAHRER der wichtigste, weil »DIE GEGENWART«, die die Vergangenheit und die Zukunft aufrechterhält, am wichtigsten ist. Deshalb ist *Parvardigar* (*Vishnu*) – der BEWAHRER – der wichtigste Aspekt GOTTES.

In der Ewigkeit der WIRKLICHKEIT **ist** das eine, unendliche, ewige alles durchdringende Sein.

Kurz gesagt: Wenn das Bewußtsein eines Menschen ihn die Eindrücke des NICHTS unterbewußt erfahren läßt, dann sagt man, dieser Mensch träume einen Traum. Läßt das Bewußtsein des Menschen ihn die Eindrücke desselben NICHTS auf voll bewußte Weise realistischer erfahren, dann sagt man, dieser Mann träume im Traum noch einen anderen Traum, oder man sagt, er träume in diesen Traum hinein einen leeren Traum, indem er das NICHTS ins NICHTS erfährt. Daher ist es völlig angemessen, wenn man sagt, die Welt und ihre Angelegenheiten seien NICHTS im NICHTS – ein Traum im Traum. Das bedeutet, daß GOTT im Menschenzustand das Leben des Menschen als leeren Traum im göttlichen Traum erfährt, was SCHÖPFUNG bedeutet. Oder, anders ausgedrückt: Das Leben des Menschen ist nichts als ein weiterer Traum GOTTES beim Träumen Seines göttlichen Traumes oder der SCHÖPFUNG.

Obwohl GOTT im Menschenzustand volles Bewußtsein erlangt hat und die trügerische Erfahrung der vielfältigen Eindrücke der trügerischen Unendlichkeit des NICHTSEINS als die Realität der grobstofflichen Welt hat, werden dieses volle Bewußtsein und werden diese zahllosen Eindrücke insgesamt absorbiert oder verschluckt, während GOTT im Menschenzustand in den Tiefschlafzustand versinkt und damit indirekt Seinen ursprünglichen göttlichen Zustand göttlichen Tiefschlafes behauptet. Wenn GOTT im Menschenzustand täglich völlig aus Seinem Tiefschlafzustand erwacht, werden das während des Tiefschlafes schlummernde volle Bewußtsein und die während des Tiefschlafes verschwundenen (das heißt außer Sicht und außerhalb der Erfahrung befindlichen) Eindrücke nunmehr sämtlich herauskatapultiert, um erneut die trügerischen Erfahrungen des endlichen NICHTS zu erzeugen, das sich als wirkliches und unendliches NICHTSEIN manifestiert.

Diese endlose Kette alternierender Absorption und Ejektion von Bewußtsein und Eindrücken im Abwechseln von Schlafzustand und Wachzustand setzt sich fort, bis schließlich alle Eindrücke durch das Erfahren der entgegengesetzten Eindrücke im Prozeß der Reinkarnation und der Involution des Bewußtseins abgestoßen und völlig ausgelöscht sind. So bleibt allein eindrucksloses Bewußtsein zurück, um GOTT die bewußte Erfahrung Seines ursprünglichen, ewigen, unendlichen, wahren GOTT-Zustands zu vermitteln.

Da GOTT unweigerlich volles und von Eindrücken freies Bewußtsein durch die Menschenform erlangt, kann man die verschiedenen Zustände des Menschen zum Vergleich als Beispiele für die verschiedenen Zustände GOTTES benutzen.

Der Tiefschlafzustand GOTTES im Menschenzustand ähnelt nicht nur dem göttlichen Tiefschlafzustand GOTTES sondern ist buchstäblich derselbe ursprüngliche göttliche Tiefschlafzustand GOTTES im JENSEITS-DES-JENSEITS-Zustand des GOTT-IST, in dem ein unbegrenztes, absolutes Vakuum vorherrscht.[39]

Sobald der Mensch im Tiefschlafzustand verschwindet, herrschen ein absolutes Vakuum und Nichtbewußtsein vor. Und obgleich das »Selbst« im Menschen weiterhin normal atmet, gibt es dennoch in diesem »Selbst« des Menschen kein Bewußtsein

---

39 Es besteht eine profunde und sehr reale Beziehung zwischen GOTT-Verwirklichung und Tiefschlaf. Es ist die ewige Sehnsucht der Seele, eins mit GOTT zu werden. Da das Bewußtsein sich jedoch mit dem Grobstofflichen verbindet, scheint die Seele nur mit dem Grobstofflichen eins zu werden. So läßt zum Beispiel im Stein-Zustand das grobstoffliche Bewußtsein die Seele sich mit dem Stein identifizieren, obwohl die Seele in Wirklichkeit die ganze Zeit eins mit GOTT ist. Um das zu verdeutlichen wollen wir annehmen, Sie nehmen Opium oder ein berauschendes Getränk zu sich. Man fühlt sich beschwingt oder deprimiert, obwohl es im Körper keine radikale Veränderung gibt, und es ist nur das Bewußtsein, das davon betroffen wird und die Gefühle hervorbringt. Ebenso sind Sie als eine individuelle Seele vierundzwanzig Stunden lang in GOTT und eins mit GOTT, auch wenn Sie sich nur grobstofflich-bewußt fühlen.

Wir wollen weiterhin annehmen, Sie fühlten sich müde und lustlos und gingen zu Bett. Was ist es, das sie zu tun versuchen? Sie versuchen nichts anderes, als Zuflucht zu GOTT zu nehmen – Ihrem natürlichen und inhärenten Zustand. Daher besitzt die gesamte SCHÖPFUNG diese bewußte oder unbewußte Neigung, Zuflucht zu GOTT der ÜBERSEELE zu finden, indem sie eine Zeitlang in den Zustand des Tiefschlafs eintritt.

seines begrenzten »Ich« oder Ego, noch gibt es ein Bewußtsein des begrenzten Gemüts, der Energie, des Körpers oder der Welt. Das Selbst im Menschen ist nicht einmal des eigenen Seins bewußt. Kurz gesagt, im Tiefschlafzustand des Menschen »ist« das Selbst (»Selbst-ist«), und das Bewußtsein »ist nicht«.

Erwacht ein Mensch täglich aus seinem Tiefschlaf, dann erwacht er normalerweise einfach ohne jeden besonderen Grund, außer daß sein eigenes schlummerndes Bewußtsein von Eindrücken sein Unterbewußtsein drängt oder anregt, das Bewußtsein auszustoßen und die schlummernden Eindrücke zu erleben, die augenscheinlich im Tiefschlaf verschwinden. Sobald also der Mensch erwacht, erlangt er deshalb unweigerlich und zugleich Bewußtsein zunächst seiner Umgebung und dann nach und nach seines eigenen »Selbst« mit all dessen Begleiterscheinungen des begrenzten »Ich«, des Gemüts, der Energie, des Körpers und der Welt.

Desgleichen war kein Zweck, kein Grund und keine andere Ursache als die ursprüngliche, unendliche Laune des absolut unabhängigen GOTTES die tatsächliche URSACHE – die ursprüngliche URSACHE – dafür, daß GOTT in Seinem ursprünglichen göttlichen Schlafzustand aus dem unbegrenzten, ursprünglichen Vakuum erwachte.

Ebenso wie ein Mensch, der aus seinem Tiefschlafzustand erwacht,[40] unweigerlich zunächst durch den Zustand des Träumens gehen muß und dann vollständig erwacht, um nach dem halbbewußten Zustand des Traumes (der sehr lange oder nur den Bruchteil einer Sekunde dauern kann) volles Bewußtsein zu erlangen, so ist dies der Fall mit GOTT im GOTT-IST-Zustand. Bevor er vollständig aus Seinem ursprünglichen göttlichen Tiefschlafzustand erwacht, erfährt GOTT zwangsläufig den göttlichen halbbewußten Zustand, der der göttliche Traumzustand oder der Schöpferzustand ist.

Die ursprüngliche unendliche Laune als die URSACHE manifestierte das erste Rinnsal von endlichstem Bewußtsein in GOTT.

---

40 Siehe Farbtafel III »Wahres Erwachen« im Farbteil.

168

Dieses endlichste Bewußtsein ließ GOTT, nunmehr in einem halbbewußten Zustand, durch Unterbewußtsein die endlichsten Eindrücke des latenten NICHTS erfahren, das auch als NICHTSEIN manifestiert wurde. Diese Erfahrung des endlichsten ersten Eindrucks des NICHTSEINS leitete den »göttlichen Traum« ein – die Erschaffung des Universums.

Auf diese Weise flößte dieses erste Rinnsal von Bewußtsein im GOTT-IST-Zustand GOTT das göttliche Unterbewußtsein ein, das seinerseits GOTT, der Sich im göttlichen Tiefschlafzustand befunden hatte, den göttlichen halbbewußten Zustand verlieh. In diesem göttlichen halbbewußten Zustand träumt GOTT göttlich und erlebt den göttlichen Traum oder die Schöpfung weit vor dem realen, göttlichen Wachzustand. Dieser Ihn vollkommen erweckende Zustand würde Ihm die Erfahrung eines GOTTES geben, der Sich Seiner unendlichen, unbegrenzten und uneingeschränkten göttlichen Natur voll bewußt ist.

Dieses göttliche Unterbewußtsein GOTTES tauchte ebenfalls auf aus dem NICHTS, das im GOTT-IST-Zustand des ALLES latent war und zwangsläufig durch den Schöpfungspunkt oder *Om*-Punkt im ursprünglichen absoluten Vakuum des ALLES projiziert wurde.

Genau diese Schwingungen der Projektion des göttlichen Unterbewußtseins GOTTES durch den Schöpfungspunkt im ursprünglichen absoluten Vakuum schreckten den göttlichen Tiefschlafzustand GOTTES auf und machten den ursprünglichen Atem GOTTES oder das ursprüngliche Wort manifest – das göttliche *Nad* –, und zwar zusammen mit Raum, Zeit und dem kosmischen Universum mit allem Drum und Dran des begrenzten und endlichen Egos, Gemüts, der Energie und der individuellen und vielfältigen Formen.

Sobald die Projektion des unendlichen göttlichen Unterbewußtseins GOTTES im göttlichen Traumzustand an Schwungkraft gewinnt, beginnt der göttliche Traum, oder die SCHÖPFUNG, zu evolvieren. Und GOTT in Seinem göttlichen halbbewußten Zustand beginnt nicht nur den göttlichen Traum zu erfahren, sondern er wird gleichzeitig in Seinen göttlichen Traum ver-

wickelt, indem Er Sich mit all den Dingen identifiziert und assoziiert, die Er im Bereich der kosmischen Evolution erfährt.

Hat sich das unendliche göttliche Unterbewußtsein GOTTES
unendlich durch den Schöpfungspunkt im absoluten Vakuum
projiziert, dann projiziert sich die gesamte Schöpfung nach und
nach und evolviert in Umfang, Gestalt, Form, Farbe und so fort
in Übereinstimmung mit der Intensität der Projektion des göttlichen Unterbewußten.

In diesem Stadium ist GOTT, der Sich im JENSEITS-DES-JEN-
SEITS-Zustand göttlichen Tiefschlafs befand, gerade erst aus
dem göttlichen Tiefschlag aufgeschreckt – nicht vollständig,
jedoch halbbewußt – selbst nach dem völligen Auftauchen des
göttlichen unendlichen Unterbewußtseins, das in GOTT latent
war.

GOTT, der Sich nunmehr im stärker evolvierten göttlichen
halbbewußten Zustand befindet, erfährt den göttlichen Traum
nun kraftvoller und identifiziert und assoziiert Sich intensiver
mit Seiner eigenen SCHÖPFUNG.

Nach und nach, wenn nunmehr auch stärker, erfährt GOTT
Sich als alles in der kosmischen Evolution und identifiziert Sich
mit den Universen, den Gasen, den unbelebten und belebten
Wesen – etwa Steine, Metalle, Vegetation, Vögel, Würmer,
Fische, Säugetiere und Menschenwesen. Auf diese Weise erhält
GOTT augenscheinlich wahre, jedoch in Wirklichkeit trügerische
Antworten auf SEIN ERSTES WORT »Wer bin ich?« – Antworten
wie etwa: »Ich bin Stein«, »Ich bin Metall« und so weiter, bis er
schließlich die Antwort erhält »Ich bin ein Mann«, »Ich bin eine
Frau«.

Sobald GOTT Sich mit menschlichen Wesen identifiziert, ist er
nicht länger halbbewußt, weil er in diesem Stadium des göttlichen Traumzustands volles Bewußtsein erlangt, sobald GOTT
Sich mit einer Menschenform identifiziert.

Nachdem nunmehr volles Bewußtsein erlangt ist, sollte dieses
Bewußtsein alle Träume vertreiben und GOTT veranlassen, den
wahren Wachzustand zu erleben, der Ihm die Erkenntnis
schenkt, daß er GOTT ist. Obwohl GOTT Sich Selbst mit mensch-

lichen Wesen identifiziert und nunmehr voll bewußt ist – mit einem Gefühl größter Bewußtheit[41] –, hat GOTT in diesem Stadium noch nicht Seinen wahren, göttlichen Wachzustand verwirklicht, weil das bisher erlangte volle Bewußtsein ein Bewußtsein des NICHTSEINS des NICHTS ist, das latent war und jetzt augenscheinlich durch die Projektion Seines eigenen göttlichen unendlichen Unterbewußtseins als ALLES manifestiert wird. Das bringt GOTT dazu, Sich eher mit Seiner projizierten Schöpfung zu identifizieren, als Sich Seiner Selbst als das wahre ALLES und Seiner eigenen Identität als GOTT bewußt zu werden.

Kurz gesagt: Dies ist das Stadium, in dem GOTT, während er Sich Selbst in vollem Bewußtsein mit menschlichen Wesen identifiziert, weiterhin Seines eigenen wahren und ursprünglichen Zustands des GOTT-IST nicht gewahr wird.

Selbst in diesem Zustand vollen Bewußtseins fährt GOTT fort, die Welt Seiner eigenen Schöpfung zu erfahren. Und mit größter Bewußtheit fährt er weiterhin gleichzeitig fort, Sich mit Menschenwesen zu identifizieren, wodurch er Sich je nach dem Überwiegen der Eindrücke, die von Natur aus gegensätzlich sind, mal als Mann und mal als Frau erfährt. Mit anderen Worten: Im menschlichen Zustand erlebt GOTT Sich, obwohl voll bewußt und vollständig gewahr, nicht als GOTT im GOTT-IST-Zustand, sondern als Mensch im Menschenzustand, nicht als unendlich sondern als endlich.

Es ist eine paradoxe Ironie, daß GOTT der WIRKLICHE jetzt die trügerische Schöpfung für wirklich hält, da er Seine eigene Wirklichkeit in der Illusion verloren hat und aus Seiner eigenen Realität ein Hindernis für das Erleben der Wirklichkeit gemacht hat.

Damit GOTT-im-Menschen Sich Selbst als GOTT-in-WIRKLICHKEIT erkennen kann, sollte die Projektion des vollen Bewußtseins GOTTES, die jetzt auf den Menschen fixiert ist, so

---

41 Bevor die menschliche Form erreicht ist, gibt es Bewußtsein, aber keine Bewußtheit. Im Tiefschlaf gibt es weder Bewußtsein noch Bewußtheit. Bis zur sechsten Ebene gibt es Bewußtheit. Auf der siebten Ebene gibt es nur Bewußtsein.

nach innen gezogen werden, daß dasselbe volle Bewußtsein, das bei seiner Projektion nach außen GOTT als Menschen identifizierte, GOTT nunmehr als GOTT selbst identifizieren kann. Das ist ein Erkennen des GOTTESzustands, und diese Verwirklichung ist das göttliche Ziel, das alleine das Ende des göttlichen Traumes herbeiführt.

Das Erreichen des göttlichen Zieles würde bedeuten, daß GOTT-im-Menschen in diesem Stadium durch den schrittweisen Prozeß der Bewußtseinsinvolution schließlich das Entschwinden in jenen ursprünglichen göttlichen Tiefschlafzustand des absoluten Vakuums erfahren sollte, während er das Erbe des erlangten vollen Bewußtseins behält. Auf diese Weise wäre GOTT in der Lage, Seinen ewigen »Ich bin GOTT«-Zustand bewußt zu erkennen. Daraufhin würde GOTT, der Seinen ursprünglichen Zustand bewußt erlangt, Seine eigene göttliche ewige Existenz und Seine eigene göttliche Natur, die das ALLES ist, erfahren – unendlich und wirklich. Und so würde er endlich die wahre Antwort auf SEIN ERSTES WORT oder die Frage »Wer bin ich?« erhalten, nämlich: »Ich bin GOTT.«

Um das noch klarer zu machen: Zum Erreichen des göttlichen Zieles bei voll entwickeltem Bewußtsein strebt der Menschbewußte GOTT durch weitere Erfahrungen mittels des Prozesses der Reinkarnation danach, das schon projizierte volle Bewußtsein nach innen zurückzuziehen, jenes Bewußtsein, das er erlangte, sobald er Sich Selbst mit der ersten Menschenform in Seinem göttlichen Traum (der SCHÖPFUNG) identifizierte.

Wenn dieses Stadium des Anfangs vom Ende des göttlichen Traums naht, strebt das volle Bewußtsein GOTTES, welches den trügerischen Wachzustand in der Menschenform erfährt, aufs äußerste danach, dieses voll evolvierte Bewußtsein, das sich nach außen auf alle Dinge im kosmischen Universum projiziert und nicht auf GOTT selbst, durch den Prozeß der Involution auf sich selbst nach Innen zurückzuziehen.

Um die verschiedenen Stadien zu beschreiben, in denen die vollständige Unbewußtheit GOTTES in Seinem ursprünglichen Tiefschlafzustand nach und nach volles Bewußtsein durch den

Prozeß der Bewußtseinsevolution projizierte, und um zu beschreiben, wie das projizierte Bewußtsein nach vielen Inkarnationen schließlich durch den Prozeß der Bewußtseinsinvolution
nach innen zurückgezogen wurde, bevor der wahre göttliche
Wachzustand des »Ich bin GOTT« wirklich erlebt wurde, wollen
wir die verschiedenen Stadien Schritt für Schritt visualisieren.
Dabei wollen wir jedes Stadium des Prozesses, durch den GOTT
graduell Bewußtsein erlangt, mit den relativen Zuständen eines
normal bewußten Menschen vergleichen, der sich zunächst in
einem tiefen Schlaf befindet und in der Folge genug Bewußtheit
erlangt, um schließlich täglich seinen gewöhnlichen Wachzustand zu erkennen.

Erstes Stadium

Man stelle sich einen Menschen vor, der die Augen vollständig
geschlossen hat und sich im Tiefschlaf befindet. Dieser Mensch
ist vollständig unbewußt und seiner gesamten Umgebung nicht
gewahr. Nun stelle man sich zur selben Zeit den ursprünglichen
göttlichen Tiefschlafzustand GOTTES vor, wie Er im ursprünglichen absoluten Vakuum des GOTT-IST-Zustands ist. In beiden
Fällen, das heißt in GOTTES formlosem Zustand und in GOTTES
Zustand in Menschenform als Mann oder Frau, ist Bewußtsein
völlig abwesend, und in beiden Fällen herrscht absolutes Vakuum
vor. Gleichzeitig stelle man sich vor, daß sich das totale Fehlen
von Bewußtsein in beiden Fällen mit den vollständig geschlossenen Augen eines Menschen im Tiefschlaf vergleichen ließe.

Zweites Stadium

Man stelle sich jetzt den nächsten Zustand des Menschen vor:
Er schläft noch, beginnt jedoch langsam, ganz langsam die
Augen zu öffnen, weil er gerade aus seinem Tiefschlafzustand
aufgeschreckt und der Bann des absoluten Vakuums durch das
Auftauchen der schlummernden Eindrücke durchbrochen wird,
die jetzt beginnen, durch das Unterbewußtsein des Menschen zu

projizieren, das in seinem Tiefschlafzustand ebenfalls latent vorhanden ist. Aufgrund der Projektion der verschiedenartigen Eindrücke durch das Unterbewußtsein dieses Menschen beginnt er jetzt Träume zu erleben, zwar noch im Schlaf, aber nicht mehr im Tiefschlafzustand, da das absolute Vakuum nicht mehr vorherrscht.

Daß der Mensch beginnt, Träume zu erfahren, bedeutet, daß er in seinem anfänglichen Stadium des halbbewußten Zustands durch sein Unterbewußtsein die schlummernden Eindrücke des NICHTSEINS in sub-feinstofflichen Formen zu erfahren beginnt. Der Mensch befindet sich jetzt nicht nur im Anfangsstadium des halbbewußten Zustands und beginnt nicht nur Träume zu erleben, sondern er beginnt auch in die Träume verwickelt zu werden, indem er anfängt, sich mit den Geschöpfen in den sub-feinstofflichen Formen seiner eigenen Schöpfung zu assoziieren. Daher läßt die Projektion von Eindrücken, die im Unterbewußtsein des Menschen schlummerten, den Menschen die Rolle des Helden oder des Schöpfers im Schauspiel seiner Träume spielen. Weil dieser Mensch in seinem Traumzustand eben erst aus seinem Tiefschlaf aufgeschreckt und gerade erst den halbbewußten Zustand erreicht hat, stelle man sich diesen Menschen, wie er die Träume erfährt, als jemanden vor, der gerade beginnt, sehr, sehr langsam die Augen zu öffnen. Der Beginn des Öffnens der Augen gleicht der Ankunft der ersten Spur von Bewußtsein als im Menschen manifestiertes Unterbewußtsein.

Während man sich diesen Zustand des Menschen vorstellt, stelle man sich parallel dazu gleichermaßen jenen Zustand GOTTES vor, in dem er gerade erst aus seinem ursprünglichen göttlichen Tiefschlafzustand aufgeschreckt ist. GOTT beginnt jetzt nur den göttlichen Traumzustand oder den SCHÖPFER-Zustand zu erleben, sobald der erste endlichste Eindruck des NICHTSEINS durch das göttliche Unterbewußtsein GOTTES projiziert wird. Diese beiden – also das NICHTSEIN und das göttliche Unterbewußtsein GOTTES – waren als zu NICHTS gehörig im ursprünglichen Zustand GOTTES als das ALLES latent. GOTT, nunmehr im Anfangsstadium des göttlichen halbbewußten

Zustands, beginnt gerade erst, Sich Selbst durch das unendliche göttliche Unbewußte – welches eben erst beginnt, die SCHÖP-FUNG, also die Eindrücke des NICHTSEINS, zu projizieren – mit den Geschöpfen Seiner eigenen SCHÖPFUNG (das heißt Seines eigenen göttlichen Traums) zu identifizieren.

Drittes Stadium

Man stelle sich den dritten Zustand des Menschen als einen Zustand vor, in dem er noch schläft, jedoch mit halbgeöffneten Augen, weil ein Mensch in diesem Zustand jetzt den halbbe-wußten Zustand vollständig erlebt. Um ein Bild von diesem voll-ständig halbbewußten Zustand des noch schlafenden Menschen zu haben, stelle man ihn sich weiterhin mit sehr, sehr leicht geöffneten Augen vor, was den Beginn des halbbewußten Zustands darstellt. In diesem Zustand beginnt er, wie oben ge-sagt, Träume zu erleben, und zwar aufgrund der trügerischen illusorischen Eindrücke des Nichtseins, die unterbewußt gesam-melt und nun durch die Projektion des Unterbewußten ausge-stoßen werden, was den Beginn des Traumzustands des Men-schen einleitet.

Indem die Träume jedoch weitergehen und aufgrund der Intensität der Projektion mannigfaltiger und verschiedenartiger schlummernder Eindrücke durch das Unterbewußtsein des Menschen an Schwungkraft gewinnen, wird der Mensch unter-bewußt mehr und mehr verwickelt. Das führt dazu, daß er sich nunmehr entschieden mit den Geschöpfen seiner eigenen Schöpfung im Traum assoziiert und sich vollständig im halbbe-wußten Zustand befindet. Dieser halbbewußte Zustand des Menschen stellt jenen Zustand dar, der weder der Tiefschlafzu-stand ohne Bewußtsein noch der vollständig wache Zustand mit vollem Bewußtsein ist. Dieser Zustand ist sozusagen der halb-wache Zustand. Nunmehr stelle man sich diesen dritten Zustand des Menschen als den Zustand von Halbbewußtsein vor, reprä-sentiert durch halbgeöffnete Augen, in dem die Träume kraftvol-ler und intensiver erlebt werden.

Während man sich diesen Zustand des Menschen vor Augen führt, stelle man sich als eine Parallele jenen Zustand GOTTES im göttlichen Traumzustand vor, in dem GOTT einen halbbewußten Zustand erfährt. In diesem Zustand erfährt GOTT als Erschaffer der SCHÖPFUNG den Schöpferzustand durch den unendlichen göttlichen halbbewußten Zustand. Hier bestätigt das unendliche göttliche Unterbewußtsein durch intensives Projizieren der Schöpfung ins Sein fortlaufend die Identifizierung GOTTES mit den Kreaturen Seiner eigenen Schöpfung. Das gibt Anlaß zu unendlichen Erfahrungen einer kraftvolleren Art im göttlichen Traum GOTTES, wenn GOTT Sich Selbst tatsächlich für die Kreaturen seiner Schöpfung hält.

Viertes Stadium

Man stelle sich den vierten Zustand des Menschen als denjenigen Zustand vor, in dem er noch schläft, jedoch versucht, seine bereits halboffenen Augen nach und nach weiter zu öffnen, und zwar in Übereinstimmung mit der zunehmend stärkeren Intensität der Projektion von mehr und mehr Eindrücken durch das Unterbewußtsein des immer noch in seinem Traumzustand befindlichen Menschen. Hier befindet der Mensch sich nicht nur in einem halbbewußten Zustand, sondern am Rande vollen Bewußtseins und ist kurz davor, seinen Wachzustand zu verwirklichen.

Und nun stelle man sich parallel dazu jenen Zustand GOTTES im vierten Stadium Seines göttlichen Traumzustands vor. Man vergleiche den vierten Zustand des Menschen im halbbewußten Zustand mit einem sehr kritischen Zustand im göttlichen Traumzustand GOTTES. Hier wird die Projektion unendlicher Eindrücke durch das unendliche göttliche Unterbewußtsein GOTTES im Verlauf der kosmischen Evolution des Bewußtsein GOTTES so sehr intensiviert, daß diese Projektion im Begriff ist, so völlig fixiert, oder so vollkommen fokussiert auf die Unendlichkeit des NICHTSEINS zu sein, daß GOTT mit Seinem eigenen höchst perfekten Bild in Seinem göttlichen Traum der SCHÖP-

FUNG identifiziert wird. In diesem Stadium des göttlichen Traumzustands ist GOTT der Schöpfer also dabei, Sich nach zahllosen Identifizierungen mit Allem und Jedem in Seiner SCHÖPFUNG – leblose und lebende Objekte eingeschlossen – mit einer menschlichen Form zu identifizieren. GOTT im göttlichen unendlichen halbbewußten Zustand ist nunmehr kurz davor, volles Bewußtsein zu erlangen, und zwar gleichlaufend mit Seiner Identifizierung mit der menschlichen Form.

Fünftes Stadium

Man stelle sich das fünfte Stadium des Menschen so vor, daß er zwar noch schläft, aber die Augen **beinahe** geöffnet hat. In diesem Stadium ist der Mensch **noch immer** im halbbewußten oder halbwachen Zustand, und er erfährt die Träume auf dem Höhepunkt ihres Endstadiums, in dem die Eindrücke mit größter Intensität durch sein Unterbewußtsein projiziert werden. Der Zenit wird auf zweierlei Weise erreicht: durch die intensivierte Projektion der Eindrücke in viel weniger verschwommenen Formen oder einem stärkeren Grad von Realismus sowie durch bedeutsame Träume, die mit größerer Klarheit oder in ihrem reifen Stadium geträumt werden. Dies ist das Stadium in Träumen, wo die sub-subtilen Formen des NICHTSEINS ihren Zenit erreicht haben und deutlicher erscheinen. Die Träume auf ihrem Höhepunkt müssen nun aufhören, weil der durch die Projektion von Eindrücken durch das Unterbewußtsein des Menschen erreichte Zenit an diesem Punkt ausreicht, um jeden Moment das Auftauchen oder die Manifestation vollen Bewußtseins anzuregen und darauf zu drängen. Diesen Zustand des **beinahe** voll bewußten Menschen kann man sich daher vorstellen als einen Menschen, dessen Augen beinahe weit offen sind, obwohl er noch schläft. Dies ist das Stadium, das einen Sekundenbruchteil vor dem vollen Erwachen aus seinem Traumzustand erreicht wird. Dies ist der vollkommen ausgereifte halbbewußte Zustand des Unterbewußtseins.

Während man sich den fünften Zustand des Menschen vor Augen führt, stelle man sich daneben jenen Zustand GOTTES in

Seinem göttlichen Traumzustand vor, in dem GOTT den vollständig ausgereiften Zustand des göttlichen, unendlichen halbbewußten Zustands erfährt und kurz davor ist, volles Bewußtsein zu erlangen. Auf ihrem Zenit hat die Intensität der Projektion unendlicher Eindrücke durch das göttliche, unendliche Unterbewußtsein GOTTES beinahe aufgehört, GOTT halbbewußt mit dem letzten der Geschöpfe in der kosmischen Evolution der SCHÖPFUNG und der Formen zu identifizieren. Mit göttlichem, unendlichem Unterbewußtsein befindet GOTT Sich in Seinem göttlichen, unendlichen halbbewußten Zustand, der, wenn er **beinahe ausgereift** ist, GOTT mit unendlichen Eindrücken animalischer Formen identifizierte. Nunmehr jedoch, im fünften Stadium des göttlichen Traumzustands, bei dem GOTT Sich im **voll ausgereiften** göttlichen, unendlichen halbbewußten Zustand befindet, ist GOTT nicht länger dazu zu bringen, Sich mit Eindrücken animalischer Formen zu identifizieren, auch wenn sie intensiv und unendlich durch Sein göttliches, unendliches Unterbewußtsein projiziert werden. An diesem Punkt wird ein Stadium im göttlichen Traumzustand erreicht, in dem bei der Projektion bis in die Unendlichkeit von durch das göttliche, unendliche Unterbewußtsein GOTTES auf seinem Zenit projizierten Eindrücken diese unendliche Projektion GOTT beinahe mit einer menschlichen Form identifiziert hat und GOTT beinahe voll bewußt ist.

Sechstes Stadium

Man stelle sich das sechste Stadium des Menschen so vor, daß er vollständig aus seinem Schlaf erwacht ist und die Augen weit geöffnet hält. In diesem Stadium befindet der Mensch sich nicht länger im halbbewußten Zustand, in dem er Träume träumt, die nichts anderes waren als die verschwommene und schwache Projektion schlummernder Eindrücke des NICHTSEINS, die im Unterbewußtsein des Menschen gespeichert waren und die durch sein Unterbewußtsein in sub-subtilen Formen des NICHTSEINS realisiert wurden. Dies ist das Stadium im Zustand des

178

Menschen, in dem er soeben vollständig aufgewacht ist, in dem er sich jedoch, obwohl er voll bewußt ist, noch nicht seines »Selbst« bewußt ist. Der Mensch befindet sich nicht länger in seinem Tiefschlafzustand und auch nicht in seinem halbbewußten Zustand, und da er nun volles Bewußtsein erlangt hat, stellen wir ihn uns jetzt mit weit geöffneten Augen vor. Das bedeutet das Ende des Traumes oder das Ende des trügerischen Zustands des Menschen, in dem er das latente oder schlummernde NICHTS erfuhr, das sich in seinem Rohzustand als NICHTSEIN in der Gestalt von verschwommenen und schwachen sub-subtilen Formen manifestierte.

Der jetzt im Wachzustand befindliche Mensch erfährt oder sieht das NICHTSEIN nicht länger als etwas Verschwommenes oder Schwaches, wie er es in seinem Traumzustand zu sehen pflegte. Mit seinen soeben weit und ganz geöffneten Augen ist er geblendet und starrt leer auf Dinge, die seinen Blick nunmehr realistischer konfrontieren. Der Mensch betrachtet die seinen Blick konfrontierenden Dinge jetzt so, als sehe er die reifen, klaren und voll entwickelten Formen desselben NICHTSEINS, das er in seinem Traum als roh, verschwommen und schwach erblickt hatte. In diesem Zustand sieht der Mensch gewissermaßen noch einen weiteren Traum, aber er sieht ihn viel realistischer als den Traum, aus dem er den Bruchteil einer Sekunde zuvor erwacht war.

Dies ist das sechste Stadium im Zustand des Menschen, in dem der Mensch, geblendet, den Anblick der Dinge einfach viel realistischer erfährt, jedoch immer noch so, als wäre es nur ein leerer Traum. Das heißt, der Mensch sieht kraftvoller und realistischer jedoch immer noch leer den Traum seines Traumzustands, was ihm das Gefühl gibt, er träume innerhalb des Traums seines Traumzustands noch einen anderen Traum.

Dieser Zustand entspricht den wenigen Sekunden unmittelbar nach dem Erwachen des Menschen, in denen er zunächst nichts anderes sehen kann als die Objekte, die in sein Blickfeld geraten, anstatt sich selbst. Dies ist aus folgendem Grunde so: Sobald er nach dem Schlafzustand die Augen öffnet, erzeugt

179

dieses spontane Öffnen der lange geschlossenen Augen in ihm eine Art geblendeten Zustand, und obwohl dieser Mensch erwacht und voll bewußt ist, ist er seines Ich oder der Stellung dieses Ich in Relation zu den es umgebenden Objekten noch nicht gewahr. Er starrt die Objekte, auf die sein Blick fällt, einfach an.

Führt man sich den sechsten Zustands des Menschen so vor Augen, dann stelle man sich parallel dazu auf die gleiche Weise den Zustand GOTTES in jenem Augenblick vor, in dem Er sich **soeben** mit einer menschlichen Form identifiziert und **soeben** volles Bewußtsein erlangt hat. In dem Augenblick befindet GOTT sich nicht mehr in dem göttlichen, unendlichen halbbewußten Zustand, in dem er den ursprünglichen göttlichen Traum träumt, der die Projektion des vom göttlichen, unendlichen Unterbewußtsein als die SCHÖPFUNG oder als vollständig evolviertes NICHTSEIN freigesetzten latenten NICHTS war.

In diesem sechsten Zustand befindet GOTT sich nun außerhalb Seines ursprünglichen, göttlichen Tiefschlafs und Seiner göttlichen, unendlichen halbbewußten Zustände, weil er nunmehr voll bewußt ist. Hier ist GOTT sich weder Seines unbegrenzten SELBST noch Seiner unendlichen, ungebundenen und unbegrenzten Dreifachnatur UNENDLICHER MACHT, UNENDLICHEN WISSENS und UNENDLICHER SELIGKEIT bewußt, sondern eben **nur** voll bewußt. GOTT ist jetzt in dem Sinne voll bewußt, daß Er bewußt im NICHTSEIN absorbiert ist, das sich jetzt durch Sein volles Bewußtsein als klare und gut definierte realistische grobstoffliche Zustände manifestiert, die augenscheinlich ihre unendlichen Aspekte *ad infinitum* demonstrieren.

Siebter Zustand

Man stelle sich den siebten Zustand des Menschen so vor, daß er die Augen weit geöffnet hat und vollständig wach in dem Sinne ist, daß er jetzt sein begrenztes Selbst oder Ich zur Geltung bringt und sich seiner menschlichen Form oder des grobstofflichen Körpers, seiner Umgebung und der grobstofflichen Welt bewußt ist. Obwohl sich dieser Mensch des Grobstofflichen voll bewußt und dessen gewahr ist, und er die grobstoffliche Welt voll erfährt, ist er sich dennoch weiterhin nicht der begrenzten Energie und des begrenzten Gemüts bewußt, von der er indirekt unbewußten Gebrauch macht, während er ihrer Aspekte allein durch die Begrenzungen seines grobstofflichen Körpers gewahr ist. In diesem Zustand ist der Mensch voll bewußt, allerdings grobstofflich, und voll gewahr seines Selbst als ein Mensch in der Welt seiner Umgebung.

Der Mensch ist nicht nur vollständig der grobstofflichen Welt und aller Dinge in der Welt gewahr, die in sein Blickfeld geraten, sondern er erfährt sie auch tatsächlich, indem er seinen voll bewußten und voll gewahren Zustand des begrenzten Selbst in sie verwickelt. Jetzt erkennt er die Objekte der grobstofflichen Welt durch seine fünf vorherrschenden grobstofflichen Sinne und unterscheidet sie voneinander, wobei er sie mit gutem Unterscheidungsvermögen oder eher wahllos verwendet, wobei er automatisch und indirekt die jetzt voll entwickelte Energie und das jetzt voll entwickelte Gemüt verwendet. Dabei weist er ihnen ihren relativen Wert zu, sobald und solange sein begrenztes Ich sich in seinem Wachzustand behauptet, bevor es erneut in den Tiefschlaf verschwindet.[42]

Während man sich den siebten Zustands des Menschen auf diese Weise vor Augen führt, stelle man sich ebenso jenen Zustand GOTTES vor, in dem GOTT sich vollständig mit der menschlichen Form identifiziert und volles und vollständiges Bewußtsein erlangt. GOTT träumt nun nicht mehr göttlich den

---

42 Im Wachzustand ist es das Gemüt, das durch die grobstofflichen Augen sieht, durch die grobstofflichen Ohren hört, mit der grobstofflichen Nase riecht, durch den grobstofflichen Mund ißt und durch die grobstofflichen Gliedmaßen tätig ist.

    Im Traumzustand (im unterbewußten Zustand) ist es das Gemüt, das durch die sub-feinstofflichen Augen sieht, durch die sub-feinstofflichen Ohren hört, und so weiter.

    Im Zustand des Tiefschlafs ist es das Gemüt, das in Frieden und Ruhe verharrt.

ursprünglichen göttlichen Traum, sondern Er erlebt jetzt bei vollständig erlangtem Bewußtsein auf trügerische Weise vollständige Bewußtheit. Diese Bewußtheit macht GOTT täuschend jenes ursprünglichen NICHTS gewahr, das in Seinem eigenen Zustand der Unendlichkeit latent war, und das, mit dem nunmehrigen Erlangen vollen Bewußtseins, GOTT dieses NICHTS realistisch als das unendliche und reale ALLES erfahren läßt. Mit anderen Worten: Als GOTT sich im göttlichen unendlichen halbbewußten Zustand befand, erfuhr Er das als das NICHTSEIN manifestierte latente NICHTS als Seinen göttlichen Traum. Nunmehr, nachdem GOTT sich in einem voll bewußten Zustand befindet, erfährt Er augenscheinlich dieses NICHTS nicht als den göttlichen Traum des NICHTSEINS, sondern Er erfährt jetzt tatsächlich die Bewußtheit dieses NICHTS als das ALLES.

Mit dem Auftreten von Bewußtheit kommt es dazu, daß GOTT – obwohl Er im Zustand des Schöpfers aufgehört hat, göttlich den ursprünglichen göttlichen Traum zu träumen – dennoch wegen des Erreichens vollen Bewußtseins und vollständiger Bewußtheit nunmehr völlig des ursprünglichen göttlichen Traumes nicht als Traum sondern als etwas Realistisches gewahr wird, nicht als Illusion sondern als Wirklichkeit, nicht als das NICHTS sondern als das ALLES, wobei Er das von Ihm geschaffene NICHTS bewahrt. Auf diese Weise kommt es, daß, obwohl GOTT volles Bewußtsein erlangt hat und im Zustand des Schöpfers volle Bewußtheit erfährt, genau diese Bewußtheit von GOTT dem SCHÖPFER sich als Täuschung erweist und GOTT nunmehr Seinen eigenen göttlichen Traum (oder die SCHÖPFUNG) des NICHTS als WIRKLICHKEIT erfahren läßt, während Er Sich mit dem Menschenwesen identifiziert.

Kurz gesagt: GOTT der SCHÖPFER als GOTT-im-Menschen ist jetzt zwar völlig bewußt und vollständig gewahr sowie aus seinem ursprünglichen göttlichen Traumzustand herausgetreten, doch erlebt Er Sich Selbst nicht als GOTT sondern als Mensch mit vollständig grobstofflichem Bewußtsein, der die Hervorbringungen seines eigenen ursprünglichen göttlichen Traumzustands als Realität erlebt. Hierzu muß man sagen, daß GOTT-im-

Menschen im Wachzustand mit der Bewußtheit einer trügerischen Realität weiterhin den leeren göttlichen Traum als einen weiteren Traum GOTTES innerhalb jenes ursprünglichen göttlichen Traumes erlebt.

Dies ist das höchst verführerische Stadium im Zustand GOTTES, wenn GOTT bei voll erlangtem Bewußtsein durch die erlangte trügerische Bewußtheit dazu verleitet wird, sich nicht mit Seinem unbegrenzten und unendlichen SELBST zu identifizieren, sondern mit Seinem höchst vollkommenen Bild in der Gestalt des menschlichen Wesens, während GOTT weiterhin den leeren göttlichen Traum erfährt.

Obwohl es als die phantastischste Einbildung erscheint, ist es dennoch eine Tatsache, daß das Leben des Menschen an sich der Schleier ist, der die Wirklichkeit der ewigen Existenz GOTTES verschleiert.

Es ist die Ironie göttlichen Geschicks, daß GOTT sich im Menschen verliert, um Sich Selbst zu finden, und daß GOTT in dem Augenblick, in dem der Mensch sich in GOTT verliert, Seine WIRKLICHKEIT als ewiges und unendliches Sein erkennt.

Mit anderen Worten: Der unendliche GOTT wird auf unendliche Weise von Seinem eigenen unendlich vollkommenen Bild absorbiert, während Er unverwandt Seine Unendlichkeit sucht. Und obwohl GOTT dadurch volles Bewußtsein erlangt, erkennt Er nicht die Wirklichkeit Seiner eigenen ewigen, unendlichen Existenz darin. Doch in dem Augenblick, wo das auf diese Weise erlangte volle Bewußtsein aufhört, GOTT mit der unendlichen Reflexion Seines unendlich vollkommenen Bildes zu identifizieren, verschwindet dieses Bild aus dem Bewußtsein GOTTES und GOTT erkennt spontan, automatisch und bewußt Seine eigene Identität als GOTT, die unendliche EXISTENZ, und Er erkennt, daß Er allein immer war, immer ist und auf ewig die **Einzige Wirklichkeit** bleiben wird.

Auf diese Weise behauptete GOTT im Menschenzustand, indem er sich zuerst als Mensch verwirklichte, Seine begrenzten Aspekte durch das begrenzte Selbst oder das begrenzte Ich, das begrenzte Gemüt, die begrenzte Energie und den endlichen grobstofflichen Körper. Nachdem Er dann schließlich und letztlich Sich Selbst als GOTT verwirklicht, manifestiert Er Seine uneingeschränkte, grenzenlose und unendliche Dreifachnatur UNENDLICHEN WISSENS, UNENDLICHER MACHT und UNENDLICHER GLÜCKSELIGKEIT durch Sein göttliches unbegrenztes SELBST.

Wir haben also durch die sieben verschiedenen primären Stadien den Prozeß der Entfaltung des latenten Bewußtseins GOTTES in seinem ursprünglichen, unbewußten göttlichen Tiefschlafzustand beschrieben, und zwar im Vergleich mit den sieben verschiedenen primären Zuständen des Menschen, im Prozeß des Gewinnens von Bewußtsein von seinem unbewußten Schlafzustand bis hin zu dem Zustand, in dem er volles Bewußtsein erlangt und mit weit geöffneten Augen vollständig erwacht. Dabei stellt sich heraus, daß dies der Prozeß der Evolution des Bewußtseins GOTTES ist, der schließlich den voll bewußten GOTT mit dem voll bewußten Menschen identifiziert, nachdem er GOTT mit allem und jedem Unbelebten und Belebten, das es im Schauspiel des göttlichen SCHÖPFUNGS-Traumes gegeben hat, identifiziert hat. (18)

Angefangen vom unbewußten Zustand (verglichen mit dem göttlichen Tiefschlafzustand) bis zu dem im menschlichen Zustand erlangten ganzen und vollständigen Bewußtsein (verglichen mit den weit geöffneten Augen des Menschen, der die grobstoffliche Welt erlebt), bleibt GOTT der EINE, unteilbar, unendlich, formlos und auf ewig allesdurchdringend. Doch ist es die allesdurchdringende, unendliche Natur GOTTES, die bewußt und unbewußt Seine ewige göttliche Existenz zum Ausdruck bringt, direkt und indirekt, in einem und in allen Zuständen und Formen, durch deren Darstellungen ihrer bloßen Existenz.

Der ganze Evolutionsprozeß war ein absolut spontanes Ergebnis der im unbewußten GOTT aufwallenden ursprünglichen, unendlichen Laune, Seiner ewigen und unendlichen Existenz bewußt zu werden. Und, so paradox das auch erscheinen mag: Im Prozeß der Evolution bewirkte das latente **Unbewußte** GOTTES die schrittweise Entfaltung des latenten **Bewußtseins** GOTTES. Und dieses Bewußtsein wuchs mehr und mehr durch einen graduellen, systematischen und fortschreitenden Prozeß des Sammelns und Erfahrens verschiedenartiger und zahlloser Eindrücke durch die Identifizierung GOTTES mit verschiedenartigen und zahllosen grobstofflichen Formen.

Es ergibt sich also, daß das sich entwickelnde Bewußtsein GOTTES die Identifizierung GOTTES mit Formen und Zuständen von Formen von immer höheren und höheren Typen hervorbringt. Diese Identifizierung GOTTES bringt ihrerseits eine augenscheinlich endlose Kette von Assoziationen und Dissoziationen hervor, also von sogenannten Geburten und Toden, von Formen und Wesen, die weiterhin sich formen und behaupten und dann ins NICHTSEIN vergehen. Dabei lassen sie das Erbe von Eindrücken zurück, die ihrerseits das evolvierende Bewußtsein GOTTES dazu bringen, daß Er sich mit noch einer weiteren Form identifiziert, die aus genau den Eindrücken gestaltet wird, die von der dahingeschwundenen Form zurückgelassen wurden.

Durch den Evolutionsprozeß erlangte der unbewußte GOTT schließlich volles Bewußtsein, als das entwickelte Bewußtsein GOTTES schließlich GOTT mit der menschlichen Form identifizierte. Doch war dieses erlangte volle Bewußtsein geprägtes Bewußtsein und ließ GOTT daher nicht den ursprünglichen unendlichen Zustand GOTTES erkennen. Im Gegenteil: GOTT erlebte Sich Selbst als Mensch. So erlebt GOTT also, nachdem Er die ursprüngliche Laune Seines ersten Wortes »Wer bin ich?« hatte, in diesem Stadium, daß Er Mensch ist, und Er erfährt die grobstoffliche Welt, in der Er augenscheinlich als Mensch lebt, und zwar in völliger Unkenntnis Seiner unendlichen und ewigen Existenz – bis Er die wahre Antwort auf sein erstes WORT »Wer bin ich?« findet, die da lautet: »Ich bin GOTT.«

Es ist also so, daß die ursprüngliche Laune das NICHTS erschuf. Und die Eindrücke oder die Sanskaras bewahrten dieses NICHTS als das NICHTSEIN, also als die SCHÖPFUNG und die Kreaturen der SCHÖPFUNG. Und schließlich werden die entgegengesetzten Eindrücke diese Eindrücke endgültig ausmerzen und jenes NICHTSEIN zerstören, um die WIRKLICHKEIT erkennen zu lassen.

Es war die ursprüngliche Laune GOTTES, die im absolut unabhängigen GOTT die unendlichen dreieinen Attribute GOTTES als GOTT der SCHÖPFER, GOTT der BEWAHRER und GOTT der ZERSTÖRER (also Brahma, Vishnu, Mahesh) entstehen ließ. Es ist GOTTES ursprüngliche Laune selbst, die verantwortlich dafür ist, daß GOTT unendliche Attribute wie der SCHÖPFER, der BEWAHRER, der ZERSTÖRER verliehen werden.

Diese unendlichen dreieinen Attribute GOTTES erzwingen durchgängig eine Behauptung durch konsistente Formbildung, Bewahrung und Auflösung aller Dinge und Wesen im Sein. Selbst im Alltagsleben des Menschen und aller Kreaturen in der SCHÖPFUNG scheint dieser unendliche dreieine Aspekt GOTTES sich durchgängig zu behaupten durch konsistente Geburten, Fortpflanzungen (Aufrechterhaltung der Bewahrung) und Tode.

Das ursprüngliche erste Wort erschuf durch die ursprüngliche Laune GOTTES aus dem latenten NICHTS den latenten ursprünglichen ersten Eindruck des »Wer bin ich«, und dieser ursprüngliche erste Eindruck zeugte das latente NICHTSEIN als die ursprüngliche SCHÖPFUNG. Die Zeugung des NICHTSEINS zeugt ihrerseits die Eindrücke, die fortfahren das NICHTSEIN durchgängig als die ursprüngliche SCHÖPFUNG zu bewahren – bis dieses NICHTSEIN schließlich durch gegensätzliche Eindrücke im Prozeß der Reinkarnation und der Involution des Bewußtseins zerstört wird und die endgültige Antwort auf das erste Wort »Wer bin ich?« gefunden wird: »Ich bin GOTT.«

Die Illusion bewahrt konsistent ihren augenscheinlich unendlichen und mannigfaltigen Stand in Übereinstimmung mit den gezeugten Eindrücken der verschiedenartigen individualisierten Behauptungen unbelebter und belebter Formen und Wesen. Wegen dieser unerschöpflichen und scheinbar endlosen Kette verschiedenartiger individualisierter gezeugter Eindrücke wird die ursprüngliche SCHÖPFUNG, entstanden aus der ursprünglichen Laune GOTTES, durchgängig bewahrt, wobei sie durchgängig weiterentwickelt wird, so daß jede individualisierte Form und jedes individualisierte Wesen bewußt die Antworten auf das erste Wort »Wer bin ich?« erfahren kann, nämlich als »Ich bin

186

ein unbelebtes Ding«, »Ich bin ein lebendiges Wesen«, »Ich bin ein rationales Wesen«, »Ich bin ein Mann« und »Ich bin eine Frau«.

Ein Beispiel. Wenn GOTT im menschlichen Zustand als Mensch sich im Tiefschlaf befindet, und wenn Zeit und Raum als der Tag und das Universum des Menschen insgesamt für ihn augenscheinlich zerstört wurden: Was ist es dann, das jeden Tag ohne Unterlaß seinen täglichen Morgen für ihn erschafft? Und wiederum: Wenn der Mensch jeden Tag aufwacht, was ist es dann, das für ihn ohne Unterlaß sein Universum erschafft mit all den Dingen, die dazu gehören und in ihm sind? Es sind die eigenen schlummernden Eindrücke des Menschen, die im Verlauf der Bewußtseinsevolution und während des Prozesses der Reinkarnation gesammelt wurden, die sein eigenes schlummerndes Bewußtsein während des Tiefschlafes dazu anstacheln, ihn unbeabsichtigt täglich aufzuwecken, so daß die eigenen schlummernden Eindrücke des Menschen den erforderlichen Horizont bekommen, um durch bewußte Erfahrungen im Wachzustand ausgeschöpft zu werden. Auf diese Weise **erschaffen** die eigenen schlummernden Eindrücke des Menschen täglich seinen eigenen Morgen und sein eigenes Universum. Obwohl sowohl der tägliche Morgen als auch das Universum des Menschen für ihn gleichzeitig durch seine eigenen schlummernden Eindrücke erschaffen werden, wurden beide bereits handlich für ihn durch seine eigenen Eindrücke seines Lebens im alltäglichen Wachzustand **bewahrt**, und auch durch die Zeugung in seinem Alltagsleben von immer tieferen Eindrücken oder *Sanskaras* der bereits existierenden Illusion oder der ursprünglichen SCHÖPFUNG, die der ursprünglichen Laune GOTTES entsprang. Schließlich werden sowohl der Morgen (oder der Tag) als auch das Universum dieses Menschen durch die in seinem Tiefschlaf erfahrenen eigenen gegensätzlichen Eindrücke des Menschen, die den Eindrücken seines Wachzustands diametral entgegenstehen, **zerstört**.

Daher behauptet GOTT als Mensch im Menschenzustand Sich Selbst durchgängig in regelmäßiger unablässiger Aufeinanderfolge als der SCHÖPFER Seiner eigenen SCHÖPFUNG durch die schlummernden Eindrücke des Menschen; als der BEWAHRER Seiner eigenen SCHÖPFUNG dadurch, daß der Mensch durch sein Alltagsleben im Wachzustand die Eindrücke der Schöpfung vermehrt; und als ZERSTÖRER Seiner eigenen Schöpfung durch die gegensätzlichen Eindrücke des Menschen, wenn er einschläft und schließlich in den Tiefschlaf verschwindet. Jeden Tag erneut erschafft, bewahrt und zerstört der Mensch die gesamte Schöpfung durch das Spiel der Eindrücke, wobei er schließlich die durch sein Bewußtsein individualisierte Schöpfung zerstört. Selbst durch das eigentliche Sein jedes Dings und jedes Geschöpfes behauptet GOTT durchgängig Seine unendlichen dreieinen Attribute als der SCHÖPFER, der BEWAHRER und der ZERSTÖRER.

Wie in der Natur des Menschenzustands, so behauptet GOTT durchgängig auch in der Natur jedes Zustands GOTTES direkt und indirekt, augenscheinlich und wirklich, Seine unendlichen dreieinen Attribute als SCHÖPFER, BEWAHRER und ZERSTÖRER gleichzeitig. Selbst bei jedem einzelnen Herzschlag und beim Funktionieren der Lungen versäumen es die drei Aspekte der unendlich dreieinen Attribute niemals, sich zu behaupten. Bei jedem Pulsschlag des Herzens weitet sich das Herz, entspannt sich (in der refraktären Phase) und zieht sich zusammen, womit es gleichzeitig von der kommenden Geburt eines Wesens einerseits kündet sowie andererseits von der Fortführung des Lebens dieses Wesens, um schließlich mit der finalen Kontraktion den physischen Tod des Wesens zu verkünden.

So kommt es, daß die dreieinen Attribute GOTTES, nämlich GOTT der SCHÖPFER, GOTT der BEWAHRER und GOTT der ZERSTÖRER (Brahma, Vishnu und Mahesh oder Shiva) sich unabhängig voneinander wie auch gleichzeitig in allen Dingen und in jeder Kreatur und in allen Wesen behaupten, in jedem Zustand GOTTES und in jedem Stadium der Evolution des Bewußtseins und auf jeder Ebene der Involution des Bewußtseins, bis die ursprüngliche kosmische SCHÖPFUNG, die alle Zeitalter, Zyklen und Perioden getragen hat und die durch das Spiel kosmischer Eindrücke bewahrt wurde, schließlich durch das Spiel kosmischer gegensätzlicher Eindrücke GOTTES zerstört wird. Diese endgültige Zerstörung ist allgemein als *Mahapralaya* bekannt, was so viel heißt wie »das Größte der großen Ereignisse der Absorption«, wenn die gesamte kosmische SCHÖPFUNG als NICHTSEIN unendlich vom ALLES absorbiert wird.

Im Prozeß der Evolution erlangte der unbewußte GOTT volles Bewußtsein, nicht Seines ursprünglichen unendlichen Zustands, sondern des grobstofflichen und endlichen Zustands. Nach all dem Ringen während des Verlaufs der Evolution, die, zweifellos, für GOTT volles Bewußtsein erlangte – zu welchem Preis wurde es erlangt? Der Preis war die Bürde des Erbes der in der grobstofflichen Form – dem letzten Medium der Assoziation des evolvierenden Bewußtseins GOTTES – angehäuften Eindrücke, wodurch volles Bewußtsein vollständig in dem Augenblick entwickelt war, in dem GOTT Sich mit der menschlichen Form identifizierte. Deshalb ist GOTT im Menschenzustand Seines ursprünglichen Zustands noch nicht gewahr, obwohl er volles Bewußtsein erlangt hat. Diese Nichtbewußtheit ist auf die ungewollte (wenn auch notwendige) Bürde der grobstofflichen Eindrücke zurückzuführen, die dem erlangten vollen Bewußtsein noch anhaften.

Der Prozeß, durch den GOTT im Menschenzustand darum ringt, die Bürde dieser endlichen Eindrücke abzuwerfen, ist ein Prozeß, der sich durch gegensätzliche Eindrücke vollzieht. Man nennt ihn den Prozeß der Reinkarnation. (19)

Bei dem Versuch, das Bewußtsein von der Bürde der endlichen Eindrücke zu befreien, muß das grobstoffliche Bewußtsein GOTTES zwangsläufig diese Eindrücke erleben und sie dann durch zahllose gegensätzliche Erfahrungen im Verlauf einer Aufeinanderfolge von Reinkarnationen ganz ausschöpfen. Von Natur aus gegensätzliche Erfahrungen sind absolut wesentlich, um die Eindrücke auszuschöpfen, weil allein gegensätzliche Erfahrungen die Wurzeln dicht gesetzter oder fest verwurzelter mannigfaltiger Eindrücke lockern können.

Im Prozeß der Reinkarnation muß der voll und ganz grobstofflich-bewußte GOTT im Menschen, gestärkt durch den voll entwickelten feinstofflichen und mentalen Körper, die durchgängig, wenn auch unbewußt benutzt werden, zwangsläufig eine Aufeinanderfolge endloser Ketten verschiedenartiger und zahlloser von Natur aus gegensätzlicher Erfahrungen durchlaufen, damit die Eindrücke der Gegensätze ausgeschöpft werden können. Diese Eindrücke werden dem mentalen Körper oder dem Gemüt des Menschen andauernd aufgeprägt oder von ihm aufgenommen und durch das Unterbewußtsein im Menschen zurückbehalten oder freigesetzt. Werden diese Eindrücke durch das Unterbewußtsein und volle Bewußtsein GOTTES im Menschen als Mensch freigesetzt, dann hat er verschiedenartige Erfahrungen je nach der Vielfalt und der Intensität der freigesetzten Eindrücke. Wohingegen der feinstoffliche Körper des Menschen als Sitz der Energie diesen Eindrücken Energie verleiht, um den Menschen dazu zu bringen, in seinem Alltagsleben des Traum- oder Wachzustands (von Fall zu Fall) bestimmte Handlungen auszuführen. Diese Handlungen sind auch von Natur aus den verschiedenartigen damit verbundenen Eindrücken entgegengesetzt.

So werden im Menschenzustand auf der grobstofflichen Ebene Energie und Gemüt, obwohl voll entwickelt und fortlaufend und durchgängig genutzt, dennoch indirekt und unbewußt angewendet. Auf den Ebenen der ENERGIE (also auf den feinstofflichen Ebenen) wird diese ENERGIE göttlich und bewußt genutzt, aber auf den feinstofflichen Ebenen wird das GEMÜT indirekt und unbewußt genutzt. Auf den mentalen Ebenen wird die ENERGIE, wenn dieses GEMÜT göttlich und bewußt genutzt wird, nur indirekt und unbewußt genutzt.[43]

Daraus folgt zwangsläufig, daß dieser grobstofflich-bewußte GOTT im menschlichen Zustand, während Er die Gegensätze der grobstofflichen Welt erfährt, sich viele Male reinkarniert, manchmal als Mann, manchmal als Frau, in unterschiedlichen

---

43 [Siehe auch: Meher Baba, »Control of Mind over Energy and Matter«, in: *Life at its Best*, hrsgg. v. Ivy O. Duce, San Francisco: Sufism Reoriented, Inc., 1957, S. 38. (Anm. d. Hrsg.)]

Kasten, Glaubensbekenntnissen, Nationalitäten und Hautfarben sowie an unterschiedlichen Orten und auf unterschiedlichen Kontinenten, wobei Er stets gegensätzliche Eindrücke durchlebt und sie durch die Erfahrung von Gegensätzen ausschöpft.

Es sind immer diese gegensätzlichen verschiedenen Eindrücke und ihre jeweiligen gegensätzlichen Erfahrungen, durch die der grobstofflich-bewußte GOTT im Menschenzustand auf Erden eines Tages möglicherweise, nach Millionen von Wiedergeburten, die dichtgepflanzten Eindrücke ausdünnen kann. Der Prozeß dieses Zyklus sogenannter Tode und Geburten von Menschenformen ist es, der schließlich das Bewußtsein des grobstofflich-bewußten GOTTES in Menschengestalt dazu drängt, zu involvieren. Dieser Prozeß der Bewußtseinsinvolution nimmt nach und nach Gestalt an, wenn die grobstofflichen Eindrücke nach und nach schwächer und seltener werden.

Die Involution des Bewußtseins GOTTES im Menschenzustand ist nur möglich, wenn die gegensätzlichen Eindrücke nach einem sehr, sehr langen Prozeß nach und nach ausgedünnt werden, und zwar durch den Prozeß unablässiger Reinkarnationen, der an die Grenze der grobstofflichen Eindrücke führt.

Sobald die Grenze der grobstofflichen Eindrücke erreicht ist, wird das Stadium erreicht, in dem der grobstofflich-bewußte GOTT im Menschenzustand nach und nach von der grobstofflichen Welt dissoziiert wird, da die Involution des Bewußtseins beginnt, das Bewußtsein **einzufalten**. Gleichzeitig mit dem Beginn der Bewußtseinsinvolution dissoziiert GOTT in Menschengestalt sich nach und nach vom Erleben der Eindrücke der Gegensätze der grobstofflichen Welt.

Man hat gesehen, daß GOTT durch den Prozeß der Bewußtseinsevolution volles Bewußtsein erlangte. Doch war das erlangte volle Bewußtsein ein von Eindrücken geprägtes Bewußtsein. Um die Eindrücke aus dem erlangten vollen Bewußtsein auszumerzen, müssen der Prozeß der Reinkarnation und der Prozeß der Bewußtseinsinvolution durchlaufen werden.

Der Prozeß der Evolution des Bewußtseins GOTTES wurde mit dem allmählichen Öffnen der Augen des Menschen verglichen.

Der Zustand, in dem der Mensch seine Augen vollständig geöffnet hat, wurde mit dem Ende der Evolution des Bewußtseins verglichen, weil GOTT dann volles Bewußtsein erlangt hat.

Den Prozeß der Reinkarnation GOTTES im Menschenzustand kann man vergleichen mit dem Menschen, der bei vollem Bewußtsein und mit weit geöffneten Augen vollständig wach ist und dabei verschiedene Erfahrungen gewinnt, die im Gegensatz stehen zu den während seines bisherigen Lebens gesammelten Eindrücken. Er erfährt sie nun im Verlauf seiner Tage aktiv, wobei er sich selbst in der Ausübung seiner vielseitigen Aktivitäten vergißt.

Nun kann man den Drang nach Involution des Bewußtseins GOTTES im Menschenzustand mit einem Menschen vergleichen, der, nachdem er von seinen täglichen Aktivitäten in Anspruch genommen wurde, nachdem das Tagwerk praktisch erledigt ist, schließlich die Zeit findet, sich selbst mehr Aufmerksamkeit zu schenken als seinen Aktivitäten. Aufgrund dieses inneren Dranges verlagert sich die Aufmerksamkeit des Menschen automatisch von äußeren Aktivitäten zur angemessenen Beachtung seines eigenen Ich.

Ebenso wie in sieben verschiedenen Stufen volles Bewußtsein entwickelt wurde, wird auch voll evolviertes Bewußtsein durch den Prozeß der Involution in sieben verschiedenen Stufen vollständig involviert (siehe hierzu Farbtafel IV im Farbteil). Diese sieben Stufen der Bewußtseinsinvolution nennt man »die sieben Ebenen des Bewußtseins«. Die siebte Ebene ist das siebte und letzte Stadium im Prozeß der Bewußtseinsinvolution, in dem das Bewußtsein völlig involviert ist und GOTT bewußt Seine ewige unendliche Existenz erkennt. Das heißt: GOTT, der ursprünglich unbewußt war, vergißt nun die Vergessenheit selbst.

Diese sieben Stufen schrittweiser Involution des Bewußtseins GOTTES im Menschenzustand kann man mit den weit geöffneten Augen eines Menschen vergleichen, der zunächst direkt geradeaus und von sich weg schaut. Dann, in dem Versuch, sich selbst zu sehen, senkt er allmählich den Blick und verlagert ihn in sieben Stufen, bis sein Blickfeld schließlich sein eigenes Selbst einschließt.

Durch unablässige, zahlreiche Reinkarnationen, bei denen eine Grenze grobstofflicher Erfahrungen erreicht wird, und sobald die grobstofflichen Eindrücke schwach werden und fast erlöschen, beginnt das grobstoffliche Bewußtsein GOTTES im Menschenzustand allmählich zu involvieren, und GOTT im Zustand des Menschen wird in den Prozeß der Bewußtseinsinvolution eingeführt.

In diesem Stadium erfährt das involvierende grobstoffliche Bewußtsein durch das Medium des bereits voll entwickelten feinstofflichen Körpers GOTTES im Menschenzustand **teilweise** das erste Stadium oder die erste Ebene der feinstofflichen Welt. Dies ist das Ausgangsstadium vor der ersten Ebene, in dem das involvierte grobstoffliche Bewußtsein GOTTES im Menschenzustand die ersten Blicke auf die erste Ebene der feinstofflichen Welt erhascht und deren Eindrücke teilweise durch den grobstofflichen und teilweise durch den feinstofflichen Körper erfährt. Hier werden die grobstofflichen und die feinstofflichen Sinne gleichzeitig genutzt.

Dies ist das Stadium, in dem GOTT im Menschenzustand sozusagen auf der Demarkationslinie steht, die die grobstoffliche von der feinstofflichen Welt trennt, und auf der das Bewußtsein GOTTES im Menschenzustand seltsame Dinge erlebt. Mit Seinen grobstofflichen Augen erhascht Er kurze Einblicke in die feinstoffliche Ebene; mit Seinen grobstofflichen Ohren hört Er himmlische Musik der feinstofflichen Ebene; mit Seiner grobstofflichen Nase genießt Er feinstoffliche Düfte. Kurz gesagt: Der grobstofflich-bewußte GOTT im Menschenzustand, der sich teilweise auf der ersten Ebene der feinstofflichen Welt befindet, erfährt mit den grobstofflichen Sinnen feinstoffliche Eindrücke.

Bei weiterer Involution des grobstofflichen Bewußtseins erlebt der grobstofflich-bewußte GOTT nach und nach vollständig die erste Ebene der feinstofflichen Welt. Nunmehr ist das grobstoffliche Bewußtsein GOTTES im Menschenzustand nicht länger **grobstoffliches**, sondern **feinstoffliches** Bewußtsein.

Der feinstofflich-bewußte GOTT im Menschenzustand wird sich allmählich der zweiten Ebene der feinstofflichen Welt bewußt, da die Involution immer weiter fortschreitet, um das Bewußtsein mehr und mehr einzufalten.

Diese feinstoffliche Welt ist die Domäne unendlicher Energie. Die unendliche und unbegrenzte MACHT, ein Aspekt der unendlichen Dreifachnatur GOTTES, wird, wenn sie von der unbegrenzten Unendlichkeit in die endliche Welt der Illusion ausgestrahlt wird, ins Endliche übertragen und in der Form unendlicher Energie der feinstofflichen Welt im Bereich der feinstofflichen Welt manifestiert.

Somit ist GOTT im Menschenzustand auf der zweiten Ebene feinstofflich-bewußt. Und daher ist Er sich des grobstofflichen Körpers und des mentalen Körpers – des Gemüts – nicht bewußt. Doch wirkt GOTT im Menschenzustand durch den grobstofflichen Körper und durch das Gemüt (den mentalen Körper), zwar nicht unmittelbar, aber auf der feinstofflichen Ebene und von der feinstofflichen Ebene aus.

Selbst wenn also der feinstofflich-bewußte GOTT im Menschenzustand sich des grobstofflichen und des mentalen Körpers nicht bewußt ist und die grobstoffliche wie die mentale Welt nicht direkt erfährt, bedient sich dennoch GOTT im Menschenzustand des grobstofflichen Körpers (wenn auch nicht direkt, so doch von der feinstofflichen Ebene aus) durch verschiedene Aspekte des Grobstofflichen, weshalb Er allem äußeren Anschein nach als eine gewöhnliche grobstofflich-bewußte menschliche Form wahrgenommen wird, die ißt, trinkt, schläft, sieht, fühlt, hört und so weiter. Desgleichen benutzt GOTT im Menschenzustand, wenn Er sich der zweiten Ebene der feinstofflichen Welt bewußt ist, Seinen mentalen Körper (also das Gemüt) nicht direkt, sondern durch verschiedene Aspekte, die Ihm die äußere Erscheinung einer gewöhnlichen grobstofflich-bewußten menschlichen Form verleihen, welche Gedanken, Begierden und Emotionen besitzt.

In diesem Stadium erlangt der feinstofflich-bewußte GOTT im Menschenzustand auf der zweiten Ebene bei größerer Involution des Bewußtseins eine größere Bewußtheit der unendlichen Energie der feinstofflichen Sphäre. Damit ist Er nunmehr in der Lage, Tricks oder kleinere Wunder niederen Grades durch Freisetzen Seiner unendlichen Energie auszuführen, und Er kann solche Kräfte demonstrieren wie etwa einen dürren Baum grünen zu lassen und umgekehrt, Eisenbahnzüge und Autos anzuhalten, einen ausgetrockneten Brunnen mit Wasser zu füllen, und so weiter.

Dieser feinstofflich-bewußte GOTT im Menschenzustand auf der zweiten Ebene erfährt die feinstoffliche Welt durch die feinstofflichen Sinne Seines feinstofflichen Körpers. Er ist sich nunmehr der grobstofflichen Welt überhaupt **nicht bewußt**, obwohl Er nach dem äußeren Erscheinungsbild ein normaler Mensch bleibt und als solcher funktioniert: Er ißt, schläft, empfindet Schmerz und Freude und dergleichen. Tatsächlich jedoch erfährt Sein involviertes Bewußtsein nicht die grobstoffliche, sondern die feinstoffliche Sphäre und erzeugt frische feinstoffliche Eindrücke durch Seine feinstofflichen Sinne, deren es drei gibt, nämlich Sehen, Riechen und Hören.

Eine weitere Bewußtseinsinvolution ermöglicht es GOTT im Menschenzustand die dritte Ebene der feinstofflichen Welt zu erfahren. Auf ihr gewinnt das feinstoffliche Bewußtsein größere Bewußtheit der unendlichen Energie der feinstofflichen Sphäre, und GOTT im Menschenzustand erfährt größere endliche Macht. In diesem Stadium ist Er fähig, große Wunder zu vollbringen, als da sind Blinde sehend zu machen, Krüppeln ihre Glieder zurückzugeben und manchmal sogar Tote auferstehen zu lassen.[44] In diesem Zustand ist der feinstofflich-bewußte GOTT im Menschenzustand auch imstande, die verschiedenen Ebenen und Welten der feinstofflichen Sphäre zu erfahren, ebenso wie eine grobstofflich-bewußte Menschenform in der Lage ist, mit Hilfe der ihr zur Verfügung stehenden grobstofflichen Vehikel von einem Kontinent zum anderen zu reisen.

---

44 Jene auf der dritten Ebene des Bewußtseins können nur die Toten subhumaner Spezies auferwecken.

Die zweite und die dritte Ebene der feinstofflichen Welt sind die beiden Hauptebenen, die sich allein im Bereich der feinstofflichen Welt befinden. Die erste Ebene gehört teilweise zum Bereich der feinstofflichen, teilweise zu dem der grobstofflichen Welt. Auf ähnliche Weise gehört die vierte Ebene teils zur feinstofflichen und teils zur mentalen Welt. Aus diesem Grunde gilt die vierte Ebene als die Schwelle zur mentalen Welt.

Mit dem allmählichen, jedoch fortschreitenden Vorankommen bei der Bewußtseinsinvolution des feinstofflich-bewußten GOTTES im Menschenzustand erfährt das Bewußtsein GOTTES die vierte Ebene des Feinstofflichen-mit-Mentalem.

Auf der vierten Ebene ist sich GOTT im Menschenzustand voll des feinstofflichen Körpers bewußt und erfährt voll und ganz die feinstoffliche Sphäre, und deshalb ist Er sich der feinstofflichen Natur der feinstofflichen Sphäre, die unendliche Energie ist, vollständig bewußt. Dies ist genau dieselbe unendliche Energie, die der endliche Aspekt im NICHTSEIN jener unendlichen und unbegrenzten MACHT GOTTES ist, die in GOTTES Zustand des ALLES latent war.

Auf der vierten Ebene ist GOTT im Menschenzustand voll mit unendlicher Energie ausgestattet, weshalb Er nunmehr fähig ist, Tote auferstehen zu lassen und selbst neue Formen in neuen Welten voller Lebensatem zu erschaffen. Der feinstofflich-bewußte GOTT im Menschenzustand auf der vierten Ebene ist in Wirklichkeit personifizierte unendliche Energie.

Diese unendliche Energie der vierten Ebene der feinstofflichen-mit-mentalen Welten ist nicht die gewöhnliche sogenannte Energie der grobstofflichen Welt. Es ist vielmehr jene unendliche Energie, die man den »Atem allen Lebens« oder *Pran* nennt, und die alle Dinge dazu veranlassen kann, lebendig zu werden. Diese Energie ist es, die, wenn sie unendlich ist, aus Staub lebendige Dinge erschaffen kann.

Auch wenn diese Energie unendlich ist, ist sie dennoch keineswegs der Wirklichkeit jener UNENDLICHEN MACHT GOTTES ebenbürtig. Diese UNENDLICHE MACHT GOTTES wird, wenn sie in ILLUSION übertragen wird, zum endlichen Aspekt der unendlichen Energie der vierten Ebene der feinstofflichen-mit-mentalen Welten.

Der feinstofflich-bewußte GOTT im Menschenzustand, der den Schlüssel zum Speicher der unendlichen Energie der vierten Ebene besitzt, ist nun fest etabliert auf der Schwelle zur mentalen Welt, ausgesetzt dem vollen Sturmwind der intensiven Begierden, Emotionen und Gedanken, die die Aspekte des GEMÜTS der mentalen Welt sind.

Obgleich die vierte Ebene jene erhabene Ebene des Bewußtseins ist, auf der GOTT im Menschenzustand Sich Selbst bewußt als personifizierte unendliche Energie erfährt, ist sie doch der Zustand der Erfahrungen der sogenannten »schwärzesten Nacht«, weil hier das Bewußtsein GOTTES im Menschenzustand die Erfahrung macht, sozusagen in einer Klemme zwischen zwei Übeln festzusitzen. Angetrieben von intensiven Wünschen und Emotionen erweist sich der überwältigende Ansporn oder die Versuchung, sich der unendlichen Energie zu bedienen, die Ihm zur Verfügung steht, als ein verräterischer Widersacher bei diesem Stand der Dinge, bei dem die Bewußtseinsinvolution des feinstofflich-bewußten GOTTES im Menschenzustand unausweichlich und schnell in Richtung der mentalen Sphäre voranschreitet, wo sie die Herrschaft über alle Begierden, Emotionen und Gedanken erlangen wird.

Wenn die von der mentalen Ebene ausstrahlenden Begierden auf ihrem Zenit das Bewußtseins GOTTES im Menschenzustand auf der vierten Ebene konfrontieren und GOTT (im Menschenzustand auf der vierten Ebene) überwältigen, und wenn die durch die Ihm zur Verfügung stehende unendliche Energie erzeugten Kräfte von Ihm freigesetzt werden, dann erweist sich die Erfahrung der Freisetzung unendlicher Energie an diesem Knotenpunkt oft als fatal, vor allem, wenn Er die von der unendlichen Energie freigesetzten Kräfte grob mißbraucht, um wahllos selbstsüchtige Ziele zu befriedigen.

Wird die Macht der unendlichen Energie der feinstofflichen Welt an diesem Knotenpunkt auf der vierten Ebene wahllos freigesetzt, dann ist die daraus resultierende Wirkung der vollkommenen Freisetzung dieser Energie für ein grobstoffliches Bewußtsein fast unvorstellbar. Man könnte sich jedoch eine Vorstellung von diesem Ergebnis machen, wenn man an die phantastischen Erfahrungen mit der Freisetzung von Kernenergie denkt, die nur einer der grobstofflichen Aspekte der unendlichen Energie der feinstofflichen Welt ist.

Unterliegt daher das involvierte Bewußtsein GOTTES im Menschenzustand der Versuchung, die vollständige Freisetzung unendlicher Energie auf der vierten Bewußtseinsebene zu erfahren, dann ist die unvermeidliche Erfahrung so schwerwiegend, daß das erlangte volle Bewußtsein und das erfahrene feinstoffliche Bewußtsein ganz und gar ins endlichste Bewußtsein zerfallen und GOTT daraufhin erneut mit der endlichsten grobstofflichen Steinform identifiziert wird. Demzufolge muß das Bewußtsein des steinbewußten GOTTES erneut den gesamten Prozeß der Bewußtseinsevolution durchlaufen und Ihn dabei so lange mit grobstofflichen Formen identifizieren, bis Er sich mit dem Menschen identifiziert und erneut volles Bewußtsein erlangt.

Es ist eine Tatsache, daß einmal erlangtes Bewußtsein niemals verlorengehen kann. Doch ist die Desintegration des Bewußtseins auf der vierten Ebene die eine Ausnahme von dieser Regel. Diese Bewußtseinsdesintegration erfolgt nur im Falle des Bewußtseins auf der vierten Ebene und das auch nur sehr, sehr selten – nämlich wenn Er der Versuchung erliegt, die Kräfte dieser Ebene zu mißbrauchen.

Wenn GOTT im Menschenzustand auf der vierten Ebene die Kräfte der unendlichen Energie nicht mißbraucht, sondern sie überlegt einsetzt, ohne von Begierden überwältigt zu werden,[45] dann erfährt der feinstofflich-bewußte GOTT im Menschenzu-

---

45 [Begierden müssen bewußt ausgemerzt werden, weil sie neue Eindrücke erzeugen können, die ihrerseits weitere Begierden hervorbringen können, die zu weiteren bindenden Aktionen führen können. Das Bewußtsein beschäftigt sich dann vorrangig mit solchen Eindrücken und ihrem physischen Ausdruck statt mit dem wahren SELBST. Werden diese Eindrücke bewußt ausgemerzt, dann wird die Seele (*Atma*) beginnen, die WAHRHEIT

198

stand bei weiterer Bewußtseinsinvolution unmittelbar die sechste Ebene der mentalen Welt, wobei Er die Erfahrungen der fünften Ebene der mentalen Welt überspringt.

Wenn jedoch GOTT im Menschenzustand auf der vierten Ebene die Kräfte der unendlichen Energie weder nutzt noch mißbraucht, dann überschreitet der feinstofflich-bewußte GOTT im Menschenzustand auf der vierten Ebene des Bewußtseins nach weiterer Bewußtseinsinvolution behutsam die Schwelle zur mentalen Welt und beginnt die fünfte Ebene des Bewußtseins zu erleben.

Die fünfte und die sechste Ebene des Bewußtseins sind die eigentlichen Ebenen der mentalen Sphäre des Gemüts: In der mentalen Welt ist der mentalbewußte GOTT im Menschenzustand Herr über Seinen Geist, während Er in der grobstofflichen und der feinstofflichen Welt, in denen Er grob- und feinstofflich-bewußt war, Sklave Seines Geistes war.

Mit dem Fortschritt der Bewußtseinsinvolution des feinstofflich-bewußten GOTTES im Menschenzustand werden die Erfahrungen der fünften Ebene der mentalen Welt vom mentalen Sinn erkannt, der nur der der Schau ist.

Im Menschenzustand, wenn GOTT mentalbewußt ist, ist Er sich nicht des grobstofflichen oder des feinstofflichen Körpers bewußt; Er ist jedoch durch den grobstofflichen und den feinstofflichen Körper tätig, zwar nicht direkt, aber auf der mentalen Ebene und von ihr aus. Selbst wenn der mentalbewußte GOTT im Menschenzustand sich nicht des grobstofflichen und des feinstofflichen Körpers bewußt ist und daher die Erfahrungen der grobstofflichen und der feinstofflichen Welt nicht realisiert, kann Er dennoch den grobstofflichen Körper unbewußt durch verschiedene Aspekte des Grobstofflichen benutzen. Man kann

---

zu erkennen, und wird anfangen, sich selbst von der Tyrannei irdischer Begierden zu emanzipieren. Das Individuum (*Jiv-Atma*) abzüglich des Lebens (der Begierden) wird zur Seele (*Atma*) und ist immer der unbewußte ALLMÄCHTIGE. Das Leben muß also aufgegeben werden, während wir leben. Den irdischen Begierden zu entsagen, während wir das Bewußtsein des Unbewußten bewahren, ist das Ziel des Lebens. (Anm. d. Hrsg.)]

Ihn also sehen wie Er ißt, trinkt, schläft, sieht, hört und fühlt wie in einer gewöhnlichen grobstofflich-bewußten menschlichen Form, obwohl Er sich während der ganzen Zeit mit Seinem mentalen Sinn der »Schau« nur des mentalen Körpers bewußt ist. Auf gleiche Weise kann Er unbewußt Seinen feinstofflichen Körper durch verschiedene Aspekte unendlicher Energie benutzen. Daher kann man Ihn beobachten wie Er sich aktiv bewegt und Tätigkeiten ausübt, während Er sich nur des mentalen Körpers – des Gemüts – bewußt ist und nur die mentale Welt mit Seinem mentalen Sinn bewußt erfährt. Der mentalbewußte GOTT im Menschenzustand hat in der mentalen Sphäre jetzt nur einen Sinn, den der »Schau«. Das Gemüt bleibt durch die ganze fünfte Bewußtseinsebene hindurch erhalten. Auf der sechsten Bewußtseinsebene wird das Gemüt selbst zum INNEREN AUGE und schaut GOTT. Auf der siebten Bewußtseinsebene wird das Gemüt ausgelöscht.

Auf diese Weise kommt es dazu, daß der mentalbewußte GOTT im Menschenzustand auf der fünften Ebene die Eindrücke erlebt, die durch Sein mentales Sinnesorgan der »Schau« erzeugt werden. Dementsprechend erlebt Er die mentale Welt mit dem mentalen Körper (Gemüt). Jetzt ist Er sich nur des Gemüts bewußt. Auf dieser Stufe ist GOTT im Menschenzustand fähig, das Gemüt der grobstofflichen und der feinstofflichen Zustände GOTTES in feinstofflichen und grobstofflichen Menschenformen zu kontrollieren.

Auf der fünften Ebene ist der mentalbewußte GOTT im Menschenzustand jedoch absolut unfähig, irgendwelche Wunder zu wirken, weil Er sich jetzt in der mentalen Sphäre befindet und nicht mehr in der feinstofflichen Sphäre unendlicher Energie, die bei ihrer Freisetzung wunderbare Kräfte hervorbringt. Dennoch: Da Er mentalbewußt und nahe daran ist, das personifizierte »Gemüt« zu werden, kontrolliert Er die Gemüter des feinstofflich-bewußten Zustands GOTTES und wird zur Quelle, welche diejenigen, die sich im Zustand feinstofflichen Bewußtseins befinden, zu Wundern anregt. Er ist der EINE, der entsprechend dem Wunsch und Willen Seines Gemüts imstande ist, das

Gemüt jener auf den feinstofflich-bewußten Ebenen zu kontrollieren oder zu lenken, entweder Wunder zu wirken oder nicht, obwohl Er Selbst in Seinem mentalbewußten Zustand keine Wunder wirken kann.

GOTT im Menschenzustand mentalen Bewußtseins ist imstande, die Gedanken, Wünsche und Emotionen aller Gemüter in grobstofflich-bewußten und feinstofflich-bewußten Zuständen zu erschaffen und zu kontrollieren. Er Selbst ist stabil, sobald Er den Zustand der fünften Ebene erfährt, von dem aus das involvierte Bewußtsein sich niemals rückentwickeln noch zerfallen kann.

Da die Bewußtseinsinvolution des mentalbewußten GOTTES im Menschenzustand allmählich tiefer und tiefer voranschreitet, erfährt Er seine Herrschaft über das Gemüt, und das Bewußtsein des mentalbewußten GOTTES gilt als das personifizierte GEMÜT. Damit wird GOTT im Menschenzustand sich nunmehr voll des Gemüts oder des mentalen Körpers bewußt und erlebt die Gesamtheit der mentalen Sphäre oder der mentalen Welt auf der sechsten Ebene des mentalen Bewußtseins. Diese Erfahrung bedeutet, GOTT in Seinem ursprünglichen Zustand von Angesicht zu Angesicht zu »schauen«. Diese »Schau« ist das Sehen des mentalen Bewußtseins mit dem mentalen Sinnesorgan der »Schau«. Anders ausgedrückt: GOTT im Menschenzustand sieht GOTT überall und in allem.

Von der ersten Ebene an bis zur sechsten Ebene einschließlich schreitet die Involution des Bewußtseins nach und nach und durchgehend voran, da das Bewußtsein GOTTES weniger und seltenere Erlebnisse vielfältiger und verschiedener gegensätzlicher Eindrücke erlebt, die zunehmend schwächer werden. Während der fortschreitenden Involution des Bewußtseins GOTTES verringern sich daher die verschiedenen gegensätzlichen Eindrücke. Sie werden immer schwächer, bis das involvierte Bewußtsein GOTTES auf der sechsten Ebene des mentalen Körpers voll bewußt wird und die mentale Welt voll und ganz mit praktisch keinerlei Eindrücken mehr erlebt, ausgenommen eine letzte schwache Spur restlicher Eindrücke von Gegensätzen. Mit anderen Worten, das involvierte Bewußtsein identifiziert sich voll und ganz mit dem Gemüt, und GOTT neigt dazu, sich als GEMÜT zu erkennen. Nunmehr hat GOTT im Menschenzustand als GEMÜT den letzten endlichen Eindruck, daß Er als GEMÜT GOTT von Angesicht zu Angesicht in allen Dingen sieht, ausgenommen in Seinem SELBST. Dies ist der Zustand GOTTES im Menschenzustand auf der sechsten Bewußtseinsebene.

Dieser mentalbewußte GOTT im Menschenzustand auf der sechsten Ebene, an diesem Punkt praktisch leer von allen Eindrücken und nur des GEMÜTS bewußt, ist jetzt mit GOTT selbst konfrontiert und sieht Ihn von Angesicht zu Angesicht sowie auch in allen Dingen. Jedoch sieht Er nicht Sein SELBST in GOTT, weil er noch vom Bewußtsein des GEMÜTS geprägt ist und Sich Selbst für das GEMÜT hält.

Dieser Sich Selbst mit dem Gemüt assoziierende mentalbewußte GOTT im Menschenzustand ist sich Seiner Selbst als GEMÜT bewußt und erlebt Sich Selbst noch als etwas anderes als GOTT, weil Er tatsächlich GOTT durch Sein mentales Bewußtsein von Angesicht zu Angesicht sieht. In diesem Zustand sieht Er GOTT auch lebhafter und intensiver, als Er im grobstofflichen und im feinstofflichen Zustand GOTTES die grobstofflichen und die feinstofflichen Objekte in den grobstofflichen und feinstofflichen Welten sehen kann.

Auf dieser Stufe erfährt das Bewußtsein GOTTES, das unterschiedliche und zahllose gegensätzliche Eindrücke erfahren hat, nunmehr die letzte Spur dualer Eindrücke von Gegensätzen. Daher ist der mentalbewußte GOTT im Menschenzustand auf der sechsten Ebene sich noch der Dualität bewußt. Das heißt, Er identifiziert Sich Selbst als GEMÜT und unterscheidet Sich Selbst von GOTT.

Um die Involution des Bewußtseins in der mentalen Sphäre klarer zu verstehen, muß man begreifen, daß die mentale Sphäre der fünften und sechsten Ebene des Bewußtseins zur Domäne des GEMÜTS gehört. Dieses GEMÜT der mentalen Ebenen hat zwei Abteilungen.

In der ersten Abteilung befindet sich das GEMÜT in einem untersuchenden oder reflektierenden Zustand. In diesem Zustand funktioniert das GEMÜT als Gedanken – hohe Gedanken, niedere Gedanken, gute Gedanken, schlechte Gedanken, materielle Gedanken, spirituelle Gedanken sowie Gedanken jeglicher Art, jeglichen Typs und Zustands.

In der zweiten Abteilung ist der Zustand des GEMÜTS beeindruckbar oder einfühlsam. In diesem Zustand funktioniert das GEMÜT als Gefühle – Gefühle des Leidens und der Emotionen, Gefühle der Begierden und des Sehnens, Gefühle von Trennungsschmerzen sowie Gefühle jeglicher Art, jeglichen Typs und Zustands.

Da das GEMÜT der mentalen Sphäre ganz bestimmte duale Funktionen hat, ist es unvermeidlich, daß die Erfahrungen im Bereich des Gemüts (also der mentalen Sphäre) ebenfalls von zweierlei Art sein müssen.

Dementsprechend hat die mentale Sphäre zwei Domänen. Daher ist die Domäne der fünften Bewußtseinsebene die der Gedanken, und die Domäne der sechsten Bewußtseinsebene ist die der Gefühle.

Folglich identifiziert sich das Bewußtsein des mentalbewußten GOTTES im Menschenzustand auf der fünften Ebene mit der ersten Abteilung des GEMÜTS, also dem untersuchenden oder reflektierenden GEMÜT. Daher ist dieser mentalbewußte GOTT im Menschenzustand auf der fünften Ebene der Schöpfer und Meister von Gedanken, da Er das personifizierte »DENKEN« ist. Dementsprechend ist Er in der Lage, nur die Gedankenabteilung aller Gemüter sämtlicher grobstofflich- und feinstofflichbewußter Zustände GOTTES zu kontrollieren. Das wird oft fehlinterpretiert als Kontrolle des **Gemüts** aller grobstofflich- und feinstofflich-bewußten Zustände GOTTES. Tatsache ist jedoch, daß GOTT auf der fünften Bewußtseinsebene nicht das Gemüt als Ganzes kontrolliert, sondern nur den Zustand des GEMÜTS, der als **Denken** funktioniert.

Während der mentalbewußte GOTT im Menschenzustand auf der fünften Ebene des Bewußtseins Sich Selbst als untersuchen-

203

des oder reflektierendes Gemüt identifiziert, der nur Gedanken ausstrahlt, identifiziert Er Sich Selbst nicht mit der zweiten Abteilung des Gemüts, weshalb Er noch nicht imstande ist, eine Beherrschung der Gefühle (also der Emotionen und Begierden) zu erreichen.

Mit größerer Involution des Bewußtseins schreitet der mentalbewußte Gott im Menschenzustand der fünften Ebene zur sechsten Ebene des Bewußtseins fort, wobei Er Bewußtsein der zweiten Abteilung des Gemüts der mentalen Sphäre erlangt und dementsprechend dazu tendiert, Sich Selbst mit der zweiten Abteilung des Gemüts (also dem beeindruckbaren oder einfühlsamen Gemüt) zu identifizieren.

Der mentalbewußte Gott im Menschenzustand auf der sechsten Bewußtseinsebene erlebt die mentale Welt durch den mentalen Sinn der Schau durch vollständige Identifizierung mit Gefühlen. Und daher ist Gott im Menschenzustand nicht personifiziertes Denken sondern personifizierte Gefühle. Deshalb erfährt Er bewußt die Gefühle, Gott ununterbrochen in allen Dingen und überall von Angesicht zu Angesicht zu sehen. Er fühlt, daß Er Gott überall ständig sieht, doch kann Er nicht fühlen, Sich Selbst in Gott als Gott zu sehen. Aus diesem Grunde kann Er nicht die Gefühle der Schau Gottes mit Seiner eigenen Identität als Gott vereinbaren, weil Er sich immer noch mit Gefühlen identifiziert. Er sucht Fühlung mit Gott, sehnt sich und strebt voller Trennungsschmerz nach **Vereinigung mit Gott**, den er auf dieser Stufe von Angesicht zu Angesicht zu sehen fühlt.

Diese Identifizierung mit der zweiten Abteilung des Gemüts (Gefühle) ist der Zustand Gottes im Menschenzustand, in dem der vorherrschende Aspekt göttlicher Liebe, der schließlich zur Vereinigung mit Gott führt (also der bewußten Verwirklichung des Gotteszustands), am kraftvollsten manifestiert wird.

Daher sollte klar sein, daß die fünfte Ebene der mentalen Sphäre nur der Zustand vollen Bewußtseins der Gedanken ist. Hier ist allein die Meisterschaft über die Kontrolle und Erzeu-

gung von Gedanken erreicht, und es gibt daher keine Meisterschaft oder Kontrolle über Gefühle von Begierden oder Emotionen. Vielmehr ist die sechste Ebene der mentalen Sphäre der
Zustand vollen Bewußtseins der Gefühle, und deshalb wird hier
die Meisterschaft über die Kontrolle und das Erzeugen von
Gefühlen erreicht, und es bleibt kein Spielraum mehr für auch
nur einen einzelnen Gedanken, der in den Bereich der Gefühle
eindringen möchte.

Das Bewußtsein der sechsten Ebene ist **Gedanken-los** und
regiert die **Gefühle** aller grobstofflich- und feinstofflich-bewußten Zustände GOTTES. Das wird oft als Meisterschaft über die
Herzen aller in den grobstofflich- und feinstofflich-bewußten
Zuständen GOTTES Befindlichen fehlinterpretiert. Er regiert
oder regelt jedoch nicht die sogenannten Herzen, sondern kontrolliert und regiert jene zweite Abteilung des GEMÜTS in der
mentalen Sphäre, die Gefühle von Emotionen und Begierden
aussendet.

Die Liebe zu GOTT und die Sehnsucht nach Vereinigung mit
Ihm wird wahrhaft und vollständig auf der sechsten Ebene des
Bewußtseins demonstriert. Nur wenn die sechste Ebene der
mentalen Sphäre transzendiert wird, schwindet die ILLUSION mit
dem Vergehen der letzten Spur von Eindrücken, und die WIRK-
LICHKEIT wird verwirklicht.

Der mentalbewußte GOTT im Menschenzustand auf der sechsten Ebene erfährt immer noch Dualität, weil GOTT in diesem
Bewußtseinszustand Sich Selbst als Gemüt und nicht als GOTT
erlebt.

Diese Erfahrung von Dualität zieht sich so lange immer wei-
ter hin, bis die endgültige Involution des Bewußtseins die siebte
Ebene des Bewußtseins erreicht. Sie ist das endgültige und siebte
Stadium im Prozeß der Bewußtseinsinvolution, wenn das volle
Bewußtsein GOTTES im Menschenzustand nunmehr voll und
ganz nach innen zurückgezogen ist, und zwar so vollständig, daß
es jetzt auf Ihn Selbst fixiert und fokussiert ist statt auf die
Objekte Seiner eigenen Schöpfung.

Nachdem nunmehr das volle Bewußtsein voll und ganz involviert wurde, verschwinden die Objekte des NICHTSEINS, die augenscheinlich zu existieren schienen, vollständig zusammen mit ihren Eindrücken.

Mit der vollständigen Vernichtung von Eindrücken der Assoziationen des NICHTS wird das von Eindrücken geprägte Bewußtsein GOTTES im Menschenzustand spontan in das unbeeindruckte oder eindruckslose Bewußtsein GOTTES transformiert, was GOTT im Menschenzustand das »Vergehen-in« Seinen ursprünglichen Zustand des absoluten Vakuums erfahren läßt. Es ist nur natürlich, daß das voll involvierte und nunmehr selbst von den geringsten Spuren irgendwelcher Eindrücke befreite volle Bewußtsein keine andere Erfahrung vermittelt als die des ursprünglichen, absoluten Vakuumzustands GOTTES, der einst vorherrschte und der nunmehr **bewußt** erlebt wird.

Dieses voll involvierte volle Bewußtsein ist das Überbewußtsein oder das *Mahachaitanya*. Der unbewußte GOTT im ursprünglichen absoluten Vakuumzustand ist sich jetzt Seines ursprünglichen Zustands als GOTT im Jenseits-des-Jenseits-Zustand voll bewußt oder überbewußt.

Dieses »Vergehen-in« das absolute Vakuum des ursprünglichen Zustands GOTTES nennt man das Erreichen des *Fana* der siebten Bewußtseinsebene.

In der Sufi-Terminologie bedeutet *Fana* »Vergehen-in«. *Fana* hat zwei Stadien. Das erste Stadium von *Fana* ist die bewußte Erfahrung des absoluten Vakuumzustands, und die zweite Stufe von *Fana* oder *Fana-fillah* ist die bewußte Erfahrung des »Ich bin GOTT«-Zustands.

Fana-fillah, das zweite Stadium, ist das ZIEL GOTTES im Menschenzustand, in dem GOTT im Menschenzustand, das heißt als Mensch, schließlich bei vollem Bewußtsein den »Ich bin GOTT«-Zustand verwirklicht. Dies ist der Zustand des endgültigen *Majzoobiyat*, wie die Sufis ihn nennen.

Lange bevor die erste Stufe von *Fana* erreicht wird, besaß GOTT im Menschenzustand, als Mensch, volles Bewußtsein des begrenzten Ego oder »Ich«, von Gemüt, Energie, Körper und der Welt im normalen Wachzustand, weil das volle Bewußtsein

GOTTES im Menschenzustand, als Mensch, durch ihre endlichen Eindrücke direkt auf sie fokussiert war. Und sobald das Bewußtsein GOTTES im Menschenzustand, als Mensch, zu involvieren begann, erlebte das involvierte Bewußtsein allmählich die sechs Ebenen des Sub-Überbewußtseins durch die auf jeder der sechs Ebenen gesammelten und ausgeschöpften Eindrücke. Sobald das Sub-Überbewußtsein vollständig involviert war, das heißt nach innen auf Sich Selbst zurückgezogen war, erreichte GOTT im Menschenzustand, als Mensch, die siebte Ebene des aller Eindrücke entleerten Überbewußtseins. Dies war die Endstufe bei der Erreichung des Ziels.

Zugleich mit der vollständigen Involution des Bewußtseins und dem Erlangen des Überbewußtseins wird das Gemüt schließlich vollständig vernichtet und verschwindet ein für alle mal zusammen mit allen Eindrücken. Die trügerischen Erfahrungen des begrenzten Ego oder »Ich«, von begrenztem Gemüt, begrenzter Energie, begrenztem Körper und begrenzter Welt verschwinden für immer; sie verflüchtigen sich vollständig, weil alle diese Erfahrungen nur das Ergebnis der aus dem NICHTS erzeugten Eindrücke waren, die buchstäblich nichts bedeuteten und nichts waren.

Mit dem Verschwinden des begrenzten Egos oder »Ichs«, dem Verschwinden von begrenztem Gemüt, begrenzter Energie, begrenztem Körper (der das Glück typisiert) und begrenzten Welten mit all ihren jeweiligen Begleitumständen, erfährt das Bewußtsein spontan einen Zustand absoluten Vakuums, ein Bewußtsein, das ewig bleibt, sobald es einmal erlangt ist. Auf dieser Stufe ist GOTT im Menschenzustand, als Mensch mit vollem Bewußtsein als Überbewußtsein, sich nunmehr nur des absoluten Vakuums bewußt – das Bewußtsein ist jetzt auf das »ABSOLUTE VAKUUM« selbst fixiert und fokussiert.

Dieses Vakuum ist absolut in seiner Gesamtheit. Das Vakuum allein herrscht vor, und es gibt eine totale Abwesenheit des NICHTS wie auch des ALLES. Man nennt dies daher das »GÖTTLICHE, ABSOLUTE VAKUUM« und es wird nicht aus der ILLUSION sondern aus der WIRKLICHKEIT geboren.

Dieser Zustand göttlichen Vakuums herrscht gerade in dem Augenblick vor, wenn das NICHTS verschwindet oder vergeht und unmittelbar bevor das ALLES jenes Vakuum ausfüllt, um zur bewußten Erfahrung der Wirklichkeit des »Ich bin GOTT«-Zustands zu führen.

Dies ist das erste Stadium des *Fana*, in dem alles, was zum NICHTS gehört, vollständig verschwindet und in dem das Überbewußtsein nur auf das absolute Vakuum fokussiert ist, das jetzt vorherrscht, wie es ewig im ursprünglichen GOTT-IST-Zustand GOTTES im ursprünglichen, göttlichen Tiefschlaf vorherrscht.

Deshalb ist das Bewußtsein GOTTES im Menschenzustand, als Mensch, im ersten Stadium des *Fana* nicht ein Bewußtsein des begrenzten Selbst oder Ego oder »Ich«, von begrenztem Gemüt, begrenzter Energie, begrenztem Körper und begrenzten Welten, noch ist es gar ein Bewußtsein von GOTT oder dem unbegrenzten SELBST oder Ego oder »Ich«, dem universalen Gemüt, der unbeschränkten Energie, dem universalen Körper und der Universen, weil nämlich in diesem ersten Stadium des *Fana* nur das Bewußtsein absoluten Vakuums vorherrscht. Dieses Vakuum ist auch göttlich; es gehört nicht zur ILLUSION sondern zur WIRKLICHKEIT. Auf dieser ersten Stufe des *Fana* erfährt das Überbewußtsein GOTTES im Menschenzustand, als Mensch, das »Vergehen-in« den absoluten Vakuumzustand des ursprünglichen GOTT-IST-Zustands und ist sich daher jetzt nur des absoluten Vakuums bewußt.

Wie bereits gesagt wurde, herrscht dieses absolute Vakuum auch im alltäglichen Tiefschlafzustand eines normalen Menschen, in dem das begrenzte Ego oder »Ich«, das begrenzte Gemüt, die begrenzte Energie, der begrenzte Körper und die begrenzten Welten ebenfalls verschwinden und das erlangte Bewußtsein im Schlummer verharrt.

Der einzige Unterschied – der aber in der Tat ein gigantischer Unterschied ist – zwischen dem absoluten Vakuumzustand des täglichen Tiefschlafzustands des Menschen und der Erfahrung des absoluten Vakuums im ersten Stadium des *Fana* besteht darin, daß das Bewußtsein, obgleich dasselbe absolute Vakuum auch im *Fana* herrscht, im *Fana* nicht länger im Schlummer verharrt. In diesem Stadium ist es ein voll und ganz gereiftes Bewußtsein, das jetzt denselben Zustand absoluten Vakuums als den ursprünglichen Zustand GOTTES erfährt.

Die Erfahrung des ersten Stadiums von *Fana* ist die des *Nirvana*-Zustands.

Nirvana ist jener Zustand, in dem augenscheinlich »GOTT NICHT IST«. Dies ist der einzige Zustand, in dem »GOTT NICHT IST« und »BEWUSSTSEIN IST«. Die Erfahrung des ersten Stadiums von *Fana* ist das, was Buddha betont hat. Später wurde das jedoch dahingehend mißverstanden, als habe der Buddha betont, daß es keinen GOTT gebe. Die WIRKLICHKEIT ist jedoch, daß GOTT IST. Im Zustand absoluten Vakuums des ersten Stadiums von *Fana* bleibt jedoch nur Bewußtsein zurück, das das absolute Vakuum erfährt.

Da es niemals geschehen kann, daß GOTT nicht existiert, spielt GOTT im Zustand des *Nirvana* die Rolle des Bewußtseins selbst, des Bewußtseins, das manchmal Überbewußtsein oder *Mahachaitanya* genannt wird.

Das zweite Stadium von *Fana* folgt diesem *Nirvana*-Zustand, und der »Ich bin GOTT«-Zustand wird bewußt erfahren.

Jedoch geschieht es nur gelegentlich, daß dem ersten Stadium von *Fana* sofort das zweite *Fana*-Stadium folgt, das *Fana-fillah* genannt wird und in dem das vernichtete trügerische und begrenzte Ego oder »Ich« ersetzt wird durch das wahre und unendliche, unbegrenzte »Ich«, auf das das Überbewußtsein nun automatisch fokussiert wird. Gleichzeitig wird das absolute Vakuum automatisch durch die Erfahrung des UNENDLICHEN ausgefüllt.

Das jetzt auf das unbegrenzte »Ich« fixierte und fokussierte Überbewußtsein GOTTES im Menschenzustand, als Mensch, identifiziert den Menschen spontan mit GOTT dem UNENDLICHEN. Gleichzeitig mit der Identifizierung erfährt das Überbewußtsein GOTTES des UNENDLICHEN den »Ich bin GOTT«-Zustand. Dies ist das ZIEL.

Das ZIEL erreichen bedeutet den *Nirvikalpa Samadhi* erreichen.[46]

Ebenso wie der Mensch jeden Abend einschläft und jeden Tag im Zustand des Menschen aufwachen muß, muß man auch im GÖTTLICHEN aufwachen, wenn man in göttlichen Schlaf verfallen ist. Auf ähnliche Weise ist die erste Stufe von *Fana* Tiefschlaf bei vollem Bewußtsein, und die zweite Stufe von *Fana*, *Fana-fillah* genannt, ist der Zustand des Erwachens in GOTT als GOTT.

Folgt dem ersten Stadium von *Fana* unmittelbar das zweite Stadium des *Fana-fillah* (20), dann kehrt das Bewußtsein des begrenzten »Ich« oder »Selbst«, des begrenzten Gemüts, der begrenzten Energie und des begrenzten Körpers sowie der begrenzten Welten in einigen Fällen nicht zurück. Vielmehr existiert das Bewußtsein des unbegrenzten »Ich«, nunmehr als Überbewußtsein, als identifiziert mit dem universalen SELBST, also GOTT. Das Überbewußtsein erfährt jetzt den Zustand des »Ich bin GOTT«, »*Aham Brahmasmi*« oder »*Anal Haqq*«. Dies ist die Erfahrung des *Nirvikalpa Samadhi*, was hier bedeutet: »Ohne Zweifel bin ICH GOTT«. Sie wird erfahren, weil der *Atma* im *Fana-fillah* bewußt vollständig mit dem *Paramatma* verschmilzt, oder weil die Seele im *Fana-fillah* vollständige Vereinigung mit der ÜBERSEELE erlebt.

Diese Erfahrung ist das ZIEL, und es wurde erst erreicht, nachdem die im NICHTS latente Evolution des Bewußtseins stattfand, als das latente endliche NICHTS sich als unendliches NICHTSEIN manifestierte. Während das evolvierte Bewußtsein sich unendlich ins Feld des NICHTSEINS verstrickte, erfuhr es dieses trügerische und endliche NICHTSEIN als wahr und unendlich. Als dieses

---

46 Die Seele muß unbedingt durch den Zustand des *Nirvana* gehen, um Befreiung (*Mukti*) erlangen zu können. Man kann dem Kreislauf von Geburt und Tod sowohl im *Nirvana* als auch im *Nirvikalpa* entkommen. Aus diesem Grund wird *Nirvana* für das ZIEL gehalten, aber Tatsache ist, daß das wahre ZIEL für jemanden in der Menschenform das Erlangen von *Nirvikalpa* ist. Und es ist ein gigantischer Unterschied zwischen *Nirvana* als ZIEL und *Nirvikalpa* als ZIEL.

Bewußtsein schließlich involvierte, konnte es allmählich die unendliche Falschheit des unendlich trügerischen NICHTSEINS erleben und schließlich die unendliche Wirklichkeit von GOTT-DER-UNENDLICHE als das ALLES jenseits allen Zweifels und jenseits aller Einschränkungen und als ewiges Sein im »Ich bin GOTT«-Zustand des *Fana-fillah* verwirklichen.

Dieses *Fana-fillah* ist das Ziel, wo der »Ich bin GOTT«-Zustand erlebt wird, beispielsweise von einer Person, die *Majzoob* genannt wird (»Einer, der von GOTT überwältigt ist« oder »Einer, den GOTT beherrscht«). Eine solche Person nennt man auch einen *Brahmi Bhoot*. In diesem Zustand erlebt ein Mensch ständig, durchgehend und bewußt den »Ich bin GOTT«-Zustand zusammen mit der durchgängigen und bewußten Erfahrung der unendlichen Dreifachnatur GOTTES, *Sat-Chit-Anand* (das heißt UNENDLICHE MACHT, UNENDLICHES WISSEN und UNENDLICHE GLÜCKSELIGKEIT) als seine eigene unendliche Natur.

So kommt es, daß der Seiner Selbst bewußte GOTT im Menschenzustand als Mensch auf der siebten Ebene sich nunmehr des SELBST als unendlich und ewig voll bewußt ist. Er ist sich jetzt auch der Quelle von Energie und Gemüt bewußt, die nichts anderes waren als die endlichen Aspekte Seiner eigenen UNENDLICHEN MACHT und Seines eigenen UNENDLICHEN WISSENS, die Er jetzt erlebt, während Er durchgehend in UNENDLICHER GLÜCKSELIGKEIT verweilt.

In Seinem Ringen um das Erlangen von SELBST-Bewußtsein sammelte und erlebte der unteilbare, ewige GOTT, Seines unendlichen Zustands nicht bewußt, zahllose unterschiedliche Eindrücke. Und während dieser ganzen Zeit assoziierte Er sich mit endlichen und vergänglichen Existenzen. Dabei entfaltete Er die grobstoffliche, die feinstoffliche und die mentale Welt, während Er das grobstoffliche Bewußtsein der grobstofflichen Welt **evolvierte** und das Bewußtsein der feinstofflichen und mentalen Ebenen der feinstofflichen und der mentalen Welt **involvierte**. Die endgültige Involution des Bewußtseins GOTTES kulminierte in der bewußten Verwirklichung Seines SELBST in Seinem unendlichen Zustand.

Als das Bewußtsein GOTTES das Bewußtsein des SELBST erlangte und UNENDLICHE MACHT, UNENDLICHES WISSEN und UNENDLICHE GLÜCKSELIGKEIT erlebte, erkannte GOTT infolgedessen, daß Er auf ewig in unendlicher SELIGKEIT existiert und daß während Seines ganzen Ringens um das Erlangen von SELBST-Bewußtsein die Eindrücke, Erfahrungen und Assoziationen wie Dissoziationen des grobstofflichen, feinstofflichen und mentalen Körpers und der grobstofflichen und feinstofflichen Welten in den Bereich des NICHTS gehörten und nichts als leere Träume waren. Er erkannte auch, daß die Identifizierung mit grobstofflichen Körpern, Geschöpfen und menschlichen Wesen sowie alle Erfahrungen der drei Welten und der sechs Ebenen mit all ihren Begleiterscheinungen ihre relative Existenz besaßen, die solange aufrechterhalten wurde, wie Sein Bewußtsein noch unreif war. Reife wurde erst auf der siebten Ebene mit voll involviertem Bewußtsein erlangt. Das ließ GOTT Sein SELBST erkennen oder machte GOTT der GOTT-Verwirklichung voll bewußt. Mit anderen Worten: GOTTES eigener unendlicher Zustand wurde von GOTT SELBST bewußt verwirklicht, als Er den »Ich bin GOTT«-Zustand erlangte.[47]

Mit anderen Worten: GOTT durchläuft zuerst den Werdeprozeß im Grobstofflichen. Das heißt, im Grobstofflichen wird GOTT zum **Körper** des *Anna Bhuvan* (der grobstofflichen Sphäre). Dann, im Feinstofflichen, wird Er zur **Energie** des *Pran Bhuvan* (der feinstofflichen Sphäre). Danach wird Er im Mentalen das Gemüt des *Mano Bhuvan* (der mentalen Sphäre). Jenseits davon im *Vidnyan* wird GOTT zu GOTT – zu dem, was Er war, was Er ist und was Er immer sein wird. Deshalb vergißt GOTT, der ursprünglich unbewußt war, nun die Vergessenheit selbst und

---

47 Das Glück der GOTT-Verwirklichung ist das ZIEL der gesamten SCHÖPFUNG. Das wahre Glück, das durch die GOTT-Verwirklichung kommt, ist alles körperliche und mentale Leiden im Universum Wert. Dann ist alles Leiden so, als wäre es nie gewesen. Das Glück der GOTT-Verwirklichung kommt aus sich selbst; es ist ewig frisch und unablässig, grenzenlos und unbeschreiblich. Und um dieses Glückes Willen trat die Welt in Erscheinung.

erhält die wahre und endgültige Antwort auf Sein ursprüngliches erstes Wort »Wer bin ich?«, die da lautet: »Ich bin GOTT.« So wird GOTT in der grobstofflichen, der feinstofflichen und der mentalen Sphäre tatsächlich das, was Er in Wirklichkeit **nicht ist**, und im *Vidnyan* wird Er tatsächlich das, was Er in Wirklichkeit **ist**. Ursprünglich war GOTT GOTT. Nun ist GOTT GOTT geworden.

Gerade weil GOTT nach dem »Vergehen-in« Seinen ursprünglichen Zustand absoluten Vakuums im ersten Stadium von *Fana* im zweiten Stadium von *Fana* seinen eigenen unendlichen Zustand des »Ich bin GOTT« verwirklicht, wird und ist dieses *Fana* (also *Fana-fillah*) das Ziel.

Das Erreichen dieses Ziels bedeutet das Ende der ERSTEN GÖTTLICHEN REISE, die mit Gnosis begann und nach Durchlaufen aller Bewußtseinsebenen in Vergöttlichung endet (siehe auch Farbtafel V im Farbteil).

Das zweite Stadium von *Fana* ist Vergöttlichung; hier ist der Mensch GOTT geworden. Der Mensch ist nunmehr GOTT und erfährt GOTTES WISSEN, GOTTES MACHT und GOTTES GLÜCKSELIGKEIT. Doch ist das noch nicht »VOLLKOMMENHEIT«, auch wenn es das Ziel ist. Im zweiten Stadium von *Fana* oder *Fana-fillah*, also am Ende der ersten göttlichen Reise, ist der Mensch in GOTT **eingetreten** und damit GOTT geworden, er ist jedoch noch nicht in GOTTES Leben eingetreten. Am Ende der ersten göttlichen Reise erkennt der Mensch einfach, daß er GOTT ist, und erfährt einfach den »Ich bin GOTT«-Zustand zusammen mit den Erfahrungen UNENDLICHER MACHT, UNENDLICHEN WISSENS und dem Genuß des Zustands UNENDLICHER GLÜCKSELIGKEIT.

Nach dem Erreichen des Endes der ersten göttlichen Reise kann GOTT als Mensch, nunmehr im Zustand GOTTES, die UNENDLICHE GLÜCKSELIGKEIT hinter sich lassen und vom überbewußten »Ich bin GOTT«-Zustand zum normalen Bewußtsein herabsteigen, was allerdings sehr selten geschieht. Dort kann er beginnen, den Zustand von *Baqa* zu erfahren, und auf diese Weise die ZWEITE GÖTTLICHE REISE antreten.

Der Sufi-Begriff *Baqa* bedeutet »Verweilen-in«. (21)

Vom überbewußten »Ich bin GOTT«-Zustand zum normalen Bewußtsein herabzusteigen und den Gotteszustand des »Verweilens-in« zu erfahren würde bedeuten, daß man sich im eigentlichen Leben GOTTES etabliert. So wird im *Baqa* das Leben GOTTES in einem Menschenwesen etabliert. Das heißt, im *Baqa* etabliert der Mensch sich bewußt als GOTT. Dieses Bewußtsein nennt man *Sulukiyat* oder das normale Bewußtsein des »Im-Leben-GOTTES-etabliert-Seins«. Davon unterschieden ist *Majzoobiyat* oder das »In-unendliche-SELIGKEIT-versunken-Sein« oder »Von-unendlicher-SELIGKEIT-absorbiert-Sein« im Zustand des »Ich bin GOTT«. Dementsprechend nennt man GOTT als Menschen, der den Zustand des *Baqa* erfährt, in der Sufi-Terminologie den **wahren** *Salik*. Dieses *Baqa* der WIRKLICHKEIT und GÖTTLICHKEIT wird *Baqa-billah* genannt. Im *Vedanta* ist es als *Atmapratisthapana* bekannt.

Der *Salik* erfährt nicht nur, wie im *Majzoobiyat,* UNENDLICHE MACHT und UNENDLICHES WISSEN, während Er in unendlicher GLÜCKSELIGKEIT verweilt. Da Er jetzt der *Salik* ist, häuft Er vielmehr bewußt all die UNENDLICHE MACHT, das UNENDLICHE WISSEN und die UNENDLICHE GLÜCKSELIGKEIT an, während Er im Leben GOTTES mit dem normalen Bewußtsein Seines *Sulukiyat* etabliert ist.

Bevor Er jedoch endgültig und wirklich mit voll ausgereiftem Bewußtsein »vergeht-in« die Wirklichkeit des endgültigen *Fana-fillah* Zustands, und bevor Er im endgültigen *Baqa-billah* der GÖTTLICHKEIT etabliert ist, gibt es, um es ganz allgemein in Begriffen der ILLUSION auszudrücken, so viele individualisierte Erfahrungen des *Fana-baqa* wie es verschiedenartige und zahllose Spezies und Zustände des Lebens in der SCHÖPFUNG gibt.

Allerdings gibt es drei fundamentale Typen von *Fana-baqa*, die alle individualisierten Erfahrungen von *Fana-baqa* einschließen.

Der erste dieser drei fundamentalen Typen ist der rudimentäre. Dieser Typ ist das *Fana-baqa* des phänomenalen, trügerischen Lebens in der ILLUSION, das von all jenen erfahren wird, die täglich »vergehen-in« *Fana* und *Baqa* erlangen, um täglich zu »verweilen-in« der ILLUSION. Dieses rudimentäre *Fana-baqa* des gewöhnlichen phänomenalen trügerischen Lebens besteht aus dem gewöhnlichen Tiefschlafzustand und dem gewöhnlichen Wachzustand.

Wie bereits gesagt: Selbst wenn man mit allen Eindrücken der Illusion »vergeht-in« den Tiefschlaf, wird dasselbe ursprüngliche göttliche absolute Vakuum des Gott-Ist-Zustands etabliert, in dem nie irgend etwas existiert hat und in der nichts jemals existiert als die eine unendliche und einzige Wirklichkeit als das Alles, die die Unendlichkeit Gottes in Seinem Gott-Ist-Zustand genannt wird. Wenn die Eindrücke der Illusion, mit denen ein Mensch zu Bett geht, ihn aufwecken, dann verweilt er im Wachzustand in der Illusion selbst und etabliert sein Alltagsleben in der Illusion.

Dementsprechend wird im Alltagsleben, wenn der Mensch in Tiefschlaf verfällt, *Fana* etabliert, indem er täglich »vergeht-in« den ursprünglichen Gott-Zustand ohne Bewußtsein. Und wenn er jeden Tag wieder aufwacht, erlangt er *Baqa*, um zu »verweilen in« dem täglichen Leben der Illusion, solange der Tiefschlaf ihn nicht überwältigt und ihn erneut hinüberzieht in den Zustand des täglichen *Fana*, der der ursprüngliche göttliche Zustand absoluten Vakuums des Einen ist.

Der zweite Typ des *Fana-baqa* gehört zu den Ebenen auf dem Pfad zum Erreichen des Ziels und unterscheidet sich vom rudimentären Typ des gewöhnlichen phänomenalen, trügerischen Lebens in Illusion, obwohl dieser zweite Typ von *Fana-baqa* der Ebenen ebenfalls Illusion ist.

Auf jeder Ebene, von der ersten bis zur und einschließlich der sechsten Ebene auf dem Pfad, wird das entwickelte volle Bewußtsein schrittweise nach innen zurückgezogen oder involviert. Daher stimmt das *Fana-baqa* der Ebenen überein mit den Eindrücken, die sich dem involvierenden Bewußtsein aufprägen, und unterscheidet sich daher vom ersten Typ des rudimentären *Fana-baqa* des von Eindrücken geprägten Bewußtseins, das voll entwickelt ist oder sich noch in der Evolution befindet.

Jede Ebene auf dem Weg zum Ziel des *Fana-fillah* hat ihr *Fana-baqa,* während das voll entwickelte Bewußtsein allmählich in Übereinstimmung mit dem allmählichen Fortschritt auf den Ebenen involviert wird.

Die verallgemeinerte Bedeutung des Sufi-Begriffs *Fana* ist jedoch das »Vergehen-in« das absolute Vakuum des ursprünglichen GOTT-IST-Zustands. Es macht daher überhaupt keinen Unterschied, ob das *Fana* zum rudimentären Typ des gewöhnlichen, phänomenalen trügerischen Lebens oder zum zweiten Typ der Ebenen auf dem Pfad gehört. Bei beiden Typen ist das *Fana* (»Vergehen-in«) im Grunde dasselbe. Denn im täglichen Tiefschlafzustand schwindet das geprägte Bewußtsein in beiden Fällen in denselben Zustand absoluten Vakuums dahin, ungeachtet aller Unterschiede bei den Typen der Eindrücke der ILLUSION.

Obwohl das *Fana* sowohl im **evolvierenden** als auch im **involvierenden** Bewußtsein stets dasselbe ist, ist es die Art der Eindrücke der ILLUSION, die sich dem Bewußtsein einprägen, während es im Wachzustand in der Illusion verweilt, auf die es tatsächlich ankommt und die einen Unterschied hervorrufen, wenn man »vergeht-in« den Tiefschlafzustand oder in den Zustand des *Fana*.

So unterscheidet sich beispielsweise das *Fana* eines Tieres, das im Tiefschlafzustand mit seinen ganz eigenen Eindrücken der ILLUSION »vergeht-in« das absolute Vakuum, total vom *Fana* eines menschlichen Wesens, das im Tiefschlafzustand mit seinen ganz eigenen Eindrücken der ILLUSION »vergeht-in« das absolute Vakuum. Gleichermaßen pflegen sich die Eindrücke der ILLUSION eines normalen Menschen deutlich von den Eindrücken der ILLUSION eines Menschen auf den Ebenen des Pfades zu unterscheiden.

Obwohl die verschiedenen *Fana*-Typen in allen Fällen *Fana* bleiben, lassen jedoch die verschiedenen Eindrücke, die das individuelle Bewußtsein im *Baqa* des Wachzustands prägen, ein individualisiertes *Fana* jedes einzelnen und aller Spezies und Zustände des Lebens in der Schöpfung entstehen.

Im Gegensatz dazu geschieht folgendes: Wird im Wachzustand das *Baqa* des individualisierten Lebens nach dem Tiefschlafzustand des *Fana* erlangt, dann etabliert das *Baqa*, das in

216

der Sufi-Terminologie »Verweilen-in« bedeutet, das tägliche individualisierte Leben der ILLUSION in der Illusion, und zwar in Einklang mit den vorherrschenden Eindrücken, mit denen das individualisierte Leben aus der Vielfalt der Eindrücke der ILLUSION »vergeht-in« den Zustand seines individualisierten *Fana* im Zustand des Tiefschlafs. Als solches unterscheidet sich jedes individualisierte *Baqa* total von jedem anderen *Baqa*. Wenn nämlich dieses individualisierte *Baqa* im Wachzustand erlangt wird, dann sind die Eindrücke des geprägten Bewußtseins jedes individualisierten Lebens allein verantwortlich für die Etablierung des individualisierten Lebens der ILLUSION in der ILLUSION.

Auf diese Weise kommt es, daß der regulären, unaufhörlichen Aufeinanderfolge dem *Fana* der ILLUSION im Tiefschlafzustand unweigerlich das *Baqa* der ILLUSION im Wachzustand folgt. Dies wiederum geht im unvermeidlichen *Fana* verloren, nur um täglich, Jahr für Jahr und Leben auf Leben zu alternieren und sich neu zu etablieren, ungeachtet dessen ob dieses *Fana* oder *Baqa* zum gewöhnlichen, phänomenalen trügerischen Leben oder zu den Ebenen des Pfades gehört. Es ist niemals stabil, solange es zur ILLUSION gehört.

Solange das individualisierte Leben nicht wirklich und endgültig »vergeht in« das *Fana-fillah* der WIRKLICHKEIT und im verweilenden *Baqa-billah* der Göttlichkeit etabliert ist, ist offensichtlich, daß es zwangsläufig zahllose und unterschiedliche Typen und Gruppen von *Fana-baqa* der ILLUSION geben muß, in Übereinstimmung mit den verbleibenden Eindrücken, die das evolvierende und involvierende Bewußtsein des individualisierten Lebens im *Baqa* entsprechend prägen.

Auch gibt es auf jeder Ebene, von der ersten bis einschließlich der sechsten Ebene involvierenden Bewußtseins, zwangsläufig einen speziellen *Baqa*-Typ für jede der sechs Ebenen, und zwar im Einklang mit den besonderen Eindrücken der ILLUSION jeder Ebene.

Sagt man von einem Menschen, er befinde sich auf der ersten Ebene, dann beginnt sein voll entwickeltes Bewußtsein zu involvieren und sein volles Bewußtsein bleibt auf die erste Ebene der feinstofflichen Sphäre fokussiert. Das ist so, weil die Eindrücke der ersten Ebene, die sein involvierendes Bewußtsein durchgehend prägen, ihn auf der ersten Ebene verweilen und ihn die ILLUSION dieser Ebene erfahren lassen. Auch wenn der grobstoffliche Körper des Menschen auf der ersten Ebene genau dem grobstofflichen Körper eines Menschen gleicht, der **nicht** auf der ersten Ebene weilt, und obwohl der Mensch auf der ersten Ebene genau so schläft und erwacht wie ein normaler Mensch des phänomenalen, trügerischen Lebens – da sein involvierendes Bewußtsein direkt auf die erste Ebene fokussiert ist, schwindet er in den Tiefschlafzustand des *Fana* der ersten Ebene mit den Eindrücke der ILLUSION der ersten Ebene dahin, und er erwacht täglich, um sich im *Baqa* der ersten Ebene zu etablieren, um »zu-verweilen-in« der ersten Ebene und die Eindrücke dieser Ebene zu erfahren.

Der Unterschied zwischen dem *Fana-baqa* des Menschen, der die Ebenen des Pfades betritt, und dem des Menschen, der sich nicht auf ihnen befindet, ist folgender: Den ersten kann man mit einem Menschen vergleichen, der, nachdem er viele Jahre an einem bestimmten Ort gelebt hat, alle seine bisherigen Verbindungen aufgibt und sich auf eine Weltreise begibt, auf der er von einem Ort zum anderen reist und einen Kontinent nach dem anderen durchquert. Obwohl dieser Mensch genauso zu Bett geht und am nächsten Tag aufwacht, wie er gewohnt war an seinem alten Wohnort Schlafen zu gehen und jeden Tag wieder aufzuwachen, schwindet er jetzt im Verlauf seiner Weltreise offensichtlich mit den vorherrschenden Eindrücken seiner völlig veränderten Umwelt und neuen Erfahrungen in den Tiefschlaf dahin und wacht täglich wieder mit diesen auf. (22)

Kurz gesagt: Wer die erste Ebene des involvierenden Bewußtseins betritt, erlebt schließlich die erste Ebene voll und ganz. Dieser Mensch, der sich auf der ersten Ebene einrichtet, etabliert sein Leben in dieser »ihm eigenen Welt«, und daher schläft er auf dieser Ebene ein und erwacht ebenso täglich auf dieser Ebene. Auf genau dieselbe Weise schwindet alles individualisierte Bewußtsein auf allen anderen Ebenen in das *Fana* jener besonderen Ebenen dahin, um auf der jeweiligen Ebenen zu erwachen und auf ihr das alltägliche *Baqa* zu etablieren.

Nichtsdestoweniger ist das *Fana-baqa* jeder Ebene des Pfades grundsätzlich desselben Typs, weil es nur für das Bewußtsein gilt, das allmählich **involviert**, und nicht für das evolvierende oder das entwickelte Bewußtsein. Jeglicher Unterschied zwischen dem *Fana-baqa* der einen und dem einer anderen Ebene wäre nur gleich dem zwischen zwei Menschen, die auf verschiedenen Kontinenten derselben Erde leben und ihre eigenen individuellen Eindrücke des bestimmten Teiles der Erde haben, auf dem sie leben. Der Mensch in Amerika hat seine eigenen Eindrücke und relativen Erfahrungen seines individualisierten Lebens. Dasselbe gilt für den Menschen in Asien, der seine eigenen Eindrücke und Erfahrungen von seinem Kontinent hat, der sich von Amerika sehr unterscheidet.

Es bleibt jedoch die fundamentale Tatsache, daß beide Menschen auf derselben Erde leben. Trotz der riesigen Unterschiede zwischen den Eindrücken und entsprechenden Erfahrungen dieser beiden Männer vergehen beide jedoch, wenn sie schlafen, in den Tiefschlaf. Und ob nun der eine in einem Daunenbett und der andere in einem Bett aus Heu schläft, spielt überhaupt keine Rolle, wenn beide denselben Tiefschlafzustand genießen können. Und wenn beide erwachen, können sie gleichermaßen ihr individuelles Leben in Illusion auf derselben Erde leben, ungeachtet des Unterschiedes ihrer Eindrücke und ihrer entsprechenden Erfahrungen aufgrund des Lebens auf verschiedenen Kontinenten. Dementsprechend sind die *Fana-baqa*s aller Ebenen auf dem Pfad in keiner Weise grundsätzlich verschieden, obwohl jede einzelne Ebene auf dem Pfad ihr eigenes *Fana* und *Baqa* hat, wenn man das individualisierte Leben auf den Ebenen berücksichtigt.

Ebenso wie der rudimentäre erste Typ von *Fana* und *Baqa* alle die individualisierten *Fanas* und *Baqas* von Hunden, Pferden, Kamelen, Elefanten, aller Kreaturen und menschlichen Wesen einbezieht, die das phänomenale, trügerische Leben der Illusion in der grobstofflichen Welt leben, so bezieht auch der zweite Typ

von *Fana* und *Baqa* der Ebenen auf dem Pfad alle die individualisierten *Fana-baqa*s jeder einzelnen Ebene mit ein, von der
ersten bis zur sechsten Ebene der illusorischen feinstofflichen
und mentalen Welten.

Wird ein Mensch auf einer bestimmten Ebene mit seinem allmählich involvierenden Bewußtsein von den berauschenden
Erfahrungen der Ebene völlig geblendet, dann sagt man von
ihm, er sei ein *Majzoob* dieser bestimmten Ebene.[48] Ein solcher
Majzoob wird von den Eindrücken der ILLUSION der Ebene, die
sein Bewußtsein durchgehend prägen, völlig absorbiert und
überwältigt. Selbst im Wachzustand verhält dieser *Majzoob* der
jeweiligen Ebenen sich, als sei er von der Bezauberung dieser
Ebene vollständig berauscht und in diese versunken. Einen solchen Menschen bezeichnet man allgemein als einen *Mast*,
womit gemeint ist, dieser Mensch sei »GOTT-berauscht«.

Wird andererseits ein Mensch auf einer bestimmten Ebene
nicht von den faszinierenden Erlebnissen der Ebene absorbiert
und überwältigt, sondern bewahrt er weiterhin durchgängig sein
inneres Gleichgewicht, auch während sein involvierendes
Bewußtsein die ganze Zeit beharrlich von den Eindrücken der
Illusion dieser Ebene geprägt wird, dann sagt man, er sei ein
Salik dieser besonderen Ebene.[49] Allem äußeren Anschein nach
verhält sich ein solcher Mensch wie ein ganz gewöhnlicher welt-
licher Mensch, obwohl sein Bewußtsein fortschreitend involviert und vollständig von der grobstofflichen Welt dissoziiert ist,
soweit sein voll auf die bestimmte Ebene fokussiertes Bewußtsein betroffen ist. Die *Sulukiyat* und die *Masti* jeder Ebene sind
verschieden.

Es gibt jedoch gewisse Fälle, in denen ein Mensch auf einer
bestimmten Ebene manchmal vollständig in der Faszination der
Erlebnisse auf dieser Ebene versinkt und von ihr absorbiert wird

---

48 Der *Majzoob* und *Salik* der einzelnen Ebenen sollte nicht verwechselt
werden mit dem **wahren** *Majzoob* der siebten Ebene, den man den *Majzoob-e-Kamil* (vollkommener *Majzoob*) nennt, beziehungsweise mit dem
wahren *Salik* der siebten Ebene.
49 [Siehe Fußnote auf Seite 47.]

und sich deshalb wie ein *Majzoob* verhält, und er bei anderen Gelegenheiten sein inneres Gleichgewicht wiedergewinnt und er sich dann wie ein gewöhnlicher, normaler *Salik* der Ebene verhält. Ein solcher Mensch wird als *Majzoob-Salik* der Ebene bezeichnet, wenn er sich vorwiegend wie ein *Majzoob* verhält, und als *Salik-Majzoob* der Ebene, wenn er sich überwiegend wie ein *Salik* verhält. Ein solcher Zustand in der ILLUSION läßt sich mit dem *Turiya Avastha* an dem GÖTTLICHEN KNOTENPUNKT in der WIRKLICHKEIT vergleichen.

Der dritte *Fana-baqa*-Typ gehört zur siebten Ebene der endgültigen Bewußtseinsinvolution und ist das wahre *Fana-fillah* der WIRKLICHKEIT und das wahre *Baqa-billah* der GÖTTLICHKEIT. Wenn das geprägte Bewußtsein des individualisierten Lebens total und endgültig von allen Eindrücken der ILLUSION befreit ist, und wenn dieses nunmehr unbelastete oder eindruckslose individualisierte SELBST bewußt »dahinscheidet in« das ursprüngliche, göttliche absolute Vakuum, um das *Fana-fillah* oder den »Ich bin GOTT«-Zustand zu erlangen, dann ist das Ziel endlich erreicht. Dies ist der Zustand des wahren *Majzoobiyat*. (23)

Der einzige, jedoch unendliche Unterschied zwischen den *Fanas* aller verschiedenen individualisierten Spezies und Zuständen illusorischen Lebens und dem endgültigen und wahren *Fana* des göttlichen Lebens ist der, daß in ersteren das Bewußtsein gleich Null ist, während im zweiten volles Bewußtsein vorherrscht.

Nach dem Zustand des *Fana-fillah* wird der Zustand des *Baqa-billah* von einigen individualisierten Selbsten etabliert, um das Leben von GOTT als »MENSCH-GOTT« auf der Erde zu führen. Ein solcher MENSCH-GOTT lebt zu ein und derselben Zeit in allen Zuständen des Lebens und auf allen Ebenen das Leben des Menschen in ILLUSION – wobei er die ILLUSION als ILLUSION erkennt – und als GOTT in der WIRKLICHKEIT. Dies ist der Zustand des wahren *Sulukiyat*.

Nach Erreichen des *Fana-fillah*-Zustands und vor dem Etablieren des *Baqa-billah*-Zustands gibt es auch einen Zustand des *Turiya Avastha* am GÖTTLICHEN KNOTENPUNKT zwischen *Fana-*

221

fillah und *Baqa-billah*. In diesem Zustand gibt es manchmal die Erfahrung von wahrem *Majzoobiyat* des *Fana-fillah* und manchmal die Erfahrung des wahren *Sulukiyat* des *Baqa-billah*. Das ist der Zustand des **wahren** *Majzoob-Salik* oder *Salik-Majzoob*, je nachdem.

Das Bewußtsein des trügerischen beschränkten »Ich«, das vor dem *Fana* da war, reifte durch den Prozeß der Involution, und das trügerische beschränkte »Ich« wurde durch das wahre grenzenlose »Ich« im *Fana-fillah* ersetzt. Im *Baqa-billah* wird dieses gereifte Bewußtsein nunmehr erneut fokussiert und auf das »Ich« als das wahre grenzenlose »Ich« fixiert, auf das Gemüt als Universales Gemüt, auf die Energie als Unbegrenzte Energie und auf den Körper als den Universalen Körper, der *Mahakarana Sharir* genannt wird. Ein wichtiges Faktum muß hier noch vermerkt werden: daß im Zustand des *Baqa-billah* **gleichzeitig** dasselbe Bewußtsein auch auf das begrenzte »Ich«, auf das begrenzte Gemüt, begrenzte Energie und den begrenzten Körper fokussiert und fixiert wird, weshalb der *Salik* bewußt das Trügerische mit dem Trügerischen als trügerisch und das Wirkliche mit dem Wirklichen als Wirklichkeit erfährt.

In Gottes Zustand des *Baqa-billah* erlebt daher dasselbe Bewußtsein **gleichzeitig** die dualen Erfahrungen von »Ich bin Gott« und »Ich bin Mensch«. Zugleich mit dieser dualen Erfahrung erfährt dasselbe Bewußtsein auch spontan und ohne Bruch das Unendliche Wissen, die Unendliche Macht und die Unendliche Glückseligkeit Gottes neben den Erfahrungen der Schwächen und Leiden der Menschheit.

Daraus folgt, daß Gott in Gottes Zustand des *Baqa-billah* in der Gestalt eines gewöhnlichen Menschen Sich Selbst in Seinem göttlichen Leben etabliert, oder der Mensch »verweilt-in« dem Leben Gottes.

Kurz gesagt: *Baqa-billah* ist der Zustand Gottes, in dem das »Verweilen-in« oder Etabliertwerden in Gott von denen erfahren wird, die als *Saliks* oder *Jivanmuktas* definiert werden. (24)

(25) Der *Salik* erlebt durchgehend und bewußt gleichzeitig die duale Erfahrung des »Ich bin Gott«-Zustands und des »Ich bin

Mensch«-Zustands und häuft Unendliches Wissen, Unendliche Macht und Unendliche Glückseligkeit an, während er gleichzeitig menschliche Schwächen und Leiden erlebt. Dabei weiß er um ihre trügerische Natur, die sich gründet auf die Manifestation des endlichen Nichts, das sich aus Seinem eigenen Zustand heraus manifestiert, das Alles und das Unendliche zu sein.

Nachdem das Leben von Gott-in-Menschengestalt im *Baqa-billah* etabliert ist, erfährt der Mensch als Gott den *Sahaj Samadhi*. Das bedeutet, daß der Mensch als Gott gleichzeitig und ohne das geringste Bemühen durchgehend und automatisch die duale Erfahrung von Gott und Mensch hat. Das ist der Zustand der Vollkommenheit.

Vollkommenheit wird im allgemeinen mit dem Gefühl des Höhepunkts oder der äußersten Art von Erfüllung verbunden, und Vollkommenheit als solche kann nicht vollkommener werden. Wird jedoch der Begriff »Vollkommenheit« im Zusammenhang mit Göttlichkeit verwendet, dann gibt es im Zustand von *Sulukiyat* des *Baqa-billah* drei Arten der Vollkommenheit:

- Die erste Art nennt man *Kamil*
  – Der Vollkommene.
- Die zweite Art nennt man *Akmal* –
  Der Höchstvollkommene.
- Die dritte Art nennt man *Mukammil*
  – Der im höchsten Masse Vollkommene.

Es besteht absolut kein Unterschied in ihrer durchgehenden und bewußten Erfahrung der ewigen Wirklichkeit. Doch die der Vollkommenheit zugeschriebenen unterschiedlichen Grade ergeben sich aus dem Unterschied in der Funktion oder der **Aufgabe** der »Vollkommenheit«. Daher werden jeder Art von Vollkommenheit aufgrund von Unterschieden in der Funktion unterschiedliche Attribute zugewiesen.

Der *Kamil* kann nur **einem einzigen** Menschen spontan bewußtes Erleben der Verwirklichung Gottes vermitteln und kann nur diesen Menschen in der ewigen Erfahrung der Wirk-

LICHKEIT ihm selbst gleich machen. Der *Akmal* kann **viele** Wesen in der Erfahrung ihm gleich machen. Der *Mukammil* dagegen kann nicht nur eine **beliebige Anzahl**, sogar alle Wesen der Schöpfung[50] ihm selbst im Erfahren der ewigen WIRKLICHKEIT gleich machen, sondern er kann auch spontan **jeder beliebigen Anzahl** die Umwandlung ihres physischen Körpers gewähren und sogar ihre Physis ebenso **erscheinen und leben und erfahren** lassen, wie er selbst es in seinem eigenen physischen Körper in der grobstofflichen Welt tut, während er ihnen zugleich die ewig bewußte Erfahrung der WIRKLICHKEIT schenkt.

Baqa-billah ist das Ende der zweiten göttlichen Reise (siehe auch Farbtafel VI im Farbteil). Zwischen den Zuständen des *Fana-fillah* und des *Baqa-billah* gibt es am Göttlichen Knotenpunkt (*Muqam-e-furutat*) den Zustand des *Turiya Avastha (Fana-ma-al-baqa)*.

Turiya Avastha ist der Zustand, in dem das Überbewußtsein manchmal die Erfahrung des »Ich bin GOTT«-Zustands und manchmal die Erfahrung des »Ich bin Mensch«-Zustands des normalen Bewußtseins verleiht.

Dieser Zustand wird von denen erfahren, die man *Majzoob-Salik* oder *Paramhansa* nennt, und die sich in diesem Zustand des *Turiya Avastha* **manchmal** bewußt als »Ich bin mein eigener GOTT« und **manchmal** als »Ich bin meine eigene Kreatur« erfahren.

Am GÖTTLICHEN KNOTENPUNKT, zwischen dem Ende der ersten und dem Beginn der zweiten göttlichen Reise, werden die

---

50 Ein *Mukammil* kann, wenn er es wünscht, die **gesamte** SCHÖPFUNG GOTT-verwirklicht machen. Die gesamte Schöpfung meint alle menschlichen Wesen und alles in der Schöpfung, vom Staubkorn bis zum Elefanten. Ein *Mukammil* wird jedoch niemals wünschen, das zu tun, weil die Ausführung eines solchen Wunsches das Ende der kosmischen ILLUSION (der gesamten SCHÖPFUNG) bedeuten würde. Der kosmischen ILLUSION ein Ende zu machen würde darauf hinauslaufen, dem göttlichen Spiel ein Ende zu machen. Und das göttliche Spiel zu beenden würde der eigentlichen Natur oder den Eigenschaften GOTTES in Seinem ursprünglichen Zustand II zuwiderlaufen (beschrieben ab Seite 252), in dem Er unendlich bewußt und gleichzeitig unendlich unbewußt bleibt.

fluktuierenden göttlichen Erfahrungen von »göttlich« und »menschlich« abwechselnd erlebt, bis der »Ich bin GOTT«-Zustand des *Fana-fillah* allmählich im Zustand des *Baqa-billah* etabliert wird, in dem der Zustand des »Verweilens-in« GOTT etabliert ist und in dem der Mensch als GOTT gleichzeitig und ohne die geringste Bemühung automatisch die duale Erfahrung als GOTT und Mensch gleichzeitig erfährt.

Sobald der GÖTTLICHE KNOTENPUNKT überschritten ist, wird das *Majzoobiyat* des *Fana-fillah* als *Sulukiyat* im *Baqa-billah* etabliert.

Der *Majzoob* des *Majzoobiyat* konnte UNENDLICHES WISSEN und UNENDLICHE MACHT nur bewußt erfahren, während er in UNENDLICHE GLÜCKSELIGKEIT versunken war.[51] Der *Salik* des *Sulukiyat* jedoch erfährt UNENDLICHES WISSEN, UNENDLICHE MACHT und UNENDLICHE GLÜCKSELIGKEIT nicht nur bewußt, sondern häuft sie auch bewußt an, obwohl Er diese unendlichen Aspekte für andere nicht nutzt, wie es die *Qutubs* des *Qutubiyat* tun.

Das Ende der zweiten göttlichen Reise führt zur dritten, die den Zustand des *Qutubiyat* darstellt, in dem das Leben GOTTES zu **leben** tatsächlich von denen erfahren wird, die man *Qutubs* oder *Sadguru* oder VOLLKOMMENE MEISTER nennt.

Im Zustand des *Qutubiyat*, der dem *Sulukiyat* des *Baqa-billah* folgt, beginnt der Mensch als GOTT, etabliert im Leben GOTTES im *Baqa-billah*, nunmehr das *Leben* GOTTES im Zustand des

---

51 [Meher Baba wurde gefragt: »Wenn Majzoobs all der Sphären (grobstoffliche, feinstoffliche und mentale) total unbewußt sind, ausgenommen des »Ich bin GOTT«-Zustands, wie kommt es dann, daß sie auf die physische Seite des Lebens reagieren (essen, trinken, gewisse Dinge bevorzugen, Abneigung gegen andere bezeugen)?«

Meher Baba antwortete: »Der *Majzoob* mag augenscheinlich etwas mögen oder ablehnen, etwas fordern oder zurückweisen, glücklich oder ärgerlich erscheinen. Das ist eine automatische Reflexhandlung, derer er sich nicht bewußt ist, wie der Schnarchlaut, den ein tief schlafender Mensch von sich gibt. Wie der Schlafwandler, der sich seiner Handlungen nicht bewußt ist, wie normal oder verschiedenartig sie auch sein mögen, nimmt der *Majzoob* seinen Körper und seine Umwelt nicht wahr und ist sich nur seines göttlichen Zustands des »Ich bin GOTT« bewußt.« (Anm. d. Hrsg.)]

Qutubiyat als ein *Qutub* oder *Sadguru* zu leben. Nunmehr erlebt Er nicht nur bewußt, wie im Zustand des *Fana-fillah*, und akkumuliert bewußt, wie im Zustand des *Baqa-billah*, Unendliches Wissen, Unendliche Macht und Unendliche Glückseligkeit, sondern Er nutzt diese unendlichen Aspekte in diesem Zustand des *Qutubiyat* für diejenigen, die sich noch in der Illusion befinden. Einen solchen Mensch-Gott im Zustand des *Qutubiyat* nennt man einen Vollkommenen Meister (26), der als Mensch nicht nur Gott geworden ist und sich in Gott etabliert hat, sondern der das Leben Gottes als Gottes individueller Repräsentant in der Illusion **lebt**.

Die duale Rolle von »Ich bin Gott« und »Ich bin Mensch«, die im *Baqa-billah* etabliert wurde, wird nunmehr nicht nur gleichzeitig erfahren, sondern im Zustand des *Qutubiyat* auch durchlebt. Und der Mensch-Gott (*Qutub*, *Sadguru* oder Vollkommener Meister) lebt jetzt gleichzeitig das Leben Gottes und das Leben eines Menschen mit all der Stärke des Unendlichen Wissens, Unendlicher Macht und Unendlicher Glückseligkeit des Gott-Zustands zusammen mit all den Schwächen und Leiden des Mensch-Zustands.

Am Ende der dritten göttlichen Reise lebt der Vollkommene Meister nicht nur eine duale Rolle und läßt Stärken und Schwächen gleichzeitig erkennen, sondern er benutzt gleichzeitig diese Darstellung unendlicher Stärke durch Unendliches Wissen, Unendliche Macht und Unendliche Glückseligkeit sowie unendliche Schwächen durch unendliches Leiden für diejenigen, die immer noch die trügerische, endliche Illusion für unendlich und wirklich halten. Im Gegensatz zu diesem Zustand erfährt Gott im Zustand des *Baqa-billah* Seine Göttlichkeit konstant, gleichzeitig mit der fortgesetzten und konstanten Erfahrung Seiner Menschlichkeit. Und dennoch kann Er nicht das Unendliche Wissen, die Unendliche Macht und die Unendliche Glückseligkeit für die Unwissenden nutzen, ebensowenig wie die unendlichen Schwächen und das unendliche Leiden, weil Gott in diesem Zustand nicht das Leben Gottes so lebt wie im Zustand des *Qutubiyat*.

226

Es kommt sehr, sehr selten vor und gelingt nur sehr, sehr wenigen, ihre dritte göttliche Reise im Zustand des *Qutub* oder *Sadguru* zu beginnen und zu beenden. In diesem Zustand **lebt** der Mensch als Gott nunmehr das Leben Gottes. Nun **nutzt** Er das Unendliche Wissen, die Unendliche Macht und die Unendliche Glückseligkeit, die Er erfährt. Er ist dieser »Gott und Mensch« oder Mensch-Gott, der den Vielen das Eine unteilbare Sein zugänglich gemacht hat. Er ist jener Mensch-Gott, der Unabhängige Wirklichkeit in die Illusion eingebracht hat und die Illusion aus dem göttlichen Amt Seines Jenseits-Zustands *Vidnyan Bhumika* oder *Muqam-e-Muhammadi* (27) kontrolliert.

Das eigentliche Leben dieses Mensch-Gottes oder Vollkommenen Meisters ist der *Sahaj Samadhi*. Ein solcher Vollkommener Meister führt zu ein und derselben Zeit gleichzeitig in allen Universen und allen Welten sowie auf allen Stufen und allen Ebenen das Leben des »Einen und des Alles«. Zu seinem Leben gehört auch das Leben auf besonderen Stufen und besonderen Ebenen wie jegliche Kreatur und als ein Individuum auf dieser bestimmten Stufe und dieser bestimmten Ebene. Gleichzeitig lebt er, zusammen mit dem Leben des Lebens Gottes das Leben des Menschen auf dieser Erde.[52]

Von diesem Zustand des *Qutubiyat* kann man sagen, Gott überschneide sich mit Göttlichkeit. Das bedeutet, daß das Bewußtsein Gottes, **nachdem es alles durchdrungen hat,** wei-

---

52 [Meher Baba drückte das so aus: »Vollkommenheit gehört weder zu Gott als Gott, noch zum Menschen als Mensch. ... Dem endlichen Wesen, das sich seiner Endlichkeit bewußt ist, mangelt es offensichtlich an Vollkommenheit; wenn es sich jedoch dessen bewußt ist, daß es mit dem Unendlichen eins ist, dann ist es vollkommen. ... Man gelangt also zur Vollkommenheit, wenn das Endliche seine Grenzen transzendiert und seine Unendlichkeit erkennt oder wenn das Unendliche seine angenommene Abgehobenheit aufgibt und Mensch wird. In beiden Fällen stehen das Endliche und das Unendliche nicht außerhalb voneinander. Sobald es zu einer frohen und bewußten Vermischung des Endlichen und des Unendlichen kommt, besteht Vollkommenheit.« (Anm. d. Hrsg.)]

terhin unendlich, unbegrenzt und uneingeschränkt in diesem JENSEITS-Zustand GOTTES **bleibt**, während es ewig des JENSEITS-DES-JENSEITS-Zustands GOTTES bewußt bleibt.

Auf der vierten göttlichen Reise geht es für den *Qutub* um die Aufgabe seines Körpers (*Sharir*).

Selbst nachdem er seinen Körper aufgegeben hat, verbleibt der *Qutub* auf ewig bewußt und individuell GOTT der Unendliche. Und der individuelle und unteilbare Zustand des »Ich bin GOTT« oder der Zustand des *Fana-fillah*, der das Ziel ist, wird immerwährend erfahren. Das heißt folgendes: Selbst nachdem der Körper oder die menschliche Form während der vierten Reise aufgegeben wurde, wird die Erfahrung bewußter, unendlicher, unteilbarer Individualität ewig beibehalten als »Ich bin GOTT«, das unendliche und uneingeschränkte ALLES, der »EINE ohne einen Zweiten«.

Desgleichen wird GOTT im Zustand des *Baqa-billah*, in dem die augenscheinlich duale Rolle des Bewußtseins des »Ich bin GOTT« und »Ich bin Mensch« manifestiert wird, ins Spiel gebracht, bis der wissentlich und bewußt angezogene Mantel der ILLUSION fallen gelassen wird. Das heißt: Wird die menschliche Form oder der Körper aufgegeben, dann wird die Erfahrung der bewußten, unendlichen, unteilbaren Individualität auf ewig als »Ich bin GOTT«, das unendliche und uneingeschränkte ALLES, der »EINE ohne einen Zweiten« beibehalten.

GOTT ist ewiges, unendliches und alles durchdringendes SEIN. Da GOTT ewiges unendliches Sein ist, folgt daraus, daß es eine unendliche Zahl von Zuständen GOTTES gibt, die unendlich und ewig existieren. Grundsätzlich jedoch gibt es nur zwei Zustände GOTTES: den ursprünglichen Zustand und den End-zustand.

Der ursprüngliche Zustand ist der JENSEITS-DES-JENSEITS-Zustand GOTTES, in dem auf ewig GOTT »IST« und Bewußtsein »NICHT IST«. Der Endzustand ist der JENSEITS-Zustand GOTTES, in dem das Bewußtsein ewig »IST«, und zwar als Bewußtsein des »GOTT-IST«-Zustands des JENSEITS-DES-JENSEITS-Zustands GOTTES.

228

Dasselbe Sein, als GOTT, bleibt auf ewig vorherrschend, sei es als der JENSEITS-DES-JENSEITS-Zustand GOTTES oder als der Jenseits-Zustand GOTTES. Der einzige Unterschied ist einer des Bewußtseins. Im Jenseits-Zustand GOTTES erkennt das SEIN **bewußt** Sich Selbst als ewig seienden Jenseits-des-Jenseits-Zustand GOTTES.

Deshalb ist es das göttliche Ziel, den »Ich bin GOTT« Zustand zu verwirklichen, in dem das SEIN bewußt Sich Selbst als etwas ewig im Jenseits-des-Jenseits-Zustands des GOTT-IST Seiendes erkennt. Dies ist die WIRKLICHKEIT, und die bewußte Erkenntnis dieser WIRKLICHKEIT wird auf ewig beibehalten, wenn sie einmal erlangt ist. Sie manifestiert sich ausnahmslos in keinen anderen Formen als in menschlichen Formen der Erde in **verschiedenen göttlichen Zuständen** GOTTES durch Manifestationen mit verschiedenem göttlichen Status – als *Majzoobiyat*, als *Turiya Avastha* oder *Fana-ma-al-baqa*, als *Sulukiyat* und als *Qutubiyat*.

Alle anderen Zwischenzustände GOTTES sind **illusorische Zustände**, in denen dasselbe ewige, unendliche, allesdurchdringende, eine, unteilbare, formlose SEIN als GOTT, sich durch sein bloßes Dasein – wenn auch nicht als die ewige WIRKLICHKEIT erkannt – als leblose und lebendige Zustände GOTTES behauptet, indem es die Formen unendlich zahlloser unbelebter und belebter Dinge und Kreaturen annimmt, während es sich in dem Prozeß befindet, volles Bewußtsein der ewigen Wirklichkeit unendlicher Existenz zu erlangen.

Alle diese illusorischen Zwischenzustände gedeihen in der Illusion der kosmischen SCHÖPFUNG durch vielseitige und unterschiedliche grobstoffliche, feinstoffliche und mentale Eindrücke der Illusion. Und obwohl die gesamte kosmische SCHÖPFUNG eine Illusion ist, dient sie dennoch dem Zweck eines göttlichen Brutkastens, in dem das Bewußtsein des GÖTTLICHEN ausgebrütet wird und wo eine solche Inkubation die Reife erzeugt, um die ewige Wirklichkeit zu erkennen, nachdem das Bewußtsein genährt und fortschreitend entwickelt wurde, und zwar durch vielfältige, unterschiedliche und endliche Eindrücke und Erfahrungen der Gegensätze der grobstofflichen, feinstoff-

lichen und mentalen Formen und Welten der kosmischen
Schöpfung.

In den illusorischen Zuständen Gottes erlangt der ewige,
formlose, unendliche Gott Bewußtsein, indem Er von Seinen
eigenen kosmischen Kreationen durch Eindrücke geprägt wird.
Zuerst erlangt Er ein Bewußtsein der grobstofflichen Formen
und Erfahrungen der grobstofflichen Welten, danach ein
Bewußtsein der feinstofflichen Formen und Erfahrungen der
feinstofflichen Welten, gefolgt von einem Bewußtsein der mentalen Formen und Erfahrungen der mentalen Welten. Schließlich erlangt Er das Bewußtsein Seines grenzenlosen Selbst,
erlebt Er Seinen ewigen Zustand.

Wenn Gott sich Seiner grobstofflichen Formen bewußt ist,
identifiziert Er sich demzufolge mit den grobstofflichen Körpern und erlebt Sich Selbst entsprechend den besonderen Eindrücken eines bestimmten grobstofflichen Körpers als dieser
grobstoffliche Körper. Das bedeutet, daß der unendliche, ewige,
formlose Gott Sich Selbst als endlich, sterblich und in grobstofflicher Form erlebt. Die Ursache dieser Unwissenheit sind
nichts als die Eindrücke oder *Sanskaras*.

Also erwirbt Gott, der ewig im Jenseits-des-Jenseits-Zustand
des *Paratpar Parabrahma* oder im Unendlichkeitszustand des
Gott-Ist weilt, am Anfang Unwissenheit, indem er von Eindrücken geprägt wird, statt Wissen um Seine Wirklichkeit zu
erlangen.

Wenn daher Gott entsprechend den jeweiligen Eindrücken
eine bestimmt Form, einen Körper oder *Sharir* erwirbt, dann
fühlt oder erfährt er Sich Selbst als diese bestimmte Form, dieser
bestimmte Körper oder *Sharir*. Gott in Seiner Steinform erfährt
Sich Selbst als Stein. In der Folge fühlt und erfährt Gott im
Einklang mit Eindrücken und ihrem Bewußtsein, daß Er
Metall, Pflanze, Wurm, Fisch, Vogel, Säugetier oder ein Menschenwesen ist. Wie auch immer der Typ der grobstofflichen
Form und welcher Gestalt sie auch sein mag, das evolvierende
Bewußtsein Gottes macht Gott geneigt, Sich Selbst spontan
mit dieser Form, dieser Gestalt und diesem Aussehen zu assozi-

ieren, was Ihn wiederum geneigt macht, Sich Selbst durch die Eindrücke so zu erleben, als sei Er diese Form, Gestalt und dieses Aussehen.

Wenn GOTT sich des feinstofflichen Körpers (also des *Pran*) bewußt ist, dann erfährt Er auf die gleiche Weise die feinstoffliche Welt und betrachtet Sich Selbst als den feinstofflichen Körper oder *Pran*. Desgleichen erfährt GOTT die mentale Welt und betrachtet Sich Selbst als den mentalen Körper oder den *Mana* (also das Gemüt), wenn Er sich des mentalen Körpers bewußt ist.

Nur aufgrund der Eindrücke erfährt der unendliche GOTT, die ÜBERSEELE, die formlos und unendlich ist, daß Er tatsächlich nur ein endlicher grobstofflicher Körper in der grobstofflichen Sphäre (also der *Jiv-Atma* in *Anna Bhuvan*) ist, beziehungsweise ein feinstofflicher Körper in der feinstofflichen Sphäre (also der *Jiv-Atma* in *Pran Bhuvan*) oder ein mentaler Körper in der mentalen Sphäre (also der *Jiv-Atma* im *Mano Bhuvan*). Während GOTT die grobstoffliche Welt durch grobstoffliche Formen erfährt, assoziiert Er sich mit und dissoziiert Er sich von ungezählten grobstofflichen Formen. Die Assoziation mit und Dissoziation von grobstofflichen Formen werden jeweils »Geburt« beziehungsweise »Tod« genannt.

Wegen der Eindrücke muß der ewige, unsterbliche, formlose GOTT oder die ÜBERSEELE ohne Geburten und Tode zu wiederholten Malen Geburten und Tode erfahren. Während GOTT diese unzähligen Geburten und Tode wegen der Eindrücke erfahren muß, muß Er nicht nur die grobstoffliche Welt erfahren, die endlich und daher trügerisch ist, sondern Er muß zugleich deren Glück und Elend, ihre Tugenden und Laster erfahren.

Alle von dem ewigen, formlosen und unendlichen GOTT erfahrenen Formen, Figuren und Gestalten, alle Welten und Ebenen, alle Geburten und Tode, alle Tugenden und Laster, alles Glück und Elend sind das Ergebnis des von Eindrücken geprägten Bewußtseins. Da alle Eindrücke nichts als das Ergebnis des im NICHTSEIN manifestierten NICHTS sind, bedeutet dies, daß alles, was GOTT durch sein entwickeltes Bewußtsein in den grobstofflichen, feinstofflichen und mentalen Welten erfährt, eine Erfahrung des NICHTS ist. Und da dieses NICHTS von Natur aus nichts ist, sind auch alle jene Erfahrungen in den illusorischen Zwischenzuständen GOTTES nichts als buchstäbliche Illusion und als solche trügerisch und endlich.

Nur wenn das geprägte Bewußtsein von allen Eindrücken befreit wird, erlangt man Befreiung oder *Mukti* in menschlicher Form als *Nirvana* oder *Fana*, ein Zustand, in dem nur Bewußtsein »IST« und in dem alles sonstige aus dem NICHTS Kommende, das als NICHTSEIN da war, für immer verschwindet. Nur im Falle desjenigen, der den Körper drei oder vier Tage[53] nach Nirvana beibehält[54], erkennt das befreite (oder unbeeindruckte oder eindruckslose) Bewußtsein unweigerlich ewige GÖTTLICHKEIT im zweiten Stadium von *Fana* (also im *Fana-fillah*) und behauptet von sich selbst ohne jeden Zweifel »Ich bin GOTT«. Dies ist der *Nirvikalpa*-Zustand des »Ohne jeden Zweifel: Ich bin GOTT«, in dem buchstäblich das mit menschlicher Form verbundene eindruckslose oder ungeprägte Bewußtsein erkennt: »Ich bin GOTT, ich war GOTT und ich werde für immer GOTT bleiben«, und zwar als ewiges und bewußtes Sein. Auf diese Weise wird der Mensch GOTT, und es heißt, der Mensch sei GOTT-verwirklicht oder der *Jiv-Atma* im *Paramatma* sei zum *Shiv-Atma* im *Paramatma* oder zur ÜBERSEELE geworden.

Die ewige WIRKLICHKEIT ist, daß *Paramatma* oder die ÜBER-SEELE *Atma* oder die Seele ist. Und diese Wirklichkeit wird nur erkannt, wenn das geprägte Bewußtsein als *Jiv-Atma* zum eindruckslosen oder ungeprägten Bewußtsein als *Shiv-Atma* wird, indem es mit dem *Paramatma* verschmilzt, um die Identität des *Paramatma* zu beanspruchen und zu verwirklichen.

---

53 [Für jemanden, der sich im *Nirvana* befindet, oder für jemanden, der BEFREIUNG (*Mukti*) erlangt hat, gibt es keine Zeit. Der erwähnte Zeitraum (drei bis vier Tage) hat nur für das Verständnis jener einen Sinn, die grobstofflich-bewußt und von der Zeit gebunden sind. (Anm. d. Hrsg.)]

54 [Meher Baba erklärte: »Jene, die ihren Körper nicht für drei bis vier Tage beibehalten, sondern die ihren Körper unmittelbar nach dem *Nirvana* ablegen, erlangen BEFREIUNG (*Mukti*).« (Anm. d. Hrsg.)]

Wenn *Atma* in Wirklichkeit *Paramatma* ist, wie kann es dann zu einer Situation kommen, in der *Atma* mit dem *Paramatma* verschmilzt?

Um diese Situation zu klären und zu begreifen, daß *Paramatma* in Wirklichkeit *Atma* ist, vergleichen wir *Paramatma* mit einem unendlichen, grenzenlosen und küstenlosen Ozean. Deshalb kann der *Atma*, der *Paramatma* ist, niemals außerhalb des grenzenlosen und küstenlosen Ozeans (also *Paramatma*) sein. *Atma* kann niemals außerhalb von *Paramatma* sein, weil der von uns mit dem grenzenlosen und küstenlosen Ozean verglichene *Paramatma* unendlich und grenzenlos ist. Wie könnte *Atma* aus der Weite des Grenzenlosen heraustreten oder einen Platz jenseits davon einnehmen, wenn *Atma* der *Paramatma* ist?

Also ist *Atma* ebenfalls im *Paramatma*.

Um nunmehr zu verstehen, daß der *Atma*, der sich im *Paramatma* befindet, in Wirklichkeit der *Paramatma* selbst ist, wollen wir uns vorstellen, es sei möglich, aus der unbegrenzten Weite des grenzenlosen und küstenlosen Ozeans ein Jota abzutrennen oder herauszunehmen. Dann ergibt sich, daß dieses Jota Ozean, wenn es im grenzenlosen Ozean ist, der Ozean selbst vor der Abtrennung ist und im grenzenlosen Ozean nicht als ein Jota des Ozeans sondern als der Ozean selbst war (weil jedes Jota Ozean, wenn es nicht durch die Einschränkung begrenzt wird, ein Jota zu sein, der grenzenlose Ozean selbst ist).

Erst wenn das Jota Ozean vom grenzenlosen Ozean abgetrennt oder als Tropfen aus dem grenzenlosen Ozean herausgenommen wird, betrachtet man dieses abgetrennte Jota Ozean als den begrenzten Tropfen aus dem grenzenlosen Ozean.

Mit anderen Worten: Jetzt läßt man den unendlichen, grenzenlosen und küstenlosen Ozean sich selbst durch den Tropfen als bloß begrenzten Tropfen jenes unendlichen, grenzenlosen und küstenlosen Ozeans betrachten. Und im Vergleich zu dem unendlichen, grenzenlosen und küstenlosen Ozean ist dieser Tropfen des Ozeans äußerst endlich, äußerst begrenzt und hat nunmehr unendliche Begrenzungen.

233

Desgleichen kann der *Atma*, hier verglichen mit dem Tropfen aus dem unendlichen Ozean, niemals außerhalb irgendwelcher Begrenzungen des grenzenlosen und unendlichen *Paramatma* sein, der mit dem unendlichen, grenzenlosen und küstenlosen Ozean verglichen wird.

Ebenso jedoch wie das Jota Ozean seine Begrenzungen als ein Tropfen durch eine Blase auf der Oberfläche des Ozeans erlangt, und ebenso wie diese Blase dem Jota Ozean eine scheinbar abgesonderte und begrenzte Existenz außerhalb des unendlichen Ozeans verleiht, ebenso erfährt und behauptet der *Atma*, der sich nicht nur im *Paramatma* befindet, sondern der *Paramatma* selbst ist, durch die Begrenzungen der Blase von Eindrücken, die bewußte Unwissenheit verleihen und mit denen der *Atma* sich selbst verhüllt und sich selbst als begrenzt und vom *Paramatma* getrennt erfährt, eine vom unendlichen, unbegrenzten *Paramatma* getrennte Existenz.

Durch diese von der Blase der Eindrücke gebildeten und vom *Atma* selbstgeschaffenen Begrenzungen erbt der *Atma* augenscheinlich eine vom *Paramatma* gesonderte und begrenzte Existenz. Und wegen dieser selbstgeschaffenen Getrenntheit vom unendlichen *Paramatma* verleiht der *Atma*, der selbst unendlich, unbegrenzt und unbeschränkt ist, sich selbst die Aspekte, äußerst endlich und äußerst begrenzt zu sein, mit durch Eindrücke erlangten unendlichen Begrenzungen.

Sobald die Blase der Eindrücke bei der Vollendung der totalen Bewußtseinsinvolution platzt und die bewußte Unwissenheit als geprägtes Bewußtsein in bewußtes Wissen als ungeprägtes Bewußtsein transformiert wird, verschwinden die begrenzten und äußerst endlichen Erfahrungen des *Atma*. Der von augenscheinlich separater endlicher Existenz befreite *Atma* verschmilzt automatisch mit dem *Paramatma* oder erlebt sich im *Paramatma* und als eins mit ihm – auf ewig unendlich, unbeschränkt und unbegrenzt im JENSEITS-Zustand GOTTES. Und dies nennt man die Vereinigung des *Atma* mit *Paramatma* oder *Allah*. In diesem Bewußtseinszustand ist *Atma* nunmehr völlig des unbewußten JENSEITS-DES-JENSEITS-*Paratpar-Parabrahma-*

Zustands GOTTES bewußt, der der ursprüngliche Zustand GOTTES ist, wenn es heißt »GOTT-IST«. In der Sufi-Terminologie nennt man GOTT im JENSEITS-Zustand *Allah*, und GOTT im JENSEITS-DES-JENSEITS-Zustand wird *Wara-ul-Wara* oder *Ghaib-ul-Ghaib* genannt.

In menschlicher Form ist der höchste und erhabenste Göttliche Stand GOTTES der des *Qutubiyat*. In ihm erlebt der *Qutub*, *Sadguru* oder VOLLKOMMENE MEISTER nicht nur bewußt UNENDLICHES WISSEN, UNENDLICHE MACHT und UNENDLICHE GLÜCKSELIGKEIT und Allgüte sowie alles, was unendliche Schönheit – das heißt Herrlichkeit – ist, sondern er nutzt diese unendlichen Aspekte bewußt für diejenigen *Jiv-Atmas*, die sich noch in den illusorischen Zuständen GOTTES in ILLUSION befinden.

In diesem erhabenen göttlichen Stand als *Qutubiyat* wird der Mensch nicht nur GOTT, sondern er **lebt** auch das Leben GOTTES. Diesen MENSCH-GOTT verehren heißt GOTT mit unendlichen Eigenschaften verehren.

Dieser höchste göttliche Stand, das Leben GOTTES bewußt in menschlicher Form zu leben, wird sehr, sehr selten von sehr wenigen *Shiv-Atmas* erreicht, nachdem die unbewußten *Atmas* den Prozeß der Evolution, Reinkarnation und Involution des Bewußtseins durchlaufen und *Nirvana* erreicht haben, dem in einigen Fällen unmittelbar der *Nirvikalpa Samadhi* des ÜBERBEWUSSTSEINS folgt, der sie als *Shiv-Atmas* zur Geltung bringt.

Zu allen Zeiten und in allen Zeitaltern und zu ein und derselben Zeit gibt es auf dieser Erde stets sechsundfünfzig *Shiv-Atmas* oder GOTT-verwirklichte *Atmas*. Von diesen sechsundfünfzig *Shiv-Atmas* verbleiben einige im Zustand des *Majzoobiyat*, einige im Zustand des GÖTTLICHEN KNOTENPUNKTS – im *Turiya Avastha*, in der Sufi-Terminologie *Fana-ma-al-baqa* genannt; einige wenige von ihnen verbleiben nach dem Überschreiten des GÖTTLICHEN KNOTENPUNKTS im Zustand des *Sulukiyat*; und nur fünf von ihnen sind immer da im Zustand des *Qutubiyat*, solange **alle** diese menschliche Form beibehalten.

Es leben also zu allen Zeiten und in allen Zeitaltern fünf *Qutubs* (*Sadguru* oder VOLLKOMMENE MEISTER) auf der Erde inmitten der Menschheit, wobei sie für die fortschreitende Emanzipierung aller im Bereich der ILLUSION unendliche Aspekte des *Ahadiyat* des *Arsh-e-ala* oder *Vidnyan* des *Vidnyan Bhumika* des JENSEITS-Zustands GOTTES in der Form UNENDLICHEN WISSENS, UNENDLICHER MACHT und UNENDLICHER GLÜCKSELIGKEIT ausüben.

Nach dem göttlichen Gesetz beschleunigen diese fünf *Qutubs* oder *Sadguru* oder VOLLKOMMENEN MEISTER am Ende eines jeden Zyklus die Ankunft oder das direkte Herabsteigen GOTTES auf die Erde in menschlicher männlicher Gestalt. Dementsprechend wird GOTT, wenn er am Ende eines jeden Zyklus sich auf Erden in Gestalt eines Menschen manifestiert und der Menschheit Seine Göttlichkeit offenbart, als der *Avatar*, der Messias, der Prophet erkannt. Das **direkte Herabsteigen** GOTTES auf die Erde als *Avatar* ist jener **unabhängige Stand** GOTTES, in dem GOTT **unmittelbar Mensch wird**[55]**, ohne den Prozeß der Evolution, Reinkarnation und Involution des Bewußtseins zu durchlaufen.** Demzufolge wird GOTT unmittelbar GOTT-**Mensch** und lebt inmitten der Menschheit das Leben eines Menschen, während Er Seinen göttlichen Stand als der HÖCHSTE DER HOHEN oder der URALTE durch diese *Qutubs* oder *Sadgurus* oder VOLLKOMMENEN MEISTER der Zeit verwirklicht. (28)

Grundsätzlich gibt es absolut keinen Unterschied in der Erfahrung der WIRKLICHKEIT, ob sich die *Shiv-Atmas* nun im göttlichen Stand des *Majzoobiyat*, des *Turiya Avastha, Sulukiyat* oder *Qutubiyat* befinden. Sobald das Ziel erreicht ist, beginnen alle *Shiv-Atmas* in allen göttlichen Ständen ohne Zweifel und bewußt für immer und ewig jenes göttliche Erbe unendlicher GLÜCKSELIGKEIT zu genießen, während sie spontan und durchge-

---

55 *Fana-ul-fana* = der Zustand von GOTT, der Mensch wird (das direkte Herabsteigen GOTTES auf die Erde als *Avatar*).

   Baqa-ul-baqa = der Zustand GOTTES, der GOTT-Mensch wird (GOTT, der Sich Selbst als *Avatar* kennt).

   Der Zustand des gewöhnlichen Menschen ist der Zustand GOTTES als Mensch.

hend ihre eigene dreieine Natur Unendlichen Wissens, Unendlicher Macht und Unendlicher Glückseligkeit erfahren. (29)

Allerdings ist der Unterschied in ihrem göttlichen Stand nicht
auf ihre Erfahrung ihrer unendlichen dreieinen Natur zurückzuführen, sondern auf einen Unterschied im Umfang der Ausübung Unendlicher Macht, nachdem sie sich selbst im *Vidnyan
Bhumika* oder dem Unendlichen Wissen oder *Sulukiyat* etabliert
haben und dann das Leben als Mensch-Gott, als *Qutub* führen,
indem sie ihr Unendliches Wissen zur Anwendung bringen,
um Unendliche Macht auszuüben, während sie Unendliche
Glückseligkeit genießen.

Der Unterschied zwischen dem göttlichen Stand eines *Qutub*
oder *Sadguru* und dem *Avatar* des Zeitalters ist folgender: Nachdem ein *Qutub* den ganzen Prozeß der kosmischen Evolution
durchlaufen hat, tritt er in das Leben Gottes als Mensch-Gott
ein und lebt es, während der *Avatar* den Evolutionsprozeß überhaupt nicht durchlaufen muß, weil der *Avatar* jener höchste
Stand Gottes ist, in dem Gott direkt Mensch wird und als
Gott-Mensch auf Erden lebt.

In ihrem Leben des Lebens Gottes sind der *Sadguru* (oder
Qutub) und der *Avatar* (oder der *Saheb-e-Zaman*) sich darin
gleich, daß sie dieselben Erfahrungen haben. Beide führen das
Leben Gottes, und beide befinden sich auch auf jeder Stufe und
Ebene des Lebens in Illusion. Beide sind gleichzeitig auf der
Ebene des Niedrigsten bis zum Höchsten. Trotzdem besteht der
wichtigste und der einzige Unterschied darin, daß der *Qutub* auf
jener Ebene **handelt** und der *Avatar* auf jener Ebene **dazu
wird**. (30)

Um klarzustellen, was mit »handeln« und »dazu werden«
gemeint ist, lassen sich viele und unzählige Beispiele anführen.
Für das normale menschliche Verständnis soll uns Krankheit als
Beispiel dienen.

So kann beispielsweise ein *Qutub* oder *Sadguru* nicht **krank
werden** und wird es auch nicht, und wenn es scheint, als sei er
krank geworden, dann ist es nur so, daß er Krankheit »darstellt«.
Wenn die Menschen ihn tatsächlich krank sehen, dann **sehen sie**

ihn nicht krank, sondern sie **sehen seine Krankheit**, die perfekt dargestellt wird, weil er der Vollkommene Meister und die personifizierte Vollkommenheit ist. Er tut so, als sei er krank. Wenn andererseits die Menschen den *Avatar* krank sehen, dann ist Er **tatsächlich erkrankt** und Er ist **buchstäblich krank geworden**. Aber obwohl der *Avatar* tatsächlich erkrankt ist, hat er dennoch zugleich Unendliche Macht, Unendliches Wissen und Unendliche Glückseligkeit hinter sich.

Auf jeder Ebene, in jedem Zustand und auf allen Ebenen gleichzeitig **verhält** sich ein *Sadguru* wie die Kreatur oder das Ding jener Ebene und jenes Zustands und wie ein Mensch dieser Ebene. Dagegen **wird** der *Avatar* zur Kreatur oder dem Ding und Zustand und Menschen dieser Ebene, und zwar zu allen zugleich. Und indem Er zur selben Zeit auf allen Ebenen und in allen Zuständen und über alle Ebenen und Zustände hinaus zu einem und allem wird und diese ist, ist der *Avatar* der **einzige**, der unendlich befähigt ist, allen Dingen, Kreaturen und der ganzen Menschheit zu ein und derselben Zeit einen **Schub** zu geben, der die Reifung des Bewußtseins beschleunigt.

In Wirklichkeit ist Gott Alles und ist in jedem. Der *Avatar* Gottes ist nicht nur Alles und in jedem, sondern er wird tatsächlich Alles und Jedermann.

Daher besteht der fundamentale und einzige Unterschied zwischen einem *Avatar* und einem *Sadguru* darin, daß ein *Sadguru* auf jedem Niveau und auf allen Ebenen handelt, während ein *Avatar* nicht handelt, sondern tatsächlich »dazu wird«. (31)

Kurz gesagt: Es gibt immer, zu allen Zeiten und Zeitaltern, sechsundfünfzig zu Gott gewordene Seelen oder *Shiv-Atmas* in menschlicher Gestalt auf der Erde. (32)

Es muß festgehalten werden, daß alle die sechsundfünfzig Gott-Verwirklichten Vollkommene genannt werden können. Doch sind nicht alle diese sechsundfünfzig Vollkommenen auch Vollkommene Meister. Obwohl alle sechsundfünfzig dieselbe Erfahrung der ewigen Wirklichkeit haben, ohne den geringsten Unterschied in ihrer Erfahrung, und obwohl alle sechsundfünfzig im Bewußtsein des höchsten Ziels – der Wirklichkeit –

eins sind sowie in jeder Hinsicht vollkommen und GOTT-verwirklicht, gibt es dennoch einen Unterschied in ihrer Funktion.
Daher mag der Begriff für die sechsundfünfzig GOTT-Verwirklichten »VOLLKOMMENE« sein, jedoch **nicht** VOLLKOMMENE MEI-
STER oder *Sadgurus* oder *Qutubs.*

Von diesen sechsundfünfzig VOLLKOMMENEN oder *Shiv-Atmas*
in menschlicher Gestalt sind zu jedem Zeitpunkt und in allen
Zeitaltern fünf VOLLKOMMENE MEISTER oder *Sadguru* oder
Qutubs. Und diese fünf kontrollieren die Angelegenheiten des
ganzen Universums.

Fällt das Zeitalter **nicht** in die avatarische Periode, dann kümmern diese fünf VOLLKOMMENEN MEISTER sich gemeinsam um
die Angelegenheiten des Universums, und der eine unter den
fünf VOLLKOMMENEN MEISTERN, der für die Kontrolle aller Angelegenheiten des ganzen Universums verantwortlich ist, wird von
den Sufis *Qutub-e-Irshad* genannt.

Gehört das Zeitalter jedoch zur avatarischen Periode am
Ende eines jeden Zyklus,[56] dann wird der *Avatar* (der URALTE,
der HÖCHSTE DER HOHEN), die UNABHÄNGIGE WIRKLICHKEIT
(UNENDLICHES BEWUSSTSEIN des JENSEITS-Zustands GOTTES)
dazu gebracht, sich direkt durch ein männliches menschliches
Wesen in der Illusion auf der Erde zu manifestieren. Diese
Manifestation des UNENDLICHEN BEWUSSTSEINS des JENSEITS-
Zustands GOTTES durch eine männliche menschliche Gestalt auf
Erden nennt man allgemein »die unmittelbare Niederkunft
GOTTES auf Erden« in menschlicher Form. Dieses Herabsteigen
GOTTES zur Erde ist allgemein als der »*Avatar*« bekannt.

Daher ist offensichtlich: Gehört das Zeitalter zur avatarischen
Periode und wird der *Avatar* (oder die WIRKLICHKEIT, oder das
GOTT-Bewußtsein des JENSEITS-Zustands GOTTES) dazu gebracht, sich in der ILLUSION auf Erden zu manifestieren, indem
dieser WIRKLICHKEIT eine menschliche Form verliehen wird, um

---

56 Alle Zyklen der Zeit in der ILLUSION enden und beginnen nach 700 bis
1 400 Jahren, und es hat bereits und wird noch Millionen und Milliarden
von solchen Zyklen in einem ZYKLUS von Zyklen geben; darum gibt es
kein Ende der ILLUSION, die immer Illusion bleibt.

sie der Menschheit der Welt präsentieren zu können, dann muß dieser *Avatar* oder dieser GOTT-Mensch zwangsläufig etwas anderes als die sechsundfünfzig GOTT-Verwirklichten sein.

Die dann existierenden und wirkenden fünf VOLLKOMMENEN MEISTER bewirken zur rechten Zeit der avatarischen Periode einzeln und gemeinsam die Ankunft des *Avatar*. (33) Und indem sie ihre unendliche Gnade und Liebe für alle praktizieren, die in UNWISSENHEIT das illusorische Leben in der SCHÖPFUNG leben, nutzen sie ihre UNENDLICHE MACHT und Gnade, um diese Ankunft zu beschleunigen und die unendliche WIRKLICHKEIT des ewigen, unendlichen GOTT-Bewußtseins im JENSEITS-Zustand auf dieser Erde in der ILLUSION manifest werden zu lassen. Und durch ihre UNENDLICHE MACHT, ihr UNENDLICHES WISSEN und ihre UNENDLICHE GLÜCKSELIGKEIT verleihen sie der WIRKLICHKEIT einen höchst passenden »Mantel« von ILLUSION in der Form einer männlichen menschlichen Gestalt, so daß die Göttlichkeit der WIRKLICHKEIT in der Welt der ILLUSION am besten darstellbar gemacht wird.

Wenn sich daher die UNENDLICHE WIRKLICHKEIT (also GOTT) auf Erden in der Gestalt eines Menschen manifestiert und der Menschheit Seine Göttlichkeit offenbart, wird Er als der *Avatar*, der Messias, der Prophet erkannt. GOTT wird auf diese Weise Mensch.

Auf diese Weise beabsichtigt der unendliche GOTT Zeitalter für Zeitalter und während aller Zyklen durch Seine unendliche Gnade Seine Anwesenheit inmitten der Menschheit zu bewirken, indem Er in menschlicher Gestalt zu menschlichen Ebenen hinabsteigt. Da Seine physische Anwesenheit inmitten der Menschheit jedoch nicht wahrgenommen wird, hält man Ihn für einen gewöhnlichen weltlichen Menschen. Behauptet er jedoch Seine Göttlichkeit auf Erden, indem er sich selbst als den *Avatar* des Zeitalters verkündet, wird er von einigen verehrt, die ihn als GOTT akzeptieren, und er wird von einigen wenigen verherrlicht, die ihn als GOTT auf Erden erkennen. Jedoch fällt dem Rest der Menschheit unweigerlich das Los zu, Ihn zu verurteilen, während Er sich physisch in ihrer Mitte aufhält.

Farbtafeln

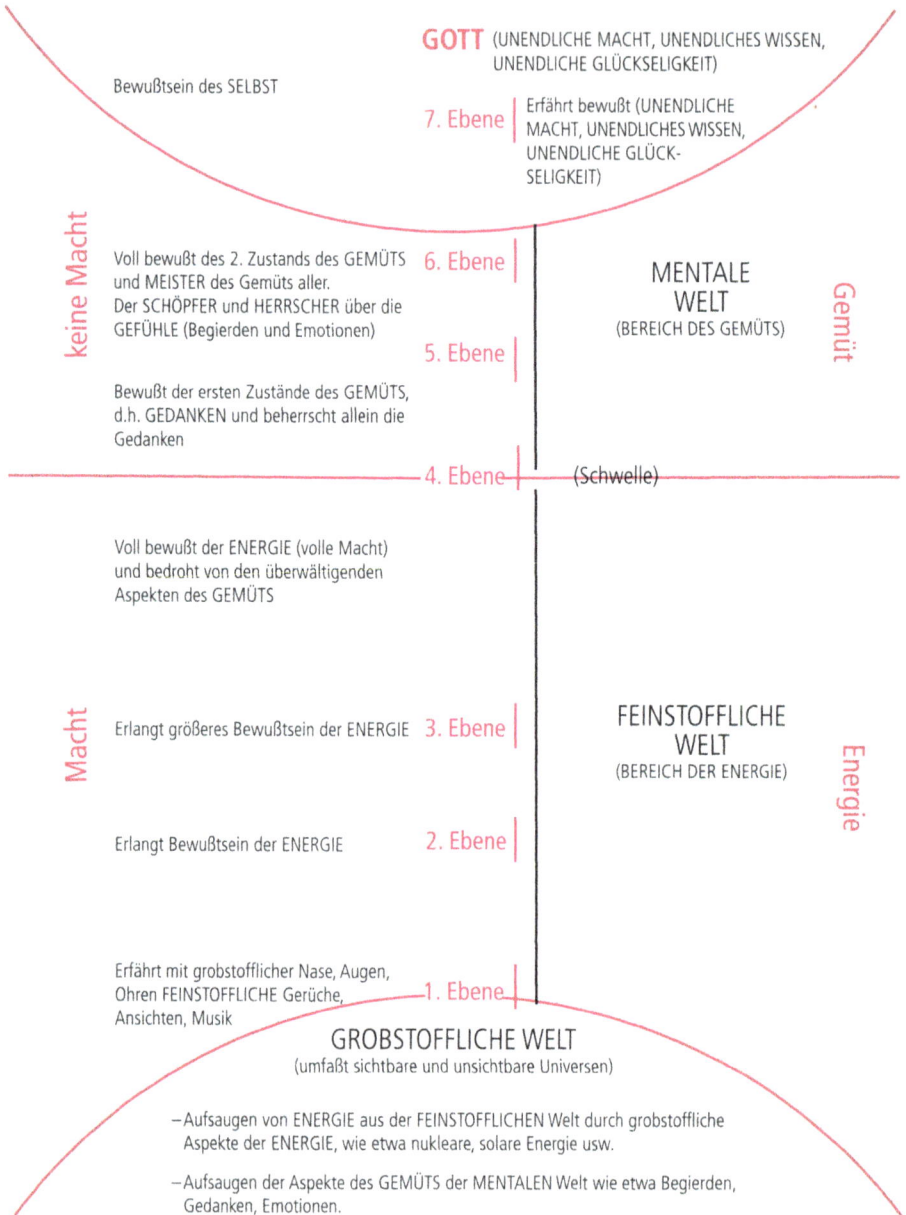

Ebenen und Welten

GOTT (UNENDLICHE MACHT, UNENDLICHES WISSEN, UNENDLICHE GLÜCKSELIGKEIT)

Bewußtsein des SELBST

7. Ebene | Erfährt bewußt (UNENDLICHE MACHT, UNENDLICHES WISSEN, UNENDLICHE GLÜCK-SELIGKEIT)

keine Macht

Voll bewußt des 2. Zustands des GEMÜTS und MEISTER des Gemüts aller. Der SCHÖPFER und HERRSCHER über die GEFÜHLE (Begierden und Emotionen)

6. Ebene

5. Ebene

MENTALE WELT
(BEREICH DES GEMÜTS)

Gemüt

Bewußt der ersten Zustände des GEMÜTS, d.h. GEDANKEN und beherrscht allein die Gedanken

4. Ebene | (Schwelle)

Voll bewußt der ENERGIE (volle Macht) und bedroht von den überwältigenden Aspekten des GEMÜTS

Macht

Erlangt größeres Bewußtsein der ENERGIE

3. Ebene

FEINSTOFFLICHE WELT
(BEREICH DER ENERGIE)

Energie

Erlangt Bewußtsein der ENERGIE

2. Ebene

Erfährt mit grobstofflicher Nase, Augen, Ohren FEINSTOFFLICHE Gerüche, Ansichten, Musik

1. Ebene

GROBSTOFFLICHE WELT
(umfaßt sichtbare und unsichtbare Universen)

– Aufsaugen von ENERGIE aus der FEINSTOFFLICHEN Welt durch grobstoffliche Aspekte der ENERGIE, wie etwa nukleare, solare Energie usw.

– Aufsaugen der Aspekte des GEMÜTS der MENTALEN Welt wie etwa Begierden, Gedanken, Emotionen.

Die Ursprüngliche Laune

Der JENSEITS-DES-JENSEITS-Zustand Gottes

IST-Zustand

Ist sich des SELBST und der ILLUSION nicht bewußt

Der JENSEITS-Zustand Gottes

Ist sich des SELBST und der DREI UNENDLICHEN ASPEKTE bewußt

aber

Ist sich der ILLUSION nicht bewußt

(keine Muster, kein Entwurf)

denn es gibt hier nur

»EINHEIT«

GOTT

SCHÖPFER – BEWAHRER – ZERSTÖRER

Ist sich der Illusion bewußt
Ist sich des »SELBST« nicht bewußt

I L L U S I O N

Dasselbe Muster und derselbe Entwurf, aber unzählig vielfältige
Formen der Darstellung

☿ = URSPRÜNGLICHE LAUNE wallte auf und GOTT als SCHÖPFER,
BEWAHRER und ZERSTÖRER manifestierte sich mit all
Seinen Begleiterscheinungen

DER SCHÖPFER   wird selbst geschaffen
DER BEWAHRER   wird selbst bewahrt
DER ZERSTÖRER   wird selbst zerstört

Atma ist sich des WIRKLICHEN und des TRÜGERISCHEN voll und gleichzeitig bewußt	GOTT-Mensch-Zustand, Mensch-GOTT-Zustand	VOLLKOMMENHEIT
Atma ist sich des WIRKLICHEN und des TRÜGERISCHEN voll bewußt	**BEREICH der VOLLKOMMENHEIT** Leben in, mit und als Gott	GOTTHEIT
GÖTTLICHER WACHZUSTAND des Atma	**BEREICH der WIRKLICHKEIT** Atma voll- und wirlichkeits-bewußt	GOTT-bewußter einheitlicher Zustand
GÖTTLICHER SCHLAFZUSTAND des Atma	**BEREICH der SPIRITUELLEN PHÄNOMENE** Atma semi-wirlichkeits-bewußt	Seele erfährt feinstoffliche und mentale Ebene
UNBEWUSSTER TIEFSCHLAFZUSTAND des Atma	Atma völlig nichtbewußt	ursprünglicher unbewußter Zustand der Seele
GÖTTLICHER TRAUMZUSTAND des Atma	**BEREICH der ILLUSION** Atma semi-trügerisch-bewußt	unterbewußter Zustand der Seele
GÖTTLICHER WACHZUSTAND des Atma	Atma voll-trügerisch-bewußt	alltägliches grobstoffliches Bewußtsein der Seele

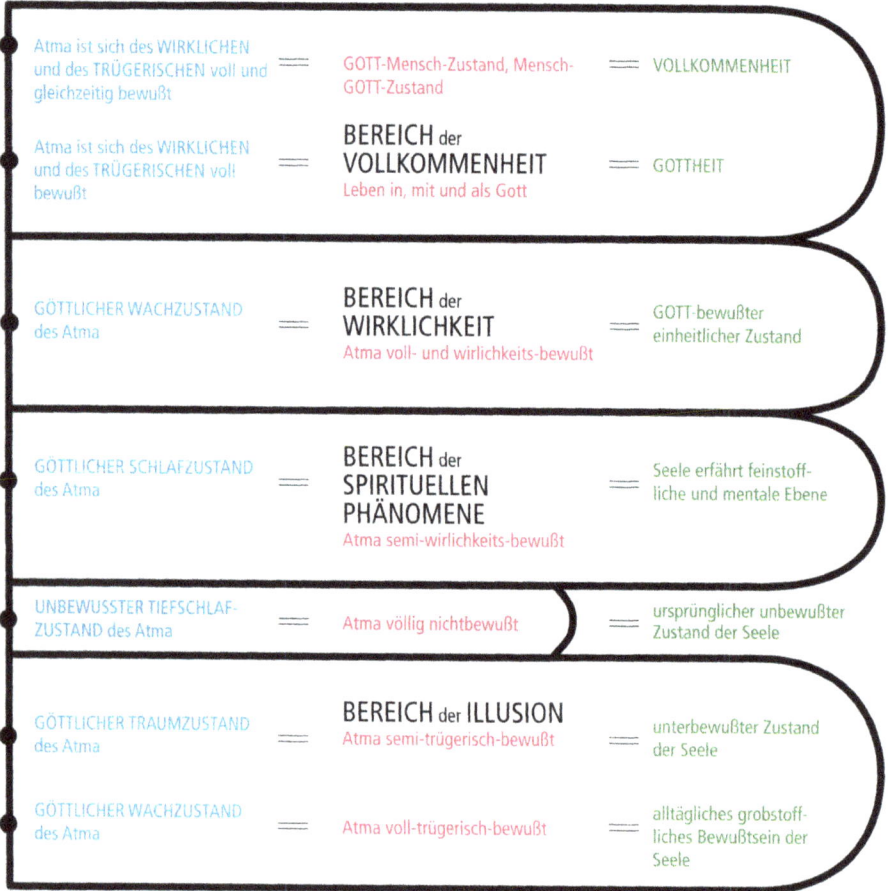

Die zahlreichen Tode während des einen ganzheitlichen Lebens, vom Beginn der Evolution des Bewußtseins bis zum Ende der Involution des Bewußtseins, sind so wie ebenso viele Zeiten des Schlafs während einer Lebensspanne.

* * *

»Jemand, der für sich selbst lebt, ist wahrlich tot, und jemand, der für Gott stirbt, ist wahrlich lebendig.« – Meher Baba

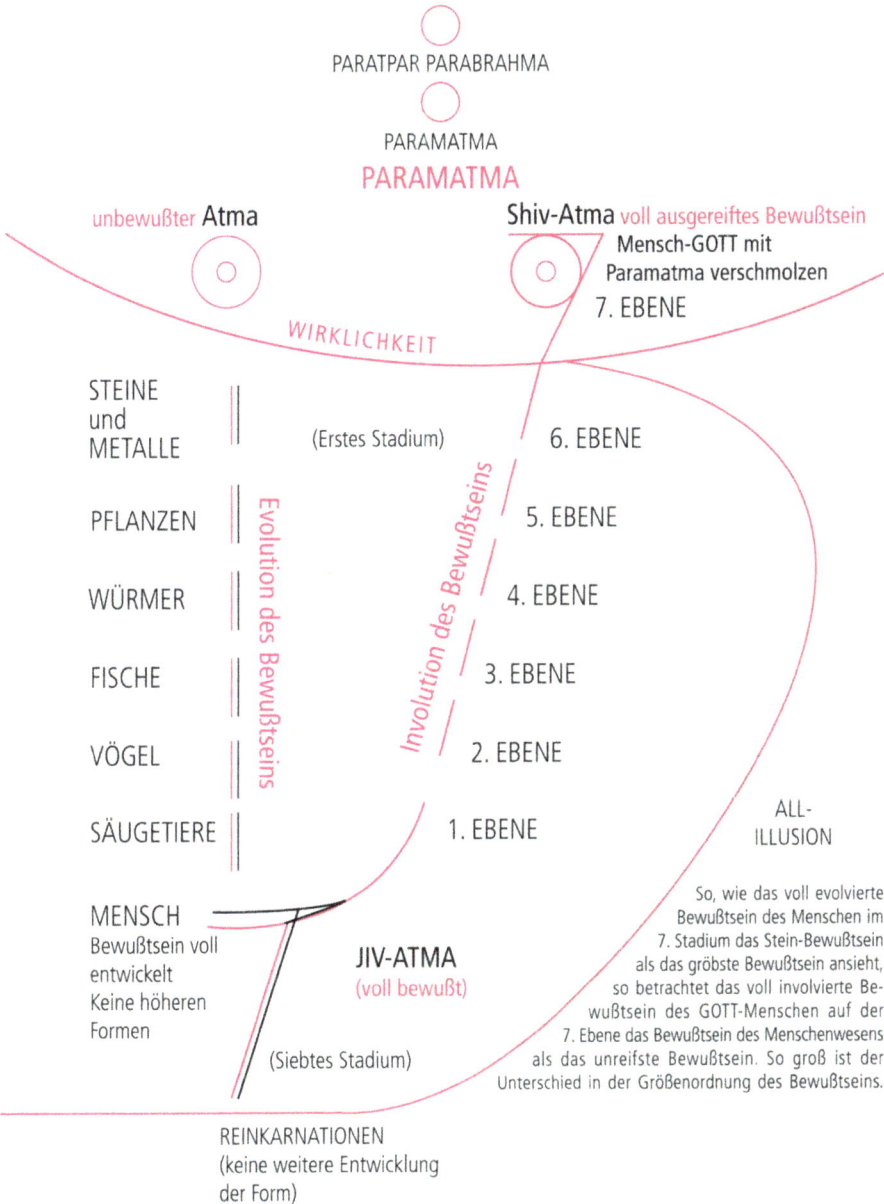

Evolution und Involution

PARATPAR PARABRAHMA

PARAMATMA

PARAMATMA

unbewußter **Atma**   **Shiv-Atma** voll ausgereiftes Bewußtsein

Mensch-GOTT mit
Paramatma verschmolzen

7. EBENE

WIRKLICHKEIT

STEINE und METALLE	(Erstes Stadium) **6. EBENE**
PFLANZEN	**5. EBENE**
WÜRMER	**4. EBENE**
FISCHE	**3. EBENE**
VÖGEL	**2. EBENE**
SÄUGETIERE	**1. EBENE**

Evolution des Bewußtseins

Involution des Bewußtseins

ALL-ILLUSION

MENSCH
Bewußtsein voll
entwickelt
Keine höheren
Formen

JIV-ATMA
(voll bewußt)

(Siebtes Stadium)

So, wie das voll evolvierte
Bewußtsein des Menschen im
7. Stadium das Stein-Bewußtsein
als das gröbste Bewußtsein ansieht,
so betrachtet das voll involvierte Bewußtsein des GOTT-Menschen auf der
7. Ebene das Bewußtsein des Menschenwesens
als das unreifste Bewußtsein. So groß ist der
Unterschied in der Größenordnung des Bewußtseins.

REINKARNATIONEN
(keine weitere Entwicklung
der Form)

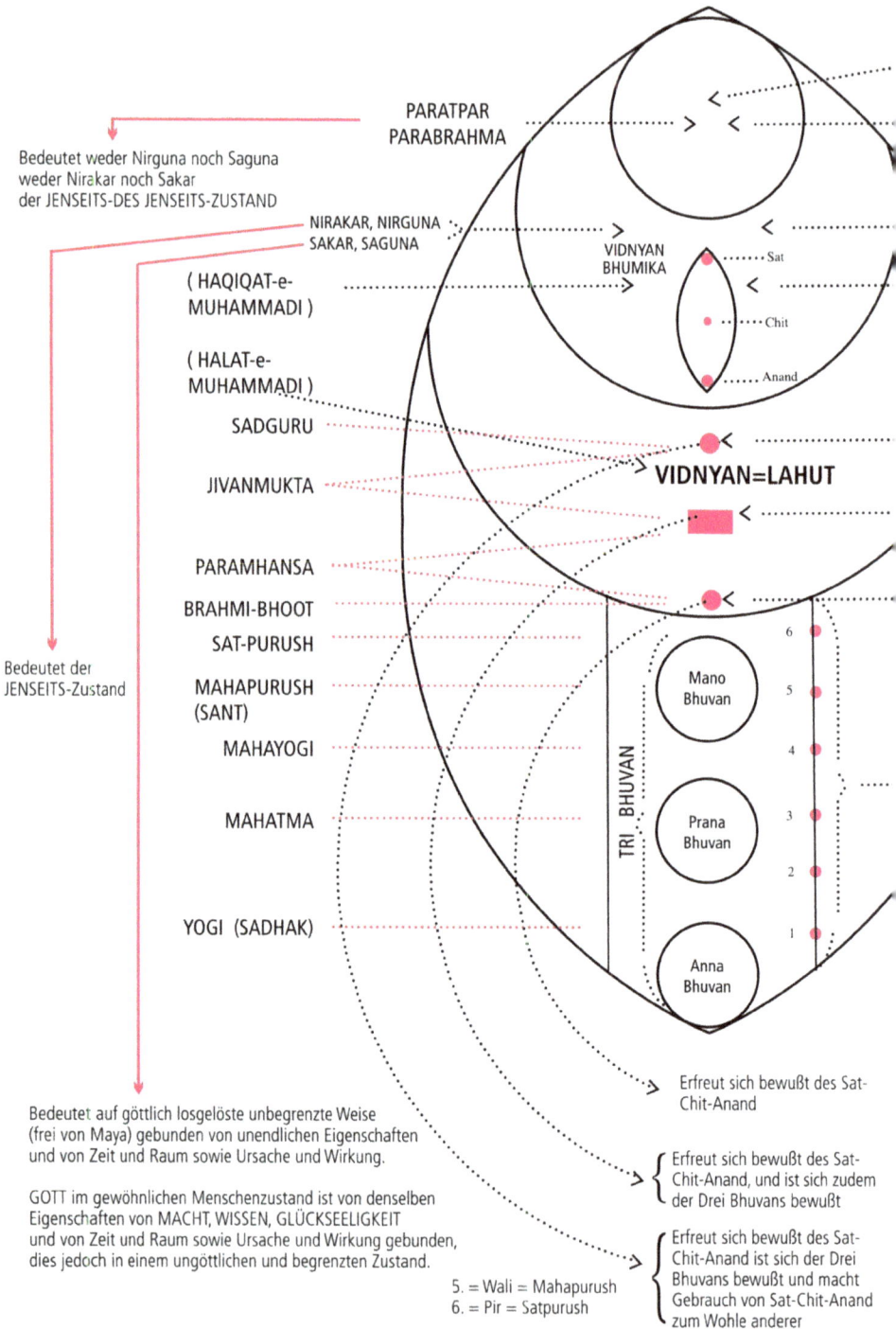

Die Reise

PARATPAR
PARABRAHMA

Bedeutet weder Nirguna noch Saguna
weder Nirakar noch Sakar
der JENSEITS-DES JENSEITS-ZUSTAND

NIRAKAR, NIRGUNA
SAKAR, SAGUNA

VIDNYAN
BHUMIKA

Sat

(HAQIQAT-e-
MUHAMMADI)

Chit

(HALAT-e-
MUHAMMADI)

Anand

SADGURU

JIVANMUKTA

VIDNYAN=LAHUT

PARAMHANSA

BRAHMI-BHOOT

SAT-PURUSH

6

MAHAPURUSH
(SANT)

Mano
Bhuvan

5

MAHAYOGI

4

MAHATMA

Prana
Bhuvan

3

2

Bedeutet der
JENSEITS-Zustand

YOGI (SADHAK)

1

Anna
Bhuvan

TRI BHUVAN

Erfreut sich bewußt des Sat-
Chit-Anand

Bedeutet auf göttlich losgelöste unbegrenzte Weise
(frei von Maya) gebunden von unendlichen Eigenschaften
und von Zeit und Raum sowie Ursache und Wirkung.

GOTT im gewöhnlichen Menschenzustand ist von denselben
Eigenschaften von MACHT, WISSEN, GLÜCKSEELIGKEIT
und von Zeit und Raum sowie Ursache und Wirkung gebunden,
dies jedoch in einem ungöttlichen und begrenzten Zustand.

Erfreut sich bewußt des Sat-
Chit-Anand, und ist sich zudem
der Drei Bhuvans bewußt

5. = Wali = Mahapurush
6. = Pir = Satpurush

Erfreut sich bewußt des Sat-
Chit-Anand ist sich der Drei
Bhuvans bewußt und macht
Gebrauch von Sat-Chit-Anand
zum Wohle anderer

.... (ZAT- al -BAHT)

.... (GHAIB- ul -GHAIB)
.... (WARA- ul -WARA)

.... PARAMATMA
(ALLAH)
.... (Hahut)

.... ATMAPRATISTHAPANA
(BAQA - BILLAH)

.... TURIYA AVASTHA
(FANA-ma-al-BAQA)
.... NIRVIKALPA
(FANA - FILLAH)

.... MANONASH
(endgültiges FANA)

.... BHUMIKA

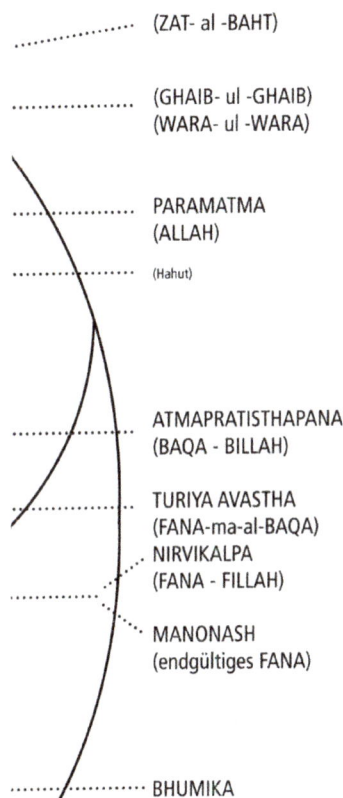

vedantisch*	mystisch	sufisch
Paratpar Parabrahma	Gottes Jenseits-des-Jenseits Zustand	Ghaib-ul-Ghaib Wara-ul-Wara
Paramatma	Gott im Jenseits-Zustand	Allah
Anant	Unendlich	La Mahdood
Nirguna	Eigenschaftslos	La Sifat
Nirakar	Formlos	La Surat
Sat-Chit-Anand	Macht, Wissen, Seligkeit	Qudrat, Marefat, Musarrat
Vidnyan Bhumika	Bereich der Meisterschaft	Alam-e-hahui Arsh-e-ala
Atmapratishapana Sahaj Samadhi	Etabliert im Leben GOTTES	Baqa-billah
Vidnyan	Höchstes Göttliches Bewußtsein	Ahadivat Alam-e-lahut
Saguna	Mit Eigenschaften versehen	Ba Sifat
Sakar	In der Form manifest	Ba Surat
Brahma	Ausstrahler	Afridgar
Vishnu	Bewahrer	Parvardigar
Mahesh	Auflöser	Fanakar
Mano Bhuvan	Mentale Sphäre	Alam-e-jabrut
Pran Bhuvan	Feinstoffliche Sphäre	Alam-e-malakut
Anna Bhuvan	Grobstoffliche Sphäre	Alam-e-nasut
Utkranti	Evolution	Irteqa
Punar Janma	Reinkarnation	Rij'at, oder Awagawan
Bhumika	Ebene	Asman
Atma	Seele	Jan, oder Ruh
Jiv-Atma	Verkörperte Seele	Jan-e-jismi
Manava	Mensch	Insan
Yogi (Sadhak)	Aspirant	Rahrav
Sadhu	Fortgeschrittene Seele	Mutawassit
Mahatma	Große Seele	Akhyar
Mahapurush (Sant)	Heiliger	Abrar = Wali
Satpurush	Erfahrener Pilger (Heiliger)	Afrad = Pir
Manonash (Nirvana)	Vernichter des Gemüts (des Ich)	Das endgültige Fana
Nirvikalpa	Einssein mit Gott	Fana-fillah
Brahmi Bhoot	Der Göttlich Absorbierte	Majzoob-e-Kamil
Turiya Avastha	Göttlicher Knotenpunkt	Fana-ma-al-Baqa im Muqam-e-Furutat
Paramhansa	Göttlicher Übermensch	Majzoob-Salik oder Salik-Majzoob
Jivanmukta	Befreiter Inkarnierter	Azad-e-Mutlaq
Sadguru	Mensch-Gott	Qutub
Avatar	Gott-Mensch	Saheb-e-Zaman

*vedantische oder dem Vedanta verwandte Begriffe

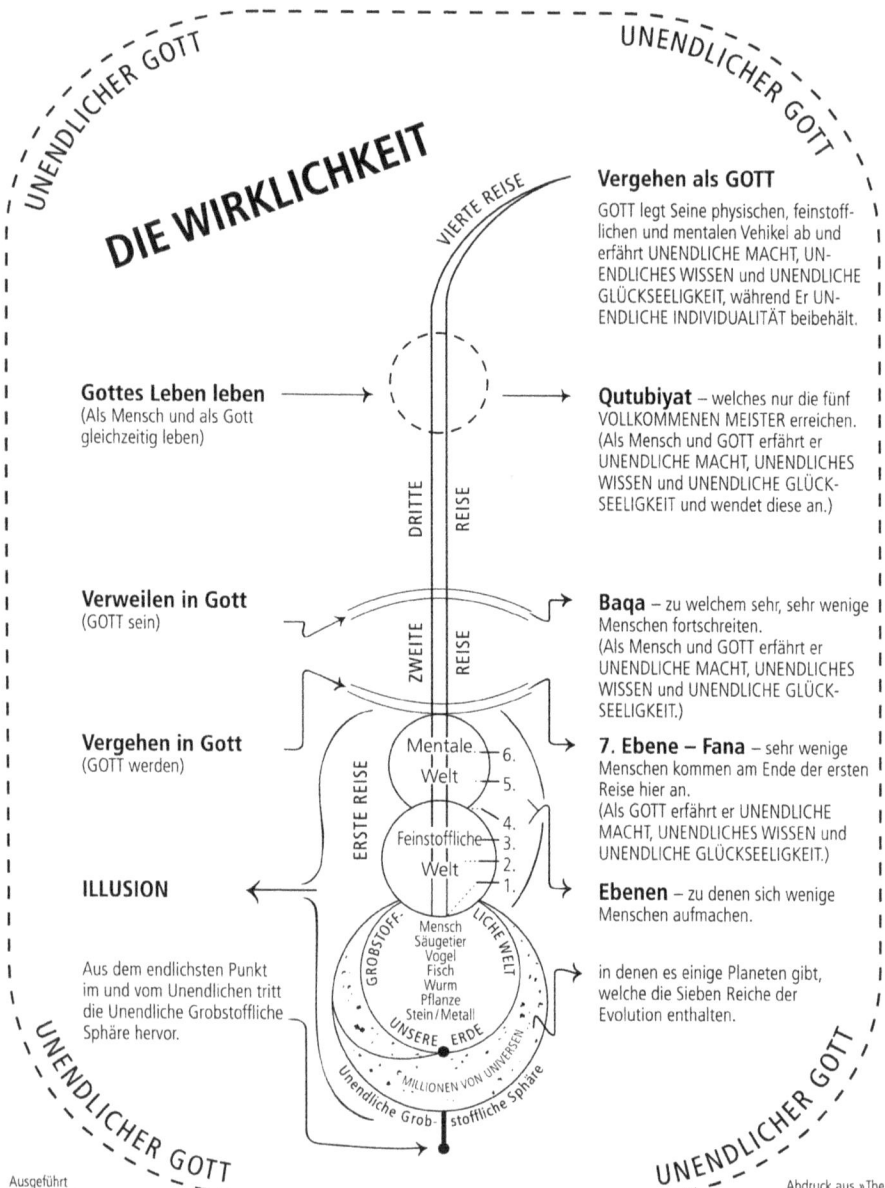

UNENDLICHER GOTT

UNENDLICHER GOTT

DIE WIRKLICHKEIT

VIERTE REISE

DRITTE REISE

ZWEITE REISE

ERSTE REISE

Vergehen als GOTT
GOTT legt Seine physischen, feinstofflichen und mentalen Vehikel ab und erfährt UNENDLICHE MACHT, UNENDLICHES WISSEN und UNENDLICHE GLÜCKSEELIGKEIT, während Er UNENDLICHE INDIVIDUALITÄT beibehält.

Gottes Leben leben
(Als Mensch und als Gott gleichzeitig leben)

Qutubiyat – welches nur die fünf VOLLKOMMENEN MEISTER erreichen. (Als Mensch und GOTT erfährt er UNENDLICHE MACHT, UNENDLICHES WISSEN und UNENDLICHE GLÜCKSEELIGKEIT und wendet diese an.)

Verweilen in Gott
(GOTT sein)

Baqa – zu welchem sehr, sehr wenige Menschen fortschreiten. (Als Mensch und GOTT erfährt er UNENDLICHE MACHT, UNENDLICHES WISSEN und UNENDLICHE GLÜCKSEELIGKEIT.)

Vergehen in Gott
(GOTT werden)

Mentale Welt — 6. 5.
Feinstoffliche Welt — 4. 3. 2. 1.

7. Ebene – Fana – sehr wenige Menschen kommen am Ende der ersten Reise hier an. (Als GOTT erfährt er UNENDLICHE MACHT, UNENDLICHES WISSEN und UNENDLICHE GLÜCKSEELIGKEIT.)

ILLUSION

GROBSTOFFLICHE WELT

Mensch
Säugetier
Vogel
Fisch
Wurm
Pflanze
Stein/Metall

UNSERE ERDE

MILLIONEN VON UNIVERSEN

Ebenen – zu denen sich wenige Menschen aufmachen.

Aus dem endlichsten Punkt im und vom Unendlichen tritt die Unendliche Grobstoffliche Sphäre hervor.

in denen es einige Planeten gibt, welche die Sieben Reiche der Evolution enthalten.

Unendliche Grobstoffliche Sphäre

UNENDLICHER GOTT

UNENDLICHER GOTT

Ausgeführt
unter der Anleitung
von Meher Baba

Abdruck aus »The Everything and the Nothing«, Meher House Publication, Australien.

Gott ist Wirklichkeit und alles andere ist Illusion

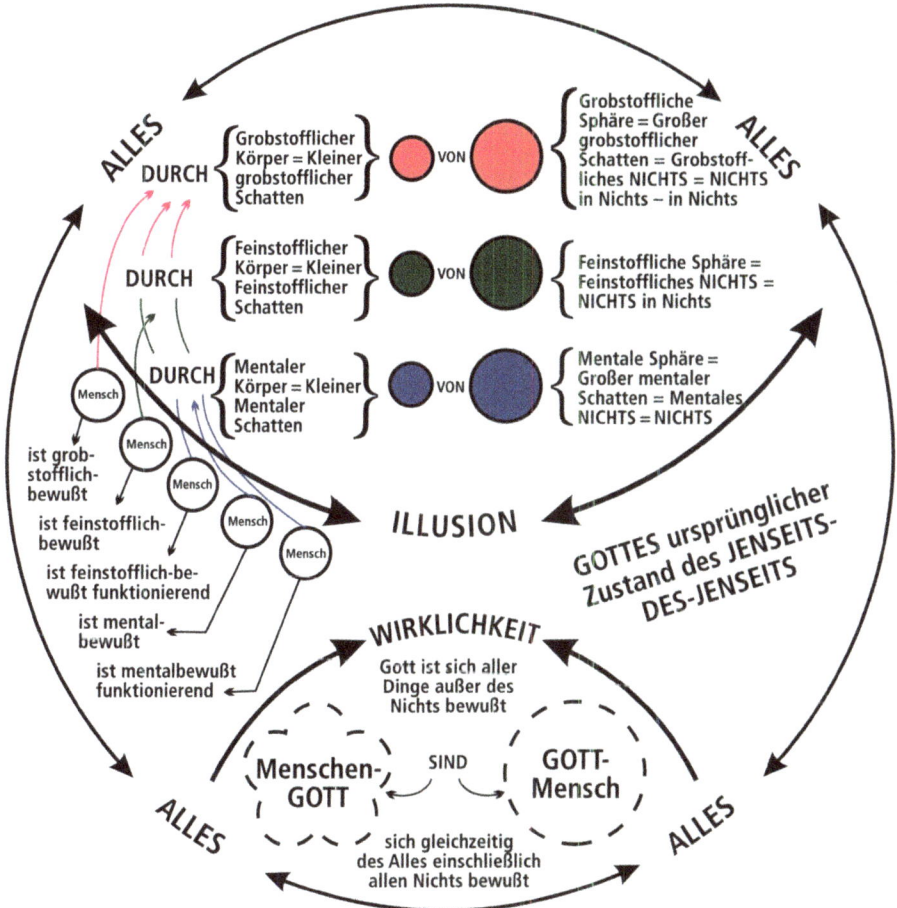

ALLES

DURCH
{ Grobstofflicher
Körper = Kleiner
grobstofflicher
Schatten }

VON

{ Grobstoffliche
Sphäre = Großer
grobstofflicher
Schatten = Grobstoff-
liches NICHTS = NICHTS
in Nichts – in Nichts }

ALLES

DURCH
{ Feinstofflicher
Körper = Kleiner
Feinstofflicher
Schatten }

VON

{ Feinstoffliche Sphäre =
Feinstoffliches NICHTS =
NICHTS in Nichts }

DURCH
{ Mentaler
Körper = Kleiner
Mentaler
Schatten }

VON

{ Mentale Sphäre =
Großer mentaler
Schatten = Mentales
NICHTS = NICHTS }

Mensch

Mensch

Mensch

Mensch

Mensch

ist grob-
stofflich-
bewußt

ist feinstofflich-
bewußt

ist feinstofflich-be-
wußt funktionierend

ist mental-
bewußt

ist mentalbewußt
funktionierend

ILLUSION

GOTTES ursprünglicher
Zustand des JENSEITS-
DES-JENSEITS

WIRKLICHKEIT

Gott ist sich aller
Dinge außer des
Nichts bewußt

Menschen-
GOTT

SIND

GOTT-
Mensch

sich gleichzeitig
des Alles einschließlich
allen Nichts bewußt

ALLES

ALLES

Gott ist ALLES und alles andere ist NICHTS

Die Zehn Zustände Gottes

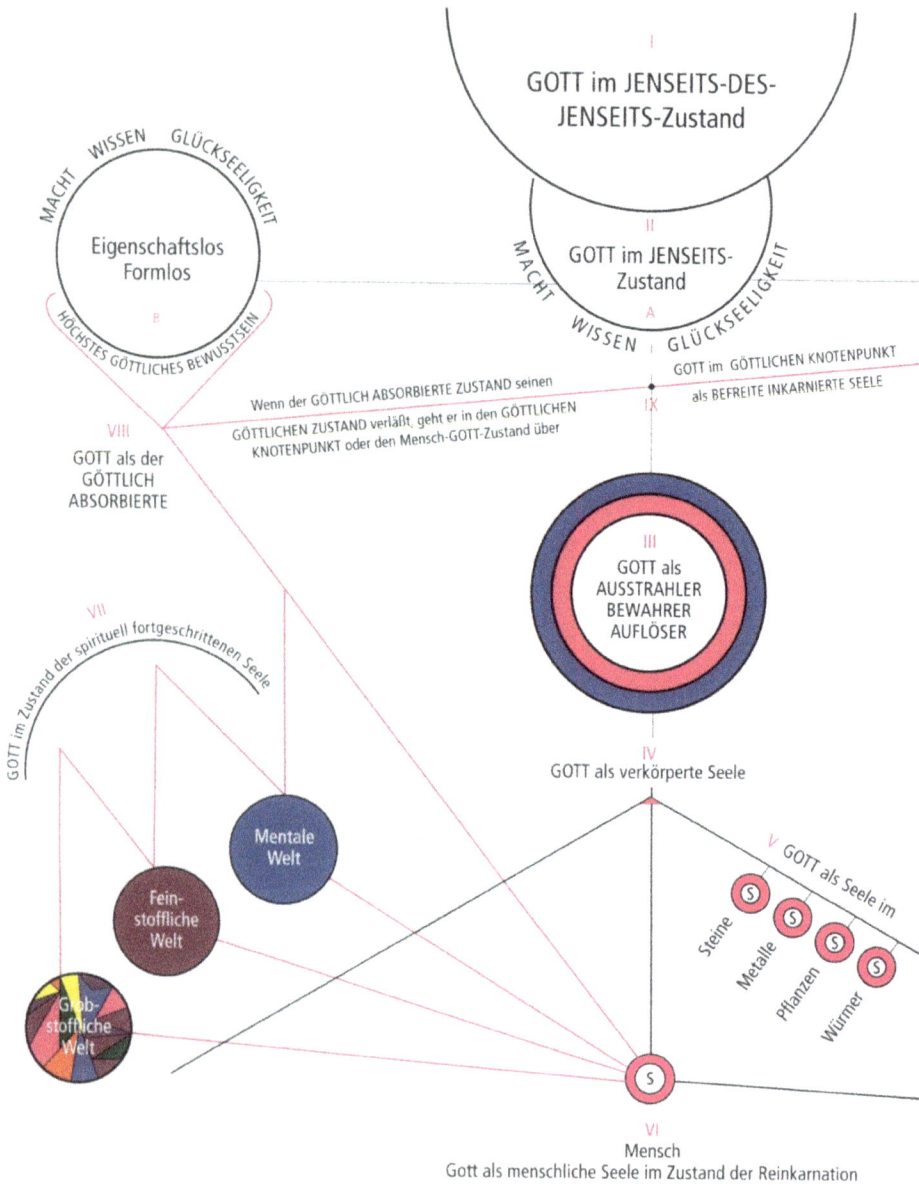

I
GOTT im JENSEITS-DES-JENSEITS-Zustand

MACHT   WISSEN   GLÜCKSEELIGKEIT

Eigenschaftslos
Formlos

HÖCHSTES GÖTTLICHES BEWUSSTSEIN

II
GOTT im JENSEITS-Zustand

MACHT   WISSEN   GLÜCKSEELIGKEIT

A

Wenn der GÖTTLICH ABSORBIERTE ZUSTAND seinen
GÖTTLICHEN ZUSTAND verläßt, geht er in den GÖTTLICHEN
KNOTENPUNKT oder den Mensch-GOTT-Zustand über

GOTT im GÖTTLICHEN KNOTENPUNKT
als BEFREITE INKARNIERTE SEELE

IX

VIII
GOTT als der
GÖTTLICH
ABSORBIERTE

III
GOTT als
AUSSTRAHLER
BEWAHRER
AUFLÖSER

VII
GOTT im Zustand der spirituell fortgeschrittenen Seele

Mentale
Welt

Fein-
stoffliche
Welt

Grob-
stoffliche
Welt

IV
GOTT als verkörperte Seele

V GOTT als Seele im

S Steine
S Metalle
S Pflanzen
S Würmer

S

VI
Mensch
Gott als menschliche Seele im Zustand der Reinkarnation

A GOTT erfährt weder bewußt MACHT, WISSEN, GLÜCKSEELIGKEIT, noch wendet Er sie an

B GOTT erfährt MACHT, WISSEN, GLÜCKSEELIGKEIT bewußt, wendet sie jedoch nicht an

C GOTT erfährt bewußt MACHT, WISSEN, GLÜCKSEELIGKEIT und wendet sie an

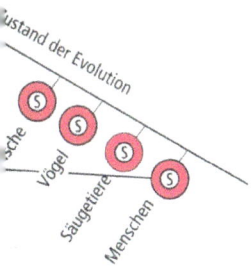

MACHT WISSEN GLÜCKSEELIGKEIT

Mit Eigenschaften in der Form manifest

C

X
GOTT als Mensch-GOTT & GOTT-Mensch

Grobstofflicher Körper
Feinstofflicher Körper
Mentaler Körper
Universaler Körper
Universales Gemüt
Unbegrenztes Göttliches Ich
Grenzenloses Bewußtsein

Zustand der Evolution
Fische
Vögel
Säugetiere
Menschen

vedantisch*	mystisch	sufisch
Paratpar Parabrahma	Gottes Jenseits-des-Jenseits Zustand	Ghaib-ul-Ghaib Wara-ul-Wara
Paramatma	Gott im Jenseits-Zustand	Allah
Anant	Unendlich	La Mahdood
Nirguna	Eigenschaftslos	La Sifat
Nirakar	Formlos	La Surat
Sat-Chit-Anand	Macht, Wissen, Seligkeit	Qudrat, Marefat, Musarrat
Vidnyan Bhumika	Bereich der Meisterschaft	Alam-e-hahui Arsh-e-ala
Atmapratishapana Sahaj Samadhi	Etabliert im Leben GOTTES	Baqa-billah
Vidnyan	Höchstes Göttliches Bewußtsein	Ahadivat Alam-e-lahut
Saguna	Mit Eigenschaften versehen	Ba Sifat
Sakar	In der Form manifest	Ba Surat
Brahma	Ausstrahler	Afridgar
Vishnu	Bewahrer	Parvardigar
Mahesh	Auflöser	Fanakar
Mano Bhuvan	Mentale Sphäre	Alam-e-jabrut
Pran Bhuvan	Feinstoffliche Sphäre	Alam-e-malakut
Anna Bhuvan	Grobstoffliche Sphäre	Alam-e-nasut
Utkranti	Evolution	Irteqa
Punar Janma	Reinkarnation	Rij'at, oder Awagawan
Bhumika	Ebene	Asman
Atma	Seele	Jan oder Ruh
Jiv-Atma	Verkörperte Seele	Jan-e-jismi
Manava	Mensch	Insan
Yogi (Sadhak)	Aspirant	Rahrav
Sadhu	Fortgeschrittene Seele	Mutawassit
Mahatma	Große Seele	Akhyar
Mahapurush (Sant)	Heiliger	Abrar = Wali
Satpurush	Erfahrener Pilger (Heiliger)	Afrad = Pir
Manonash (Nirvana)	Vernichter des Gemüts (des Ich)	Das endgültige Fana
Nirvikalpa	Einssein mit Gott	Fana-fillah
Brahmi Bhoot	Der Göttlich Absorbierte	Majzoob-e-Kamil
Turiya Avastha	Göttlicher Knotenpunkt	Fana-ma-al-Baqa im Muqam-e-Furutat
Paramhansa	Göttlicher Übermensch	Majzoob-Salik oder Salik-Majzoob
Jivanmukta	Befreiter Inkarnierter	Azad-e-Mutlaq
Sadguru	Mensch-Gott	Qutub
Avatar	Gott-Mensch	Saheb-e-Zaman

*Vedantische oder dem Vedanta verwandte Begriffe

Formlos und farblos
GOTTES schöpferische

im JENSEITS-

JENSEITS-

Pflanze

Metall

Stein

sich-aufwickelnde Sanskaras

gasförmige

EVOLUTION

REINKAR

Wurm, Insekt
und Reptil

Fisch

Vogel

Säugetier

Mensch

Sich Selbst zu kennen als

Farbtafel VIII A

GOTT
DES-JENSEITS-Zustand

Zustand GOTTES

und impulsiv
Imagination

7. Ebene
Gott erkennt Sich
Selbst
als unendlich

Grobstoffliche Sphäre

umfaßt zahllose Sonnen, Sterne, Monde;
und die Erde, auf der allein es möglich ist,
GOTT-Verwirklichung zu erlangen

Formen

NATION

INVOLUTION

6. Ebene

5. Ebene

4. Ebene

1. Ebene

3. Ebene

2. Ebene

sich-abwickelnde Sanskaras

Feinstoffliche Ebene

allgegenwärtig, unendlich
und ewig

Schöpfung, Evolution, Reinkarnation, Involution
und Verwirklichung nach Meher Baba

Farbtafel VIII A:

Schöpfung, Evolution, Reinkarnation, Involution & Verwirklichung nach Meher Baba

Diese Farbtafel wurde unter der spirituellen Anleitung von Meher Baba von Rano Gayley gemalt. Es ist eine bildliche Version des Buches *Gott spricht.*

GOTT im JENSEITS-DES-JENSEITS-Zustand repräsentiert GOTT als reine Essenz, unendlich, ursprünglich und ewig, wie er sich keines Dinges bewußt ist, nicht einmal Seiner Selbst. GOTT IST.

GOTT im JENSEITS-Zustand repräsentiert die ÜBERSEELE (*Paramatma*), im wesentlichen dasselbe wie GOTT im JENSEITS-DES-JENSEITS-Zustand, außer daß in Ihm die Laune, Sich Selbst zu kennen, aufgewallt ist und Er sich Seiner UNENDLICHEN MACHT, Seines UNENDLICHEN WISSENS und Seiner UNENDLICHEN GLÜCKSELIGKEIT bewußt geworden ist und Er sich gleichzeitig der ILLUSION bewußt ist, die sich als SCHÖPFUNG manifestierte. Indem Er Seine Reise durch die Welten der Formen vollendet, streift Er die Illusion von deren augenscheinlicher Wirklichkeit ab.

Gegen den Uhrzeigersinn gelesen, sehen wir, daß die ersten aus dem Schöpfungspunkt hervorgehenden Formen, die von Seelen angenommen werden, gasförmig sind. Während das Bewußtsein sich entwickelt, nehmen die Seelen wie angezeigt zahllose Formen an, wobei sie zunehmende Eindrücke (*Sanskaras*) erfahren. Im Zustand des Menschen angekommen, hat die Seele vollständiges Bewußtsein erlangt und reinkarniert sich zahllose Male, bis sie bereit ist, die Involution zu erfahren; all das spielt sich ab, während sie in der grobstofflichen Welt verkörpert ist.

Während sie sich von den *Sanskaras* befreit, wird sich die aufsteigende Seele allmählich der sieben Ebenen und höheren Sphären bewußt, bis sie von allen Bindungen befreit ist und mit GOTT eins wird (GOTT-Verwirklichung).

Die ersten drei Ebenen stellen feinstoffliches Bewußtsein dar; die vierte repräsentiert die unglaublichen Mächte und Energien, denen man dort begegnet; die fünfte ist die Ebene der Heiligkeit und befindet sich in der mentalen Sphäre; die sechste ist die Ebene der Erleuchtung; und die siebte ist die Ebene der GOTT-Verwirklichung, das heißt der Einheit mit GOTT.

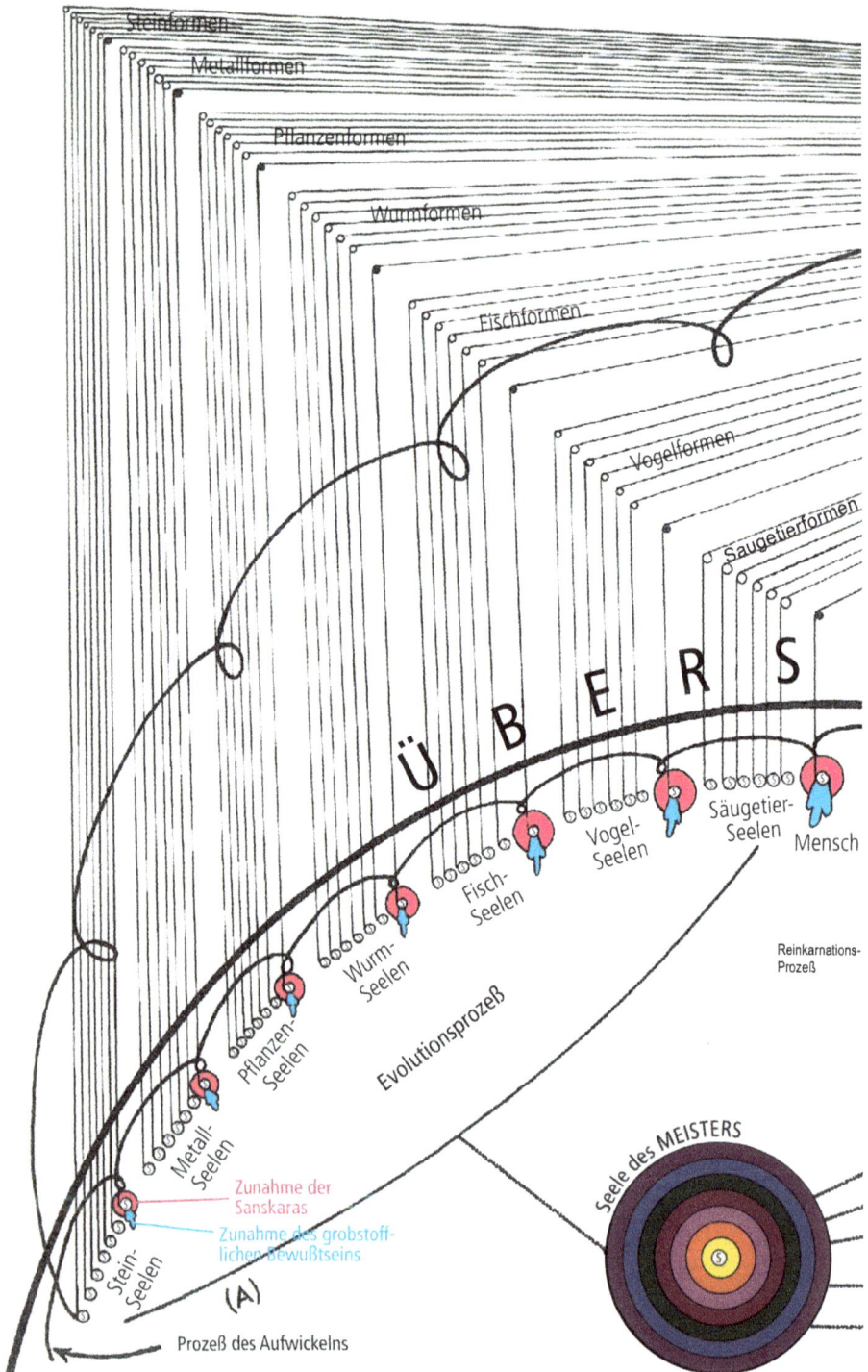

Steinformen

Metallformen

Pflanzenformen

Wurmformen

Fischformen

Vogelformen

Säugetierformen

ÜBERS

Fisch-Seelen

Vogel-Seelen

Säugetier-Seelen

Mensch

Wurm-Seelen

Pflanzen-Seelen

Metall-Seelen

Evolutionsprozeß

Reinkarnations-Prozeß

Zunahme der Sanskaras

Zunahme des grobstofflichen Bewußtseins

Seele des MEISTERS

Stein-Seelen

(A)

Prozeß des Aufwickelns

Das Göttliche Thema, von Meher Baba, 17. Mai 1943

Farbtafel IX

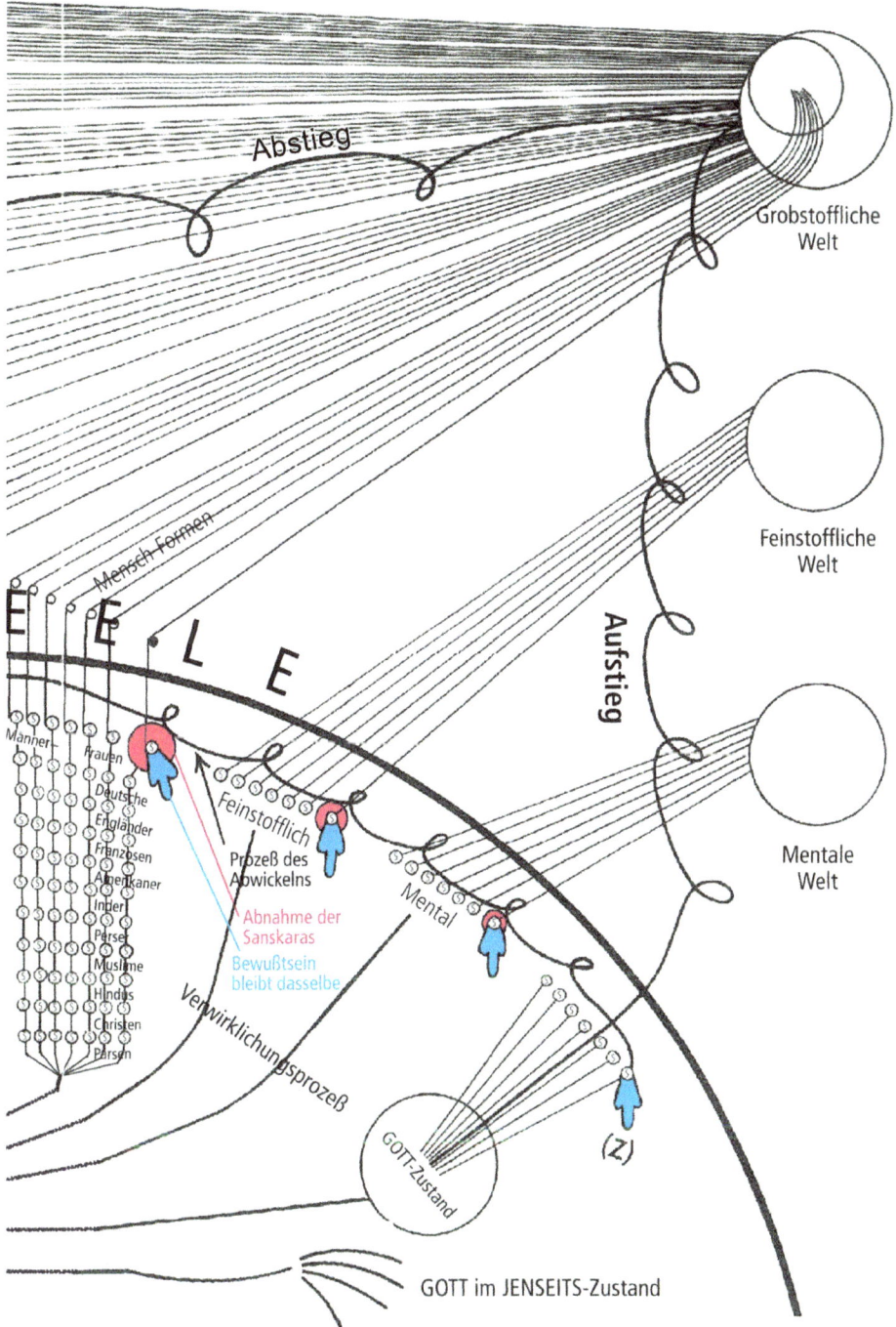

Abstieg

Grobstoffliche
Welt

Mensch-Formen

Feinstoffliche
Welt

Aufstieg

E E · L E

Männer Frauen

Deutsche
Engländer
Franzosen
Amerikaner
Inder
Perser
Muslime
Hindus
Christen
Parsen

Feinstofflich

Prozeß des
Abwickelns

Abnahme der
Sanskaras

Bewußtsein
bleibt dasselbe

Mental

Mentale
Welt

Verwirklichungsprozeß

GOTT-Zustand

(Z)

GOTT im JENSEITS-Zustand

Das Göttliche Thema, von Meher Baba, 17. Mai 1943

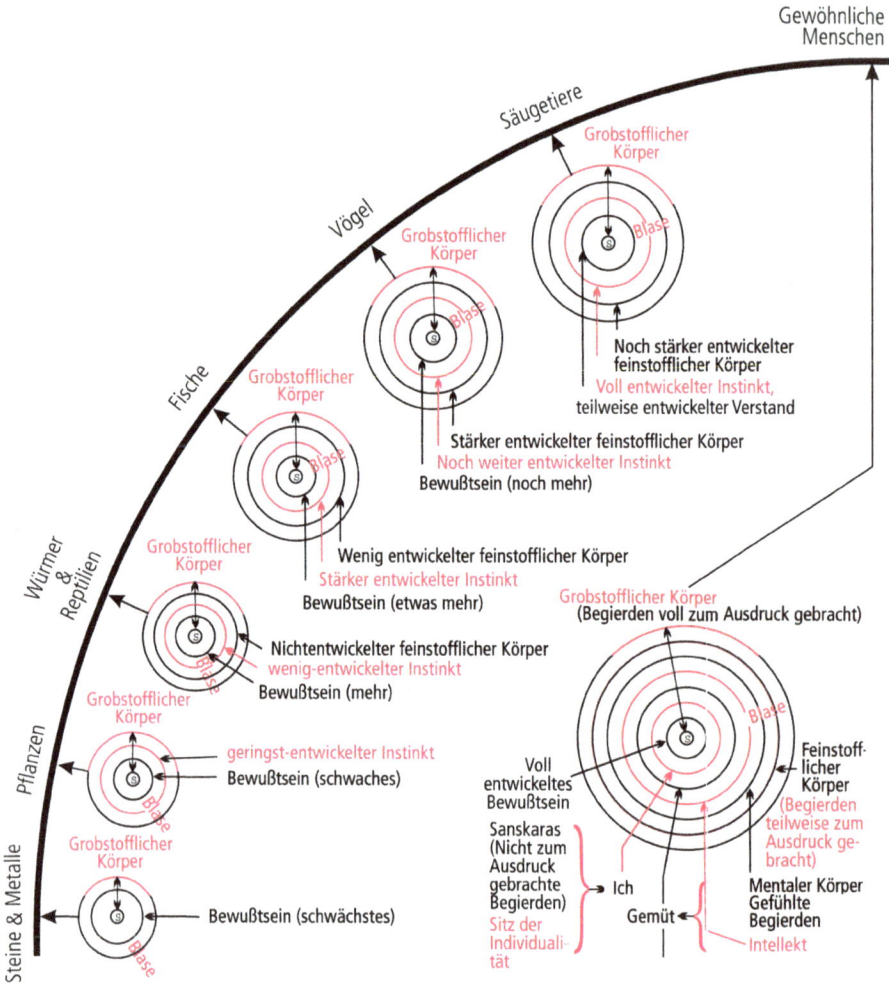

Gewöhnliche Menschen

Säugetiere

Vögel

Fische

Würmer & Reptilien

Pflanzen

Steine & Metalle

Grobstofflicher Körper

Grobstofflicher Körper

Grobstofflicher Körper

Grobstofflicher Körper

Grobstofflicher Körper

Grobstofflicher Körper

Blase

Noch stärker entwickelter feinstofflicher Körper
Voll entwickelter Instinkt, teilweise entwickelter Verstand

Stärker entwickelter feinstofflicher Körper
Noch weiter entwickelter Instinkt
Bewußtsein (noch mehr)

Wenig entwickelter feinstofflicher Körper
Stärker entwickelter Instinkt
Bewußtsein (etwas mehr)

Nichtentwickelter feinstofflicher Körper
wenig-entwickelter Instinkt
Bewußtsein (mehr)

geringst-entwickelter Instinkt
Bewußtsein (schwaches)

Bewußtsein (schwächstes)

Grobstofflicher Körper
(Begierden voll zum Ausdruck gebracht)

Blase

Voll entwickeltes Bewußtsein

Feinstofflicher Körper
(Begierden teilweise zum Ausdruck gebracht)

Sanskaras
(Nicht zum Ausdruck gebrachte Begierden)
Sitz der Individualität

Ich

Gemüt

Mentaler Körper
Gefühlte Begierden

Intellekt

Farbtafel X

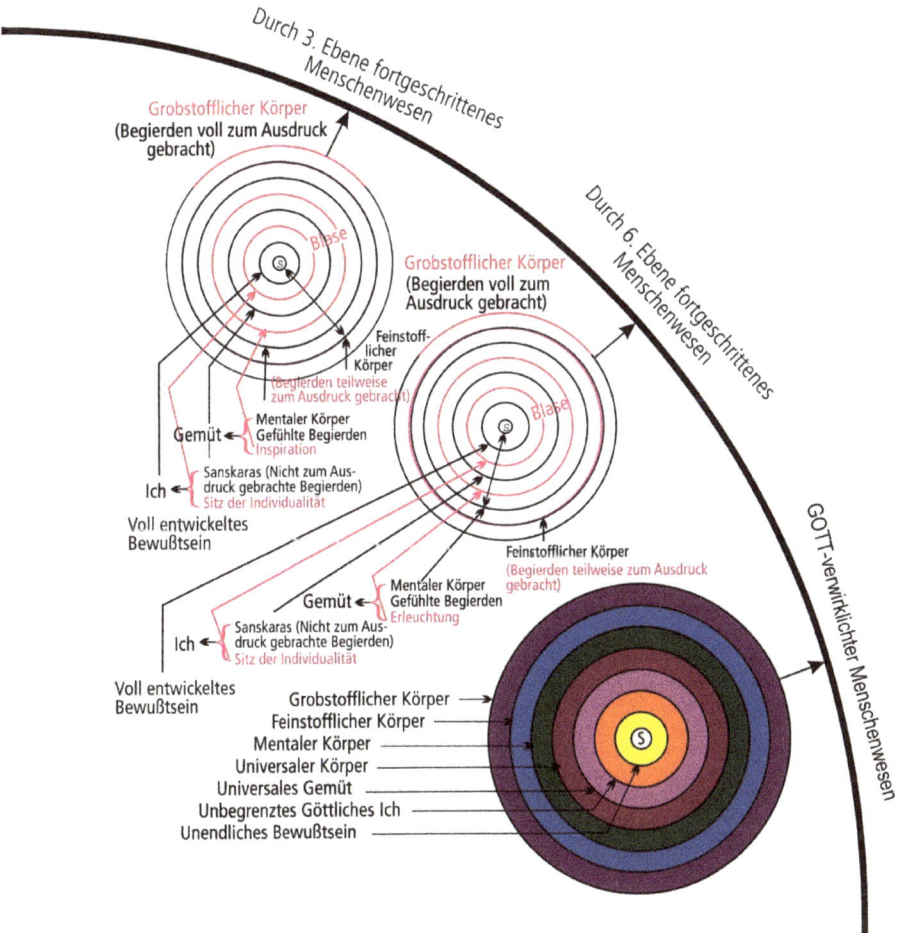

Mystische, sufische und vedantische Begriffe in Bezug auf die

(Von Meher Baba autorisiertes Diagramm von Ludwig Dimpfl)

Gott im Jenseits-des-Jenseits-Zustand

Das Verborgene des Verborgenen	Die reine Essenz	Das Unwissbare und Undefinierbare
Ghaib-ul-Ghaib	Zat-al-Baht	Majhul-un-Nat

Na La Sifat La Surat – Na Ba Sifat Ba Surat
Na Nirguna Nirakar Na Saguna Sakar

Weder ohne Eigenschaften noch mit Form, noch mit Eigenschaften und Form

Gott im Jenseits-Zustand

Allah	Paramatma	Allah	Paramatma

7 — Wirklichkeit

Mit Eigenschaften und Form — Ba Sifat Ba Surat — Saguna Sakar

Wirkliche Sphäre — Alam-e-Hahut — Vidnyan Bhumika

Ohne Eigenschaften o. Form — La Sifat La Surat — Nirguna Nirakar

Wirkliche Sphäre — Alam-e-Lahut

Haqiqat

Paramatma / Allah

Satyanubhuti

In Gott verweilend — Baqa-billah — Sahaj Samadhi — Atma Pratisthapana

Gnosis der Wirklichkeit — Marefat-e-Haqiqat

Amt des Muhammed — Muqam-e-Muhammadi	Erlöser — Rasool / Avatar
Wirklichkeit des Muhammed — Haqiqat-e-Muhammadi	Vollkommener Meister — Qutub / Sadguru
Licht des Muhammed — Nur-e-Muhammadi	Zuhöchstvollkommener — Salik-e-Mukammil
Der hohe Thron — Arsh-e-Ala	

Zustand des Muhammed

Halat-e-Muhammadi

Höchstvollkommener — Salik-e-Akmal	
Vollkommener — Salik-e-Kamil	
Befreiter Inkarnierter — Azad-e-Mutlaq / Jivanmukta	
Fana-ma-al-Baqa — Göttlicher Knotenpunkt — Turiya Avastha	
Göttlicher Übermensch — Salik-Majzoob	
Majzoob-Salik / Paramhansa	
Göttlich Absorbierter — Majzoob-e-Kamil / Brahmi Bhoot	
(Ende der Ersten Göttlichen Reise)	

Gewöhnlicher Körper — Mahakarana Sharir — Universales Gemüt — Aqle-Kull — Sarvebhaumic Manas — Göttliches Ich

Fana-Fillah	- - - Gott-Verwirklichung - - -	Nirvikalpa
Das endgültige Fana	Vernichtung des Gemüts (Ich)	Manonash

Ebene	SPHÄRE	DER PFAD DER TRUNKENHEIT — MASTI	SULUK — DER PFAD DER NÜCHTERNHEIT	
			Mashghul Allah — Gott-absorbiert	Ma Allah — Gott-vereint

Der Pfad — Adhyatma Marga

6 — Mentale Sphäre — Alam-e-jabrut — Mano Bhuvan

Gott-berauscht — Mast Allah

Gott-absorbierte Pilger sind nie auf der sechsten Ebene.

Erfahrener — Afrad / Satpurush — Pir

5

Gott-absorbierte Pilger auf der fünften Ebene vollenden ihre Reise danach als Masts.

Heiliger — Abrar / Mahapurush — Wali

4 — Feinstoffliche Sphäre — Alam-e-Malakut — Pran Bhuvan

Gott-absorbierte Pilger sind nie auf der vierten Ebene.

Große Seele — Abdal / Mahatma — Akhyar

Pilger auf dem Pfad – Reisende — Sadhaks / Rahravan

MASTS

SALIK-ÄHNLICHE PILGER

Erfahrene Pilger

3
2 — Tariqat
1

Fortgeschrittene Pilger

Eingeweihte Pilger

mentaler Körper — Jism-e-Altaf — Karan Sharir

Feinstofflicher Körper — Jism-e-Latif — Sukshma Sharir

0 — Grobstoffliche Sphäre — Alam-e-Nasut — Anna Bhuvan

Gott-Verrückter — Divana Allah

Talib	Suchender
Hawa	Einer, der noch nicht auf dem Pfad, aber nicht weit davon entfernt ist.

Religion — Dharma Shastra — Karma-Kanda — Shariat

Der größte Teil der Menschheit (In der Illusion gebundene Seelen)

grobstofflicher Körper — Jism-e-Kasif — Sthul Sharir

SCHLÜSSEL: Begriffe erscheinen horizontal rechts von der Nummer der Ebene, auf die sie sich beziehen.
Klassen von Themen für die Spalten werden horizontal zwischen Ebene 6 und 7 aufgeführt.
Die Farbe der Schrift zeigt an, welchen Ursprung die betreffenden Termini haben:
schwarz = mystisch, blau = sufisch, rot = vedantisch oder mit dem Vedanta verwandt.

Ebenen des Bewußtseins, wie sie in Gott spricht verwendet werden

Jenseits des Jenseits Wara-ul-Wara	Paratpar Parabrahma Der dunkle Nebel Al Ama	Der Zustand, in Bezug auf den alle Hinweise fallengelassen werden Munqata-ul-Izharat	Latent
Gott, der Vater Allah — Paramatma — Allah — Paramatma			Nichtbewußt

(rechts vertikal: Sat-Chit-Anand)

Gewißheiten	Existenzen	Manifestationen	Vereinigungen	Formen des Ich	Aspekt	Macht Wissen – Glückseligkeit
Gewißheit der Gnosis Urf-ul-Yaqin	Wissende Existenz Arif-ul-Wujud	Die Zweite Manifestation Tajalli-e-Divvom	Die Vereinigung der Existenz	Bewußte Einheit Der Einheit in der Vielheit bewußt Wahdiyat-e-Wahidiyat	Gleichzeitig Liebender und Geliebter Ashiq/Mashuq	Erfährt diese bewußt, erfreut sich ihrer und verwendet sie, um jenen zu helfen, die in der Illusion gebunden sind.
Gewißheit der Verwirklichung Haqq-ul-Yaqin	Einheitliche Existenz Wahid-ul-Wujud	Die Erste Manifestation Tajalli-e-Avval	Tauhid-e-Zati	Einheit Ahadiyat	Liebender und Geliebter in Einem Ashiq-o-Mashuq	Erfährt diese und erfreut sich dieser bewußt. Auch der Illusion bewußt. Verwendet Macht-Wissen-Glückseligkeit nicht in der Illusion.
						Erfährt diese und erfreut sich dieser bewußt, aber verwendet sie nicht.

(rechts vertikal: Qudrat-Marefat-Musarrat) II

Anal Haqq — „Ich bin Gott" — Aham Brahmasmi

Absoluter Vakuum-Zustand — Nirvana

Gewißheiten	Existenzen	Manifestationen	Vereinigungen	Formen des Ich	Aspekt	Macht Wissen – Glückseligkeit
Gewißheit der Schau Ain-ul-Yaqin	Unmögliche oder Negative Existenz Mumtan-ul-Wujud	Die Dritte Manifestation Tajalli-e-Sevvom	Vereinig. der Eigenschaften Tauhid-e-Sifati	Inspiriertes Ich Nafs-e-Mulhima	Liebender Ashiq	Manifestationen der mentalen Welt II Schöpfer und Beherrscher von Gedanken und Gefühlen (keine Macht)
Gewißheit auf dem Pfad bis hinauf zur fünften Ebene Yaqin-ul-Yaqin			Vereinigung der Gefühle Tauhid-e-Ahwali	Beseligtes Ich Nafs-e-Mutmainna	Wissender Arif	
Yaqin-ul-Yaqin	Mögliche Existenz Mumkin-ul-Wujud	Die Vierte Manifestation Tajalli-e-Chaharom	Vereinigung des Handelns Tauhid-e-Afa'ali	Reuiges Ich Nafs-e-Lawaama	Preisender Wasif	Manifestationen der feinstofflichen Welt (Macht)
Intellektuelle Gewißheit Ilm-ul-Yaqin	Notwendige Existenz Wajib-ul-Wujud	Die Fünfte Manifestation Tajalli-e-Panjom	Vereinigung der Rede Tauhid-e-Aqwali	Lüsternes Ich Nafs-e-Ammara	Wohltäter oder Almosengeber Waqif	grobstoffliche Manifestationen wie z.B. menschliches Glück, menschliches Wissen, Hitze oder atomare Energie

(rechts vertikal: Unendliche(s) Macht, Wissen, Glückseligkeit)

Ursprüglicher Entwurf dieses Diagramms von L. Dimpfl. er wurde Meher Baba am 25. Oktober 1964 per Post zugesandt, von Meher Baba durchgesehen und korrigiert und von Eruch B. Jessawala am 12. April 1969 zurückgesandt. Copyright © 1971 by Sufism Reoriented, Inc.

So kommt es, daß GOTT als Mensch, der sich selbst als der *Avatar* verkündet, es erleiden muß, verfolgt und gefoltert zu werden, von der Menschheit gedemütigt und verurteilt zu werden, um derentwillen Seine unendliche Liebe Ihn so tief hinabsteigen ließ, damit die Menschheit gerade durch den Akt der Verdammung der Manifestation GOTTES in Gestalt des *Avatar*, wenn auch indirekt, die Existenz GOTTES in Seinem unendlichen, ewigen Zustand der WIRKLICHKEIT anerkennt.

Der *Avatar* ist stets Ein und Derselbe, weil GOTT stets Ein und Derselbe ist[57] – nämlich der ewige, unteilbare, unendliche EINE, der sich in Menschengestalt als der *Avatar* manifestiert – als der Messias, der Prophet, der Buddha, der URALTE, der HÖCHSTE DER HOHEN. Dieser ewig EINE und selbe *Avatar* wird von Zeit zu Zeit in verschiedenen Zyklen veranlaßt, seine Manifestationen zu wiederholen, unter verschiedenen Namen und menschlichen Gestalten und an verschiedenen Orten, um die WAHRHEIT in verschiedenen Gewändern und verschiedenen Sprachen zu offenbaren, um die Menschheit aus der Grube der Unwissenheit herauszuholen und aus der Sklaverei der Verblendungen zu befreien.

Während der avatarischen Periode gibt der eine von den zu dieser Zeit lebenden fünf VOLLKOMMENEN MEISTERN, der bisher als *Qutub-e-Irshad* fungiert hat, sein göttliches Amt bei der Ankunft des *Avatar* auf und übergibt seine **Pflichten** und **Aufgaben** als einzig Verantwortlicher für die Angelegenheiten des Universums in die Hände des GOTT-Menschen, sobald Er in der Lage ist, sein Amt als der CHRISTUS – der *Avatar* des Zeitalters – zu übernehmen. Und er bleibt selbst, solange er sich in einem grobstofflichen Körper befindet, im selben Amt als *Qutub* wie die anderen vier.

Trotz der Ankunft des *Avatar* muß es sechsundfünfzig GOTT-Verwirklichte in menschlicher Gestalt geben, und unter diesen

---

57 [Mehr Baba wurde gefragt, ob ein VOLLKOMMENER MEISTER jemals zur Erde zurückkehrt, nachdem er seinen Körper verlassen hat, also ob er sich jemals wieder inkarniert. Baba antwortete: »Nein, niemals. Nur der *Avatar* inkarniert sich wieder und wieder.« (Anm. d. Hrsg.)]

sechsundfünfzig müssen die fünf VOLLKOMMENEN MEISTER sein, die auf Erden leben. Gibt einer dieser fünf VOLLKOMMENEN MEISTER seinen physischen Körper auf, bleibt sein Amt niemals vakant. Es wird unweigerlich von einem anderen lebenden GOTT-Verwirklichten ausgefüllt, der zu der Zeit die ewige WIRKLICHKEIT erkannt hat. Daher gibt es, selbst wenn der *Avatar* auf der Erde weilt, sechsundfünfzig GOTT-Verwirklichte, darunter die fünf VOLLKOMMENEN MEISTER in Menschengestalt. Doch der *Avatar* wird zur einzigen **Autorität**.

Meher Babas Erklärung der Farbtafel VII
(siehe Farbteil)

Mit der Energie aus den feinstofflichen und der Erleuchtung aus den mentalen Sphären hat sich das grobstoffliche Universum seit Billionen über Billionen von Jahren zu zahllosen Sternen, Sonnen, Planeten, Welten, Monden und Meteoren ausgebildet und ist wieder zerfallen und wird es auch für Trillionen über Trillionen von Jahren weiterhin tun. Doch gibt es so etwas wie Zeit und Raum tatsächlich nicht. Sobald die Seele einmal von der Illusion befreit ist, hört ILLUSION nicht einfach nur zu bestehen auf, sondern es stellt sich dann heraus, daß sie überhaupt niemals existiert hat.

. Nach schrittweiser Evolution durch die mineralischen, pflanzlichen und animalischen Reiche des grobstofflichen Universums während einer bestimmten, jedoch nicht meßbaren Periode von Millionen, Milliarden und Billionen von Jahren erreicht das Bewußtsein im Menschen Vollkommenheit. Der Mensch sollte dann eigentlich GOTT-bewußt sein, wird es jedoch nicht wegen der sanskarischen Bindungen, die entstanden sind aus den während der Evolution des Bewußtseins gesammelten Eindrücken der illusorischen Erfahrungen. Also bleibt der Mensch nur des Grobstofflichen voll bewußt.

Bevor das vollkommene, jedoch grobstoffliche Bewußtsein des Menschen in die WIRKLICHKEIT des GOTT-Bewußtseins involvieren kann, muß es zunächst ins feinstoffliche und vom feinstofflichen ins volle mentale Bewußtsein involvieren. Zu diesem Zweck müssen die grobstofflichen Eindrücke in feinstoffliche und von diesen in mentale verwandelt werden und dabei vom Ausmaß her die Schwäche und Feinheit früherer Eindrücke wiedererlangen, wie sie in den mineralischen und pflanzlichen Formen gesammelt wurden – wobei der fundamentale Unterschied im Bewußtsein besteht.

Anders als bei dem im Prozeß der Evolution verfolgten definitiven Verlauf kann der Mensch als Mensch sein Bewußtsein voll und frei nutzen. Daher kann der voll grobstofflich-bewußte Mensch entsprechend der daraus resultierenden Festigung oder Lockerung seiner sanskarischen Bindungen voll feinstofflich-bewußt werden und danach voll mentalbewußt, manchmal nach wenigen und manchmal nach zahlreichen menschlichen Reinkarnationen zwischen jeder der beiden Involutionen seines Bewußtseins. Und wenn man das Glück hat, mit göttlicher Liebe seitens eines »Liebhaber GOTTES« gesegnet zu werden, oder wenn man die lenkende Hand eines VOLLKOMMENEN MEISTERS verspürt, dann läßt sich die Emanzipation von allen Bindungen, wie groß und kompliziert sie auch sein mögen, viel leichter und schneller erlangen. In Ausnahmefällen ist auch eine augenblickliche Emanzipation möglich, ohne Einbeziehung einer einzigen Reinkarnation.

Um jedoch die Bindungen durch die gegensätzlichen Erfahrungen der Dualität der ILLUSION, das heißt durch Schmerz und Lust, Gut und Böse, Mann und Frau, Stark und Schwach, und so weiter von sich aus zu lockern, muß der Mensch der vielfältigen Erfahrungen für vierundachtzig Laks der Zeit durch etwa fünfzig Karore[58] des Todesschlafs hindurch bewußt bleiben. Dennoch wird der Mensch infolge der alles durchdringenden Gnade GOTTES feinstofflich- und mentalbewußt und ist dadurch in der Lage, die Sackgasse immer wiederkehrender Geburten und Tode mehr oder weniger abzukürzen.

---

58 Ein »Karor« ist eine indische Maßeinheit; sie bedeutet »zehn Millionen«. (Anm. d. Übers.)

244

Durch die Gnade des Gott-Menschen oder Mensch-Gottes wird sich der Mensch schließlich in weit weniger als einem Wimpernschlag zum Gott voll bewußt und merkt, daß Zeit und Raum aus Seiner eigenen Ewigkeit und Unendlichkeit geboren werden, in der Zeit und Raum überhaupt nicht existieren.[59]

---

59 Um weitere Klarstellung gebeten, schrieb Eruch B. Jessawala als Antwort: »Der Hinweis auf fünfzig Karore des Todesschlafs bezieht sich in etwa auf die Anzahl, die eine Seele während des Prozesses der Evolution des Bewußtseins an Formen und Reinkarnationen mit der Hilfe von Veränderungen in den mitwirkenden Medien, also an Assoziation mit und Dissoziation von verschiedenen Formen verschiedener Spezies durchmachen muß.

Vierundachtzig *Laks* von Umschüttelungen oder Reinkarnationen sind in *menschlicher Form*, doch fünfzig Karore von Todesschlaf schließen prähumane Formen von Assoziationen mit und Dissoziationen von Medien und die Erfahrungen ihrer Eindrücke ein.

Der Mensch braucht nicht öfter zu sterben, als er geboren werden kann! Der Mensch wird einmal geboren mit der Geburt des Gemüts, und der Mensch stirbt einmal mit der Vernichtung des Gemüts. Insofern gibt es in der Tat keine Reinkarnation. Es ist bloß ein Prozeß von Karoren von Todesschlaf für das Gemüt, das einmal geboren wird und einmal stirbt! Die Geburt des Gemüts beinhaltet die Prozesse von Evolution, Reinkarnation und Involution. Der Tod des Gemüts ist die Verwirklichung des Selbst.« (Anm. d. Hrsg.)]

Die zehn Zustände Gottes

Von Eruch B. Jessawala

Das hier folgende Kapitel »Die zehn Zustände Gottes« wurde von Eruch B. Jessawala unter der direkten Aufsicht von Meher Baba geschrieben. Es beschreibt und interpretiert die Original-farbtafel »Die zehn Zustände Gottes« von Meher Baba.

– Die Herausgeber

Die zehn Hauptzustände Gottes

Dargestellt von Meher Baba[60]

Zustand I	GOTT	im	JENSEITS-DES-JENSEITS
Zustand II	GOTT	im	JENSEITS Unterzustände A, B, C
Zustand III	GOTT	als	Ausstrahler, Bewahrer und Auflöser
Zustand IV	GOTT	als	verkörperte Seele
Zustand V	GOTT	als	Seele im Zustand der Evolution
Zustand VI	GOTT	als	menschliche Seele im Zustand der Reinkarnation
Zustand VII	GOTT	im	Zustand der spirituell fortgeschrittenen Seelen
Zustand VIII	GOTT	als	göttlich versunken
Zustand IX	GOTT	als	befreite inkarnierte Seele
Zustand X	GOTT	als	Mensch-GOTT und GOTT-Mensch

---

60 Siehe Farbtafel VIII im Farbteil.

Teil 9

Die zehn Zustände Gottes

Die Seiten dieses Kapitels sind um die Farbtafel aufgebaut, die
»Die zehn Zustände GOTTES« darstellt. Diese Farbtafel wurde
von Meher Baba selbst zur Verfügung gestellt. Es ist ein Edel-
stein aus dem unergründlichen Schatz seiner höchsten Gnosis.
Die spirituellen Begriffe dieser Farbtafel wurden mit den am
meisten allgemein akzeptierten sufischen, vedantischen und
christlichen mystischen Entsprechungen verknüpft.

Wenn wir diese Farbtafel aus der Vogelschau betrachten, dann
zeigt sich, daß es etwas beschreibt, das im Grunde die Abwärts-
fahrt der ÜBERSEELE zum untersten Punkt der Rückentwicklung
(Devolution) als Mensch (*Insan, Jiv-Atma*) ist, und ihre erneute
Aufwärtsfahrt durch die sich entfaltenden Bewußtseinsebenen,
zurück zu der ursprünglichen Quelle, zunächst als der göttlich
versunkene *Majzoob-e-Kamil* und schließlich kulminierend im
VOLLKOMMENEN MENSCHEN (*Insan-e-Kamil, Shiv-Atma*). Die
zehn verschiedenen Zustände GOTTES sind Hauptstadien dieser
Reise, einer Reise, auf der der unbewußte GOTT zum bewußten
Menschen wird, um bewußter GOTT zu werden.

Obwohl diese Zustände GOTTES als augenscheinlich voneinander unterschieden beschrieben werden, sind sie tatsächlich
zehn **Aspekte** des EINEN GOTTES, der EINS ist und immer sein
wird. Abstieg und Aufstieg der ÜBERSEELE finden nur in der
Einbildung statt, und mit dem Aufhören der Einbildung kommt
bei vollem Bewußtsein die Erkenntnis für die individuelle Seele,
daß GOTT alleine existiert und alles und jedes, was sonst zu existieren scheint, nichts als Sein Schatten ist.

Meher Babas Gnosis unterstützt ohne Zweideutigkeit sowohl die Theorie der Identität (*Wahdat-ul-wujud*) (34) als auch die Theorie des *Advaita*. In der von Meher Baba erstellten Farbtafel »Die zehn Zustände GOTTES« wird klargestellt, daß es GOTT allein ist, der die verschiedenen Rollen spielt, die wirklichen wie die eingebildeten. Der Anfang ist GOTT und das Ende ist GOTT; die Zwischenstadien können nichts anderes als GOTT sein. Das spirituelle Diktum der muslimischen Theologie ist: »*Huwal awwal, Huwal akher, Huwal zaher, Huwal batin*« (Er ist der erste, Er ist der letzte, Er ist der äußere, Er ist der innere).

Im *Gulshan-e-Raz* sagt Maulana Shabistari:

> *Gar andar āmad avval ham bidar shud*
> *Agar cih dar ma'ād az dar bidar shud.*

> Er kehrt zu der Tür zurück, durch die er zuerst herauskam,
> Obwohl er während seiner Reise von Tür zu Tür ging.

Wir werden jetzt versuchen, kurz und prägnant jeden einzelnen dieser zehn Zustände GOTTES zu beschreiben, wie Meher Baba sie erklärte.

Zustand I
Gott im Jenseits-des-Jenseits-Zustand

Dieser Zustand GOTTES ist so transzendent, daß man sich von ihm keine wirkliche Vorstellung machen kann. Er ist im höchsten Maße rein und makellos und hat keinen Beigeschmack von etwas »Anderem«. Er ist das Verborgenste allen verborgenen Wissens und die innerste aller inneren Wirklichkeiten. Er entzieht sich allen Worten und kann daher nicht angemessen beschrieben werden. Er ist weder endlich noch unendlich, weder eigenschaftslos noch mit Eigenschaften ausgestattet. In dieser

Domäne sind die Schwingen des Denkens, Schlußfolgerns, der Unterscheidung und des Verstehens lahm und nutzlos.

Bikhiyāl dar nagunjad, tū khiyāl-i khvud maranjān
Zi jahat buvad mubarrā matalab bihīc sūyash.
– *Hafiz*

Er kann nicht vom Verstand erfaßt werden, daher bemühe dich nicht, Ihn zu verstehen;
Er ist frei von allen Richtungen, versuche daher nicht, Ihn irgendwo zu suchen.

Meher Baba sagt: Wenn jemand, der diesen Zustand GOTTES **verwirklicht** hat, den Versuch macht, ihn anderen zu beschreiben, dann wird dieser Versuch zu einer Beschreibung nicht des ersten, sondern des zweiten Zustands GOTTES – GOTT im JENSEITS-Zustand.

Es ist die EWIGKEIT aller Ewigkeiten (*Azl-ul-Azal*), weil man sich keine Ewigkeit denken kann, die ihr vorausgeht oder folgt. Hier werden alle Indikationen ausgelöscht (*Munqata-ul-Izharat*), da kein anderes Ding existiert, auf das man hinweisen oder sich beziehen kann. Diese reine Essenz (*Zat-al-Baht*) ist sich keines Dings bewußt, nicht einmal seiner selbst.

Die Sufis haben diesen Zustand *Wara-ul-Wara* genannt – den JENSEITS-DES-JENSEITS-Zustand GOTTES. Im Vedanta nennt man ihn *Paratpar Parabrahma*.

Dies ist der Zustand, in dem GOTT weder *Nirguna* (eigenschaftslos) noch *Saguna* (mit Eigenschaften ausgestattet) ist, weder *Nirakar* (formlos) noch *Sakar* (mit Formen ausgestattet).

Von allen zehn Hauptzuständen GOTTES ist der erste und der ursprünglichste Zustand der JENSEITS-DES-JENSEITS-Zustand GOTTES.

Als es im Jenseits des Anfangs vom ANFANG keine anderen Zustände GOTTES gab, herrschte nur der ursprünglichste unendliche Zustand GOTTES (das heißt der »GOTT-IST«-Zustand) als der JENSEITS-DES-JENSEITS-Zustand GOTTES vor.

In der Unendlichkeit dieses JENSEITS-DES-JENSEITS-Zustands GOTTES ist nur die Unendlichkeit der UNENDLICHKEIT als das grenzenlose, absolute unendliche GÖTTLICHE VAKUUM manifest. Und alle anderen Zustände, Eigenschaften und Aspekte GOTTES, das unendliche Bewußtsein und das unendliche Nichtbewußtsein eingeschlossen, sind alle als das NICHTS in jener UNENDLICHKEIT des grenzenlosen, absoluten, unendlichen GÖTTLICHEN VAKUUMS als das ALLES (das ALLES schließt auch das NICHTS ein) latent.

Dementsprechend ist der ursprünglichste JENSEITS-DES-JENSEITS-Zustand GOTTES jener Zustand, in dem man nur sagen kann: GOTT-IST in Ewigkeit; und daß GOTT sich in diesem ursprünglichsten Zustand weder unendlich noch endlich Seines SELBST oder Seines eigenen Zustands der Unendlichkeit bewußt oder nicht bewußt ist. In diesem Zustand ist GOTT sich auch weder der ILLUSION noch der WIRKLICHKEIT bewußt oder nicht bewußt.

Zustand II
Gott im Jenseits-Zustand

Wir haben bereits festgestellt, daß der JENSEITS-DES-JENSEITS-Zustand GOTTES niemals angemessen beschrieben werden kann. Wenn GOTT-verwirklichte Wesen den Versuch machen, den JENSEITS-DES-JENSEITS-Zustand zu beschreiben, gelingt es ihnen nur, den JENSEITS-Zustand GOTTES zu beschreiben, der bei den Sufis *Allah* ist, bei den Zoroaster-Anhängern der *Ahuramazda*, bei den Anhängern des *Vedanta* der *Paramatma*, bei den Christen GOTTVATER und bei einigen Philosophen die ÜBERSEELE. GOTT im JENSEITS-Zustand ist absolut, unbegrenzt und unendlich – der EINE ohne einen Zweiten.

Bei der Beschreibung dieses zweiten Zustands GOTTES betonte Meher Baba, daß der Zustand II sich grundlegend keineswegs vom Zustand I unterscheidet. Es sind vielmehr die Unterzustände A, B und C des Zustands II, die den Unterschied erzeugen.

Wie, wann und wo dieser Unterschied zustande kam wird nach den Erläuterungen Meher Babas wie folgt beschrieben:

In dem Augenblick, in dem die latente ursprüngliche unendliche Laune des unendlichen GOTTES, Sich Selbst zu erkennen (»Wer bin ich?«) im Begriff ist, in der grenzenlosen Gleichförmigkeit des grenzenlosen, absoluten, unendlichen GÖTTLICHEN VAKUUMS des **ursprünglichsten** JENSEITS-DES-JENSEITS-Zustands GOTTES aufzuwallen, wird die eigentliche Aussicht dieses unendlichen Wissensdrangs, der die ewig ruhige Ausgeglichenheit GOTTES im grenzenlosen, absoluten, unendlichen GÖTTLICHEN VAKUUM anstößt, undenkbar.

Die **Tatsache** jedoch des Aufwallens der unendlichen Laune und ihrer eigentlichen Unvorstellbarkeit, führt spontan einen anderen Aspekt des Zustands GOTTES herbei als den ursprünglichsten JENSEITS-DES-JENSEITS-Zustand grenzenlosen, absoluten unendlichen GÖTTLICHEN VAKUUMS, in dem es weder Aussichten noch Aspekte noch Eigenschaften gibt, weder das unendliche noch das endliche Bewußtsein, weder das unendliche noch das endliche Nichtbewußtsein. Mit Ausnahme der auf ewig manifesten Unendlichkeit GOTTES ist in ihm alles andere latent, die unendliche Laune und der daraus folgende unendliche Wissensdrang eingeschlossen.

So kommt es, daß die eigentliche Undenkbarkeit der Möglichkeit der unendlichen Laune, die im JENSEITS-DES-JENSEITS-Zustand aufwallt, automatisch das Ausgerichtetsein entfaltet, das ebenfalls im unendlichen Zustand latent ist. Und diese Manifestation (des Möglichen) verleiht dem ursprünglichsten JENSEITS-DES-JENSEITS-Zustand GOTTES die Aussicht auf einen unendlichen Aspekt, der sich von dem des ursprünglichsten und ewigen Zustands unterscheidet.

Dementsprechend tritt der zweite Zustand GOTTES nur als ein weiterer unendlicher Aspekt des ursprünglichsten ersten Zustands in Erscheinung. Diesen zweiten der zehn Hauptzustände GOTTES nennt man URSPRÜNGLICHER-JENSEITS-ZUSTAND GOTTES.

Man sollte sehr darauf achten, diesen ursprünglichen zweiten Zustand GOTTES, der in der Farbtafel mit II gekennzeichnet ist und der »Gott im Jenseits-Zustand« genannt ist, auf keinen Fall für einen Zustand zu halten, der völlig anders ist als der ursprünglichste erste Zustand Gottes, der in der Farbtafel als I gekennzeichnet und der »Gott im Jenseits-des-Jenseits-Zustand« genannt wird.

Der einzige Unterschied zwischen Zustand I und Zustand II Gottes ist der, daß Zustand I ein grenzenloses, absolutes, unendliches Göttliches Vakuum darstellt, in dem selbst die entfernteste Aussicht auf das Aufwallen der unendlichen Laune unvorstellbar ist. Daher kann der unendliche Gott den unendlichen ursprünglichen Wissensdrang des »Wer bin ich?« erst in dem Augenblick denken, in dem die ursprüngliche unendliche Laune in der Unendlichkeit des Gott-Ist-Zustands aufwallt – das heißt erst dann, wenn der aspektlose Zustand I Gottes im Jenseits-des-Jenseits-Zustand den Aspekt des Zustands II von Gott im Jenseits-Zustand bekommt. Auf diese Weise bekommt *Paratpar Parabrahma* den unendlichen Aspekt des *Paramatma*.

Man sollte auch sehr sorgfältig beachten, daß der in der Farbtafel als II bezeichnete Jenseits-Zustand fundamental derselbe ist wie der in der Farbtafel als I bezeichnete Jenseits-des-Jenseits-Zustand Gottes. Doch werden diese beiden Zustände in der Farbtafel getrennt dargestellt. Obwohl nämlich Zustand II Gottes im Jenseits-Zustand derselbe **ursprüngliche** Zustand Gottes ist, ist es dennoch nicht der **ursprünglichste** Zustand Gottes, welcher der Jenseits-des-Jenseits-Zustand ist. Dies folgt zwangsläufig daraus, daß Gott das unendliche Aufwallen der unendlichen ursprünglichen Laune nur denken konnte und den unendlichen ursprünglichen Impuls des unendlichen ursprünglichen Wissensdrangs als »Wer bin ich?« **nur** im Zustand II haben konnte, wenn Gott, ewig im Zustand I, den unendlich ursprünglichen Aspekt von Zustand II annimmt, und zwar innerhalb Seines eigenen ewigen Zustands I, dem ursprünglichsten Jenseits-des-Jenseits-Zustand.

Um es genauer zu sagen: In diesen beiden Zuständen Gottes (Zustand I und Zustand II), ausgenommen die ewig manifeste Unendlichkeit der ewigen Unbegrenztheit Gottes (als das grenzenlose, absolute, unendliche GÖTTLICHE VAKUUM), sind alle Eigenschaften, alle Aspekte, alle Zustände, das unendliche und das endlichste Bewußtsein und Nichtbewußtsein GOTTES, einschließlich GOTTES eigene unendliche Dreifachnatur von MACHT, WISSEN und GLÜCKSELIGKEIT sowie aller anderen Dinge, sämtlich im grenzenlosen, absoluten, unendlichen GÖTTLICHEN VAKUUM latent.

Alles das, was in der UNENDLICHKEIT latent ist, konnte nur im Zustand II GOTTES Aussicht auf Manifestation haben, in dem Zustand, der nur in der Hinsicht als vom Zustand I verschieden gelten kann, daß er diese unendliche Aussicht der Manifestation all dessen hat, was unendlich und äußerst endlich als das NICHTS in der Unendlichkeit GOTTES als das ALLES latent ist.

Sobald die unendliche ursprüngliche Laune GOTTES einmal aufwallte, konnte sie dementsprechend praktisch nur im Zustand II GOTTES aufwallen; und als sie aufwallte, geschah das gleichförmig in der Unendlichkeit GOTTES. Aber als die Laune aufwallte, konnte das Aufwallen dieser Laune niemals von GOTT in Seinem unendlich höchst unabhängigen JENSEITS-DES-JENSEITS-Zustand I **erfahren** werden. Es wurde von GOTT, der auf ewig im ursprünglichsten JENSEITS-DES-JENSEITS-Zustand weilt, nur durch den unendlichen Aspekt Seines Zustands II als »GOTT im JENSEITS-Zustand« erfahren.

Daher werden das unendliche Aufwallen der unendlichen ursprünglichen Laune und die daraus folgenden unendlichen Auswirkungen in Wirklichkeit im Zustand II von GOTT im JENSEITS-Zustand bewirkt.

In dem Augenblick, in dem die unendliche ursprüngliche Laune aufwallte und GOTT den unendlichen ursprünglichen Wissensdrang »Wer bin ich?« verspürte, machte die unendliche Gleichförmigkeit des unendlichen Aufwallens der Laune spontan gleichzeitig das latente unendliche Bewußtsein und das latente unendliche Nichtbewußtsein GOTTES im ursprünglichen Jenseits-Zustand GOTTES manifest, der dennoch ewig im ursprünglichsten JENSEITS-DES-JENSEITS-Zustand weilt.

Diese **gleichzeitige** spontane Manifestation des latenten unendlichen Bewußtseins und unendlichen Nichtbewußtseins liegt jenseits der Fähigkeit des menschlichen Intellekts, zu verstehen und zu verarbeiten. Es ist in der Tat ein Paradox aus dem Bereich der WIRKLICHKEIT und entzieht sich jedem menschlichen Verstehen. Wie konnte GOTT gleichzeitig spontan Sein eigenes unendliches Bewußtsein und Sein unendliches Nichtbewußtsein erlangen? In seiner Erläuterung erklärte Meher Baba, dies sei eine Tatsache und gehöre zum Bereich der WIRKLICHKEIT, könne jedoch vom Verstand niemals verstanden oder erfaßt werden; es läßt sich nur durch Verwirklichung der WIRKLICHKEIT begreifen. Damit wir zumindest irgendeine Vorstellung von dieser in der WIRKLICHKEIT aufgetretenen Tatsache haben und sie nicht bloß als ein paradoxes Mysterium betrachten, machte Meher Baba dieses augenscheinliche Paradox am Beispiel eines Kindes im Mutterleib begreiflich.

Nach der Empfängnis befindet sich das Kind in der Entwicklung im Mutterleib. Und sobald diese Entwicklung ein bestimmtes Stadium erreicht, in dem, zusammen mit anderen Entwicklungen, die Augen des Kindes voll ausgebildet sind, erlangt das Kind gleichzeitig die Fähigkeit, zu »sehen« und »nicht zu sehen«. Ganz gleich, ob das Kind nach der Geburt sieht oder nicht sieht, allein die Tatsache, daß die Augen im Leib der Mutter gebildet wurden, gibt dem Kind den dualen Aspekt seiner eigenen Augen. Sobald die Augen entwickelt sind, sind darin die Fähigkeiten des Sehens und Nichtsehens gleichzeitig enthalten. Öffnet das Kind seine Augen, dann wird es sehen, schließt es sie, dann wird es nicht sehen. Dabei bleibt es Tatsache, daß in dem Augenblick, in dem die Augen entwickelt waren, in ihnen die doppelte Fähigkeit des Sehens und Nichtsehens gleichzeitig enthalten war.

Desgleichen wurden mit dem Aufwallen der ursprünglichen unendlichen Laune in GOTT sowohl das unendliche Bewußtsein wie das unendliche Nichtbewußtsein, die beide in GOTT latent waren, gleichzeitig manifestiert, was dem begrenzten Geist paradox erscheint.

Auf diese Weise erlangte GOTT in Seinem ursprünglichsten Zustand I des JENSEITS-DES-JENSEITS spontan durch Seinen ursprünglichen Zustand II des Jenseits Seinen eigenen unendlich unbewußten Zustand und Seinen unendlich bewußten Zustand gleichzeitig, wie in der Farbtafel als Zustand »A« beziehungsweise Zustand »B« beschrieben.

Dementsprechend ist Gott sich in seinem unendlichen, **nichtbewußten** Jenseits-Zustand, in der Farbtafel als »A« bezeichnet, einerseits mit der spontanen Manifestation unendlichen Nichtbewußtseins auf ewig nicht nur Seiner eigenen unendlichen Existenz unendlich nicht bewußt – wie im ursprünglichsten Jenseits-des-Jenseits-Zustand der Absoluten Unendlichkeit –, sondern Er ist sich auch auf ewig Seines eigenen unendlichen, ursprünglichen Jenseits-Zustands, in der Farbtafel als II aufgezeigt, nicht bewußt.

Andererseits wird Gott sich in Seinem unendlichen **bewußten** Jenseits-Zustand, in der Farbtafel mit »B« bezeichnet, zugleich mit der spontanen Manifestation unendlichen Bewußtseins auf ewig nicht nur unendlich Seiner eigenen ewigen unendlichen Existenz – als im ursprünglichsten Jenseits-des-Jenseits-Zustand Absoluter Unendlichkeit befindlich – bewußt, sondern Er wird sich auch ganz offensichtlich Seines eigenen erlangten unendlichen ursprünglichen Jenseits-Zustands unendlich bewußt, wie er in der Farbtafel als Zustand II bezeichnet wird.

Mit anderen Worten: Nur in dem in der Farbtafel als II bezeichneten Jenseits-Zustand Gottes erlangt Gott spontan mit dem Aufwallen der ursprünglichen unendlichen Laune gleichzeitig Seinen ewigen, unendlichen unbewußten Zustand, bezeichnet als Unterzustand »A«, und Seinen ewigen unendlichen bewußten Zustand, der als Unterzustand »B« bezeichnet ist.

Der Unterzustand A ist der von Gott im Jenseits-Zustand, als Zustand II bezeichnet. Dieser Unterzustand A ist der des göttlichen unendlichen Nichtbewußtseins von Gottes eigener Unendlichen Macht, Seinem Unendlichen Wissen und Seiner Unendlichen Glückseligkeit. In Seinem Unterzustand A erlebt Gott weder bewußt Seine eigene Dreifachnatur Unendlicher Macht, Unendlichen Wissens und Unendlicher Glückseligkeit, noch benutzt er sie.

Der Unterzustand B ist auch der von GOTT im JENSEITS-Zustand, als Zustand II bezeichnet. Dieser Unterzustand B ist eigenschaftslos und formlos, ist jedoch ein Zustand höchsten göttlichen Bewußtseins von GOTTES eigener unendlichen Dreifachnatur UNENDLICHER MACHT, UNENDLICHEN WISSENS und UNENDLICHER GLÜCKSELIGKEIT. In diesem Unterzustand B erfährt GOTT bewußt Seine eigene UNENDLICHE MACHT, Sein UNENDLICHES WISSEN und Seine UNENDLICHE GLÜCKSELIGKEIT, nutzt sie jedoch nicht. Er ist sich Seiner WIRKLICHKEIT bewußt, der Illusion jedoch nicht bewußt.

Nach der vedantischen Terminologie ist es so, daß der Zustand I des *Paratpar Parabrahma* den Zustand II des *Paramatma* hervorbringt. Und in diesem Zustand II ist GOTT als *Paramatma* auf ewig nichtbewußt und sich zugleich auf ewig seines ursprünglichsten Zustands des *Paratpar Parabrahma* bewußt. Dieser unendliche duale Aspekt des *Paramatma* wird in der Graphik als Zustand A beziehungsweise B bezeichnet.

Daraus folgt natürlich: Der als A bezeichnete ewige unbewußte Zustand des *Paramatma* im als II bezeichneten ewigen ursprünglichen JENSEITS-Zustand strebt ewig danach, den als B bezeichneten ewigen bewußten Zustand des *Paramatma* zu erlangen, den zweiten der dualen unendlichen Aspekte des ursprünglichen JENSEITS-VON-GOTT-ZUSTANDS (*Paramatma*), der als II gekennzeichnet ist.

Demzufolge ist es das göttliche Ziel, daß der unbewußte Zustand GOTTES in A die bewußte WIRKLICHKEIT des bewußten Zustands von GOTT in B erlangen sollte.

Kurz gesagt: Verwirklicht der Zustand A bewußt den Zustand B, dann ist das göttliche Ziel erreicht.

Damit aber Zustand A bewußt den Zustand B verwirklichen kann, gibt es keine andere Möglichkeit als die, daß Zustand A nach und nach die Verwandlung in den Zustand B erfährt und schließlich in jeder Hinsicht bewußt zum Zustand B wird.

Diese allmähliche Umwandlung des unbewußten, unendlichen Zustands GOTTES in den bewußten unendlichen Zustand wird durch die Zustände III, IV, V, VI und VII als verschiedene

Zustände GOTTES in der Farbtafel über die zehn Zustände GOTTES beschrieben. Im Zustand VIII wird der Zustand A GOTTES sich voll des Zustands B bewußt.

In diesem Zustand VIII erlangt der unbewußte unendliche Zustand A GOTTES nicht nur das höchste göttliche Bewußtsein von Zustand B, sondern GOTT wird auf göttliche Weise von der WIRKLICHKEIT Seines eigenen unendlichen bewußten Zustands absorbiert und verwirklicht auf diese Weise Seine ewige Identität mit dem unendlichen bewußten Zustand B GOTTES.

Wenn GOTT, wie im Zustand VIII auf göttliche Weise versunken, normales Bewußtsein der mentalen, feinstofflichen und grobstofflichen Sphären wiedererlangt und bewahrt, und zwar durch Seine mentalen, feinstofflichen und grobstofflichen Aspekte als Verkörperung eines vollkommenen menschlichen Wesens, dann wird Zustand IX als der GÖTTLICHE KNOTENPUNKT zwischen den Zuständen VIII und X erreicht. Nach diesem neunten Zustand wird der zehnte Zustand GOTTES in der Graphik beschrieben und mit dem Gotteszustand »C« verbunden.

Dieser zehnte Zustand GOTTES ist der mit Eigenschaften versehene Zustand GOTTES, wie er sich in der menschlichen Form eines VOLLKOMMENEN MEISTERS manifestiert. Im Zustand X erlebt GOTT bewußt Seine eigene Dreifachnatur UNENDLICHER MACHT, UNENDLICHEN WISSENS und UNENDLICHER GLÜCKSELIGKEIT und nutzt sie auch durch das GÖTTLICHE AMT des Gotteszustands X, der in der Farbtafel als Zustand »C« bezeichnet ist.

Man sollte sich auch darüber im klaren sein, daß GOTT im unendlichen, unbewußten Zustand A weder *Nirguna* (eigenschaftslos)-*nirakar* (formlos) noch *Saguna* (mit Eigenschaften ausgestattet)-*sakar* (mit Form ausgestattet) ist. Doch ist Zustand B *Nirguna-nirakar* (eigenschaftslos und formlos), und Zustand C (der auch zum ursprünglichen JENSEITS-GOTTES-Zustand gehört) Saguna Sakar (mit Eigenschaften und Formen). Es ist der höchste Zustand von MENSCH-GOTT, in dem GOTT sich sowohl der WIRKLICHKEIT als auch der ILLUSION unendlich bewußt ist.

259

Zustand III
Gott als Ausstrahler, Bewahrer und Auflöser

In diesem Zustand bringt GOTT Seine drei Haupteigenschaften (*Sifat*) des Ausstrahlens (der Emanation), des Bewahrens und des Auflösens ins Spiel. Dieser Drei-in-einem-Zustand entspricht der Dreifaltigkeit des *Vedanta*: Brahma (der SCHÖPFER), Vishnu (der BEWAHRER) und Mahesh (der ZERSTÖRER). Deren Synonyme in der Sufi-Terminologie sind *Afridgar*, *Parvardigar* und *Fanakar*.

Die drei Eigenschaften GOTTES werden durch die drei Erzengel zum Ausdruck gebracht: Israfeel (der Engel, der Leben erschafft), Mikaeel (der Engel, der Leben bewahrt), und Izraeel (der Engel, der Leben zerstört).

Die dreifachen Eigenschaften des Zustands III von GOTT waren im ursprünglichsten Zustand I GOTTES latent. Sie entfalteten sich gleichzeitig und spontan in dem Augenblick, als in GOTT die ursprüngliche unendliche Laune aufwallte und als Er in Seinem Zustand II den unendlichen Wissensdrang, Sich Selbst zu erkennen, durch das »Wer bin ich?« in sich hegte. In diesem Augenblick des Aufwallens der unendlichen Laune erlangte GOTT in Seinem Zustand II gleichzeitig die unendlichen, dualen Aspekte unendlich nichtbewußt zu sein, wie in Seinem Zustand A, und zugleich unendlich bewußt zu sein wie in Seinem Zustand B.

Nichtsdestoweniger verbleibt offensichtlich der unendliche ursprüngliche Drang, Sich Selbst zu erkennen, weiterhin in GOTTES Zustand A, der sich immer noch unendlich Seiner Selbst nicht bewußt ist. Der in diesem unendlich nichtbewußten Zustand GOTTES verbleibende Drang, Sich Selbst zu erkennen, ermöglichte die **Manifestationen all der Eigenschaften und Aspekte Gottes, die als das NICHTS in der Unendlichkeit des ursprünglichsten Zustands I GOTTES als das ALLES latent** sind. Doch ist alles, was als das NICHTS im ALLES latent ist, nur im JENSEITS-Zustand II GOTTES als latent denkbar.

Deshalb wird alles, was im JENSEITS-Zustand GOTTES latent ist, nach und nach entfaltet, angetrieben von dem unendlichen Drang, und wird spontan veranlaßt, sich als alles das zu manifestieren, was zum NICHTS gehört. Daher ist das NICHTSEIN des NICHTS, das manifestiert wird, die SCHÖPFUNG. Und diese Schöpfung entspringt dem unendlichen Wissensdrang im unendlichen unbewußten Zustand A GOTTES. Demzufolge ist es nur natürlich, daß der unendliche, unbewußte Zustand A GOTTES die erste Eigenschaft der drei unendlichen Eigenschaften – GOTT der SCHÖPFER, GOTT der BEWAHRER und GOTT der AUFLÖSER oder ZERSTÖRER – als Ausstrahler erlangt.

Hat GOTT die Eigenschaft des AUSSTRAHLERS erlangt, dann wird Er offensichtlich zum SCHÖPFER der SCHÖPFUNG, wie in Seinem Zustand III.

Daraus folgt höchst natürlich, daß GOTT, wenn Er erschafft, auch spontan das bewahren muß, was Er erschafft. Dann wird er offensichtlich auch der BEWAHRER der SCHÖPFUNG, wie in seinem Zustand III.

Und schon im bloßen Akt des Bewahrens des Erschaffenen etabliert GOTT gleichzeitig die unvermeidliche Auflösung oder Zerstörung der SCHÖPFUNG. Die Bewahrung wäre sinnlos, wenn nicht die Auflösung oder Zerstörung antizipiert würde. Dementsprechend wird GOTT offensichtlich auch zum AUFLÖSER oder ZERSTÖRER der SCHÖPFUNG, wie in Seinem Zustand III.

Der Zustand III GOTTES ist der Zustand, in dem GOTT zum SCHÖPFER wird und zugleich der ERHALTER oder BEWAHRER und der AUFLÖSER oder ZERSTÖRER Seiner eigenen SCHÖPFUNG bleibt. So wird GOTT zu ein und derselben Zeit der SCHÖPFER, BEWAHRER und ZERSTÖRER im Zustand III.

Die unendliche ursprüngliche Laune, die in GOTT aufwallte, und der daraus folgende unendliche Drang, Sich Selbst zu erkennen, machte in GOTT die unendlichen dreifachen Attribute des SCHÖPFERS, BEWAHRERS und ZERSTÖRERS manifest, mit all den Begleitumständen des NICHTSEINS des latenten NICHTS. Dieses NICHTSEIN ist buchstäblich nichts, obwohl es durch ILLUSION – manchmal *Maya* (35) genannt – als die SCHÖPFUNG zu existieren scheint.

Meher Baba hat uns gesagt, daß es im buchstäblichen Sinne des Wortes keine Schöpfung gibt. Was wir Schöpfung nennen, ist eine Manifestation zahlloser Formen des NICHTS. Dieses NICHTS (engl.: *Nothing*) ist wirklich »kein-Ding« (engl.: *nothing*), doch es existiert in seinem eigenen Feld der ILLUSION. Es kann nicht geleugnet werden, liegt jedoch nicht jenseits des ALLES, das heißt GOTT. Obwohl das ALLES dieses NICHTS einschließt, kann dieses NICHTS niemals das ALLES einbeziehen und bedeuten, und tut es auch nicht. Der ALLMÄCHTIGE allein ist das ALLES, einschließlich des NICHTS. Und bevor die SCHÖPFUNG sich manifestierte, gab es buchstäblich und absolut »kein-Ding« als den ALLMÄCHTIGEN als das ALLES.

Ẕāt thī Allāh kī aur jalve sab rūposh the
Īk saut-i sarmadī thā naghme sab khāmosh the
Thā faqat maikhānah sāqī thā nah vān mainosh the
Kāyi nāte dahar kyā rūh ul-amīn bihosh the
Zindagī jab muskurā'ī hai qaẕā ke sāmne.
– Munsiff-Asghar

Allah allein existierte, und alle Manifestationen waren darin latent;
Der Eine Ewige Klang herrschte vor, und alle musikalischen Noten schlummerten darin;
Nur die Taverne gab es – keine Mundschenke und Weintrinker;
Keine Rede vom grobstofflichen Universum – selbst die Welt der Engel existierte nicht –
Und in diesem Augenblick entsprang auf den göttlichen Befehl »Es sei« lächelnd das Leben.

Allein der ALLMÄCHTIGE existierte, doch war Er nur latent bewußt und kannte Sich Selbst daher nicht. Und auf dieselbe Weise war das Bewußtsein und ebenso die SCHÖPFUNG in Ihm latent.

Der Unterschied zwischen der latenten und der manifesten SCHÖPFUNG läßt sich mit dem zwischen einem Samen und einem Baum vergleichen. Ob jedoch Same oder Baum, latent oder manifest: die SCHÖPFUNG ist stets »kein-Ding«, weil es das latente NICHTS ist, das als das NICHTSEIN manifestiert wird.

Alles, was als das NICHTS im JENSEITS-Zustand II der Unendlichkeit GOTTES als das ALLES latent ist, wird durch einen äußerst endlichen Punkt in der Unendlichkeit GOTTES ausgedrückt und manifestiert.

Diesen Punkt nennt man den »Schöpfungspunkt« oder den »*Om*-Punkt«.[61] Durch diesen Punkt wurde die Schöpfung ausgestoßen. Dieser Schöpfungspunkt war auch latent im ursprünglichsten Zustand I GOTTES, im JENSEITS-DES-JENSEITS-Zustand.

Der Prozeß des Ausstrahlens, Bewahrens und Auflösens, der andauernd und gleichförmig weitergeht, läßt sich durch eine Analogie erläutern. Stellen wir uns vor, ein menschlicher Körper sei GOTT. Der mit geschlossenen Augen schlafende menschliche Körper läßt sich dann mit dem JENSEITS-Zustand GOTTES als Zustand II-A vergleichen. Der allererste Augenblick des Öffnens der Augen kann mit dem Zustand GOTTES als SCHÖPFER verglichen werden. Die darauffolgende Befindlichkeit des Wachbleibens kann man mit dem Zustand GOTTES als BEWAHRER vergleichen, und die Rückkehr zum Schlaf mit geschlossenen Augen kann mit dem Zustand GOTTES als AUFLÖSER verglichen werden. Somit ist GOTT der SCHÖPFER, BEWAHRER und AUFLÖSER, alle drei in EINEM, zu ein und derselben Zeit.

Zustand IV
Gott als verkörperte Seele

Dīd apnī thī ūse khvāhish
Āp ko har tarah banā dekhā.
    – Niyaz

Es verlangte Ihn, Sich Selbst zu sehen;
Daher nahm Er für Sich Selbst verschiedenartige Aspekte mit entsprechenden Namen und Formen an.

---

61 [Siehe auch: Francis Brabazon, *Stay with God*, Woombye, Queensland, Australien: Edwards and Shaw for Garuda Books, 1959, S. 65 f. (Anm. d. Hrsg.)]

Um zu verstehen, wie der unendlich unbewußte Zustand A GOTTES nach und nach in den unendlich bewußten Zustand B GOTTES umgewandelt wird und volles und unendliches Bewußtsein erreicht, gab Meher Baba die folgende Analogie:

Man stelle sich den unendlich unbewußten GOTTES-Zustand A, bevor die SCHÖPFUNG in Erscheinung trat, als bewegungslosen unendlichen Ozean vor. Dann störte ein Windstoß die ruhige Einförmigkeit dieses Ozeans, und aus der Gleichförmigkeit des grenzenlosen, unendlichen Ozeans tauchten riesige Wellen, zahllose Wassertropfen und unzählige Blasen auf. Der Windstoß, der den Ozean aufrührte, kann verglichen werden mit dem Impuls des unendlichen, ursprünglichen Wissensdrangs, der seinen Ursprung in der unendlichen ursprünglichen Laune GOTTES hatte, die in GOTT aufwallte, damit Er Sich Selbst durch Seinen unendlichen GOTTES-Zustand II kennenlernen konnte.

Die von diesem unendlichen Drang verursachte Unruhe auf der Oberfläche des Ozeans sättigte jeden einzelnen Tropfen jenes unendlichen Ozeans mit dem unendlichen ursprünglichen Drang, sich selbst zu erkennen.

Also pflanzt der *Paramatma* in Seinem unendlich unbewußten Zustand A, dazu gedrängt, Sich Selbst zu erkennen, gleichzeitig in den ruhigen Gleichgewichtszustand jedes einzelnen *Atma* im *Paramatma* den Drang dazu ein, sich selbst zu erkennen. Das könnte nur verstanden werden, wenn der *Paramatma* mit einem unendlichen Ozean und wenn die *Atmas* mit den Tropfen dieses unendlichen Ozeans verglichen werden. Es muß jedoch auch wohlverstanden werden, daß jeder Tropfen des Ozeans, solange er im Ozean ist, der Ozean bleibt, bis die Tropfen durch Blasenbildung über der Oberfläche des Ozeans Individualität erhalten. Jede einzelne auf diese Weise gebildete Blase würde dann jedem einzelnen Tropfen eine getrennte und besondere Individualität verleihen. Und diese geschaffene Getrenntheit würde solange innerhalb der gleichförmigen Unteilbarkeit der Tropfen des unendlichen Ozeans existieren, wie diese Trennung schaffenden Blasen existieren. Sobald die Blasen zerplatzen, gelangen die Tropfen, die bereits im Ozean selbst sind und waren, zu der Erkenntnis, daß sie mit dem unendlichen Ozean eins sind und waren. Und sie erlangen dieses Bewußtsein ihrer **ewigen Unendlichkeit im unendlichen Ozean** erst, nachdem sie zunächst Getrenntheit erleben und dann die Blasen der Unwissenheit zerplatzen lassen, die das Mittel waren, ihnen die Erfahrung ihrer augenscheinlichen Trennung von ihrer inhärenten Unteilbarkeit zu verleihen.

Solange die unendlich zahllosen Tropfen des Ozeans nicht augenscheinliche Getrenntheit erleben, erkennen sie auch nicht ihre eigene homogene und unteilbare ewige, unendliche Existenz als der Ozean selbst. Nur durch das Erleben augenscheinlichen Getrenntseins können *Atmas* bewußt ihr unteilbares Einssein als der *Paramatma* erkennen.

Um den Gotteszustand IV des »Gott als Verkörperte Seele« zu beschreiben, lassen Sie uns an eine unendlich unbewußte Seele (*Atma*) des *Paramatma* im A-Zustand denken.

Am Anfang, im Zustand A, hat die Seele (*Atma*) kein Bewußtsein und keine Eindrücke (*Sanskaras*).

Daher hat die Seele (*Atma*) in diesem Stadium und in diesem Zustand keine grobstoffliche Form, keinen grobstofflichen Körper, keinen feinstofflichen Körper und keinen mentalen Körper, **weil die Existenz grobstofflicher, feinstofflicher und mentaler Eindrücke (***Sanskaras***) nur grobstofflichen, feinstofflichen und mentalen Körpern Existenz verleihen kann.** Und nur die Existenz dieser Körper kann die Existenz grobstofflicher, feinstofflicher und mentaler Welten ermöglichen.

Daher hatte am Anfang die Seele im Gottes-Zustand A, weil sie unendlich unbewußt und eindrucklos war, kein Bewußtsein grobstofflicher, feinstofflicher und mentaler Körper und war auch ihres unendlichen Selbst nicht bewußt. Die Seele hatte dann natürlich keine Erfahrung der grobstofflichen, feinstofflichen und mentalen Welten und auch keine Erfahrung der Überseele (*Paramatma*).

Nun hallte dieser unendliche, eindruckslose, unbewußte, stille Zustand der Seele wider vom ersten Impuls, den wir Der Erste Drang genannt haben (der erste Drang zur Selbsterkenntnis).

Gleichzeitig mit dem Widerhallen des ersten Dranges zur Selbsterkenntnis tauchte ein **äußerst grobstofflicher** erster Eindruck auf, welcher die Seele als das absolut entgegengesetzte und endlichste Gegenstück der absolut unendlichen ÜBERSEELE objektivierte.

Die Seele, die ewig in der ÜBERSEELE und mit ihr eins ist, besitzt auch die unendlichen Potentiale der ÜBERSEELE, auch wenn diese in ihrem unbewußten Zustand latent sind. Also ist die Seele auch im Besitz von UNENDLICHER MACHT, UNENDLICHEM WISSEN und UNENDLICHER GLÜCKSELIGKEIT.

Als die eindruckslose, unendliche Seele den allerersten Eindruck empfing, konnte dieser Eindruck daher nichts anderes als der grobstofflichste Eindruck sein, weil die Seele selbst, die UNENDLICHES WISSEN besitzt, Kenntnis ihres eigenen »SELBST« zu erlangen versucht. Diese Vorstellung seitens des Besitzers UNENDLICHEN WISSENS ist unendlich grob oder grobstofflich, und diese unendlich grobe oder grobstoffliche Vorstellung der unendlichen Seele verlieh der eindruckslosen Seele den grobstofflichsten ersten Eindruck. Gleichzeitig mit dem grobstofflichsten ersten Eindruck erlangte die unendlich unbewußte Seele auch das **endlichste** erste Bewußtsein. Mit Zunahme der grobstofflichen Eindrücke entwickelte sich das Bewußtsein und die Evolution grobstofflicher Formen gewann Schwungkraft.

Folglich wurden die Evolution des Bewußtseins, die Evolution grobstofflicher Formen und die Evolution der Erfahrungen der grobstofflichen Welt sämtlich als Ergebnis des ersten Dranges GOTTES zur SELBST-Erkenntnis bewirkt.

Wegen dieses grobstofflichsten Eindrucks des ersten Dranges erlangte die unendliche, unbewußte Seele zum ersten Male die Aspekte von **Erfahrung**. Diese erste Erfahrung der unendlichen Seele bestand darin, daß sie (die Seele, der *Atma*) eine Gegensätzlichkeit (von absolut unvereinbarer Natur) zu ihrer Identität mit dem unendlichen, eindruckslosen, unbewußten Zustand A des *Paramatma* erfuhr.

Diese Erfahrung der Gegensätzlichkeit bewirkte eine Veränderlichkeit in der ewigen, unteilbaren Stabilität der unendlichen

266

Seele. Und es kam spontan zu einer Art Eruption, die den unteilbaren Gleichgewichtszustand und die unbewußte Stille der unendlichen Seele durch einen Rückstoß oder furchtbaren Schock sprengte, der die unendliche Unbewußtheit der unendlich unbewußten Seele (*Atma*) mit erstem Bewußtsein ihrer augenscheinlichen Getrenntheit vom unteilbaren Zustand des *Paramatma* durchdrang. Da die Seele jedoch unendlich ist, war das erste Bewußtsein, das sie aus dem Rückstoß oder Schock des **absolut entgegengesetzten** und grobstofflichsten Eindrucks ihrer Getrenntheit ableitete, natürlich und zwangsläufig endlichstes erstes Bewußtsein.

Das von der Seele erlangte erste Bewußtsein war offensichtlich äußerst endlich im Verhältnis zur Erfahrung absoluter Gegensätze zu ihrem eigenen ursprünglichen unendlichen Zustand wie in »A«.

Demzufolge bedeutet das: Als die eindruckslose, unendliche Seele am Anfang zum ersten Mal einen Eindruck erhielt, war dieser erste Eindruck ein absolut endlichster grobstofflicher Eindruck. Das erste Bewußtsein, das sie (die Seele, der *Atma*) ableitete, war höchst endlich. Natürlich erlebte das Nichtbewußtsein der unendlichen Seele in diesem Augenblick tatsächlich ein endlichstes erstes Bewußtsein des grobstofflichsten ersten Eindrucks.

Wenn sich die Seele nun aber bestimmter Eindrücke (*Sanskaras*) bewußt ist, dann **muß sie notwendigerweise diese Eindrücke erfahren**. Und um die Eindrücke erfahren zu können, muß das Bewußtsein der Seele sie durch geeignete und passende Medien erfahren. Wie die Eindrücke sind, so sind die Erfahrungen der Eindrücke, und genauso sind auch die geeigneten Medien zum Erfahren der Eindrücke. Das heißt, die Eindrücke bringen Erfahrungen hervor, und um die Eindrücke zu erfahren, ist die Nutzung geeigneter Medien unerläßlich.

Da die unendliche, ewige und formlose Seele nunmehr das endlichste erste Bewußtsein des grobstofflichsten ersten Eindrucks bekommen hat, muß dieses erste Bewußtsein der Seele daher höchst eindeutig und zwangsläufig das endlichste und grobstofflichste erste Medium dazu nutzen, den grobstofflichsten ersten Eindruck zu erfahren.

Dieses von GOTT in Seinem Zustand IV (GOTT als verkörperte Seele) angenommene Medium ist eine erste Form, die, obwohl grobstofflich, doch so unbegreiflich, unendlich endlich ist, daß man sie nicht einmal als grobstofflich bezeichnen kann. Sie ist so überaus unendlich gestaltlos und substanzlos, materielos und formlos, daß man sich nicht einmal vorstellen kann, daß sie grobstofflich sei. Dennoch ist diese Form die allererste grobstoffliche Form, die gleichzeitig wie mit drei Zacken auftaucht, und zwar als die ersten drei der allerersten sieben »gasähnlichen« Formen. Wollte man jemals eine Beschreibung der ersten drei gasähnlichen Formen versuchen, dann könnte man sie nur vom Standpunkt der Dichte aus beschreiben. Die erste ist von unendlich geringfügiger Dichte, dann, im nächsten Stadium, von geringfügiger Dichte, und im dritten Stadium gibt es die ersten Spuren von Dichte. Diese ersten drei Formen kennen keine Evolution. Die nächsten drei Formen können in den Bereich unserer Vorstellungskraft fallen und vielleicht als »halbgasförmige und halb-materielle« Formen beschrieben werden. Die Evolution beginnt mit der vierten gasförmigen Form. Und schließlich gibt es die siebte gasförmige Form aus der Reihe von sieben allerersten gasförmigen Formen. Es handelt sich um den Wasserstoff, von dem man sagen kann, er schließe das Elektron ein.

Man sollte sich darüber im klaren sein, daß die ersten sechs gasähnlichen grobstofflichen Formen keine Ähnlichkeit mit den verschiedenen Gasen wie Wasserstoff, Stickstoff und so fort haben. Sie sind sehr viel feiner (nicht feinstofflicher)[62] als diejenigen, mit denen die Wissenschaftler unseres Zeitalters wohlvertraut sind.

---

62 Dies darf auf keinen Fall mit irgendeiner Form oder irgendeinem Objekt der feinstofflichen Welt in Zusammenhang gebracht werden, denn diese Formen gehören einzig zur grobstofflichen Welt.

Zustand V
Gott als Seele im Zustand der Evolution

GOTT als verkörperte Seele **beginnt** jetzt bewußt zu werden und **beginnt** um die SCHÖPFUNG (das NICHTSEIN) zu »wissen«, auch wenn sein »Wissen« um die SCHÖPFUNG in diesem Stadium unendlich geringfügig ist. Doch erzeugt selbst dieses endlichste Bewußtsein und dieses geringfügigste »Wissen« mehr Eindrücke (*Sanskaras*), die den »Tropfen« (die Seele, den *Atma*, das Selbst) veranlassen, die ursprüngliche erste Blase (Form) zu verlassen oder sich von ihr zu dissoziieren. Das Verlassen der Blase ist gleichbedeutend mit dem Fallenlassen der ersten Form oder der Dissoziation von dieser.

Selbst nachdem die Form fallengelassen wurde, verschwinden die vom evolvierenden Bewußtsein der Seele gesammelten Eindrücke nicht. Diese Eindrücke bleiben mit dem entwickelten Bewußtsein assoziiert und veranlassen das evolvierende Bewußtsein der Seele, sich mit einer anderen geeigneten und höheren Blase (Form) zu assoziieren. Auf diese Weise ist die Seele in der Lage, durch die zweite Form mehr von der Schöpfung zu kennen oder zu erfahren. Der »Blickwinkel« weitet sich, und das Bewußtsein des »Wissens« nimmt im Verhältnis zur gleichzeitigen Evolution der Form zu. Mit der Evolution oder dem Wachstum des grobstofflichen Bewußtseins vermehren sich auch die Eindrücke (*Sanskaras*) und veranlassen die Seele, eine noch komplexere grobstoffliche Form anzunehmen oder sich mit ihr zu assoziieren, und zwar im Einklang mit den vom Bewußtsein bei der Aufgabe der zweiten grobstofflichen Form beibehaltenen Eindrücken.

Auf diese Weise schreitet die Bewußtseinsevolution für viele Zeitalter voran, gleichlaufend mit der Evolution von Formen, die dazu beitragen, die gesammelten Eindrücke zu erfahren und gleichlaufend auszuschöpfen. Dies geschieht solange, bis die Seele nach zahllosen Formveränderungen durch konkretere und aufeinanderfolgende Stadien von Steinen, Metallen, Pflanzen, Würmern, Fischen, Vögeln und Säugetieren menschliche Form annimmt.

Mit anderen Worten: Der Zyklus der Evolution des Bewußtseins der Seele fährt fort, weiteres und größeres Bewußtsein mit der Evolution von Formen höherer und höherer Arten zu entwickeln, während die Eindrücke der dissoziierten
Formen des nächst-niederen Typs erlebt und ausgeschöpft
werden.

Demzufolge macht die Evolution des Bewußtseins der Seelen
die Seelen augenscheinlich geneigt, sich mit unzähligen Eindrücken höherer und immer höherer grobstofflicher Spezies von
Formen – zahllosen Formen in der grobstofflichen Welt – zu
identifizieren und sie zu sammeln. Die wohldefinierten Haupt-
formen, mit denen die Seelen sich mit jedem Sprung zu immer
größerem Bewußtsein assoziieren, stimmen überein mit den
Sprüngen vom Stein zum Metall, vom Metall zur Pflanze, von
der Pflanze zum Wurm, vom Wurm zum Fisch, vom Fisch zum
Vogel, vom Vogel zum Säugetier, und schließlich ist der letzte
und siebte Sprung der von der Säugetierform zur menschlichen
Form.

Es ist sehr wichtig zu begreifen, daß der Prozeß der Evolution
von Bewußtsein nur die Evolution von Blasen oder Formen
betrifft, und nicht die »Tropfen« oder die Seelen. Die Seelen
bleiben so unteilbar und unendlich wie der grenzenlose Ozean
(*Paramatma*) – vom Anfang bis zum Ende der Bewußtseinsevolution, welche mit der Vollendung der Evolution der Form endet.

Das Bewußtsein des Nichtwissens, oder das »Wissen« um die
Schöpfung, nimmt nur durch diese Evolution der Form schrittweise dank verschiedenartiger Eindrücke zu. Und die individualisierte Seele (*Atma*) kann nur in der menschlichen Form
schließlich die Überseele oder den *Paramatma* erkennen. Da die
Seele unendlich ist, muß auch das Bewußtsein der Seele unendlich werden. Und da das Bewußtsein nur in menschlicher Form
unendlich werden kann, ist die menschliche Form daher die
Endstufe der Evolution der Form.

Nachdem sie begonnen hat, sich in menschlicher Form zu
reinkarnieren, muß die Seele achtmillionenvierhunderttausend
(vierundachtzig *Laks*) menschliche Formen bis zur Gott-Ver-

wirklichung durchlaufen. Die vor-menschlichen Formen, die sie durchlaufen muß, bevor sie in menschlicher Form inkarnieren kann, sind zahllos.

Genaugenommen gibt es nur eine Form, die menschliche, die in allen vorhergehenden Formen latent ist. Die mineralischen, pflanzlichen und die animalischen Formen enthalten tatsächlich die menschliche Form in ihrem latenten Zustand, und diese manifestiert sich nach und nach und in zunehmendem Maße, bis sie schließlich vollkommen als menschlich in einem menschlichen Körper ausgedrückt wird.

Bevor die menschliche Form vollständig in einem menschlichen Körper als Mann oder Frau manifestiert wird, durchläuft die latente menschliche Form eine Reihe von teilweisen Wendungen.

Im kristallinen Felszustand (etwa Granit) ist die latente menschliche Form vollständig auf den Kopf gestellt, und das gilt fast ebenso für den pflanzlichen Zustand. Während die Formen sich fortentwickeln und evolvieren, rotiert die Achse des Körpers langsam, so daß sie mehr und mehr horizontal wird. Und wenn wir zu den höheren Wirbeltieren kommen, finden wir den Kopf zunehmend aufrechter, da die Achse des Körpers sich der Vertikalen nähert. Bei Männern und Frauen finden wir die menschliche Form vollständig ausgedrückt und vollständig vertikal.

Die Einzelheiten dieser Evolution der Form sind äußerst komplex. So gibt es zum Beispiel gewisse Spezies von Stein, Metall, Pflanze und Tier, die das besitzen, was Meher Baba als einen speziellen »Platz« in der Evolution beschrieben hat. Diese Schlüsselspezies von Formen sind zumeist diejenigen, die Meilensteine auf der evolutionären Straße sind, und sie bezeichnen die erste und die letzte einer bestimmten allgemeinen Klasse von Formenspezies. So haben beispielsweise die auf die letzte Spezies der Fischform folgende erste Spezies der Vogelform und die auf die letzte Spezies der Vogelform folgende erste Spezies der Säugetierform einen besonderen »Platz« (Wichtigkeit) in der Evolution.

Meher Baba sagt uns, dieses ganze Thema werde in allen Einzelheiten in seinem eigenen Buch erläutert, das der Welt noch übergeben werden soll.[63]

Ebenso wie es eine Evolution des Bewußtseins und Evolution von Formen gibt, gibt es auch eine Evolution der Welten.

Das entwickelte Bewußtsein der Seele, das die Seele mit evolvierten Formen identifiziert, wird mehr und mehr geprägt. Und um diese Prägungen voll auszuschöpfen, findet es ständig seinen Bereich, um sich auszudrücken. Und es erfährt diese Eindrücke auf der Erde, die auch gleichlaufend mit anderen Welten evolviert, und zwar im Einklang mit der fortschreitenden Evolution der gesamten kosmischen Schöpfung.

Im Verlauf der Evolution des Bewußtseins der Seele identifizierte sich die Seele, während sie sich **bewußt** mit unterschiedlichen endlichen grobstofflichen Formen identifizierte, gleichzeitig wenn auch **unbewußt** mit ihrer endlichen feinstofflichen und ihrer endlichen mentalen Form, die angefangen beim ersten Drang durch den gesamten Verlauf der Evolution hindurch mit der Seele (*Atma*) in einer kompakten, homogenen, unbewußten Assoziation assoziiert waren.

Während sich die Seele während des gesamten Verlaufs der Evolution des Bewußtseins häufig und **bewußt** von den endlichen grobstofflichen Formen dissoziiert, die als Medien dienen, um die Eindrücke beim Entwickeln immer größeren Bewußtseins zu erfahren und voll auszuschöpfen, dissoziiert sich die Seele niemals, bewußt oder unbewußt, von ihrer endlichen feinstofflichen Form und ihrer endlichen mentalen Form.

Im Gegenteil. Wenn die Seele ihre Identifizierung mit irgendeinem Medium endlicher grobstofflicher Form auflöst, ist es die unbewußte Assoziation der Seele mit dessen feinstofflicher Form, welche die Seele, die dann ohne jegliches grobstoffliches Medium ist, mit endlicher Energie – der treibenden Kraft –

---

63 [Das Buch, auf das er sich hier bezieht, sollte nicht mit dem vorliegenden Buch verwechselt werden. Meher Baba hat ein weiteres Buch geschrieben, das vielleicht später veröffentlicht wird. (Anm. d. Hrsg.)]

bestärkt und das Bewußtsein der Seele geneigt macht, sich mit noch einer weiteren Form zu identifizieren, das heißt mit dem nächsten Medium der nächsten endlichen Form, um die Eindrücke der letzten dissoziierten endlichen grobstofflichen Form, die von der endlichen mentalen Form der Seele beibehalten und reflektiert werden, welche sich ebenfalls in unbewußter Assoziation mit der Seele befindet, zu erfahren.

Es ist nur natürlich, daß zusammen mit der Evolution von immer größerem Bewußtsein der Seele auch die Evolution der endlichen feinstofflichen Form stattfindet, um die Seele mit größerer endlicher Energie zu stärken und die zunehmend grobstofflich-bewußte Seele geneigt zu machen, sich mit höheren und immer höheren Typen endlicher grobstofflicher Formen zu identifizieren, die von den Eindrücken der nächst-niederen und endlichen grobstofflichen Form evolviert wurden.

Auf ähnliche Weise findet gleichzeitig die Evolution der endlichen mentalen Form der Seele statt, um die von der Evolution eines immer größeren Bewußtseins der Seele erlangten und gesammelten, zunehmend zahlloser werdenden verschiedenartigen Eindrücke aufzunehmen, zu bewahren und zu reflektieren.

Daher kommt es, daß der feinstoffliche und der mentale Körper nur in einer menschlichen Form voll entwickelt sind. Daher ist die Seele, die sich bewußt mit der menschlichen Form assoziiert, sozusagen voll mit einem grobstofflichen, feinstofflichen und mentalen Körper in menschlicher Form ausgestattet, zusammen mit dem in menschlicher Form erlangten vollen Bewußtsein des Grobstofflichen.

Obwohl die Seele volles Bewußtsein in menschlicher Form erlangt hat und auf diese Weise die grobstoffliche Welt erlebt, ist sich die grobstofflich bewußte menschliche Seele nichtsdestoweniger des feinstofflichen Körpers nicht bewußt und kann daher die feinstoffliche Welt nicht erfahren. Die grobstofflich-bewußte menschliche Seele ist sich auch des mentalen Körpers nicht bewußt und kann daher die mentale Welt nicht erfahren.

Zustand VI
Gott als menschliche Seele im Zustand der Reinkarnation[64]

Der endlichste erste Eindruck des ersten Drangs gab dem unendlichen Nichtbewußtsein der unbewußten Seele das endlichste erste Bewußtsein. Nach und nach erreichten verschiedenartige und unzählige Eindrücke, die durch verschiedenartige und zahllose grobstoffliche Medien erfahren wurden, für die Seele ein zunehmend größeres Bewußtsein der endlichen grobstofflichen Welt. Und schließlich war die Evolution des Bewußtseins vollendet, als das Bewußtsein der Seele sich mit der allerersten menschlichen Form identifizierte. Daher braucht die Seele, die nunmehr volles Bewußtsein in menschlicher Form erlangt hat, keine weitere oder keine anderen höheren Formen mehr, um Bewußtsein zu entwickeln. Das im Prozeß der Evolution nach und nach erlangte Bewußtsein ist in der menschlichen Form voll und vollständig.

Obwohl die Seele in diesem Zustand volles und vollständiges Bewußtsein erlangt hat, ist sie sich immer noch nicht ihres feinstofflichen und mentalen Körpers bewußt und auch nicht ihres unbegrenzten SELBST als EINES – unteilbar, ewig und unendlich. Voll bewußt ist sie sich nur ihrer Identität mit der menschlichen Form und ihren vielfältigen Aspekten und Erfahrungen der grobstofflichen Welt.

Folglich erfährt die in diesem Stadium nur der allerersten menschlichen grobstofflichen Form grobstofflich-bewußte und der feinstofflichen und mentalen Form noch nicht bewußte Seele in der grobstofflichen Welt alle Eindrücke der allerletzten animalischen grobstofflichen Form, die vom Bewußtsein der Seele im letzten Stadium der Bewußtseinsevolution dissoziiert oder aufgegeben wurden.

Sobald alle Eindrücke der allerletzten animalischen grobstofflichen Form durch unaufhörliche Erfahrungen seitens der aller-

---

64 [Siehe auch: Meher Baba, »Reinkarnation and Karma«, in: *Darlegungen über das Leben in Liebe und Wahrheit*, Bern, München, Wien: O. W. Barth, 1991, S. 329–264. (Anm. d. Hrsg.)]

ersten menschlichen grobstofflichen Form ausgeschöpft sind, ist es nur natürlich, daß diese allererste menschliche Form vom Bewußtsein der Seele aufgegeben oder dissoziiert wird. Diese Erfahrung der voll bewußten Seele wird überall einvernehmlich als der Tod des menschlichen Wesens bezeichnet. Obwohl das Bewußtsein der Seele, wie vorhin erklärt, von der allerersten menschlichen Form dissoziiert wird, kann es jedoch niemals von den unbewußten Assoziationen seiner feinstofflichen und mentalen Körper dissoziiert werden.

Das Bewußtsein der Seele bewahrt und erfährt die Eindrücke der abgelegten oder dissoziierten allerersten menschlichen Form durch seine feinstofflichen und mentalen Körper. Um diese Eindrücke voll ausschöpfen zu können, muß die Seele sich zwangsläufig mit einer grobstofflichen Form assoziieren. Und daher assoziiert sie sich mit der nächsten menschlichen Form, um die restlichen Eindrücke der abgelegten vorhergehenden menschlichen Form auszuschöpfen. Diese nächste menschliche Form ist praktisch nichts anderes als die konsolidierte Gußform der vergangenen Eindrücke, die vom vorherigen Körper oder der vorherigen menschlichen Form, welche von der bewußten Seele dissoziiert wurde, bewahrt worden ist. Die Assoziation des Bewußtseins der Seele mit der nächsten menschlichen Form wird überall einvernehmlich als die Geburt eines menschlichen Wesens bezeichnet.

Kurz gesagt: Im Zustand VI GOTTES als menschliche Seele im Zustand der Reinkarnation hat die Seele volles Bewußtsein in menschlicher Form entwickelt, weshalb keine Notwendigkeit mehr für irgendeine weitere Evolution der grobstofflichen Form besteht. Die Evolution grobstofflichen Bewußtseins kommt also mit dem Erreichen menschlicher Form zum Ende. Und um die Eindrücke (*Sanskaras*) zu erfahren, die in der menschlichen und sub-menschlichen Form kultiviert wurden, muß die Seele immer und immer wieder in die menschliche Form reinkarnieren.

Die Art menschlicher Formen, mit denen das Bewußtsein der Seele sich assoziieren muß, wird bestimmt durch die Natur vorheriger Eindrücke (*Sanskaras*) von Tugend oder Laster, Glück oder Unglück und so fort. Während des Erlebens der grobstofflichen Welt identifiziert die Seele sich mit dem grobstofflichen Körper, der zerstörbar ist, obwohl die Seele selbst ewig ist.

Im sub-humanen Stadium ist der evolutionäre Prozeß von Form und Bewußtsein unwillkürlich, jedoch andauernd und fortlaufend, ohne die Möglichkeit, wieder in die niederen Formen der Evolution abzugleiten. Im menschlichen Stadium, das das Ende der Evolution der Form und das Erlangen vollen Bewußtseins darstellt, erfolgt der spirituelle Fortschritt des Menschen durch die Reinkarnations- und Erkenntnisprozesse willkürlich. Und er ist auch frei von jeglicher Gefahr, in ein sub-humanes Stadium abzugleiten, ausgenommen durch flagranten Mißbrauch der Kräfte der vierten Ebene. Ist das volle Bewußtsein einmal erlangt, dann ist es das für immer und geht nie mehr verloren, und die Evolution des Bewußtseins ist erst dann vollendet, wenn das Bewußtsein der Seele sich mit der menschlichen Form assoziiert. Daher ist eine rückläufige Inkarnation eine Unmöglichkeit, sobald das Bewußtsein der Seele sich einmal mit einer menschlichen Form identifiziert hat.

Mit der Entwicklung von vollem Bewußtsein der grobstofflichen Welt im menschlichen grobstofflichen Körper wird die Seele gleichzeitig mit dem voll entwickelten feinstofflichen und mentalen Körper assoziiert. Solange jedoch das Bewußtsein auf die grobstoffliche Welt beschränkt ist, kann das Bewußtsein der Seele keinen unmittelbaren Gebrauch von ihrem feinstofflichen und ihrem mentalen Körper machen. Die Seele wird dieser Körper nur dann bewußt und erfährt die entsprechenden Eindrücke dieser Körper durch die entsprechenden Sphären der feinstofflichen und mentalen Welten, wenn das volle Bewußtsein, das sich in diesem Stadium nur des Grobstofflichen bewußt ist, sich nach innen wendet und der Prozeß der Involution des Bewußtseins beginnt. Das wird nur möglich, wenn das Bewußtsein der individualisierten Seele mit den unaufhörlichen Erfahrungen der verschiedenartigen und zahllosen Eindrücke des materiellen oder grobstofflichen Lebens gesättigt ist, und nur wenn es das Hin und Her zwischen den Gegensätzen von Schmerz und Lust während scheinbar niemals endenden Zeitaltern erfahren hat, und zwar durch die ununterbrochene Kette von Geburten und Toden im Prozeß der Reinkarnation. Im Stadium der Bewußtseinsevolution ist der »aufwickelnde Prozeß« der Eindrücke (*Sanskaras*) am Werk, mit dem Hinblick auf das Evolvieren von Bewußtsein und das Entwickeln höherer und immer höherer Typen grobstofflicher Formen. Im menschlichen Stadium bleibt das voll entwickelte Bewußtsein, doch beginnt der feste Griff der Eindrücke (*Sanskaras*) sich zu lockern und auszudünnen, und zwar als ein Ergebnis der fortlaufenden Erschütterungen, die das Bewußtsein der Seele durch die scheinbar unendliche Kette von Geburt und Tod im Reinkarnationsprozeß erfährt.

Zustand VII
Gott im Zustand spirituell fortgeschrittener Seelen

Nach einem sich lange hinziehenden Ringen mit dem Leben der grobstofflichen Sinne in der grobstofflichen Welt **beginnt** das Bewußtsein der Seele zum SELBST der Seele hingezogen zu werden, statt auf den grobstofflichen Körper und seine grobstoffliche Umwelt fokussiert zu bleiben. Nach einer Anzahl von Geburten und Toden wird die grobstofflich bewußte menschliche Seele schließlich unweigerlich dazu hingezogen, sich auf den Prozeß einzulassen, der den Menschen schließlich zum Ziel der GOTT-Verwirklichung in menschlicher Form führt.

Das Bewußtsein der Seele beginnt sich daher aus der Welt grobstofflicher Sinne zurückzuziehen und ist jetzt bereit, den Prozeß der Involution zu durchlaufen. Daher sagt man, daß die Seele nun spirituell durch die feinstofflichen und mentalen Sphären voranschreitet.

Die feinstoffliche Sphäre oder die feinstoffliche Welt ist der Bereich der ersten drei Ebenen des involvierenden Bewußtseins der Seele. Die vierte Ebene liegt zwischen der feinstofflichen und der mentalen Sphäre, und die mentale Sphäre enthält die fünfte und die sechste Ebene.

Dieser siebte Zustand GOTTES umfaßt das Voranschreiten der Pilger auf dem spirituellen Pfad durch die feinstoffliche und die mentale Sphäre. Je größer der Fortschritt, desto größer die Involution des Bewußtseins.

Sobald die Seele sich durch den feinstofflichen Körper der feinstofflichen Sphäre bewußt wird, identifiziert sie sich mit dem feinstofflichen Körper. Und sobald sie sich der mentalen Sphäre durch den mentalen Körper bewußt wird, identifiziert sie sich mit dem mentalen Körper, genauso wie sie sich mit dem grobstofflichen Körper identifizierte, als sich dieser der grobstofflichen Sphäre durch den grobstofflichen Körper bewußt war.

Der spirituelle Fortschritt der Seele durch diese Sphären erfolgt völlig in der Imagination. Der Fortschritt des Pilgers bei der Involution seines Bewußtseins besteht darin, daß ein Bereich der Imagination durch eine bessere und höhere Ebene der Imagination ersetzt wird, und zwar angefangen von der ersten bis zur sechsten Ebene des involvierenden Bewußtseins. Auf der siebten Ebene ist der Involutionsprozeß abgeschlossen, die Einbildung gelangt zu einem Ende und die WIRKLICHKEIT wird erkannt und ist nicht mehr nur ein Konzept.

Wer den spirituellen Weg betritt und auf ihm ohne die Hilfe eines Meisters, der ihn anleitet, voranschreitet, geht sehr oft in den Labyrinthen von Schauen und Erleuchtungen verloren und hat wenig oder gar keine Chance, sich aus dieser Lage zu befreien. Solche Menschen sind wie Kinder, die auf ihrem Schulweg von den Anblicken und Attraktionen des Marktplatzes abgelenkt werden.

Die Bezauberung auf dem spirituellen Weg ist so groß und die Verlockung so intensiv, daß der Pilger selbst in den früheren Stadien der Reise ein Pseudogefühl der GOTT-Verwirklichung hat, aus dem er sich nur mit der Hilfe VOLLKOMMENER MEISTER lösen kann. So manch ein fortgeschrittener Pilger in der feinstofflichen Sphäre meint, er habe vollständige Befreiung aus dem Kreislauf von Geburten und Toden erlangt, obwohl dies nicht der Fall ist. Dieser Wahn bleibt bis zur sechsten Ebene des involvierenden Bewußtseins bestehen, ist jedoch am auffälligsten

zwischen der dritten und vierten Ebene. Die vierte Ebene des
Bewußtseins ist das tückischste Stadium auf der Reise des Pilgers, weil dies das Stadium ist, in dem alle Kräfte der unendlichen ENERGIE der feinstofflichen Sphäre unter seinem direkten
Kommando stehen. Der Mißbrauch dieser Kräfte bedeutet den
Fall und Desintegration des Bewußtseins der Seele. Obwohl es
eine fundamentale Tatsache ist, daß das einmal erlangte Bewußtsein nie mehr verlorengehen kann, kann es dennoch eine
Ausnahme von dieser Regel geben, jedoch nur **auf der vierten
Ebene**, auf der es eine Möglichkeit gibt, daß das von der Seele
erlangte Bewußtsein zerfällt. Obwohl es niemals vollständig verlorengeht, zerfällt es doch so weitgehend, daß es zum Bewußtsein der Steinform zurückkehrt. Dann muß der gesamte Prozeß
der Bewußtseinsevolution wiederholt werden, um das volle Bewußtsein und die menschliche Form wiederzuerlangen.

So kommt es, daß der Pilger ab der vierten Ebene auf dem spirituellen Weg entweder wegen Mißbrauchs oder falschen
Gebrauchs der *Tajalliyat* (*Siddhis*) zurückfällt oder durch weitere
Involution seines Bewußtseins zur fünften Bewußtseinsebene
fortschreitet und die Erfahrung der mentalen Sphäre oder mentalen Welt gewinnt. Das Durchschreiten der vierten Ebene und
der Eintritt in die fünfte würde bedeuten, daß man Zugang zur
GÖTTLICHEN PFORTE erhält!

Auf der sechsten Ebene »schaut« der Pilger GOTT von Angesicht zu Angesicht. Diese Schau erfolgt durch das mentale Auge,
wenn das Bewußtsein der Seele die Seele mit dem mentalen
Körper identifiziert. Selbst wenn der Pilger auf der sechsten
Ebene seines involvierenden Bewußtseins GOTT von Angesicht
zu Angesicht sieht, wird der Griff der Dualität nicht überwunden, weil der Sehende und der Gesehene immer noch durch das
Sehen differenziert werden.

Die Imagination auf den Ebenen hört auf, sobald der Pilger
das Feld der ILLUSION durchschritten hat und auf der siebten
Ebene des vollständig evolvierten Bewußtseins den Bereich der
WIRKLICHKEIT betritt, wo er absolut frei von allen Spuren von
Eindrücken ist. Das Bewußtsein der siebten Ebene ist sowohl

voll als auch reif, und ist das eindruckslose Bewußtsein, das die Seele mit ihrem »SELBST« identifiziert. Die Seele fühlt und erfährt dann bewußt ihre ewige Existenz als GOTT. Der »Tropfen« (Seele) bar jeglicher Blase (Form von Unwissenheit in der ILLUSION), verwirklicht seine ewige Existenz im unendlichen Ozean, als der Ozean selbst (als *Paramatma* oder die ÜBERSEELE).

Zustand VIII
Gott als der Göttlich Versunkene

Dieser Zustand GOTTES bedeutet für die Seele das Ende des langen evolutionären Ringens, das Ende des Reinkarnationsprozesses und das Ende des Verwirklichungsprozesses durch die Ebenen. Für die individuelle Seele gibt es keine höhere Stufe, die sie anstreben könnte, weil sie das Ziel erreicht hat, mit GOTT eins zu werden. Der zu GOTT gewordene Pilger dieses Stadiums wird in der Welt der Sufis *Majzoob* genannt, und die Anhänger des Vedanta nennen ihn *Brahmi Bhoot*. Der *Majzoob* hat kein Körperbewußtsein und kein Bewußtsein der drei Sphären, der grobstofflichen, der feinstofflichen und der mentalen. Das bedeutet, daß GOTT als *Majzoob* in diesem Zustand VIII bewußt Seine eigene unendliche Dreifachnatur UNENDLICHER MACHT, UNENDLICHEN WISSENS und UNENDLICHER GLÜCKSELIGKEIT erfährt, von diesen unbegrenzten Aspekten Seiner Natur jedoch keinen Gebrauch macht.

In diesem Zustand VIII erlangt der unbewußte, unendliche Zustand A GOTTES (der unbewußte *Paramatma*) nicht nur das höchste göttliche Bewußtsein GOTTES von Zustand B, sondern GOTT wird in diesem Zustand auf göttliche Weise von der Wirklichkeit Seines eigenen, unbegrenzten bewußten Zustands absorbiert und erkennt auf diese Weise Seine ewige Identität mit dem unendlichen bewußten Zustand B GOTTES.

Dieser Zustand VIII GOTTES ist von höchstem göttlichem Bewußtsein, dem *Ahadiyat* (*Halat-e-Muhammadi*) oder dem *Vidnyan*. Alle GOTT-verwirklichten Wesen – der *Majzoob-e-Kamil* (*Brahmi Bhoot*), der *Majzoob-Salik* (*Paramhansa*), *Azad-e-*

Mutlaq (*Jivanmukta*), *Qutub* (*Sadguru*) und *Rasool* (*Avatar*) –
ziehen sich im JENSEITS nach der Aufgabe des Körpers in diesen
Zustand B GOTTES zurück. Meher Baba erläuterte, daß die Sufis
einen solchen körperlosen Zustand des VOLLKOMMENEN MEI-
STERS als *Halat-e-Muhammadi* (Zustand des Mohammed) bezeichnen, zum Unterschied von *Muqam-e-Muhammadi* (Amt
des Mohammed), wenn er einen physischen Körper hat. *Haqiqat-
e-Muhammadi* ist der zehnte Zustand GOTTES in einem physischen Körper, und der *Muqam-e-Muhammadi* (Amt des
Mohammed) ist das *Vidnyan Bhumika* (Amt des *Vidnyan*), in der
Farbtafel als C bezeichnet.

Zustand IX
Gott als befreite inkarnierte Seele

Wenn GOTT, göttlich versunken wie im Zustand VIII, sich erholt
und durch Seine mentalen, feinstofflichen und grobstofflichen
Aspekte als eine *Majzoob* (göttlich versunken) genannte Verkör-
perung eines vollkommenen menschlichen Wesens normales
Bewußtsein der mentalen, feinstofflichen und grobstofflichen
Sphären bewahrt, dann erlebt Er den Zustand IX als den GÖTT-
LICHEN KNOTENPUNKT zwischen GOTTES Zuständen VIII und X.

Erlangt die Seele wieder das normale Bewußtsein der mentalen, feinstofflichen und grobstofflichen Körper und Sphären,
dann kommt sie aus dem *Majzoob*-Zustand VIII heraus und
durchquert das *Fana-fillah*, um die Erfahrung des *Baqa-billah*-
Zustands zu erlangen. Bevor sie sich jedoch im *Baqa-billah* fest-
setzt, tritt sie vielleicht in den Zustand ein, den die Sufis das
Fana-ma-al-baqa des *Muqam-e-furutat* nennen und die Anhänger des Vedanta *Turiya Avastha*. Dies ist der Zustand IX am
GÖTTLICHEN KNOTENPUNKT zwischen dem *Fana-fillah* und dem
Baqa-billah der Göttlichkeit.

Die GOTT-verwirklichten Seelen in einem menschlichen Körper auf dieser Stufe sind entweder die *Paramhansa* (*Majzoob-
Salik* oder *Salik-Majzoob*) oder die *Jivanmukta* (*Azad-e-Mutlaq*).

Beide erfreuen sich UNENDLICHEN WISSENS, UNENDLICHER MACHT und UNENDLICHER GLÜCKSELIGKEIT und sind des »Ich bin GOTT«-Zustands bewußt. Vom *Majzoob-e-Kamil* unterscheiden sie sich jedoch darin, daß sie der drei Körper und der drei Sphären (mental, feinstofflich und grobstofflich) bewußt werden können und es auch werden. Während der *Majzoob*-Zustand ein fortdauernder Zustand göttlicher Versunkenheit ist, ist der Zustand des *Paramhansa* einer, der **manchmal** göttlich versunken ist und **manchmal** das normale Bewußtsein jemandes wiedererlangt, der das *Suluk* des *Sulukiyat* erlebt. Sein bewußtes Erleben ist manchmal das von »Ich bin mein eigener GOTT« und manchmal von »Ich bin meine eigene Kreatur«. Der Zustand des *Jivanmukta* ist der von jemandem, der normalerweise das *Suluk* des *Sulukiyat* erlebt (das heißt jemandes, der auf Dauer im Zustand des *Baqa-billah* verharrt). Beide, der *Paramhansa* und der *Jivanmukta* unterscheiden sich vom *Qutub* dadurch, daß sie nicht imstande sind, das UNENDLICHE WISSEN, die UNENDLICHE MACHT und die UNENDLICHE GLÜCKSELIGKEIT zu nutzen, die sie durchgehend erfahren.

Aus einem *Paramhansa* oder *Jivanmukta* erwächst der Welt kein direkter spiritueller Nutzen.[65] Doch macht ein *Jivanmukta* gegen Ende seines Lebens eine einzige Seele so vollkommen, wie er selbst es ist. Obwohl er in den drei Sphären keinerlei Pflichten hat, genießt er den *Baqa-billah*-Zustand.

Zustand X
Gott als »Mensch-Gott«

Dies ist der Zustand GOTTES in einem menschlichen Körper wie etwa als VOLLKOMMENER MEISTER (*Qutub*, *Sadguru*). In diesem Zustand steht der VOLLKOMMENE MEISTER oder der Mensch-GOTT göttlich, ungebunden und uneingeschränkt über dem Gesetz der ILLUSION, das die kosmische SCHÖPFUNG in einer

---

65 [Dennoch hat jeder, der mit ihm in Berührung kommt, automatisch einen indirekten Nutzen. (Anm. d. Hrsg.)]

unendlich systematischen Ordnung beherrscht. Und dennoch erlaubt Er es sich, sich durch die Begrenzungen von Zeit, Raum und Verursachung binden zu lassen, während Er fortlaufend bewußt Seinen »Ich bin GOTT«-Zustand und seine UNENDLICHE MACHT, sein UNENDLICHES WISSEN und seine UNENDLICHE GLÜCKSELIGKEIT erfährt. Er erfährt diese unendlichen Eigenschaften nicht nur, sondern Er **nutzt** sie auch für die Emanzipation anderer Seelen im Griff der Unwissenheit, die sich ihrer eigenen ewigen Wirklichkeit noch nicht bewußt sind.

Dies ist der Zustand absoluter Vollkommenheit. Hier ist GOTT mit Attributen und mit Form ausgestattet (*Saguna* und *Sakar*).

Nach der Lehre der Sufis bezeichnet der *Qutub* den höchsten Punkt der aufwärts führenden Reise. Er ist das Summum bonum der Schöpfung, die lieblichste Blume der Menschheit. Im *Majzoob*-Zustand genoß die Seele die unendliche SELIGKEIT des »Ich bin GOTT«-Zustands. Der VOLLKOMMENE MEISTER (*Qutub, Sadguru*) jedoch genießt die UNENDLICHE GLÜCKSELIGKEIT des »Ich bin GOTT«-Zustands und auch das höchste göttliche Bewußtsein des »ALLES ist Ich« und »ALLES kommt von Mir«.

Dieser zehnte Zustand GOTTES ist der Zustand des *Haqiqat-e-Muhammadi*. Die VOLLKOMMENEN MEISTER (*Qutubs* oder *Sadguru*) und der *Avatar* (*Rasool*) befinden sich alle in diesem Zustand. Ob GOTT sich im Zustand des Mensch-GOTTES als VOLLKOMMENER MEISTER oder im Zustand des GOTT-Menschen als *Avatar* befindet – er befindet sich in seinem zehnten Zustand und funktioniert als ein Mensch-GOTT und als ein GOTT-Mensch aus dem göttlichen Amt *Muqam-e-Muhammadi* oder *Vidnyan Bhumika*, in der Farbtafel als »C« bezeichnet. Die erste Manifestation GOTTES mit Seinem unendlichen Bewußtsein übernahm dieses göttliche Amt, und dieses wird fortfahren, ewig zu funktionieren, um UNENDLICHE MACHT, UNENDLICHES WISSEN und UNENDLICHE GLÜCKSELIGKEIT auszustrahlen, die die VOLLKOMMENEN MEISTER und der *Avatar* nicht nur auf ewig erfahren, sondern die sie auch für die Emanzipation aller Seelen nutzen, die sich noch im Griff der Unwissenheit befinden und die versuchen, Bewußtsein ihres ewigen Zustands des Einsseins mit der ÜBERSEELE zu erlangen.

Mit anderen Worten: GOTT in einem menschlichen Körper wird sich immerwährend in all seiner Vollkommenheit nur durch sein göttliches Amt manifestieren, das in der Farbtafel »Die Zehn Zustände Gottes« als C bezeichnet ist.

Es war nur durch dieses göttliche Amt, daß GOTT sich als GOTT-Mensch in der Gestalt von Zoroaster (Zarathustra), Rama, Krishna, Jesus, Buddha, Mohammed und anderen manifestierte und in jedem Zyklus, Zeitalter nach Zeitalter, verkündete, Er sei der ERLÖSER, der Prophet, der Messias, der Sohn GOTTES, der *Avatar*, der *Rasool*, der Buddha und so weiter. Und nur durch dieses göttliche Amt funktionieren die fünf VOLLKOMMENEN MEISTER oder die *Qutubs* oder die *Sadguru* als das Summum bonum der gesamten kosmischen SCHÖPFUNG.

Die Sufis nennen dieses göttliche Amt *Muqam-e-Muhammadi*, benannt nach dem Propheten Mohammed, dem Rasool GOTTES in Seinem Haqiqat-e-Muhammadi. Desgleichen ist Jesus von Nazareth, der Sohn GOTTES – wie Mohammed, Zoroaster, Krishna, Rama, Buddha – der GOTT-Mensch, während »CHRISTUS«, wie Haqiqat-e-Muhammadi, der göttliche Zustand von Jesus ist.

Versuchen wir, alle die verschiedenen Stadien GOTTES zusammenzufassen, dann sind fünf unterschiedliche Stadien in dem Ringen des unbewußten *Paramatma*, vollständiges Bewußtsein zu erlangen, herauszustellen:

Das erste Stadium

(A) Um damit zu beginnen: Der *Atma* (die Seele) und der *Paramatma* (die ÜBERSEELE) sind beide eins in dem unendlichen, unteilbaren »EINSSEIN DER WIRKLICHKEIT«.

(B) Vor dem Anfang des Anfangs waren der *Paramatma* und alle *Atmas* unbewußt und ungeprägt.

(C) Am Beginn besaß der *Atma* kein Bewußtsein des grobstofflichen Körpers, des feinstofflichen Körpers oder des mentalen

Körpers und hatte daher keine Erfahrung von der grobstofflichen Welt, der feinstofflichen Welt oder der mentalen Welt. Der *Atma* war selbst des eigenen SELBST nicht bewußt und hatte daher keine Erfahrung des eigenen *Paramatma*-Zustands.

Das ist der in der Farbtafel der »Zehn Zustände GOTTES« als A bezeichnete Zustand GOTTES.

Das zweite Stadium

Der *Atma* erlangt Bewußtsein und hat Eindrücke. In diesem Stadium ist sich der *Atma* entweder des grobstofflichen oder des feinstofflichen oder des mentalen Körpers bewußt und erfährt entweder die grobstoffliche oder die feinstoffliche oder die mentale Welt. Doch ist sich der *Atma* immer noch des eigenen SELBST nicht bewußt und erlebt daher noch nicht den *Paramatma*-Zustand.

Dies ist das Stadium der Zustände III, IV, V, VI und VII in der Farbtafel.

Das dritte Stadium

Der *Atma* wird eindruckslos, bewahrt jedoch volles und vollständiges Bewußtsein. Dieses vollständige Bewußtsein gehört nun nicht mehr dem grobstofflichen, dem feinstofflichen oder dem mentalen Körper, weshalb der *Atma* nicht mehr die grobstoffliche, die feinstoffliche oder die mentale Welt erfährt.

Dieses bewahrte Bewußtsein ist das des unendlichen SELBST des *Atma*. Und daher erlebt der *Atma* nunmehr den *Paramatma*-Zustand bewußt, und er erlebt die UNENDLICHE MACHT, das UNENDLICHE WISSEN und die UNENDLICHE GLÜCKSELIGKEIT des »Ich bin GOTT«-Zustands.

Dies ist das in der Farbtafel als Zustand VIII bezeichnete Stadium.

Das vierte Stadium

Der *Atma* erlangt das sogenannte Normalbewußtsein des grobstofflichen Körpers, des feinstofflichen Körpers und des mentalen Körpers zurück und erfährt daher wieder, diesmal jedoch
gleichzeitig, die grobstoffliche Welt, die feinstoffliche Welt und
die mentale Welt. In diesem Stadium ist der *Atma* sich gleichzeitig auch seines eigenen unendlichen SELBST bewußt, und er
erfährt die UNENDLICHE MACHT, das UNENDLICHE WISSEN und
die UNENDLICHE GLÜCKSELIGKEIT seines eigenen *Paramatma*-
Zustands. Doch obwohl der *Atma* sich in diesem Stadium seines
grobstofflichen, seines feinstofflichen und seines mentalen Körpers bewußt ist und gleichzeitig die drei Welten erfährt, **kann** er
diese unendlichen Attribute **nicht benutzen**.

Dies ist das Stadium von Zustand IX in der Farbtafel.

Das fünfte Stadium

Der *Atma* ist sich des grobstofflichen Körpers, des feinstofflichen Körpers und des mentalen Körpers voll und ganz bewußt,
er erfährt gleichzeitig die grobstoffliche Welt, die feinstoffliche
Welt und die mentale Welt und er hat gleichzeitig das höchste
göttliche Bewußtsein seines unendlichen SELBST. Außerdem
erfährt und **benutzt** er die UNENDLICHE MACHT, das UNENDLICHE
WISSEN und die UNENDLICHE GLÜCKSELIGKEIT seines eigenen
Paramatma-Zustands.

Dies ist das Stadium von Zustand X in der Farbtafel der »Zehn
Zustände Gottes«.[66]

---

66 [Eine von Meher Baba gegebene Zusammenfassung unterschiedlicher
Termini für Stand, Zustand, Stadium oder Aspekt und Gnosis in der ewigen Sphäre der WIRKLICHKEIT erscheint auf den Seiten 396 f. Die Gnosis
von »Ich bin Gott« ist allen vier Typen der Vollkommenheit gemeinsam
und endet nicht mit dem physischen Tod. (Anm. d. Hrsg.)]

Teil 10

Schlußfolgerung[67]

GOTT kann nicht erklärt werden. Man kann nicht über ihn streiten, keine Theorien über ihn aufstellen. Ebensowenig kann man
über ihn diskutieren und ihn verstehen. GOTT kann man nur
leben. (36)

Dennoch mangelt es all dem, was hier über GOTT gesagt und
erläutert wird, um die intellektuellen Krämpfe des menschlichen
Gemüts zu befrieden, immer noch an sehr viel mehr Worten und
weiteren Erklärungen, weil die WAHRHEIT ist, daß die WIRK-
LICHKEIT verwirklicht und die Göttlichkeit GOTTES erlangt und
erlebt werden muß.

Die unendliche, ewige Wirklichkeit zu **verstehen** ist **nicht** das
Ziel der individualisierten Wesen in der ILLUSION der SCHÖP-
FUNG, weil die WIRKLICHKEIT niemals verstanden werden kann.
Sie muß durch bewußte Erfahrung **verwirklicht** werden.

Daher ist es das ZIEL, die WIRKLICHKEIT zu verwirklichen
und den »Ich bin GOTT«-Zustand in menschlicher Gestalt zu
erlangen.

---

67 [siehe auch Farbtafel VIII A im Farbteil]

Inhalt des Anhangs

Anhang[68]

1 Geprägtes Bewußtsein (S. 81)[69]

Auf Bitten der Herausgeber fügte Meher Baba folgende Informationen hinzu:

»Das Bewußtsein ist endgültig vollständig, sobald die erste menschliche Form angenommen wird, beginnt jedoch an diesem Punkt noch nicht zu involvieren. Wenn das Bewußtsein zu involvieren beginnt, bedeutet dies, daß das menschliche Wesen erst anfängt, den ersten Schritt auf dem spirituellen Wege zu tun.

Zwischen der Zeit der ersten menschlichen Inkarnation und der Zeit des Begehens des Pfades muß das vollständige Bewußtsein eines Menschen, das noch ein geprägtes Bewußtsein ist, sich zwangsläufig in einem Prozeß ergeben, der schließlich die Umklammerung (des Bewußtseins, das vollständig ist) durch diese Prägungen löst.

Es muß festgehalten werden, daß während dieser Periode, die Tausende von Reinkarnationen umfaßt, die ursprünglich starren oder dichtgefügten Eindrücke durch den Reinkarnationsprozeß so gründlich durchgeschüttelt werden, daß ihre feste Umklammerung des Bewußtseins sich lockert. Diese starren (dichtgefügten oder grobstofflichen) Eindrücke dünnen aus oder werden durch unzählige und verschiedenartige Erfahrungen von Ge-

---

68 Die hier gegebenen Erläuterungen folgen den Zahlen, die im Text in Klammern angegeben sind.
69 Die Seitenangabe bezieht sich auf den Text, in dem das erläuterte Thema aufkommt.

gensätzen schwach. Die Grenze dieser Erfahrungen wird durch anhaltende Reinkarnationen, welche Erfahrungen von Gegensätzen vermitteln, erreicht.

Weiterhin muß festgestellt werden, daß die Grenze der Erfahrungen der grobstofflichen Welt durch grobstoffliche Eindrücke des grobstofflichen Mediums, des menschlichen Körpers, erst erreicht wird, wenn diese dichtgefügten oder grobstofflichen Eindrücke weniger dicht oder wenn sie schwach werden. Sobald die dichtgefügten, starren Eindrücke weniger dicht werden, können sie nicht mehr grobstoffliche Erfahrungen erzeugen, weil diese weniger dichten (schwachen) Eindrücke verfeinert oder fein werden und nicht mehr roh oder grobstofflich sind. Die Ansammlung solcher verfeinerten oder feinen Eindrücke nennt man feinstoffliche Eindrücke. Diese feinstofflichen Eindrücke erzeugen Erfahrungen des feinstofflichen Typs (d. h. zur feinstofflichen Welt gehörig), und der feinstoffliche Körper erlebt diese feinstofflichen Eindrücke und versucht sie auszuschöpfen.

Werden diese feinstofflichen Eindrücke sogar noch weniger dicht und noch mehr verfeinert, nennt man den Zustand solcher Eindrücke mentale Eindrücke. Diese mentalen Eindrücke erzeugen Erfahrungen aus dem Bereich der mentalen Welt, und der mentale Körper erlebt diese mentalen Eindrücke und versucht sie auszuschöpfen.

Sobald die letzten Spuren mentaler Eindrücke durch Erfahrungen des mentalen Körpers ausgeschöpft sind, wird dem vollständigen Bewußtsein der Seele die Bürde der Eindrücke genommen. (Es befand sich die ganze Zeit über in der Umklammerung der Eindrücke, und zwar von dem Augenblick an, in dem es sich mit der allerersten menschlichen Form identifizierte, bis hin zur letzten Identifikation mit dem mentalbewußten menschlichen Wesen). Nur ein solches eindrucksloses vollständiges Bewußtsein kann die endgültige Erfahrung des ›Ich bin GOTT‹-Zustands der Seele verwirklichen.

Wenn die grobstofflichen oder starrgefügten Eindrücke durch den Reinkarnationsprozeß ausgedünnt werden, dann werden sie zu feinstofflichen Eindrücken. Diese feinstofflichen

Eindrücke können keine Erfahrungen der grobstofflichen Welt mehr vermitteln. In diesem Stadium beginnt das Bewußtsein des grobstofflich-bewußten menschlichen Wesens automatisch, sich in Erfahrungen der feinstofflichen Welt zu ergehen. Das kennzeichnet den Beginn des Involutionsprozesses des Bewußtseins, und der Aspirant beginnt den Pfad zu betreten. Es liegt auf der Hand, daß die feinstofflichen Eindrücke die feinstofflichen Erfahrungen der feinstofflichen Welt hervorrufen müssen. Diese feinstofflichen Eindrücke werden vom feinstofflichen Körper durch Erfahrungen der feinstofflichen Welt ausgeschöpft, und der Prozeß der Involution des Bewußtseins setzt sich fort.«

2 Praktische Mystik (S. 99)

Der Zugang zur Wahrheit ist individuell

Es gibt keine allgemeine Regel oder Methode, welche für alle anwendbar ist, die nach GOTT-Verwirklichung streben. Jeder Mensch muß an seiner eigenen Erlösung arbeiten und seine eigene Methode wählen, auch wenn seine Wahl weitgehend durch die Gesamtwirkung der in früheren Leben erworbenen Eindrücke im Gemüt (*Sanskaras*) bestimmt ist. Er sollte sich vom Credo seines Gewissens leiten lassen und der Methode folgen, die am besten seiner spirituellen Neigung, seinen physischen Fähigkeiten und den äußeren Umständen entspricht. Die Wahrheit ist EINS, doch der Weg zu ihr ist im wesentlichen individuell. Die Sufis sagen: »Es gibt so viele Wege zu GOTT, wie es menschliche Seelen gibt« (*At-turuqu īlāllahi kanufūsi banī ā dam*).

> *Jamāl-i fitrat ke lākh partao*
> *Qubūl partao kī lākh shākhīn*
> *Tarīq-i 'irfan maīn kiyā batāūn*
> *Yah rāh kiskī wāh rāh kiskī.*
> — Akbar

293

Die Schönheit der Natur hat tausend Facetten,
Für die es Tausende Wege und Mittel des Annehmens
(Verstehens) gibt.
Wer könnte, was den Pfad der Gnosis angeht, entschei-
den,
Welcher besondere Modus oder welche Gestimmtheit
für ein bestimmtes Individuum vorgesehen ist?

Entsagung

Fühlt ein Pilger – und mit Pilger meinen wir hier einen Aspiranten oder Jünger – sich zur Entsagung hingezogen, dann bedeutet
dies, daß der Geist der Entsagung in ihm bereits latent vorhanden war. Diese Bereitschaft entsteht aus dem Hin-und-her-
Schwingen des furchtbaren Pendels vom Schmerz zum Vergnügen und vom Vergnügen zum Schmerz in den zahllosen Formen
der Evolution und den zahllosen Ein- und Ausgängen durch die
Pforten von Geburt und Tod, die man im Laufe der Reinkarnation erlebt. Da dieser Geist der Entsagung latent ist, bedarf es
nur eines auslösenden Anlasses, um ihn an die Oberfläche zu
bringen. Und nur wenn er an die Oberfläche kommt, sind wir in
der Lage, die Kraft und Natur des latenten Geistes zu sehen.
    Ist der latente Geist nur eine spirituelle Verdauungsstörung
infolge eines vorübergehenden Übermaßes an Schmerz, kombiniert mit einem milden Verlangen nach etwas Angenehmeren,
dann wird die offenkundige Entsagung nur von flüchtiger und
schwächlicher Art sein – eine bloß vorübergehende Flucht aus
einer Unannehmlichkeit. Bestenfalls jedoch ist dieser latente
Geist ein geheimer Angriffspakt zwischen einem unheilbaren
Abscheu vor der Welt und einem inbrünstigen und brennenden
Hunger nach GOTT. Gelangt er an die Oberfläche, dann erweist
er sich als unerschütterliche Entschlossenheit, das ganze Sein
zum Erringen des Sieges über das niedere Selbst einzubringen
und alles zu verwerfen, was für diesen großen und furchtbaren
Kampf unerheblich ist. Man beachte das Wort »verwerfen«; es
bedeutet, daß solch ein Pilger das Unerhebliche wegwirft. Man

könnte Entsagung auch als Frucht der Blüte spirituellen Sehnens bezeichnen, befruchtet mit dem Blütenstaub des Abscheus angesichts der Vergeblichkeit endloser Geburten und Tode. Wo Entsagung zum Ausdruck kommt, gibt es viele Möglichkeiten, sie zu betrachten. Die einfachste besteht darin, sie in zwei Haupttypen zu unterteilen, nämlich die innere und die äußere Entsagung.

Äußere Entsagung bedeutet das völlige Aufgeben aller irdischen Freuden und allen physischen Haftens an materiellen Dingen. In ihren frühen Stadien ist diese Entsagung in dem Maße hilfreich, in dem sie zu innerer Entsagung und zur totalen Ausrichtung auf GOTT führt. In Indien begegnet man Zehntausenden sogenannter Sanyasis (Entsager), von denen allzu viele diese äußere Entsagung nur als einen Beruf angenommen haben, der es ihnen erlaubt, sich einem unproduktiven Leben der Faulheit hinzugeben. Äußere Entsagung kann jedoch echt sein und ist es oft auch. Ist dies der Fall, dann führt sie unweigerlich zu innerer Entsagung, und das ist die Entsagung, auf die es ankommt. Innere Entsagung bedeutet, daß man sein Begehren schon an seinem Ursprung beherrscht, so daß das Gemüt nicht zur Beute des Verlangens nach Lust, Habgier und Zorn wird.

Das bedeutet nicht, daß man plötzlich einfach aufhört, solche Gedanken zu **haben**. Das ist unmöglich, denn diese Gedanken werden sich weiterhin störend bemerkbar machen, solange die *Sanskaras*, aus denen sie entstehen, Teil des eigenen Daseins sind. Der Kampf ist zwangsläufig lang und hart.

Äußere Entsagung ist vor allem für Menschen des Westens nicht empfehlenswert und praktikabel; sie sollte innerlich sein und von Anfang der Ebene des Gemüts angehören. Man sollte in der Welt leben, alle legitimen Pflichten erfüllen und sich dennoch mental von allem losgelöst fühlen. Man sei also *in* der Welt, aber nicht *von* der Welt. Die Sufis sagen: *Dil bā yār, dast bikār.* (»Das Herz bei GOTT, die Hände bei der Arbeit.«)

Hazrat Nizamuddin Awliya, der VOLLKOMMENE MEISTER aus Delhi, wurde einmal von einem Besucher gefragt, wie man in der Welt leben sollte. In diesem Augenblick kamen gerade einige Frauen vorbei, die Wasserkrüge auf dem Kopf balancierten.

Während sie so die Straße entlanggingen, schwatzten und gestikulierten sie. Nizamuddin deutete auf sie und sagte: »Schau dir diese Frauen an – **genau so** solltest du in der Welt leben.« Um eine Erklärung dieser rätselhaften Bemerkung gebeten, antwortete der MEISTER: »Diese Frauen, die vom Brunnen kommen und Wasserkrüge auf ihrem Kopf balancieren, scheinen nichts anderes im Sinn zu haben, als untereinander allerlei Klatsch auszutauschen. Und dennoch konzentrieren sie sich die ganze Zeit über auf etwas viel Wichtigeres, auf das Balancieren der Wasserkrüge. Also - womit auch immer dein Körper, deine Sinne oder die rein oberflächlichen Schichten deines Geistes beschäftigt sein mögen: sieh zu, daß die Wurzel deines Geistes ständig auf GOTT ausgerichtet ist.«

Vaitag und Vairagya

Betrachten wir Entsagung als einen Gemütszustand, dann können wir verstehen, wie dieser Gemütszustand entweder vorübergehend oder andauernd sein kann. Der erstgenannte Zustand wird *Vaitag*, der andere *Vairagya* genannt.

Vaitag (vorübergehende Entsagung) ist einfach ein vorübergehender Abscheu vor der Welt und ihren Angelegenheiten als Folge eines Schocks, einer Enttäuschung oder eines Verlustes, kombiniert mit einem diffusen Verlangen nach GOTT. Diese Art der Entsagung kann auch aus einem plötzlichen Impuls entstehen. Beim *Vaitag* wendet der Geist sich von der Welt ab und begibt sich auf göttliche Wege. Doch ist dieses Verhalten nicht von Dauer, und der Geist kehrt zu seinen alten Gewohnheiten zurück, sobald die Umstände sich ändern oder der Impuls sich abschwächt.

Vairagya (unwiderrufliche Entsagung) dagegen ist eine Gemütshaltung mit einem so starken Verlangen nach GOTT und einer derartigen Gleichgültigkeit gegenüber irdischen Dingen, daß sie, einmal entstanden, keinen Rückzug mehr kennt und gegen alle Versuchungen gefeit ist, sie aufzugeben. Das berühmte Beispiel von Gautama Buddha veranschaulicht *Vairagya*.

Wir haben bereits erläutert, daß Entsagung der offenkundige

Ausdruck eines latenten Sehnens nach Vereinigung mit GOTT ist, kombiniert mit einem latenten Geist des Abscheus vor der Welt. Wir benutzten dabei die Analogie von Blume, Blütenstaub und Frucht. Was die Befruchtung angeht, so vermögen die Blume und der Blütenstaub für sich nichts auszurichten, denn beide können nur durch etwas von außen auf sie Einwirkendes zusammengebracht werden, etwa den Wind, Bienen oder Insekten. Ob es in der Natur zur Befruchtung kommt, kann von so vielen Tausenden von unbekannten Faktoren abhängen, daß die moderne Wissenschaft den Versuch einer Vorhersage aufgibt und das Geschehen als Zufall bezeichnet. Das gehört hier jedoch nicht zur Sache, und wir werden diese Befruchtung in unserer Analogie als ein Geschenk betrachten.

Um zu *Vairagya* zurückzukehren: Wir sollten uns daran erinnern, daß das Sehnen nach Vereinigung mit GOTT in **jedem** lebenden Wesen latent vorhanden ist. Es dringt jedoch erst dann ins Bewußtsein vor, wenn die Seele sich dem Beginn dessen nähert, was Meher Baba in »Das Göttliche Thema« den »Prozeß der Verwirklichung« nennt. Abscheu vor der Welt ist ebenfalls etwas, das sich bei jedem von uns ganz natürlich entwickelt und um so kraftvoller wächst, je mehr wir uns diesem Verwirklichungsprozeß annähern. Ist die Blüte voll erblüht und ist der Blütenstaub reif, dann gewähren der Wind oder die Biene das Geschenk der Befruchtung, aus dem die Frucht entsteht. Sobald dieser Augenblick innerer Bereitschaft gekommen ist, senkt sich auf dieselbe Weise ein göttliches Geschenk auf die Seele hinab, befruchtet das Sehnen nach GOTT und den Abscheu oder die Gleichgültigkeit gegenüber der Welt und bringt auf diese Weise die unschätzbare Frucht des *Vairagya* hervor. Dieses göttliche Geschenk mag ein Hauch innerer Gnade von Seiten des innewohnenden GOTTES sein oder vielleicht das Ergebnis eines Kontaktes mit einem Heiligen oder einem VOLLKOMMENEN MEISTER. Es ist jedoch immer ein Geschenk.

Wird *Vairagya* zum ersten Male manifest, dann kommt es mit ziemlicher Gewißheit erst einmal eine Zeitlang als äußere Entsagung zum Ausdruck. Da *Vairagya* jedoch andauernd ist, wird es früher oder später stets zur echten Entsagung führen, die innerlich ist.

Verspürt ein Aspirant ein derart intensives Verlangen nach der WAHRHEIT, dann ist er befähigt, den PFAD zu betreten. Es gibt da eine Geschichte über einen MEISTER, der von einem seiner Jünger immer wieder mit der Frage belästigt wurde, wann er denn endlich GOTT erkennen werde. Als die beiden einmal in einem Fluß badeten, drückte der MEISTER den Aspiranten eine Weile unter Wasser. Als dieser nahe daran war zu ersticken, zog der MEISTER ihn wieder hoch und fragte ihn, woran er unter Wasser gedacht und wonach er sich am meisten gesehnt hätte. Der Schüler antwortete: »Luft!« Daraufhin erklärte der MEISTER dem Schüler, wenn er ein ebenso starkes Sehnen nach GOTT habe, dann würde ihm VERWIRKLICHUNG zuteil werden. Maulana Rumi sagt:

Āb kamjū, tishnigī āvar bidast.

»Rufe weniger nach Wasser, doch bringe mehr Durst danach hervor.«

Meher Baba drückt das so aus: »Der PFAD beginnt mit einem bewußten Sehnen nach einer tieferen Wirklichkeit. Wie ein aus dem Wasser geholter Fisch sich danach sehnt, ins Wasser zurückzukehren, sehnt der Aspirant, der das ZIEL erahnt hat, sich danach, mit GOTT vereint zu werden.

Tatsächlich ist das Sehnen nach Rückkehr zur QUELLE in jedem Geschöpf schon von dem Augenblick an vorhanden, in dem es durch den Schleier der Unwissenheit von der Quelle getrennt wird. Dieses Sehnen bleibt jedoch unbewußt, bis der Aspirant den PFAD betritt.«[70]

Die Sufis nennen diese Gemütshaltung *Tauba*; das bedeutet Bußfertigkeit und impliziert die Entsagung oder Abkehr vom

---

70 Siehe auch Meher Baba, »Die Stufen des Pfades«, in *Darlegungen über das Leben in Liebe und Wahrheit*, Frankfurt am Main: Fischer Taschenbuch Verlag, 1996, S. 154 ff. (Anm. d. Hrsg.)

Leben der Sinne zugunsten des Lebens des Geistes. Wer diesen großen Schritt getan hat, schaut nicht mehr auf das zurück, was er hinter sich gelassen hat.

Meher Baba sagt, daß es Tausende von Suchenden geben mag, die ebenso viele verschiedene spirituelle Erfahrungen genießen mögen, und doch gebe es nur einen PFAD der Gnosis. Er ist ein innerer, jedoch ganz wirklicher Pfad. Auch wenn er kein gewöhnlicher Pfad ist, so ist er für das innere Auge des echten Pilgers, der auf ihm wandert, deutlich erkennbar. Doch können selbst die Mystiker, die wirklich »erfahren« haben, nur die Teile des PFADES erklären, die sie selbst durchwandert haben. Diejenigen, die den kritischen Punkt auf der dritten Ebene erreicht haben, können nichts über die vierte Ebene wissen, noch können sie irgend jemanden bis auf ihre eigene Ebene führen. Ihr Wissen und ihre Erfahrung sind auf sie selbst beschränkt. Nur die auf der fünften und sechsten Ebene können andere auf ihre eigene Ebene heben, und für jeden, dem sie ihre Gnade schenken, wird das ungemein förderlich sein.

Die individuellen Seelen der Welt befinden sich innerhalb der Grenzen der grobstofflichen Sphäre, die all die grobstofflichen Sonnen, Monde, Welten und den gesamten Raum umfaßt. Der Naturmensch, dem die elementarsten Naturgesetze und der Kodex von Recht und Unrecht unbekannt sind, befindet sich ebenso innerhalb der Beschränkungen der grobstofflichen Sphäre wie ein bedeutender Philosoph oder Wissenschaftler. Der Philosoph mag theoretisch mit der feinstofflichen Sphäre ziemlich vertraut sein und der Wissenschaftler eine Autorität auf dem Gebiet der äußersten Grenzen der modernen Physik. Vom Standpunkt des Feinstofflichen jedoch gehören sie genauso wie der Naturmensch zur grobstofflichen Sphäre. Bis die subtile Sphäre erfahren wird, bleibt die Gnosis ein Gegenstand intellektueller Wortklauberei für alle, die zur grobstofflichen Sphäre gehören, weil wir mit »feinstofflich« nicht nur die feinste Form des Grobstofflichen meinen. Im gewöhnlichen Sinn des Wortes mag es korrekt sein, sehr feine Substanzen wie Äther, das Atom, Schwingungen, Licht und Raum als »subtil« oder »feinstofflich«

zu bezeichnen; doch gehören auch sie zweifellos zum Grobstofflichen, wenn auch in sehr feiner Form.

Spirituell gesprochen bedeutet feinstofflich etwas vom Physischen völlig Verschiedenes, wie verfeinert physische Dinge auch sein mögen. Wenn auch die grobstoffliche Sphäre das Ergebnis der feinstofflichen Sphäre ist und von ihr abhängt, ist die feinstoffliche Sphäre doch völlig unabhängig von der grobstofflichen. Als Beispiel kann man den Akt des Essens nehmen. Der grobstoffliche Akt ist das Ergebnis des Gedankens und hängt von ihm ab. Der Gedanke jedoch ist unabhängig vom physischen Akt.

Vergessenheit

Die ganze Philosophie von der Annäherung an die WAHRHEIT und ihrer Verwirklichung hängt von etwas ab, das wir Vergessenheit nennen könnten. »Vergessenheit« in dem hier verwendeten Sinn hat nichts mit dem zu tun, was im allgemeinen Sprachgebrauch als »Vergeßlichkeit« bezeichnet wird – etwa wenn man vergißt, einen Brief in den Kasten zu werfen –, oder mit einem Gemütszustand, der einfach dumpf und leer ist. In unserem speziellen Sinne ist Vergessenheit eine Gemütshaltung, die sich nach und nach zu spiritueller Erfahrung entwickelt. Äußere Entsagung ist keine Vergessenheit, weil sie vorwiegend physisch und nur teilweise mental ist. Dagegen nimmt innere Entsagung die Eigenschaft und Würde von Vergessenheit an, wenn sie rein mental wird. So mag man zwar der Welt entsagen, doch ist es nicht so leicht, sie zu vergessen.

In diesem speziellen Sinne erklärt Vergessenheit das Geheimnis, das hinter allem Glück steckt – sei es spiritueller oder anderer Natur –, welches menschliche Wesen erleben. Der Sufi-Ausdruck für dieses Vergessen ist *Bikhudi* und sollte nicht - wie es oft geschieht - mit *Bihoshi* (Unbewußtheit) verwechselt werden.

Der Unterschied zwischen Vergessenheit und Unbewußtheit ist wichtig, und einige Beispiele von Arten der Unbewußtheit werden helfen, ihn zu verdeutlichen. Zunächst sollte man dessen eingedenk sein, daß Vergessen die teilweise oder totale **Loslö-**

sung des Geistes von der physischen Welt ist, Unbewußtheit die teilweise oder totale **Abtötung** des Geistes gegenüber der physischen Welt. Ersteres führt zum Entstehen verschiedener Stufen spiritueller Ekstase, letzteres zu verschiedenen Stufen des Aufhörens von Lust und Schmerz.

Betrachten wir daher einige Beispiele von Unbewußtheit. Bei guter Gesundheit kümmert man sich nicht um das Funktionieren eines lebenswichtigen Organs wie des Herzens. Man vergißt, daß dieses Organ unaufhörlich im menschlichen Körper schlägt und perfekt dafür sorgt, Leben und Gesundheit zu bewahren. Kommt es jedoch zu Störungen im Herzrhythmus, dann fühlt man sich sofort unbehaglich, und bei einem Herzinfarkt entsteht sofort ein Präkordialschmerz. In beiden Fällen wird man daran erinnert, daß man ein Herz hat. Die Empfindung des Unwohlseins oder Schmerzes rührt zwar vom Herzen her, wird jedoch nur aufgrund des Funktionierens des Gemüts empfunden. Je mehr das Gemüt sich dem Herzen zuwendet, desto stärker werden Unbehagen oder Schmerz wahrgenommen. Erreicht der Schmerz seinen Höhepunkt, kann sich plötzlich Unbewußtheit einstellen – ein Abreißen der Fäden des Bewußtseins, das uns in die Lage versetzt, den Schmerz zu vergessen. Das ist jedoch Unbewußtheit und nicht Vergessenheit im spirituellen Sinn. Ein Chirurg, der eine präfrontale Leukotomie vornimmt, kann einige der Nervenbahnen unterbrechen, die der Fokussierung des Gemüts auf den unbehandelbaren Schmerz einer unheilbaren Krankheit wie Krebs dienen. Nach dieser Operation ist der Schmerz zwar noch da, doch der Patient hört auf, sein Gemüt auf ihn zu lenken und sich darum zu kümmern. Dies wiederum ist eine teilweise Unbewußtheit, hervorgebracht durch rein physische Mittel, und nicht wahre Vergessenheit im spirituellen Sinne. Auch Schlaf ist ein Zustand von Unbewußtheit, der eine vorübergehende Erholung vom natürlichen Verschleiß des Lebens gewährt. Der Schlaf ist jedoch keine wahre Vergessenheit im spirituellen Sinn.

Die gesamte Philosophie von GLÜCKSELIGKEIT und UnGLÜCKSELIGKEIT hängt daher auf die eine oder andere Weise von der

Frage der Vergessenheit ab sowie von der einen oder anderen Art des Erinnerns. Erinnern ist das Haften des Gemüts an einer besonderen Idee, Person, einem Ding oder einem Ort, und Vergessenheit ist das Gegenteil davon. Sobald man begriffen hat, daß Erinnern Schmerz verursacht, folgt daraus, daß irgendeine Art von Vergessenheit das einzige Heilmittel dagegen ist, und diese Vergessenheit kann positiv oder negativ sein. Vergessenheit ist positiv, wenn das Gemüt der äußeren Stimuli gewahr bleibt, sich jedoch weigert, darauf zu reagieren. Negative Vergessenheit ist entweder bloße Unbewußtheit – ein Anhalten des Gemüts wie im gesunden Schlaf – oder eine Beschleunigung des Gemüts wie im Falle von Verrücktheit, die man als einen Weg definiert hat, die Erinnerung an das Leiden zu vermeiden. Schlaf oder Verrücktheit können in verschiedenen Graden durch Schlafmittel oder Drogen hervorgerufen werden. Doch ist auch dies ein negativer Weg, Erinnern zu überwinden.

Positive Vergessenheit ist also das Heilmittel, und wird sie ständig kultiviert, dann entwickelt sie in einem Menschen jene Ausgeglichenheit des Gemüts, die es ihm ermöglicht, solch edle Charaktereigenschaften wie Barmherzigkeit, Vergeben, Toleranz, Selbstlosigkeit und Dienst am Mitmenschen zum Ausdruck zu bringen. Wer nicht mit dieser positiven Vergessenheit ausgestattet ist, der wird zum Stimmungsbarometer seiner Umgebung. Seine innere Ausgeglichenheit wird durch das geringste Geflüster von Lob und Schmeichelei und durch die schwächste Andeutung von Verleumdung und Kritik gestört. Sein Gemüt gleicht einem schlanken Schilfrohr, das bei der leichtesten Brise der Gefühle hin und her schwankt. Ein solcher Mensch befindet sich ewig im Krieg mit sich selbst und kennt keinen Frieden.

Bei der Ausübung dieser positiven Vergessenheit ist nicht nur das Nichtreagieren auf widrige Umstände von wesentlicher Bedeutung, sondern auch das Nichtreagieren auf günstige und angenehme Umstände. Von diesen beiden ist das letztere schwerer und wird weniger oft beschrieben, obwohl es genauso wichtig ist.

Obwohl positive Vergessenheit an der eigentlichen Wurzel des Glücks angesiedelt ist, ist sie nicht leicht zu erwerben. Sobald jedoch ein Mensch diesen Gemütszustand erreicht, erhebt er sich über Schmerz und Lust, wird er zum Herrn über sich selbst. Um im spirituellen Leben voll wirksam zu werden, muß die Vergessenheit permanent werden, und diese Permanenz wird nur durch stetiges Üben im Laufe vieler Leben erreicht. Als Ergebnis ihrer Bemühungen um Vergessenheit in früheren Leben erleben einige Menschen in späteren Leben spontan und vorübergehend aufblitzende Rückblicke darauf. Und diese Menschen sind es, die der Welt das Beste von Dichtung, bildender Kunst und Philosophie bescheren und die die größten wissenschaftlichen Entdeckungen machen.

In solchen Augenblicken echter Vergessenheit entsteht eine mentale Loslösung von der gesamten materiellen Umgebung, die es dem Dichter erlaubt, seinen Phantasien Flügel zu verleihen. Wenn ein Künstler – in dem er sich selbst und das ganze unerhebliche Umfeld vergißt – einem Ideal eine Form verleiht, dann schafft er ein MEISTERWERK. Das Beste an Philosophie kommt zum Ausdruck, wenn jemand das Problem des Lebens ohne Bezug auf das ständige Auf und Ab seiner ganz persönlichen Verhältnisse überschaut, und einige der größten wissenschaftlichen Entdeckungen wurden in diesem selben Gemütszustand gemacht. Solche Manifestationen echter Spontaneität von Vergessenheit sind in der Tat sehr selten, und obwohl es heißt, Dichter, bildende Künstler und Philosophen würden nicht gemacht sondern geboren, sind diese flüchtigen Phasen wahrer Vergessenheit das Ergebnis von Bemühungen in früheren Leben.

In dem Bemühen, das Leben erträglich zu gestalten, entwickeln einige Menschen eine schwache Art von Stoizismus – eine Art von »Was soll's«-Denken –, während andere sich rücksichtslos in Epikureismus stürzen. Ersteres ist die teilnahmslose Hinnahme von Niederlagen, letzteres der Versuch, Niederlagen in den Armen des Vergnügens zu vergessen. Keines von beiden ist wahre Vergessenheit. Erlangt jemand jedoch die wahre Vergessenheit, dann betritt er das spirituelle Reich und durchläuft verschiedene Stufen von Vergessenheit, bis das Ziel erreicht ist. Meher Baba sagt uns: »Vergessenheit der Welt macht uns zum Pilger (*Rahrav, Sadhak*); Vergessenheit der nächsten Welt macht uns zum Heiligen; Vergessenheit des Selbst bedeutet Verwirklichung; und Vergessenheit der Vergessenheit bedeutet Vollkommenheit.«

3 Die erste Ebene (S. 100)

Offensichtlich bezieht Hafiz sich auf die erste Ebene, wenn er sagt:

> *Kas nadānist kih manzilgah-i maqsūd kujāst*
> *In qadar hast kih bāng-i jarasī mīāyad.*

> Es ist nicht bekannt, wo sich der wirkliche Wohnort des Göttlichen Geliebten befindet.
> Nur so viel ist klar, daß ich den Klang der Glocken (der vorbeiziehenden Karawanen) höre.

Zum Thema des Klangs und der Ebenen sagt Meher Baba:[71]
»Wisset jedoch, daß Klang durch alle sieben Ebenen existiert, wobei er sich im Ausdruck von Gefühl, Ekstase und GLÜCKSELIGKEIT unterscheidet.

Klang, Anblick oder Duft auf den höheren Ebenen sind, so sehr wir unsere Vorstellungskraft auch strapazieren mögen, nicht mit dem zu vergleichen, was wir auf der physischen Ebene gewohnt sind. ... Unsere physischen Organe zum Hören, Sehen und Riechen sind nutzlos, wenn man die höheren Ebenen erfahren und genießen will. Auf diesen Ebenen ist es ein anderes Auge, das sieht, ein anderes Ohr, das hört, und eine andere Nase, die riecht. Ihr wißt bereits, daß es innere Sinne gibt, Gegen-

---

71 »Questions Baba Answers«, in *Meher Baba Journal* 1–3 (Januar 1939), S. 83 f.

stücke zu den äußeren Sinnen des Menschen, und es sind die erstgenannten, mit denen man die höheren Ebenen erfährt.

Vermeidet den Fehler, den Klang der höheren Ebenen mit etwas zu vergleichen, was sich hinsichtlich Intensität und Frequenz der Schwingungen vom Klang der physischen Ebene unterscheidet. Wisset mit Gewißheit, daß es auf den ersten drei Ebenen tatsächlich etwas gibt, das man als »Klang« bezeichnen kann. Form, Schönheit, Musik und GLÜCKSELIGKEIT dieses Klangs entziehen sich jeglicher Beschreibung. Der *Nad* oder die »himmlische Musik« ist charakteristisch für die erste Ebene, auf die Hafiz sich mit dem Ausdruck *bāng-i jarasī* (Läuten der Glocken) bezieht.

Obwohl es, wie oben erwähnt, Klang auf allen sieben Ebenen gibt, so ist doch für die zweite und dritte Ebene der Duft charakteristisch, während Schau zur fünften und sechsten Ebene gehört. ...

Die siebte Ebene steht einzigartig da. Hier sind Klang, Anblick und Duft ihrem Wesen nach göttlich und können mit nichts verglichen werden, was von den niedrigeren Ebenen ausgeht. Auf dieser Ebene hört, riecht oder sieht man nicht, sondern man **wird zu** Klang, Duft und Sehen gleichzeitig und ist sich dessen auf göttliche Weise bewußt.«

4 Die zweite Ebene (S. 101)

Offensichtlich bezieht Hafiz sich auf die zweite Ebene, wenn er sagt:

Cigūyamat kih bimaykẖānih dūsh mast o kẖarāb
Surūsh-i 'ālam-i ghaybam cih muzhdihā dādast?

Wie sollte ich dir offenbaren, daß mir letzte Nacht in der Taverne, trunken und schwankend wie ich war,
Vom Engel der verborgenen Welt große frohe Botschaft gebracht wurde?

5 Die dritte Ebene (S. 102)

Hafiz verweist mit folgenden Worten auf die dritte Ebene:

Cih rāh mīzanad īn mutrib-i muqām shinās
Kih dar miyān-i ghazal qūl-i āshinā āvard.

Welche Verwirrung und Verzweiflung verursacht doch
dieser mit (spirituellen) Zuständen und Stufen vertraute
Musiker den Zuhörern (Liebenden),
Indem er mitten in seine Darbietung die Worte des
Göttlichen Geliebten einfließen läßt.

6 Die Stufe zwischen der dritten und vierten Ebene (S. 103)

Die Reise zwischen der dritten und der vierten Ebene ist schwierig und gefährlich zugleich, gibt es doch zwischen diesen beiden
Ebenen den Punkt der Bezauberung (*Muqam-e-hairat*). Es ist
sehr schwer, aus diesem Zustand der Bezauberung wieder her-
auszukommen, wenn der Pilger dort erst einmal Halt gemacht
hat; allerdings gehen die meisten Pilger direkt von der dritten zur
vierten Ebene über. Gelangt der Pilger nicht schnell aus diesem
Zustand heraus und wandert weiter zur vierten Ebene, dann
wird sein Fortschreiten auf unbestimmte Zeit aufgehalten. Ist
ein Pilger erst einmal derart bezaubert, dann bleibt er das tagelang, für Monate oder sogar Jahre. Er kann weder weiter voran-
noch zurückschreiten. Er ist weder grobstofflich- noch feinstofflich-bewußt. Man kann ihn aber auch nicht **unbewußt** nennen,
weil er sich der Bezauberung voll bewußt ist, und gerade wegen
dieser Bewußtheit der Bezauberung lebt er diesen lebendigen
Tod.
   Der physische Zustand des tief bezauberten Pilgers ist nicht
weniger seltsam, denn setzt er sich in einer bestimmten Stellung
nieder, verharrt er in ihr monate- oder jahrelang. Wurde er im
Stehen bezaubert, wird er stehen bleiben, bis die Bezauberung

beendet ist. Kurz gesagt: Er verharrt fest in der Position, in der er sich gerade befand, als er bezaubert wurde. Und obwohl er eine leblose Statue zu sein scheint, ist er tatsächlich lebendiger als der normale weltliche Mensch.

In der Welt der Sufis ist wohlbekannt, wie Ali Ahmed Sabir aus Piran Kalyar, der später ein VOLLKOMMENER MEISTER wurde, einst jahrelang neben einem bestimmten Baum stand. Während dieses Zeitraums war Sabirs Geist in der Bezauberung des *Muqam-e-hairat* versunken, aus dem er durch einen *Qutub* befreit wurde. Nur der natürliche Tod oder göttliche Hilfe durch einen lebendigen MEISTER könnten einem solchen benommenen Pilger aus einer solchen spirituellen Sackgasse heraushelfen. Ein MEISTER würde einem solchen Pilger helfen, indem er ihn entweder auf die dritte Ebene zurückführt oder ihn vorantreibt.

Hafiz denkt zweifellos an dieses Stadium des Pilgers, wenn er sagt:

Mastam kun ān cunān kih nadānam zi bīkhvudī
Dar 'arsih khiyāl kih āmad kudām raft.

Mache mich so benommen und trunken, daß ich wegen dieses Stadiums der Vergessenheit
Nichts von dem wahrnehme, was in mein Gemüt gelangte und was es verließ.

Meher Baba erklärt, für einen Pilger bestehe die Gefahr, in den *Muqam-e-hairat* (Zustand der Bezauberung) zu geraten, wenn er von der dritten auf die vierte Ebene hinübergeht. Es gebe auch auf anderen Abschnitten des PFADES Zustände der Bezauberung, sagt er. Der wichtigste sei jedoch der zwischen der dritten und der vierten Ebene. Dieser *Hairat* (Bezauberung) kann stark oder schwach sein. Gibt es im Augenblick der Bezauberung des Pilgers keinen Ruck oder störenden Faktor, dann ist der *Hairat* tief oder stark. Ist in diesem Augenblick jedoch ein störender Faktor vorhanden, dann ist der *Hairat* schwach. Erlebt der Pilger zwischen der dritten und vierten Ebene einen starken oder schwachen *Hairat* und wird dann durch einen Zufall auf eine höhere Ebene vorangetrieben, dann findet er sich unvermeidlich in einer Position zwischen der fünften und sechsten Ebene, und zwar wiederum mit demselben starken oder schwachen *Hairat*. Doch sind solche Geschehnisse sehr selten. Ali Ahmed Sabir aus Kalyar und Baba Rahman aus Bombay wurden aus einem sehr starken *Hairat* zwischen der dritten und vierten Ebene in einen sehr starken *Hairat* zwischen der fünften und sechsten Ebene gestoßen, der erstgenannte durch ein Geschenk der Gnade eines *Qutub*, der andere durch ein GOTTESgeschenk in Form eines Unfalls.

Eine vollständige Erstarrung der Körperhaltung, die bis zum Tode dauert oder bis man in Kontakt mit einem VOLLKOMMENEN MEISTER kommt, findet man nur bei Pilgern, die einem sehr starken *Hairat* unterliegen. Ein *Mast* (Gottberauschter), der viele Jahre in der Nähe von Meher Baba verbrachte, war in diesem *Muqam-e-hairat* zwischen der dritten und vierten Ebene, als er 1936 zu Meher Baba in Rahuri gebracht wurde. Doch sein *Hairat* war schwach, und obwohl er manchmal viele Stunden hintereinander in einer Körperhaltung dastand, behielt er diese Position nicht dauernd bei. Die Bezauberung des Ali Ahmed Sabir jedoch war stark, und er verharrte in einer Körperhaltung, bis er schließlich durch einen *Qutub* aus der Bezauberung befreit wurde.

Dieser Zustand der Bezauberung sollte keinesfalls mit dem katatonischen Stupor eines Schizophrenen verwechselt werden, auch wenn sie ähnlich erscheinen mag. Beides sind Bezauberungszustände, doch mit entgegengesetzten Polen.

7 Pilger der Mentalen Sphäre (S. 108)

Meher Baba sagt: Wenn ein Pilger der mentalen Sphäre sich in Indien befindet und den Gedanken faßt, Amerika zu sehen, dann wird er gleichzeitig mit seinem Wunsch mental oder physisch, je nach seinem Wunsch, dort sein. Man mag sich die Frage stellen, wie er so schnell wie der Gedanke reisen kann. Die Antwort darauf ist: Das Gemüt ist überall, weshalb der Pilger der mentalen Sphäre nicht zu reisen braucht. Ohne seine grobstofflichen oder feinstofflichen Organe zu gebrauchen, kann er überall sein, wo er es möchte. Er kann jedes und alles über die grobstofflichen, feinstofflichen und mentalen Sphären bis zur sechsten Sphäre wissen, einfach indem er es wissen will. Wichtiger noch ist, daß er weniger fortgeschrittenen Seelen und auch gewöhnlichen Menschen helfen kann, bis zu seiner eigenen fortgeschrittenen Ebene zu gelangen. Will er jemandem direkt helfen, dann kann der Pilger der fünften Ebene einen Aspiranten »an der Hand« auf dem PFAD führen. Tut er das, dann nimmt der Aspirant ebenso innerlich die andauernde Anwesenheit des MEISTERS der mentalen Ebene wahr (der bei den Sufis *Wali* genannt wird), und er fühlt sich von diesem tatsächlich auf dem Pfad zur Vollkommenheit geleitet. Im folgenden Vers visualisiert Hafiz offensichtlich die besondere Empfindung eines Menschen, der auf diese Art geleitet wird.

Tū dastgū shū āy khizr-i pay khujastih, kih man
Piyādih mīravam o hamrahān savārānand.

O erhabener MEISTER, führe mich an der Hand weil ich
auf dem Pfad zu Fuß (hilflos) wandere,
Während andere Gefährten auf ihm reiten.

Im allgemeinen jedoch hilft ein *Wali* (*Mahapurush*) einem Aspiranten, indem er ihm in die Augen starrt und dabei den inneren Schleier von dem wahren Auge im Inneren reißt. Dieser spirituelle Einfluß des *Wali* durch Blicke ist bei den Sufis als *Tawajjoh* bekannt. Der Ausdruck *Tawajjoh* wird nicht auf VOLLKOMMENE MEISTER angewandt. Für seinen Einfluß ist der Ausdruck »Wille« angemessener, denn er kann diese Hilfe auch ohne den physischen Kontakt leisten, der im Falle eines MEISTERS der Ebenen notwendig ist.
    Meher Baba erläutert, daß sich der Pilger auf der fünften Ebene manchmal nach der göttlichen Präsenz sehnt und er manchmal irdische Pflichten wahrnimmt. Nun ist, was die gött-

liche Präsenz auf der fünften Ebene angeht, GOTT stets präsent, doch wird der Pilger diese Präsenz nicht immer wünschen, wenn er seine Aufmerksamkeit irdischen Pflichten zuwendet. Auf der sechsten Ebene sehnt sich der Pilger weiterhin hundertprozentig nach der Präsenz GOTTES. Offensichtlich bezieht Hafiz sich auf seine Erfahrung der fünften Ebene, wenn er sagt:

> *Huzūrī gar hamī khvālū*
> *Āzū ghāyib mashū Hafiz.*

> 0 Hafiz, wenn dich nach der göttlichen Präsenz verlangt,
> Dann erlaube dir nicht, selbst abwesend zu sein.

8 Die sechste Ebene (S. 111)

Der Pilger, der es schafft, diese Ebene zu erreichen, hat Anspruch auf die Bezeichnung *Pir* oder *Satpurush*. Für diese Worte gibt es keine angemessene Übersetzung in eine andere Sprache. Vielleicht käme der Begriff »Heiliger« in Frage, doch hat er den Nachteil, daß er ziemlich lässig verwendet wird.

Hafiz erinnert sich dieser sechsten Ebene mit den folgenden Worten:

> *Mā dar piyālih 'aks-i rukh-i yār dīdih īm*
> *Ay bīkhabar zi lazzat-i shurb-i mudām-i mā.*

> Wir haben das Gesicht des Geliebten im Becher (unseres Gemüts oder Herzens) widergespiegelt gesehen.
> 0 du Unwissender, du hast ja keine Ahnung von der SELIGKEIT, die wir daraus schlürfen.

9 Die Gnosis der sechsten Ebene (S. 112)

Zur Gnosis der sechsten Ebene sagt Meher Baba uns: »Nur GOTT existiert, und wenn irgend etwas aufgrund der Unwissenheit existiert, ist seine Wirklichkeit täuschend. Es existiert dann als GOTTES Schatten, was bedeutet, daß GOTT sowohl im Zustand des WISSENS wie dem der Unwissenheit ist. Die folgenden vier Aspekte ein und derselben Erfahrung, beschrieben in der Sprache der Sufi-Gnosis, sind unterschiedliche Aspekte der Gnosis von Seelen auf der sechsten Ebene, wo sie GOTT von Angesicht zu Angesicht gegenüberstehen, sich aber noch im Bereich der Dualität befinden. Alle diese Aspekte werden gleichzeitig erlebt:

1. *Hama ust*   – Dies bedeutet »Alles ist Er«, und für jemanden, der diese Gnosis erfährt, existiert nur GOTT.

2. *Hama az ust*   – Dies bedeutet »Alles kommt von Ihm«, und für jemanden, der diese Gnosis erfährt, existieren alle Phänomene, Verschiedenheiten und Vielheiten als Illusion, wenn Unwissenheit vorherrscht.

3. *Hama ba ust*   – Dies bedeutet »Alles ist bei Ihm«, und für jemanden, der diese Gnosis erfährt, ist GOTT sowohl eigenschaftslos als auch mit Eigenschaften versehen. Seine Eigenschaften sind unbegrenzt, wenn WISSEN vorherrscht, und begrenzt, wenn Unwissenheit vorherrscht. Körper, Gemüt und die drei Welten existieren nicht. Wenn sie jedoch zu existieren scheinen, dann existieren sie als Schatten.

4. *Hama dar ust*   – Dies bedeutet »Alles ist in Ihm«, und für jemanden, der diese Gnosis erfährt, hat selbst Unwissenheit keine Wirklichkeit an sich. Kommt ihre Existenz zum Ausdruck, dann kommt sie aus GOTTES unbewußtem und unendlichem WISSEN. Was immer also infolge von Unwissenheit in der Dualität existiert, ist aus GOTT gekommen, wo es seit jeher existierte.«

10 Die siebte Ebene (S. 113)

Es sollte klar sein, daß in dem Augenblick, in dem man mit der siebten Ebene verschmolzen ist, alle Verbindungen mit dem grobstofflichen, feinstofflichen und mentalen Körper und mit dem Universum zwangsläufig gekappt werden. In der grobstofflichen gewöhnlichen Existenz gibt es keine Parallele zu dem Kappen dieser langdauernden vitalen Verbindungen, die das Individuum mit diesen drei Körpern und dem Universum verbinden. Im Vergleich damit ist der physische Tod eine unbedeutende Angelegenheit, etwa so bedeutsam wie das Zerreißen eines Fadens. Gewöhnlich werden der feinstoffliche Körper und die Lebenskraft im Augenblick des Todes vollständig vom grobstofflichen Körper getrennt. Doch bewahrt das Gemüt während der ersten vier Tage nach dem Tode die Verbindung mit dem grobstofflichen Körper und hält sie zu einem geringeren Grade weitere sieben Tage nach dem Tode aufrecht. In der endgültigen Vernichtung (*Fana*) jedoch geht es nicht um die Trennung zwischen Körper und Gemüt. Es ist vielmehr die tatsächliche Auslöschung des Gemüts und sämtlicher *Nuqush-e-amal* (*Sanskaras*).

11 Verschiedene Arten von Wundern (S. 133)

Meher Baba hat uns eine Erläuterung des Unterschiedes gegeben zwischen den Wundern von:

1. Einem ERLÖSER (Avatar)
2. Einem VOLLKOMMENEN MEISTER (*Sadguru*)
3. einem *Pir* und einem *Wali* (d. h. einem auf der sechsten beziehungsweise der fünften Ebene)
4. denjenigen auf den niederen Ebenen (d. h. der erste, zweiten, dritten und vierten Ebene).

Im Zusammenhang mit diesen vier Typen sagt Meher Baba uns:

1. Die Wunder eines ERLÖSERS sind von universalem Charakter und werden gewirkt, wenn das universal notwendig ist. Beab-

sichtigt ein ERLÖSER, ein Wunder zu wirken, dann plaziert er sich zeitweilig auf der sechsten, fünften oder vierten Ebene, je nachdem wie die Umstände es erfordern. Sollen die Wunder jedoch sehr kraftvoll sein, dann plaziert er sich zeitweilig auf der vierten Ebene.

2. Die Wunder eines VOLLKOMMENEN MEISTERS werden in einem sehr großen Rahmen gewirkt, erfassen jedoch nicht das ganze Universum. Sie werden jedoch wie die Wunder des ERLÖSERS nur zum Zweck des spirituellen Erweckens anderer gewirkt. Wie auch der ERLÖSER, plaziert sich der VOLLKOMMENE MEISTER, der ein Wunder wirken will, zeitweilig auf der sechsten, fünften oder der vierten Ebene. Für ein besonders kraftvolles Wunder plaziert er sich zeitweilig auf der vierten Ebene. Vom *Majzoob-e-Kamil* der siebten Ebene werden niemals Wunder gewirkt, aus dem einfachen Grunde, weil die drei Sphären, die mentale, feinstoffliche und die grobstoffliche für eine solche Seele nicht existieren.

3. Die Wunder eines *Pir* oder *Wali* werden nur in beschränktem Rahmen gewirkt. Genau genommen wirken sie keine Wunder direkt. Jedoch werden die Wunder, die ihnen zugeschrieben werden können, aus ihrem mentalen Einfluß auf die Gedanken und Gefühle anderer gewirkt, woraus sich sowohl spiritueller als auch materieller Nutzen ergibt. Sie begeben sich nicht hinab auf die vierte Ebene - die Ebene allmächtiger spiritueller Kräfte.

4. Pilger auf der ersten, zweiten und dritten Ebene können Kräfte aus ihrer eigenen Ebene nutzen oder demonstrieren, etwa Lesen von Gedanken anderer, das Erschaffen von Gegenständen aus dem Nichts, das Rezitieren von Worten oder Absätzen aus einem Buch, ohne es zu sehen, das Anhalten von Eisenbahnzügen, sich stundenlang lebendig eingraben lassen, Levitation, und so weiter. Das sind tatsächliche Kräfte, die der Pilger auf der jeweiligen Ebene erwirbt, und sie können als solche nicht als bloße Taschenspielertricks bezeichnet werden. VOLLKOMMENE MEISTER und der *Avatar* können einem Pilger seine Fähigkeit, die Kräfte der niederen Ebenen, also der ersten,

zweiten und dritten Ebene, entreißen, ja selbst die allmächtigen Kräfte von jemandem auf der vierten Ebene. Ein solches
Entreißen der Kräfte von Menschen auf den unteren Ebenen
nennen die Sufis *Salb-e-wilayat.*

Auf der vierten Ebene[72] sind alle die allmächtigen Kräfte gespeichert, die, wenn sie vom Pilger mißbraucht werden, zu seinem
völligen Verderben führen. Doch haben solche Wunder keine
nachteiligen Wirkungen auf die Welt, weil der *Qutub-e-Irshad* –
das Haupt der spirituellen Hierarchie des Zeitalters – dafür
sorgt, daß diese Aktionen wirkungslos bleiben.

Meher Baba erläutert weiter, daß die wahllose Zurschaustellung von Kräften seitens eines Pilgers der ersten drei Ebenen
ernste Gefahren birgt, daß jedoch jemand, der die Kräfte der
vierten Ebene mißbraucht, unweigerlich in das niedrigste Stadium der Evolution zurückfällt – in den Steinzustand.

Kabir bezog sich auf diese Gefahren, als er sagte:

Sāheba kā ghara dūra hai jaisī lambī khajūra
Carhe so cākhe prema-rasa gire cakanācūr.

Das Haus des Herrn ist hoch, wie der Gipfel der höchsten Dattelpalme.
Erklettert er sie, schmeckt er den Nektar der Liebe. Fällt
er, dann bricht er sich das Genick.

Bewußtes und unbewußtes Wirken von Wundern

Die von ERLÖSERN und VOLLKOMMENEN MEISTERN bewirkten
Wunder haben ein göttliches Motiv hinter sich und können entweder willkürlich oder unwillkürlich sein. Die willkürlichen
Wunder eines ERLÖSERS oder VOLLKOMMENEN MEISTERS werden
von diesen überlegt als Ausdruck und Kraft ihres **Willens**
gewirkt. Die unwillkürlichen geschehen unabhängig vom Wil-

---

72 Jemand auf der vierten Ebene wird als *Mahayogi* (ein großer Yogi) bezeichnet.

len des ERLÖSERS oder VOLLKOMMENEN MEISTERS mittels der ständig wirksamen Kraft, die diese großen Wesen umgibt. Beim zweiten Typ von Wundern ist der ERLÖSER oder der VOLLKOMMENE MEISTER der wunderbaren Geschehnisse, deren Quelle und Hauptursache er ist, nicht gewahr. Dennoch haben die willkürlichen und die unwillkürlichen Wunder dieser Vollkommenen stets das spirituelle Erwachen der Welt zum Ziel.

Warum wirken ERLÖSER *und* VOLLKOMMENE MEISTER *Wunder?*

Sehr weltlich eingestellte Menschen sind abgestumpft und manchmal sind Wunder nötig, um sie selbst oder andere ganz unschuldige Menschen vor den Konsequenzen dieser Unempfänglichkeit zu bewahren. Die folgende Analogie zeigt, was damit gemeint ist.

Nehmen wir an, ein Kind halte einen Sperling in der Hand, und zwar auf so unbekümmerte Weise, daß es diesen fast erstickt. Um das Leben des Sperlings zu retten wäre es nicht ratsam zu versuchen, den Vogel aus dem Griff des Kindes zu befreien. Denn das Kind würde wahrscheinlich fester zupacken und auf diese Weise den Sperling töten. Würde man dem Kind jedoch ein Geldstück hinhalten, würde es mit ziemlicher Gewißheit den Griff lockern und dadurch den Sperling loslassen. Das Kind wird also daran gehindert, den Vogel zu töten, aus schierer Unwissenheit um das, was es tut. Die Wunder eines VOLLKOMMENEN MEISTERS bewirken etwas Ähnliches; sie hindern Menschen daran, sich selbst und anderen aus schierer Unwissenheit um spirituelle Werte Schaden zuzufügen.

Wenn wir einmal von Gold annehmen, es repräsentiere Wunder, dann verblüfft ein Yogi der unteren Ebenen weltlich gesinnte Menschen, indem er dieses Gold vor ihren Augen schwenkt, so daß sie über seine Künste erstaunt sind. Sollten sie sich einem solchen Yogi anvertrauen, würden sie schließlich grausam enttäuscht werden. Schwenkt jedoch der ERLÖSER oder ein VOLLKOMMENER MEISTER dieses Gold vor den Augen weltlich gesinnter Menschen, dann bedient er sich einer Form der *Maya*,

315

um sie von anderen und stärker fesselnden Formen der *Maya* abzulenken und sie auf diese Weise auf den PFAD zu geleiten, der zu ihrer wahren Bestimmung, zur Selbstverwirklichung führt.

Nehmen wir ein anderes Beispiel und stellen wir uns einen Menschen mit monochromem Sehvermögen vor, dem die Welt beispielsweise blau erscheint. Seine Augen wirken also wie eine blaue Brille, so daß ihm alles blau zu sein scheint. Spirituell gesehen ist die Welt eine Illusion und hat also überhaupt keine Farbe. Sie ist farblos. Ein Yogi, der seine Wunderkräfte demonstriert, ersetzt bloß die blaue »Brille« dieses Menschen durch eine grüne oder rote, so daß er alles grün oder rot sieht. Seinen unwissenden Augen, die daran gewöhnt sind, die Welt blau zu sehen, erscheint dieser plötzliche Wandel zu grün oder rot erstaunlich und verleiht dem Yogi große scheinbare Glaubwürdigkeit.

Ein VOLLKOMMENER MEISTER weiß, daß die wahre Farbe weder blau noch rot oder grün ist, sondern daß alles farblos ist (d. h. nichts). Er vergeudet keine Zeit damit, »Brillen« zu wechseln, und dadurch versetzt er den Menschen in die Lage, die Welt so zu sehen, wie sie wirklich ist: farblos oder als Nichts. Die Yogis und die geringeren MEISTER, die nicht vollkommen sind, ersetzen einfach eine Illusion durch eine andere. Ein VOLLKOMMENER MEISTER jedoch zerreißt den Schleier jeglicher Illusion und offenbart die Wahrheit, daß die SCHÖPFUNG eine Einbildung und daß GOTT allein wirklich ist. Dieses Wirken des VOLLKOMMENEN MEISTERS ist ein langsamer und schmerzlicher Prozeß, dem die Farbigkeit der spektakulären und irreführenden Methode des Yogis fehlt. Und aus diesem Grunde ist das Wirken der VOLLKOMMENEN MEISTER unergründlich.

Wem gehören die Kräfte, mit denen Wunder gewirkt werden?

Die wunderbaren Kräfte eines VOLLKOMMENEN MEISTERS scheinen dieselben zu sein wie die eines Yogis der vierten Ebene. Doch besteht der bedeutende Unterschied darin, daß die Kräfte eines VOLLKOMMENEN MEISTERS seine eigenen sind, weil er die Kraft selbst ist. Er muß etwas einfach nur wollen, und es

316

geschieht. »Sei, und es war« (*Kun faya kūn*) bezieht sich, wie die Sufis sagen, auf die göttliche Manifestation von Kraft.

Die Kräfte der Yogis jedoch sind nicht ihre eigenen und sie sind zum Wirken von Wundern von äußeren Kraftquellen abhängig. Die VOLLKOMMENEN MEISTERN innewohnenden Kräfte fließen ständig über, und Yogis und Pilger der unteren Ebenen leihen sich diese überfließenden Kräfte und wirken Wunder mit ihnen. Das stimmt mit dem Sufi-Glauben überein, daß *Walis* die Zeugen des Propheten Mohammed sind, und daß alle ihre Wunder, von ihm abgeleitet sind wie Tropfen, die aus einem mit Honig gefüllten Lederbeutel austreten. Die Sichtweise dieses von orthodoxen Muslimen verkündeten Glaubens ist jedoch zu eng, da er nur auf die Persönlichkeit des Propheten Mohammed angewendet wird. Daß er jedoch universal gültig ist, wird durch den Sufi-Glauben gestützt, daß es von Anbeginn an nur **einen** *Rasool* gegeben hat, der von Zeit zu Zeit in verschiedenen Ländern unter verschiedenen Namen auftritt.

Zur weiteren Klarstellung dieses Punktes hat Meher Baba erläutert: »Im *Fana-fillah* (dem *Majzoob*-Zustand) gibt es keine Wunder, weder direkte noch indirekte. Im GÖTTLICHEN KNOTENPUNKT (*Turiya Avastha* oder *Muqam-e-furutat*) hat der *Jivanmukta* (*Azad-e-Mutlaq*) keine Pflichten und bewirkt keine Wunder. Doch besteht stets die Möglichkeit, daß durch den *Jivanmukta* Wunder geschehen, ohne daß er dessen gewahr wird. Die Handelnden oder Pilger auf den unteren Ebenen leihen sich oft Kräfte von ihm und wirken mit ihnen Wunder, doch werden die Kräfte des *Jivanmukta* dadurch in keiner Weise gemindert.

Wunder des Erlösers (Rasool oder Avatar) und VOLLKOMMENE MEISTER *(Sadguru)*

Wird GOTT zum Menschen, dann wird Er ein ERLÖSER (*Rasool* oder *Avatar*). Wenn der Mensch zu GOTT wird, dann wird er ein *Majzoob*, und wenn er der Menschheit gegenüber Pflichten zu erfüllen hat, durchläuft er die zweite und dritte göttliche Reise

317

und wird zu einem VOLLKOMMENEN MEISTER (*Sadguru*). Der ERLÖSER und der VOLLKOMMENE MEISTER sind beide spirituell vollkommen, weil beide eins mit GOTT sind, und obwohl beide eine Pflicht gegenüber der Menschheit haben, ist die des ERLÖSERS von besonderer Art.

Die Sufis sagen, die »Beziehung« (*Qurbat*) zu GOTT sei beim ERLÖSER und beim VOLLKOMMENEN MEISTER verschieden, und sie bezeichnen sie als *Qurb-e-farayiz* (unwillkürliche notwendige Nähe) und *Qurb-e-nawafil* (willkürliche Nähe). *Qurb-e-farayiz* ist also Sache des ERLÖSERS, und *Qurb-e-nawafil* Sache des VOLLKOMMENEN MEISTERS.

Die Sufis sagen, beim Verrichten von Wundern durch den *Rasool* (den *Avatar*) sei GOTT der Handelnde und der Mensch das Instrument. Beim VOLLKOMMENEN MEISTER dagegen sei es umgekehrt – der Mensch ist der Handelnde und GOTT ist das Instrument. Der berühmte Vorfall, als der Prophet Mohammed in der Schlacht von Badr eine Handvoll Staub auf den Feind warf und ihn damit in die Flucht schlug, ist ein Beispiel eines von einem ERLÖSER gewirkten Wunders. Obwohl es allem Anschein nach Mohammed als Mensch war, der den Staub warf, war es in Wirklichkeit GOTT in Gestalt von Mohammed, der den Staub warf, und Mohammed als Mensch, der den Feind in die Flucht schlug. Ein derartiges Wunder ist daher eine Illustration von *Qurb-e-farayiz*.

Die von VOLLKOMMENEN MEISTERN gewirkten Wunder jedoch sind Illustrationen von *Qurb-e-nawafil*, von denen das Wunder von Shamsi Tabriz – das Auferwecken eines Toten zum Leben – ein gutes Beispiel ist. Als Shams die Worte äußerte: »*Qum bi iznillah*« (Steh auf im Namen GOTTES), erwachte der Prinz nicht zum Leben. Als er jedoch sagte »*Qum bi iznī*« (Steh auf in meinem Namen), erwachte der Fürst sofort zum Leben. Hier gab Shamsi Tabriz als Mensch den Befehl, und GOTT als Shamsi Tabriz kleidete sich selbst in das Attribut Seiner Selbst – in diesem Fall in das Attribut des Lebens – und rief damit den Fürsten zurück ins Leben. In *Qurb-e-nawafil* ist der Mensch der Handelnde und GOTT das Instrument.

Lassen Sie uns für einen Augenblick den Unterschied im Ver-

318

halten von Ost und West gegenüber Wundern erörtern. Der Osten besitzt eine lange Geschichte der Vertrautheit mit VOLL-KOMMENEN MEISTERN und fortgeschrittenen Seelen und hat akzeptiert, daß GOTT aufgrund Seiner Unendlichkeit vom endlichen Gemüt nicht verstanden werden kann. Der Osten weiß, daß der menschliche Intellekt, dessen Wirkungsbereich begrenzt ist, zur Bewältigung metaphysischer Probleme nur bis zu einem bestimmten Stadium genutzt werden kann. So hat der Philosoph Dr. Iqbal gesungen:

> 'Aql go āstān se dūr nahīn
> Ūskī taqdīr maīn huzūr nahīn.

Dem Intellekt, obwohl nicht weit entfernt von der Schwelle (des Geliebten)
Ist es nicht bestimmt, die Göttliche Gegenwart zu genießen.

Der Osten weiß also, daß an dem Punkt, an dem der Intellekt seine Bemühungen aufgibt, das Transzendente zu erfassen, die Liebe die Verbindung herstellen muß. Der Westen weist dem intellektuellen Ansatz große Bedeutung zu, und das, was außerhalb des Horizonts des Intellekts liegt, wird entweder abgelehnt oder verspottet. Als ein Nebenprodukt dieser westlichen Haltung kann man den totalen Mißbrauch des Wortes »mystic« im gegenwärtigen amerikanischen Sprachgebrauch nennen. Der glühende religiöse Enthusiasmus des mittelalterlichen Europa wurde fast gänzlich durch großen Enthusiasmus für Kultur und Naturwissenschaft ersetzt.

Die Lehrsätze der Naturwissenschaft sind jedoch bis zu einem gewissen Grade fließend, und der echte Naturwissenschaftler blickt den Fakten ins Gesicht. Doch Meher Baba hat oft erklärt, daß die Naturwissenschaft trotz ihrer großen Fortschritte immer noch weit vom Kern der materiellen Dinge entfernt ist und weiter noch vom äußersten Rand spiritueller Dinge. Das Herz muß mit dem Kopf kooperieren.

Es mag sein, daß einige der rein physischen Errungenschaften der Yogis, die von der Menge als Wunder betrachtet werden, von der medizinischen Wissenschaft als normal wegerklärt werden können. Wirkliche Wunder jedoch, vor allem die Wunder VOLL-KOMMENER MEISTER, lassen keine wissenschaftlichen Erklärungen zu. In spirituellen Legenden und in klassischen Werken aller Völker und Religionen werden viele von ERLÖSERN, VOLLKOMME-NEN MEISTERN und Heiligen gewirkte Wunder berichtet, und die immer wirksame spirituelle Hierarchie fügt täglich neue Wunder hinzu. Die Tatsachen sind gegeben. Jesus und andere VOLL-KOMMENE haben Tote zum Leben erweckt und Kranke geheilt. Aber selbst wenn man ein Wunder mit eigenen Augen sehen könnte und überzeugt wäre, daß es ein Wunder ist und kein Trick: Man wäre niemals in der Lage, eine rationale Erklärung dafür zu liefern, denn Wunder liegen völlig außerhalb des Bereichs intellektueller Erklärungen. Sie sind ein Mysterium, so tief wie das Leben selbst.

Vielleicht jedoch ist der Fehler nicht völlig grundlos. Denn die Welt ganz allgemein erhält nur selten Einblick in die Arbeitsweise VOLLKOMMENER MEISTER. Und in Wahrheit sind die meisten dieser Tätigkeiten im Busen einiger weniger intimer Freunde und verdienter Eingeweihter verborgen und vor Neugier wohl geschützt. Der berühmte Sufi Abdul Hasan Kharqani sagte dazu: »Kämen nur einige wenige Tropfen dessen, was unter der Haut eines VOLLKOMMENEN MEISTERS steckt, über seine Lippen, dann würden alle Geschöpfe im Himmel und auf Erden in Panik verfallen.«

Trotz der Anziehungskraft von Wundern auf die Massen und der Ansprüche der spirituellen MEISTER ist der Osten wie der Westen sehr vorsichtig in seiner Einstellung ihnen gegenüber. Man kann jedoch zu seinen Gunsten sagen, daß der Osten aus langer Erfahrung gelernt hat, die Aktionen der spirituellen Hierarchie nicht zu **leugnen**, selbst wenn er keinen Weg sieht, sie zu akzeptieren oder an sie zu glauben. Einer der frühesten Sufis hat einmal gesagt: »Wunder sind nur eines der tausend Stadien auf dem Wege zu GOTT.« Und der *Avatar* des gegenwärtigen Zyklus,

Meher Baba, behauptet, das größte Wunder, das ein VOLLKOM-
MENER MEISTER vollbringen könne, sei, einen anderen Menschen
spirituell so vollkommen wie er selbst zu machen.

12 Arten von Kräften (S. 133)

Spiritualität und Spiritualismus sind zwei verschiedene Dinge.
Spiritualität hat nichts mit irgendeiner Macht in irgendeiner
Form zu tun. Spiritualität ist der Pfad der Liebe zu GOTT sowie
Gehorsam und Hingabe an den VOLLKOMMENEN MEISTER.

Reist man auf diesem Pfad, dann stößt man auf den Ebenen
des Bewußtseins auf Kräfte. Menschen auf der ersten bis hin zur
vierten Ebene sind manchmal versucht, diese Kräfte zu demonstrieren.

Es gibt drei Arten von Kräften:

1. Die göttlichen Kräfte der vierten Ebene.
2. Die okkulten Kräfte der ersten drei Ebenen des Bewußtseins.
   Man nennt sie die mystischen Kräfte.
3. Sonstige okkulte Kräfte.

Diese Kräfte sind folgendermaßen beschaffen:

1. Die göttlichen Kräfte der vierten Ebene sind die allmächtigen
   Kräfte GOTTES. Sie sind die Quelle aller Kräfte, seien es die
   mystischen oder andere okkulte Kräfte.

   Die mystischen und anderen okkulten Kräfte sind im Vergleich zu den göttlichen Kräften unendlich unbedeutsam.

   Die göttlichen Kräfte bleiben stets dieselben, weil Gott
   stets Ein und Derselbe ist. Die okkulten Kräfte, ob zu den
   Ebenen gehörig oder nicht, sind anderer Art und verschiedenartig im Ausdruck.

   Die durch die Manifestation der göttlichen Kräfte durch
   den *Avatar* und den *Qutub* vollbrachten Wunder werden
   Mojeza genannt. Sie werden zum Wohle aller vollbracht – in

begrenztem Umfange durch den *Qutub* und in universalem Maßstab durch den *Avatar*. Sie können für jedes beliebige Individuum vollbracht werden, das in enger Verbindung mit dem *Avatar* oder dem *Qutub* steht.

Die von Menschen auf der fünften und sechsten Ebene mit Hilfe der göttlichen Kräfte vollbrachten Wunder nennt man *Karamat*.

Die Zurschaustellung mystischer Kräfte durch Menschen von der ersten bis einschließlich der dritten Ebene kann man praktisch nicht Wunder nennen. Solche Darbietungen sind nichts als eine »Show« von Mächten, mit denen sie beim Durchqueren der Ebenen in Kontakt kommen. Eine solche Zurschaustellung von Kräften nennt man *Shobada*.

Wenn jemand auf der vierten Ebene guten Gebrauch von den göttlichen Kräften macht und ein Wunder vollbringt, dann kann man das *Karamat-e-mojeza* nennen. Macht er schlechten Gebrauch von ihnen – wenn er also die göttlichen Kräfte auf der vierten Ebene mißbraucht –, dann nennt man das *Mojeza-e-shobada*.

Die vierte Ebene gilt als die »Schwelle« zur mentalen Sphäre, und daher führt der Mißbrauch der göttlichen Kräfte auf der vierten Ebene zu einem »Rückfall« bis zurück in den Steinzustand und zur Auflösung des Bewußtseins.

2. Die okkulten Kräfte der ersten drei Ebenen, die man mystische Kräfte nennt, **können** von einem Aspiranten auf dieser Ebene nicht mißbraucht werden, auch wenn er manchmal in Versuchung gerät, sie zur Schau zu stellen. Diese mystischen Kräfte sind von anderer Art als die göttlichen Kräfte und unterschiedlich in ihren Ausdrucksformen: Man kann die Gedanken anderer lesen; man vermag Worte oder Absätze aus einem Buch zu zitieren, ohne dieses zu sehen; man kann sich stundenlang lebendig begraben lassen usw.

Die Kräfte der Ebenen werden nicht induziert. Sie sind den Menschen auf den jeweiligen Ebenen innerhalb ihres eigenen begrenzten Umfelds immer zugänglich und benötigen daher als solche keiner konzentrierten Anstrengung, um zur Schau gestellt zu werden. Dieses Zurschaustellen von Kräften sollte man nicht verwechseln mit Demonstrationen von Gedankenlesern und anderen, die ihre Darbietungen auf Bühnen zeigen.

Jemand auf der dritten Bewußtseinsebene kann tote subhumane Kreaturen zum Leben erwecken, jedoch niemals einen toten Menschen lebendig machen. Das vermag er zu tun aufgrund der Nähe zu den göttlichen Kräften der vierten Ebene und ihrer »Wärme«.

Doch jemand auf der vierten Ebene kann durch Anwendung der göttlichen Kräfte der vierten Ebene Tote erwecken, einschließlich Menschen.

Jemand auf der dritten Ebene kann seine physische Gestalt nach Wunsch ändern, und wer das vermag, wird als *Abdal* bezeichnet. Dieser Akt ist ebenfalls ein Zurschaustellen mystischer Kräfte, jedoch kein Mißbrauch dieser Kräfte. Man sollte dies jedoch nicht mit der Entmaterialisierung oder Materialisierung der menschlichen Formen durch die Tantriker verwechseln.

3. Andere okkulte Kräfte haben nichts zu tun mit Spiritualität oder mit den mystischen Kräften der Ebenen. Diese mystischen Kräfte gehören zwei Typen an:
   (a) Höhere okkulte Kräfte.
   (b) Niedere okkulte Kräfte.

Wer diese okkulten Kräfte besitzt, kann guten oder schlechten Gebrauch von ihnen machen. Macht jemand guten Gebrauch von den Kräften, so hilft ihm das, sich auf die Ebenen des Weges zu begeben und sogar zum *Mahayogi* zu werden. Der schlechte Gebrauch der Kräfte läßt einen jedoch in der nächsten menschlichen Form erheblich leiden. Ein guter Gebrauch höherer okkulter Kräfte führt einen Menschen nach vier Leben (Reinkarnationen) auf die fünfte Bewußtseinsebene.

a) Höhere Arten von okkulten Kräften ergeben sich aus tantrischen Übungen wie etwa *Chilla-nashini* oder der Wiederholung bestimmter *Mantras* und so weiter. Wer solche Kräfte besitzt, kann sogenannte Wunder wirken wie Levitation, Fliegen und In-der-Luft-Schweben, Entmaterialisierung, Materialisierung und so weiter.

b) Für niedere Arten okkulter Kräfte werden keine tantrischen oder irgendwelche besonderen Übungen benötigt. Man erlangt sie durch *Sanskaras* vergangener Leben. Ein Beispiel: Hat jemand in der Vergangenheit mehrfach Gutes getan, dann kann seine nächste Inkarnation ihm die Befähigung zu niederen okkulten Kräften geben, ohne daß er sich irgendwelchen mühsamen Übungen unterziehen muß. Seine *Sanskaras* verleihen ihm die Fähigkeit niederer okkulter Kräfte wie etwa Hellsehen, Hellhören, Heilen, das Erzeugen von Süßigkeiten oder Geld scheinbar aus dem Nichts und so weiter.

Alle solche Fähigkeiten gehören zu den unteren oder niederen Arten okkulter Kräfte.

Wer von den niederen Arten okkulter Kräfte guten Gebrauch macht, der erlangt in seinem nächsten Leben höhere Arten okkulter Kräfte ohne irgendwelche tantrischen Übungen praktizieren zu müssen. Desgleichen erlangt derjenige, der guten Gebrauch von seiner Fähigkeit des Hypnotisierens macht, in seinem nächsten Leben den höheren Typ okkulter Kräfte.

13 Meditation (S. 134)

Eine schematische Darstellung für Anfänger auf der Grundlage einer Studie zum Göttlichen Thema von Meher Baba

Meditation ist oft mißverstanden worden als ein mechanischer Vorgang, bei dem das Gemüt zur Betrachtung einer Idee oder

324

eines Objekts gezwungen wird. Es ist daher nur natürlich, daß die meisten Menschen große Schwierigkeiten bei dem Versuch haben, das Gemüt in eine bestimmte Richtung zu zwingen oder es auf einen ganz bestimmten Gegenstand festzunageln. Jegliche mechanische Manipulation des Gemüts ist nicht nur ermüdend, sondern letzen Endes zum Scheitern verurteilt.

Der erste Grundsatz, an den der Aspirant deshalb denken sollte, ist der, daß das Gemüt durch Meditation nur entsprechend den in ihm selbst inhärenten Anlagen kontrolliert und gelenkt werden kann und nicht durch Anwendung irgendwelcher Leistungen einfacher Willenskraft.

Viele Menschen, die nicht technisch »meditieren«, sind oft tief und intensiv in ein systematisches und klares Nachdenken über ein bestimmtes praktisches Problem oder eine theoretische Thematik versunken. Ihr mentaler Prozeß gleicht gewissermaßen sehr der Meditation, insofern das Gemüt in intensives Nachdenken über eine bestimmte Angelegenheit unter Ausschluß aller unerheblichen Dinge versunken ist. Der Grund dafür, daß Meditation in einem solchen Prozeß oft leicht und spontan ist, ist der, daß das Gemüt bei einer Thematik verweilt, an der es interessiert ist und die es mehr und mehr versteht. Die spirituelle Tragödie an gewöhnlichen Gedankengängen ist jedoch, daß sie nicht auf Dinge gerichtet sind, die wirklich von Bedeutung sind. Die Thematik der Meditation muß daher stets sorgfältig gewählt werden und spirituell bedeutsam sein. Um erfolgreich meditieren zu können, müssen wir das Gemüt nicht nur für die göttlichen Thematiken oder Wahrheiten interessieren, sondern wir müssen auch mit dem Versuch beginnen, sie zu verstehen und zu würdigen. Intelligente Meditation ist ein natürlicher Prozeß des Gemüts, der die monotone Starre und Regelmäßigkeit mechanischer Meditation vermeidet. Sie wird daher nicht nur spontan und inspirierend, sondern leicht und erfolgreich.

Da intelligente Meditation in gründlichem Denken über eine bestimmte Thematik besteht, folgt daraus, daß die beste Art zu meditieren darin bestünde, eine kurze und klare Exposition einer geeigneten Thematik zu erstellen. Für diesen Zweck könnte es nichts Besseres geben als das »Göttliche Thema« mit seinen graphischen Darstellungen, wie es in Anmerkung 14 wiedergegeben wird.

Der von Meher Baba empfohlene Prozeß der Meditation hat drei Stadien:

1. Im ersten Stadium liest der Aspirant das »Göttliche Thema« täglich durch, studiert auch die Graphiken und denkt darüber so gründlich wie möglich nach.
2. Ist dem Aspiranten die gesamte Thematik im zweiten Stadium absolut geläufig, dann wird das eigentliche Lesen unnötig; die Thematik der Exposition wird, wenn notwendig, nur noch mit Hilfe der Graphiken mental überprüft.
3. Im dritten Stadium, das sich ganz natürlich aus dem zweiten entwickeln wird, wird es sich für das Gemüt als ganz unnötig erweisen die Worte oder Gedanken in der Exposition getrennt und nacheinander zu überprüfen oder sich auf die Fakten zu beziehen, und alles diskursive Denken über die Thematik wird aufhören. In diesem Stadium der Meditation beschäftigt sich das Gemüt nicht länger mit irgendwelchen Gedankengängen, sondern es hat ein klares Verständnis der in der Exposition dargelegten sublimen Wahrheiten.

14 Das Göttliche Thema (S. 134)
von Meher Baba

Evolution, Reinkarnation und der Pfad zur Verwirklichung (Einführung in die Farbtafel IX)

Eine Seele wird vollkommen[73], nachdem sie Evolution, Reinkarnation und den Prozeß der Verwirklichung durchlaufen hat. Um volles Bewußtsein zu erlangen, erhält sie im Prozeß der Evolution mehr und mehr *Sanskaras*, bis sie in menschlicher

---

73 Siehe Farbtafel IX im Farbteil »A«-Seele wird zu »Z«-Seele.

Form volles Bewußtsein wie auch alle grobstofflichen *Sanskaras* erhält.

Im Prozeß der Reinkarnation bewahrt diese Seele ihr volles Bewußtsein und tauscht (d. h. sie erlebt alternativ) die verschiedenen *Sanskaras* in sich selbst aus. Und im Prozeß der Verwirklichung behält diese Seele zwar ihr Bewußtsein, doch verblassen ihre *Sanskaras* zunehmend, bis sie alle verschwinden und nur das Bewußtsein zurückbleibt. Während sie verblassen, werden grobstoffliche *Sanskaras* zu feinstofflichen *Sanskaras*, feinstoffliche Sanskaras zu mentalen Sanskaras, und schließlich verschwinden sie alle.

Bis zur menschlichen Form wird der aufwickelnde Prozeß der *Sanskaras* im Prozeß der Evolution stärker und stärker. In der menschlichen Form, im Prozeß der Reinkarnation, behält das Aufwickeln seine volle Stärke. Im Prozeß der Verwirklichung jedoch wickeln die *Sanskaras* sich nach und nach wieder ab, bis sie im GOTT-Zustand vollständig abgewickelt sind.

GOTT, die ÜBERSEELE, allein ist wirklich. Nichts existiert außer GOTT. Die verschiedenen Seelen sind in der ÜBERSEELE und eins mit ihr. Die Prozesse der Evolution, Reinkarnation und Verwirklichung sind sämtlich notwendig, um es der Seele zu ermöglichen, Selbst-Bewußtsein zu erlangen. Im Prozeß des Aufwickelns werden die Sanskaras zu Mitteln der Bewußtseinsevolution, obwohl sie auch sanskarische Bindungen schaffen. Und im Prozeß des Abwickelns wird sanskarisches Anhaften vernichtet, obwohl das erlangte Bewußtsein voll bewahrt bleibt.

Im Prozeß des Aufwickelns der *Sanskaras* durchläuft die Seele Sieben Stufen des **Abstiegs**. Und im Prozeß des Abwickelns durchläuft die Seele sieben Stufen des **Aufstiegs**. Doch sind die Phänomene des Abstiegs wie des Aufstiegs beide illusorisch. Die Seele ist überall und auf unteilbare Weise unendlich. Und sie bewegt sich nicht, steigt weder auf noch ab.

Die Seelen aller Männer und Frauen aller Nationalitäten, Gesellschaftsschichten und Glaubensbekenntnisse sind in Wirklichkeit eins. Und ihre Erfahrungen von Gut und Böse, Kämpfen und Helfen, Kriegführen und in Frieden leben sind sämtlich ein Teil von Illusion und Verblendung, weil alle diese Erfahrungen durch Körper und Gemüter erworben werden, die an sich nichts sind.

Bevor die Welt der Formen und Dualität entstand, gab es nichts als GOTT, das heißt einen unteilbaren und grenzenlosen Ozean von MACHT, WISSEN und GLÜCKSELIGKEIT. Dieser Ozean war jedoch seiner selbst nicht bewußt. Man stelle sich diesen Ozean als absolut still und ruhig vor, seiner MACHT, seines WISSENS und seiner GLÜCKSELIGKEIT nicht bewußt und ebenfalls nicht dessen bewußt, daß er der Ozean ist. Die im Ozean enthaltenen Milliarden von Wassertropfen besitzen keinerlei Bewußtsein. Sie wissen weder, daß sie Tropfen sind noch daß sie im Ozean sind, noch daß sie ein Teil des Ozeans sind. Dies stellt den ursprünglichen Zustand der WIRKLICHKEIT dar.

Dieser ursprüngliche Zustand der WIRKLICHKEIT wird durch einen Drang, sich selbst zu kennen, gestört. Dieser Drang war im Ozean stets latent; und wenn er beginnt, sich zum Ausdruck zu bringen, stattet er die Tropfen mit Individualität aus. Wenn dieser Drang Bewegung ins stille Wasser bringt, tauchen sofort zahllose Blasen oder Formen um die Tropfen auf. Und es sind diese Blasen, die den Tropfen Individualität geben. Die Blasen teilen den unteilbaren Ozean nicht wirklich und können es auch nicht; sie können den Tropfen nicht vom Ozean trennen, sondern sie geben diesen Tropfen nur ein Gefühl der Getrenntheit oder beschränkter Individualität.

Studieren wir nun das Leben einer Tropfen-Seele während ihrer verschiedenen Stadien. Dank des Entstehens der Blase wird die Tropfen-Seele, die völlig unbewußt war, mit Individualität (oder einem Gefühl der Getrenntheit) sowie mit einem sehr schwachen Bewußtsein ausgestattet. Das Bewußtsein, das plötzlich in der Tropfen-Seele auftauchte, stammt nicht aus sich selbst oder aus dem Ozean. Es verdankt sich der Blase oder der Form, die an sich nichts ist. Diese unvollkommene Blase in diesem Stadium wird durch die **Form** eines Steins repräsentiert. Nach einiger Zeit zerplatzt diese Blase oder Form und an ihrer Stelle taucht eine andere Blase oder Form auf. Wenn nun also eine Blase zer-

platzt, geschieht zweierlei: [1] es gibt einen Zuwachs an Bewußtsein; und [2] es kommt zu einer Windung oder Konsolidierung
von Eindrücken oder *Sanskaras*, die während der Lebensdauer der
vorhergehenden Blase angesammelt wurden. Das Bewußtsein der
Tropfen-Seele hat nunmehr leicht zugenommen. Die Tropfen-
Seele ist sich jedoch immer noch nur dieser neuen Blase oder
Form bewußt und nicht ihrer selbst oder des Ozeans. Diese neue
Blase wird durch die Form des Metalls repräsentiert. Auch diese
neue Blase oder Form zerplatzt im Laufe der Zeit. Und gleichzeitig kommt es zu einem weiteren Zuwachs an Bewußtsein und
einer neuen Windung oder Konsolidierung von *Sanskaras*, was
zum Entstehen eines weiteren Typs von Blase oder Form führt.

Dieser Prozeß setzt sich während des gesamten Ablaufs der
Evolution fort, welche die Stadien von Steinen, Metallen, Pflanzen, Würmern, Fischen, Vögeln und Säugetieren umfaßt. Jedesmal wenn die vorhergehende Blase oder Form zerplatzt, entsteht
mehr Bewußtsein und zu den bereits angesammelten *Sanskaras*
kommt eine weitere Windung hinzu, bis die menschliche Blase
oder Form erreicht wird, in der das stetig zunehmende Bewußtsein voll und vollständig wird. Der Prozeß des Aufwickelns der
Sanskaras besteht aus diesen regelmäßigen Windungen. Und
diese Windungen sind es, die das von der Tropfen-Seele erlangte
Bewußtsein auf die Blase oder Form ausgerichtet und fixiert halten, statt auf ihr wahres SELBST, auch wenn das Bewußtsein in
der menschlichen Form voll entwickelt ist.

Mit dem Gewinnen der menschlichen Form beginnt der
zweite Prozeß; dies ist der Prozeß der Reinkarnation. An diesem
Punkt kommt der Prozeß des Aufwickelns von *Sanskaras* an ein
Ende. Die Tropfen-Seele nimmt nacheinander zahlreiche
menschliche Formen an. Und diese Formen sind genau vierundachtzig Laks an der Zahl. Diese menschlichen Formen sind
manchmal die eines Mannes und manchmal die einer Frau. Und
sie wechseln hinsichtlich Nationalität, Erscheinung, Hautfarbe
und Glaubensbekenntnis. Diese Tropfen-Seele erfährt sich
durch menschliche Inkarnationen manchmal als Bettler und
manchmal als König und sammelt auf diese Weise Erfahrungen

mit den Gegensätzen von Glück oder Elend, je nach ihren guten oder schlechten *Sanskaras*. In der Reinkarnation (d. h. in ihren aufeinanderfolgenden und verschiedenen menschlichen Formen) bewahrt die Seele ihr volles Bewußtsein, macht jedoch weiterhin alternierende Erfahrungen gegensätzlicher *Sanskaras*, bis der Prozeß der Verwirklichung beginnt. Und während dieses Prozesses der Verwirklichung werden die Sanskaras abgewickelt. Bei der Reinkarnation kommt es zu einem Verausgaben von *Sanskaras*, doch dieses Verausgaben unterscheidet sich sehr vom Abwickeln der *Sanskaras*, zu dem es während des Verwirklichungsprozesses kommt. Das Verausgaben von *Sanskaras* schafft selbst neue *Sanskaras*, welche die Seele binden. Doch das Abwickeln von Sanskaras schafft selbst keine frischen *Sanskaras*, und es zielt darauf ab, die starke Umklammerung der *Sanskaras* zu lockern, in der die Tropfen-Seele gefangen ist.

Bis hin zur menschlichen Form wird das Aufwickeln von Sanskaras während des Evolutionsprozesses immer stärker. In den menschlichen Formen der Reinkarnation fungieren die Windungen weiterhin als begrenzender Faktor. Mit jeder Veränderung der menschlichen Blase oder Form jedoch werden die engen Windungen, die im Prozeß des Aufwickelns erlangt wurden, durch vierundachtzig Laks des Durchschüttelns gelockert,[74] bevor sie bereit sind, im Prozeß der Verwirklichung abgewickelt zu werden.

---

74 [Viele Leser sehen nicht klar, daß Meher Baba den Kreislauf des Lebens gewöhnlich wie folgt beschrieb: Evolution, Reinkarnation, Involution und der **Prozeß** der Verwirklichung.

Aus Sorge, die Aussage im obigen Text könne als widersprüchlich zur Beschreibung auf Seite 270 erscheinen, baten wir Eruch B. Jessawala um weitere Klärung.

Er antwortete: »Sobald jemand auf den Ebenen des Bewußtseins angelangt ist, kann man sagen, der Reinkarnationsprozeß sei in der Endphase. Auf dem zum GELIEBTEN GOTT führenden PFAD ist die Ungeduld, Ihn zu »schauen« und mit Ihm EINS zu sein, sehr groß. Jene Reinkarnationen, die infolge der das Bewußtsein belastenden Eindrücke notwendig sind, scheinen praktisch nichts zu sein, wenn man sie mit vierundachtzig Laks von Durchschüttelungen vergleicht.« (Anm. d. Hrsg.)]

330

Nunmehr beginnt der dritte Prozeß der Verwirklichung, der ein Prozeß des Aufstiegs ist. Hier unterliegt die Tropfen-Seele einer schrittweisen Abwicklung der *Sanskaras*. Während dieses Prozesses des Abwickelns verblassen die Sanskaras zunehmend, und gleichzeitig richtet sich das Bewußtsein der Tropfen-Seele mehr und mehr auf sich selbst. Auf diese Weise durchläuft die Tropfen-Seele die feinstofflichen und mentalen Ebenen, bis alle *Sanskaras* vollständig verschwinden und sie in die Lage versetzen, sich ihrer selbst als der Ozean bewußt zu werden.

Im unendlichen Ozean der ÜBERSEELE bist du der Tropfen oder die Seele. Du bist die Seele im gewöhnlichen Zustand, und du benutzt dein Bewußtsein, um die Blase oder die Form zu sehen oder zu erleben. Durch die grobstoffliche Schicht der Blase hindurch erlebst du den Teil der riesigen grobstofflichen Blase, die unsere Erde ist. Du wohnst auf ewig in der ÜBERSEELE und bist unteilbar eins mit der ÜBERSEELE, erfährst sie jedoch nicht. Im fortgeschrittenen Stadium nutzt du bis durch die dritte Ebene hindurch dein Bewußtsein, um die riesige feinstoffliche Blase zu sehen und zu erfahren, die man die feinstoffliche Welt nennt, und zwar durch die feinstoffliche Blase oder Form, die man den feinstofflichen Körper nennt. Doch siehst und erfährst du die ÜBERSEELE nicht, in der du dich befindest, da dein Bewußtsein nicht auf die ÜBERSEELE ausgerichtet ist. Im fortgeschrittenen Stadium von der vierten bis einschließlich der sechsten Ebene nutzt du dein Bewußtsein, um die riesige mentale Blase zu sehen und zu erfahren, die man die mentale Welt nennt, und zwar durch die mentale Blase oder Form, die man den mentalen Körper nennt. Doch selbst jetzt erfährst du nicht die ÜBERSEELE. Im Zustand der GOTT-Verwirklichung jedoch nutzt du durchgängig dein Bewußtsein, um die ÜBERSEELE zu sehen und zu erfahren. Und dann weiß man darum, daß alle Formen nichts als Blasen sind.

So, und nun stell dir vor, daß du der Seele-Tropfen bist, der in der ÜBERSEELE wohnt, hinter fünf Schichten nach dem grobstofflichen Körper. Du, der Seele-Tropfen, blickst jetzt auf den grobstofflichen Körper und durch ihn auf die grobstoffliche

Welt. Blickst du auf die zweite Schicht und durch sie hindurch, dann wird dir die erste Schicht als nichts anderes als eine Schicht erscheinen, und jedesmal, wenn du hinter jede einzelne Schicht blickst, wirst du alle diese Schichten als nur deine Schattenhüllen empfinden. Und wenn du schließlich (d. h. der Seele-Tropfen) auf die Überseele schaust und in ihr aufgehst, dann wirst du erkennen, daß nur du wirklich warst, und daß alles, was du bisher gesehen und erfahren hast, nur dein eigener Schatten war und nichts sonst.

Erläuterung der Farbtafeln IX und X (siehe Farbteil)

Farbtafel IX

Der große Halbkreis in Farbtafel IX stellt die Überseele dar, die alles im Universum enthält. Das Leben einer einzelnen individuellen Seele wird dargestellt in den drei Hauptstufen Evolution, Reinkarnation und Prozeß der Verwirklichung. »S« steht für die individuelle Seele. Bevor sie die menschliche Form erlangt, durchläuft sie sieben Stadien jeder der folgenden Daseinsarten: Stein, Metall, Pflanze, Wurm, Fisch, Vogel, Säugetier. Beim siebten Stadium, das heißt unmittelbar vor dem Eintreten in eine neue Art der Existenz, sehen wir eine graphische Darstellung einer Windung oder eines Knotens, was für eine Konsolidierung früher erworbener *Sanskaras* steht. Der äußere rote Kreis um die individuelle Seele »S« stellt die während des Evolutionsprozesses angesammelten *Sanskaras* dar. Das blaue Anhängsel an das »S« repräsentiert das Bewußtsein, das gleichzeitig entwickelt wird. Die »A«-Seele wird nach dem Durchlaufen von Evolution, Reinkarnation und des Verwirklichungsprozesses zur »Z«-Seele. Nur im Gott-Zustand ist das Bewußtsein frei von Sanskaras.

Die grobstoffliche, die feinstoffliche und die mentale Welt (d. h. *Anna Bhumi*, *Pran Bhumi* und *Mano Bhumi*) sind jeweils auf der rechten Seite durch einen großen Kreis repräsentiert. Da das Bewußtsein der grobstofflichen Welt in den prähumanen Evolutionsstadien nicht voll entwickelt ist, berühren die Linien, die die Stein-, Metall-, Pflanzen-, Wurm-, Fisch-, Vogel- und Säugetier-Seelen durch ihre jeweiligen Stein-, Metall-, Pflanzen-, Wurm-, Fisch-, Vogel- und Säugetierformen verbinden die grobstoffliche Welt bloß teilweise. Dahingegen wird das Bewußtsein, da es in der menschlichen Form voll entwickelt ist, (durch korrespondierende Linien) als fähig dargestellt, die gesamte grobstoffliche Welt in all ihren verschiedenen Aspekten zu verstehen.

Im Prozeß der Reinkarnationen kann die Seele eine männliche oder eine weibliche Form annehmen. Und sie kann jeder beliebigen Nationalität, jedem Glaubensbekenntnis oder jeder Religion angehören. Aus der Sicht der Selbsterkenntnis stellt der Prozeß bis zum Erreichen der menschlichen Formen einen echten Abstieg dar, obwohl er wie ein Aufstieg aussieht. Und der Prozeß der Verwirklichung stellt einen tatsächlichen Aufstieg dar, obwohl er wie ein Abstieg aussieht. Und diese beiden Prozesse werden jeweils durch eine (den Abstieg repräsentierende) Linie sich aufwickelnder Knoten von *Sanskaras* dargestellt, die vom Steinstadium zur grobstofflichen Welt **aufsteigt**, sowie durch eine (den Aufstieg repräsentierende) sich abwickelnde Linie von Knoten von Sanskaras, die von der grobstofflichen Welt zum GOTT-Zustand **absteigt**. Der Prozeß der gewöhnlichen Reinkarnationen beginnt, nachdem das Aufwickeln abgeschlossen ist; und er setzt sich fort bis das Abwickeln begonnen hat.

Im Prozeß der Verwirklichung sind sich fortgeschrittene Seele (von der ersten bis zur dritten Ebene einschließlich) durch ihre feinstofflichen Körper nur der feinstofflichen Welt bewußt. Sie sind der gewöhnlichen Seelen gewahr, die grobstofflich bewußt sind, und können auf sie in der feinstofflichen Welt einwirken. Doch tun sie dies alles durch den feinstofflichen Körper und in der feinstofflichen Welt. Und sie haben keine Verbindung zur grobstofflichen Welt durch den grobstofflichen Körper. Auf dieselbe Weise sind fortgeschrittene Seelen von der vierten bis einschließlich zur sechsten Ebene der grobstofflich-bewußten sowie der feinstofflich-bewußten Seelen gewahr. Doch wirken sie auf diese in der mentalen Welt durch den mentalen Körper ein. Und sie haben keine Verbindung zur grobstofflichen Welt durch den grobstofflichen Körper noch zur feinstofflichen Welt durch den feinstofflichen Körper. Daher verbinden die Linien im Diagramm die feinstofflich bewußten Seelen nur mit der feinstofflichen Welt. Und die entsprechenden Linien verbinden die mentalbewußten Seelen nur mit der mentalen Welt.

Im GOTT-Zustand, in dem alle *Sanskaras* abgewickelt sind, ist das Bewußtsein allein auf GOTT ausgerichtet. Das ist der Zustand der *Majzoob-e-Kamil*, die weder zur grobstofflichen noch zur feinstofflichen noch zur mentalen Welt Verbindung haben. Einige wenige jedoch, die den GOTT-Zustand genießen, steigen auch herab und erlangen wieder das Bewußtsein der gesamten Schöpfung. Das sind die Seelen der MEISTER. Die Seele des MEISTERS wird durch sieben konzentrische farbige Ringe dargestellt.[75] Die folgenden Punkte (die durch Verbindungslinien hervorgehoben sind) sollten genau beachtet werden: (i) Die Seele des MEISTERS ist mit GOTT-IM-JENSEITS-Zustand verbunden, dem *Vidnyan* oder Ruheplatz der MEISTER; (ii) sie ist mit dem GOTT-Zustand verbunden; und (iii) ist sie nicht nur mit allen drei Welten, sondern mit allen Seelen verbunden, seien sie mentalbewußte, feinstofflich-bewußte oder reinkarnierende menschliche Wesen (die grobstofflich-bewußt sind), oder Seelen, die sich im prähumanen evolutionären Stadium befinden.

FARBTAFEL X
Farbtafel X beleuchtet die Details, die zum Evolutionsprozeß bis hinauf zur menschlichen Form und zum Verwirklichungsprozeß bis hinauf zum Zustand eines GOTT-verwirklichten Wesens gehören. Der innerste kleine Kreis, der mit »S« markiert ist, stellt die individuelle Seele dar. Die Seele wird bis zum menschlichen Stadium mit einer steigenden Anzahl von Kreisen darum herum gezeigt. Und es wird gezeigt, daß sie später alle diese Kreise beibehält. Der zweite Kreis, der der Seele am näch-

---

75 Zu ihrer Bedeutung siehe Farbtafel X im Farbteil.

sten steht, stellt das Bewußtsein dar, das bis zur menschlichen Form immer mehr anwächst; danach jedoch bleibt es konstant. Im Zuge der Evolution erlangen die Pflanzen den am meisten unentwickelten Instinkt, jedoch nicht den feinstofflichen Körper,[76] der in einer unentwickelten Form in Würmern und Reptilien entsteht. Dieser feinstoffliche Körper entwickelt sich weiter, bis er in der menschlichen Form voll entwickelt ist. Seite an Seite mit der Entwicklung des feinstofflichen Körpers kommt es zur gleichzeitigen Entwicklung des Instinkts. Der Intellekt taucht in seiner partiellen Entwicklung erstmals auf der Stufe der Säugetiere auf. Der mentale Körper jedoch entsteht erst in dem von der menschlichen Form repräsentierten letzten Stadium.

In der menschlichen Form stellt der allerinnerste Kreis die individuelle **Seele** dar. Der nächste äußere Kreis repräsentiert das **volle Bewußtsein**, und die anderen äußeren Kreise repräsentieren in der Reihenfolge von innen nach außen jeweils (i) den Sitz der Individualität, (ii) *Sanskaras* oder unausgedrückte Begierden, (iii) den Intellekt, (iv) empfundene Begierden des mentalen Körpers, (v) den feinstofflichen Körper (in dem ein partieller Ausdruck von Begierden existiert), und (vi) den grobstofflichen Körper (in dem die Begierden voll zum Ausdruck kommen). Mit Ausnahme des ersten Kreises des Bewußtseins sind alle Kreise um den innersten Kreis der Seele **Schichten** des Bewußtseins. Von diesen Schichten repräsentieren der äußerste und der ihm nächste Kreis jeweils den grobstofflichen und den feinstofflichen Körper, während die anderen vier Schichten um das Bewußtsein vier Funktionen eines mentalen Körpers darstellen. Von diesen vier Funktionen des mentalen Körpers werden zwei (d.h. empfundene Wünsche und der Intellekt) gewöhnlich zum Gemüt gezählt. Und die beiden anderen (d.h. *Sanskaras* oder unausgedrückte Begierden und der Sitz der Individualität) werden zum Ich gezählt. Demnach hat die Seele mit ihrem

---

76 Nichtsdestoweniger identifiziert sich die Seele in der gasförmigen oder Stein- oder Metall- oder Pflanzenform auch, **wenn auch unbewußt**, mit ihrer endlichsten feinstofflichen Form und ihrer endlichsten mentalen Form. [Siehe Seite 87 des Textes] (Anm. d. Hrsg.)

Bewußtsein im menschlichen Stadium **drei Körper**, jedoch **sechs Schichten** (darunter die grobstoffliche Schicht, die der grobstoffliche Körper genannt wird).

Wenn sich die menschliche Seele (nach Reinkarnationen) aufmacht zum Prozeß der Verwirklichung, wird der Intellekt durch Inspiration ersetzt, die von der ersten bis zur dritten Ebene zum Ausdruck kommt. Und von der vierten bis zur sechsten Ebene wird diese Inspiration in Erleuchtung umgewandelt.

Die farbigen Ringe oder konzentrischen Kreise repräsentieren die Seele einer GOTT-verwirklichten Person mit allen ihr zur Verfügung stehenden Ausdrucksmitteln. In Hinsicht auf diese Farbtafel sollten die folgenden Punkte genau beachtet werden: (i) Die drei äußeren Ringe repräsentieren jeweils den grobstofflichen, feinstofflichen und mentalen Körper. Wir finden alle diese Körper auch in gewöhnlichen Menschen. (ii) In der GOTT-verwirklichten Person ist ein neuer spiritueller Körper entstanden, welcher der universale Körper oder *Mahakarana Sharir* genannt wird und der der Sitz des universalen Gemüts ist. So wie Wasser in einem Becher enthalten ist, so kann man sagen, das universale Gemüt sei im universalen Körper enthalten. Obwohl der universale Körper und das universale Gemüt von zwei verschiedenen Kreisen repräsentiert werden, sind sie daher voneinander untrennbar. (Das universale Gemüt des MEISTERS, das durch seinen universalen Körper wirkt, steht in unmittelbarem Kontakt mit den mentalen Körpern aller individuellen Seelen in der Schöpfung. Und es kann durch diese mentalen Körper beliebige Veränderungen in der mentalen, feinstofflichen und grobstofflichen Welt zustande bringen. Auch wenn der MEISTER, wie normale Menschen, einen mentalen Körper besitzt, wirkt er immer nur durch sein universales Gemüt). (iii) In der Seele des MEISTERS wird das begrenzte Ich des menschlichen Stadiums in das unbegrenzte Ich umgewandelt. Das heißt, das Gefühl der Getrenntheit und der engen Individualität wird ersetzt durch die Verwirklichung unbegrenzter, unteilbarer und allumfassender EXISTENZ. (iv) Die Seele des MEISTERS ist mit unendlichem Bewußtsein ausgestattet. Das volle Bewußtsein im menschlichen Stadium enthüllt aufgrund der Beschränkungen der Sanskaras nicht die Unendlichkeit der Seele oder bringt sie nicht zum Ausdruck. Doch in der GOTT-verwirklichten Person wird dieses volle Bewußtsein durch keinerlei Sanskaras beschränkt und enthüllt daher die Unendlichkeit der Seele oder bringt sie zum Ausdruck.

15 Die Fünf Sphären, wie Meher Baba sie beschreibt (S. 137)

Laut Meher Baba gibt es fünf Sphären: [1] die grobstoffliche, [2] die feinstoffliche, [3] die mentale, [4] die zusammengesetzte und [5] die WIRKLICHE. Die ersten vier betreffen relative Seinsformen und die fünfte besteht aus der einen und einzigen WIRKLICHEN EXISTENZ.

Die Frage der Einzelheiten ist um so bedeutsamer, wenn es um eine Thematik geht, die sich jeder gewöhnlichen menschlichen Erfahrung entzieht. Einerseits verwirren uns mehr Einzelheiten noch mehr, und weniger Details erklären weniger. Das führt zu einer Vielfalt von Begriffen und Ausdrücken zur Verwendung aus unterschiedlicher Sicht und in verschiedenen Kontexten. Wo keine zugrundeliegende Erfahrung vorhanden ist, klingen Beschreibungen ein und derselben Sache oft widersprüchlich. Doch im Lichte relativer Erfahrungen oder der endgültigen Erkenntnis des WIRKLICHEN erweisen sich gerade die Widersprüche als einander ergänzende Ausdrucksformen ein und derselben WIRKLICHKEIT. Die Fakten und die Fakten der den fünf Sphären zugrundeliegenden Fakten werden das deutlich machen.

Die erste, die grobstoffliche Sphäre, unterscheidet sich – auch wenn sie für ihre Existenz völlig von der feinstofflichen Sphäre abhängig ist – in sehr vieler Hinsicht sehr deutlich von der feinstofflichen Sphäre. Die grobstoffliche Sphäre besteht aus zahllosen Welten, Sonnen, Monden, Sternen, und in der Tat aus allem Materiellen von den rohesten bis zu den feinsten Formen. Einige der Welten in der grobstofflichen Sphäre enthalten nur Minerale und Pflanzen; einige andere enthalten auch zahllose verkörperte

Wesen; und zu einigen gehören auch menschliche Wesen. Von hervorragendster Bedeutung in der grobstofflichen Sphäre ist unsere Welt (die Erde). Hier ist, unter all den anderen Wesen, die des Grobstofflichen mehr oder weniger bewußt sind, der Mensch mit seinem vollen Bewußtsein allen anderen Wesen aller grobstofflichen Welten überlegen.[77] Bis der Mensch jedoch **hier** zum Feinstofflichen erwacht, bleibt sein volles Bewußtsein ganz und gar mit dem Grobstofflichen beschäftigt, selbst wenn er über spirituelle Themen wie die hier erörterten liest und davon redet.

Die zweite, die feinstoffliche Sphäre, ist die Sphäre der Energie, und auch wenn sie in sieben Abteilungen unterteilt ist, ist sie eine Welt für sich. Ihre Bestehen hängt von der mentalen Sphäre ab, doch existiert sie völlig unabhängig von der grobstofflichen Sphäre. In Begriffen von Raum und Zeit ist der Bereich der grobstofflichen Sphäre mit seinem unendlichen Raum, der Universen voller unzähliger Sonnen, Planeten und Welten umfaßt, unsere Erde eingeschlossen, im Vergleich zur feinstofflichen Sphäre nur ein Staubkörnchen.

Der PFAD der Selbstverwirklichung, das *Rah-e-tariqat* der Sufis und der *Adhyatmic Marga* des *Vedanta*, der aus sieben Ebenen (*Muqams* oder *Sthans*) besteht, ist die eine und einzige

---

77 Das bedeutet auch spirituell überlegen unter allen menschlichen Wesen der grobstofflichen Sphäre. Meher Baba berichtet uns, von den drei Welten in der grobstofflichen Sphäre, die von menschlichen Wesen bewohnt werden, sei unsere (die ERDE) diejenige, in der der Mensch spirituell am höchsten entwickelt ist. Er erklärt weiter: Während der Mensch auf unserer ERDE in seiner Persönlichkeit in gleichem Maße Kopf und Herz besitzt (50 Prozent Kopf und 50 Prozent Herz), besitzt der Mensch in den anderen beiden Welten 100 Prozent Kopf beziehungsweise 75 Prozent Kopf und 25 Prozent Herz. Im Verlauf seiner Reinkarnationen wird der Mensch in irgendeiner der drei Welten geboren. Um seine göttliche Bestimmung zu erfüllen, nämlich GOTT-Verwirklichung, muß er schließlich auf dieser ERDE Form annehmen und reinkarnieren. In der grobstofflichen Sphäre ist die ERDE der letzte und dem Pfad am nächsten liegende Trittstein. Die beiden anderen Welten stehen der ERDE hinsichtlich der Struktur als Aufenthaltsort sehr nahe. Insgesamt gibt es 18 000 Welten mit Leben, doch sind diese beiden Welten und unsere ERDE hinsichtlich der Struktur menschlichen Lebens miteinander verwandt.

Brücke zwischen der ersten Sphäre des Grobstofflichen und der fünften, der Sphäre des WIRKLICHEN. Der Pfad hat seine ersten drei Ebenen in der feinstofflichen, der zweiten Sphäre.

Während die feinstoffliche Sphäre durch ihre Energie, ihre Engel und vor allem durch das teilweise und das volle feinstoffliche Bewußtsein des Menschen (das menschliche Bewußtsein, das teilweise oder ganz und gar **vom** Grobstofflichen **im** Grobstofflichen befreit ist) die grobstoffliche Sphäre selbst durchdringt, durchdringt sie auch den unendlichen Raum mit seinen Sonnen, Sternen, Planeten und praktisch jedes Ding und jedes Wesen in allen Welten innerhalb der grobstofflichen Sphäre.

Die unbegrenzte Vielfalt und Intensität feinstofflicher Anblicke, Klänge, Gefühle und Kräfte finden in der grobstofflichen Sphäre nicht ihresgleichen mit Ausnahme der Energie, die innerhalb der Grenzen des Grobstofflichen begrenzt wird, und des menschlichen Bewußtseins, das von grobstofflichen Einschränkungen umgeben ist.

Die dritte, die mentale Sphäre, ist die Sphäre der Sphären. Sie ist von der feinstofflichen wie der grobstofflichen Sphäre absolut unabhängig und wird von der GÖTTLICHKEIT unabhängig getragen. Die mentale Sphäre ist der eigentliche Aufenthaltsort des Gemüts, individuell, kollektiv und universal. Das Gemüt durchdringt seine eigene Sphäre genauso wie es die feinstoffliche und grobstoffliche Sphäre durchdringt.

Diese Sphäre des Gemüts umfängt alles, was mit Intellekt, Intuition, Einsicht und Erleuchtung zusammenhängt. Darin enthalten sind auch die erhabeneren Ebenen des PFADES, die fünfte und sechste. Die vierte Ebene ist nichts als ein Knotenpunkt zwischen der dritten Ebene in der feinstofflichen und der fünften Ebene in der mentalen Sphäre.

Dennoch berührt die mentale Sphäre nicht die WIRKLICHE SPHÄRE und kann es auch nicht, da nichts außer ihrer eigenen WIRKLICHKEIT sie berühren kann, die ihrer selbst im ewigen »Ich bin GOTT-Zustand« bewußt ist.

Die vierte, die zusammengesetzte Sphäre, ist die Ebene, über die am meisten gesprochen und die am wenigsten verstanden wird. Sie setzt sich zusammen aus einundzwanzig Sub-Sphären, und sie ist als solche sowohl eine Sphäre als auch keine Sphäre an sich.

Die einundzwanzig Bindeglieder bestehen aus sieben sub-grobstofflichen und sub-feinstofflichen Sphären zwischen der grobstofflichen und der feinstofflichen Sphäre; sieben sub-feinstofflichen und sub-mentalen Sphären zwischen der feinstofflichen und der mentalen Sphäre; und sieben sub-mentalen und sub-supramentalen Sphären zwischen der mentalen Sphäre und der WIRKLICHEN SPHÄRE.

Die besondere Natur und Position der zusammengesetzten Sphäre läßt sich mit Hilfe einer der folgenden Tabellen leichter begreifen:

Tabelle 1

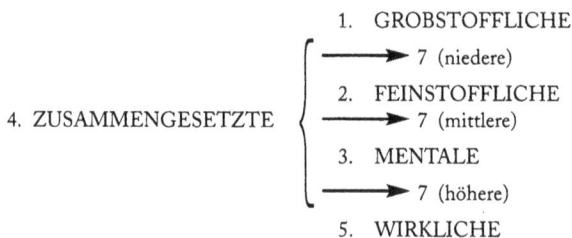

1. GROBSTOFFLICHE
⟶ 7 (niedere)

2. FEINSTOFFLICHE
⟶ 7 (mittlere)

4. ZUSAMMENGESETZTE

3. MENTALE
⟶ 7 (höhere)

5. WIRKLICHE

Tabelle 2

1. grobstoffliche Sphäre (erste Sphäre)
   sieben **niedere** Sub-Sphären
       der
   4. zusammengesetzten Sphäre (vierte Sphäre)
2. feinstoffliche Sphäre (zweite Sphäre)
   sieben **mittlere** Sub-Sphären
       der
   4. zusammengesetzten Sphäre (vierte Sphäre)
3. mentale Sphäre (dritte Sphäre)
   sieben **höhere** Sub-Sphären
       der
   4. zusammengesetzten Sphäre (vierte Sphäre)
5. Wirkliche Sphäre (fünfte Sphäre)

Die sieben niederen Sub-Sphären sind der grobstofflichen Sphäre spirituell überlegen und berühren das Grobstoffliche tatsächlich, während die sieben höheren Sub-Sphären weder der mentalen Sphäre spirituell überlegen sind noch jemals die WIRKLICHE SPHÄRE berühren, wie aus den folgenden weiteren Einzelheiten klar werden wird.

Einerseits verläuft der allbedeutende PFAD als die eine und einzige Brücke zwischen Mensch und GOTT durch die beiden Sphären des Feinstofflichen und des Mentalen. Und andererseits gibt es unzählige Dinge und Wesen in diesen beiden Sphären wie auch zwischen den sieben niederen und sieben höheren Sub-Sphären, und jedes einzelne dieser Dinge und Wesen ist für den PFAD direkt oder indirekt lebenswichtig.

Von den sieben unteren bis zu den sieben mittleren Sub-Sphären, die feinstoffliche Sphäre einbezogen, gibt es unter anderem die Aufenthaltsorte der entkörperten Seelen (Geister) und der unverkörperten Seelen (Engel). Von den sieben mittleren bis zu den sieben höheren Sub-Sphären, die mentale Sphäre einbezogen, gibt es unter anderem den Aufenthaltsort der Erzengel.

Die Geister (entkörperte Seelen), die guten wie die schlechten, müssen im »Zustand des Wartens« verharren, sowohl vor wie nach dem Erfahren der Zustände von Freude und Schmerz – jener Zustände, die allgemein Himmel und Hölle genannt werden. (37)

Die Engel (unverkörperte Seelen) sind bloße Automaten für den Willen GOTTES und tun nichts, was nicht von GOTT gewollt oder veranlaßt wird. Diese Wünsche sind allesdurchdringende bloße Ausdrücke göttlicher Macht und Aktivität. Kurz gesagt: Engel sind rein und nicht durch physische Verkörperung verunreinigt. Darin sind sie dem Menschen überlegen, dessen Bewußtsein sich nicht über die Begrenzungen des Grobstofflichen ausgeweitet hat (also ein Mensch, der den PFAD noch nicht betreten hat). Paradoxerweise ist der Mensch, der Unterlegene, der es geschafft hat, durch physische Verkörperung verunreinigt zu werden, hinsichtlich der in ihm latenten Stärke der Potentiale tatsächlich der Überlegene. Indem er seine Unvollkommenheiten, Begrenzungen und Schwächen erfährt, ist er potentiell reif dafür, seine wirkliche Stärke und Reinheit zu erkennen, die weit über und jenseits der Reichweite selbst der Erzengel liegen.

Die Erzengel sind das Medium für den Ausdruck von GOTTES hauptsächlichen göttlichen Eigenschaften des Erschaffens, Bewahrens und Zerstörens von begrenztem Leben in unbegrenztem Umfang und zur Kommunikation von unbegrenztem WISSEN in begrenztem Ausmaß. Die Erzengel sind Entitäten, die stets Freude erfahren und niemals leiden.

Der Aufenthaltsort der Erzengel sind die sub-supramentalen Sphären der vierten Sphäre, der zusammengesetzten, die hier besprochen wird. Sie kommt nach der dritten Sphäre, der mentalen, und steht der fünften, der WIRKLICHEN SPHÄRE, am nächsten. Das ist wahr, jedoch nicht die volle Wahrheit. Denn trotz ihrer unmittelbaren Nähe kann sie die WIRKLICHE SPHÄRE nicht berühren. Ein Erzengel aus der höchsten sub-supramentalen Ebene kann GOTT niemals schauen, während der Mensch auf der sechsten Ebene der dritten Sphäre, der mentalen, GOTT überall und in allem von Angesicht zu Angesicht sehen kann und sieht. Der letzte Punkt der letzten der sub-supramentalen Sphären ist das, was die Sufis das *Sadrat-ul-muntaha* (die letzte Grenze) nennen, und über diesen Punkt hinaus kann selbst der Erzengel Gabriel nicht gehen, wie die Muslime allgemein und zurecht glauben.

Der Mensch ist (weil allein der Mensch es kann) über die letzten sieben Bindeglieder der in Wirklichkeit nichtexistenten relativen Existenzen aller vier Sphären bis in die WIRKLICHE SPHÄRE gesprungen, die eigentlich seine eigene ist, und er wird es immer wieder tun. Kurz gesagt: Engel müssen notwendigerweise aufhören, Engel zu sein, und sie müssen Mensch werden, bevor sie die für den Menschen erreichbare WIRKLICHKEIT erreichen können. Und wenn ein Mensch aufhört, Mensch zu sein, und in den »Ich bin GOTT«-Zustand eintritt, erkennt er, daß Engel und Erzengel praktisch in dem einen oder anderen Sinne seine eigenen Attribute sind.

Schließlich ist die Auflösung der höheren sieben Sub-Sphären der vierten Sphäre, der zusammengesetzten, das Phänomen, das *Qiamat* oder *Mahapralaya* genannt wird. Und wenn es dazu kommt, dann fällt die gesamte nichtexistente Existenz der Schöpfung mit all ihren Sphären und Sub-Sphären wie ein manifestierter Baum zurück in die unmanifestierte Samenform nichtexistenter Nichtexistenz, nur um sich im allernächsten Augenblick der Ewigkeit wieder einmal neu zu manifestieren.

Die vierte Sphäre, die zusammengesetzte, ist im allgemeinen auf die folgende Weise in die ersten drei Sphären einbezogen:

1) Die grobstoffliche Sphäre plus ein Teil der vierten Sphäre, der zusammengesetzten, ist das *Alam-e-nasut* der Sufis und das *Anna Bhuvan* der Anhänger des Vedanta.
2) Die feinstoffliche Sphäre plus ein Teil der vierten Sphäre, der zusammengesetzten, ist das *Alam-e-malakut* der Sufis und das *Pran Bhuvan* der Anhänger des Vedanta.
3) Die mentale Sphäre plus ein Teil der vierten Sphäre, der zusammengesetzten, ist das *Alam-e-jabrut* der Sufis und das *Mano Bhuvan* der Anhänger der Vedanta.

Der Vedanta nennt auch die drei (einschließlich der vierten) Sphären kollektiv *Tribhuvan* (dreifache Sphäre), und die Sufis nennen sie kollektiv *Do Alam* (zwei Sphären) und meinen damit einerseits die grobstoffliche Sphäre und andererseits die feinstoffliche und die mentale (einschließlich der zusammengesetzten Sphäre).

Die fünfte, die Wirkliche Sphäre, ist auch die siebte Ebene des Pfades, die Ebene vollen Überbewußtseins. Das ist mit einfachen Worten ausgedrückt das volle menschliche Bewußtsein, welches völlig frei ist von jeglicher Spur oder jeglichem Beigeschmack von Dualität, wie sie in allen vier Sphären relativer Existenz in unterschiedlichem Maße inhärent ist. Es wäre nicht falsch zu sagen, daß die fünfte Sphäre oder die siebte Ebene weder eine Sphäre noch Ebene ist, sondern die Wirklichkeit von Gottes eigentlichem Selbstsein – von der Menschheit als *Allah*,

Paramatma, Allmächtiger GOTT, *Yezdan* und so weiter genannt. Je nach den verschiedenen Zuständen desselben einen GOTTES, von **ist** bis zu »Ich bin GOTT« und von »Ich bin GOTT« bis zu »Ich bin alles«, gibt es verschiedene Ausdrücke für die verschiedenen Stufen oder Aspekte der WIRKLICHEN SPHÄRE – beispielsweise *Alam-e-hahut* und *Alam-e-lahut* bei den Sufis oder *Vidnyan Bhumika* und *Vidnyan* im Vedanta.

16 Die Arten von Überzeugung und von Wissen (S. 141)

Nach Ansicht der Sufis besteht das spirituelle Leben aus vier Stadien, und das Leben des Menschen auf Erden ist in allen seinen Aspekten nur eine bewußte oder unbewußte Vorbereitung auf die sich immerwährend entfaltenden Bereiche des Wissens und der Erleuchtung, die zur GOTT-Verwirklichung führen. Diese vier Stadien sind *Shariat* (*Dharma Shastra*) *Tariqat* (*Adhyatma Marga*), *Haqiqat* (GOTT-Verwirklichung oder *Aikya*) und *Marefat-e-haqiqat* (Gnosis oder *Satyanubhuti*).

Imam Muhammad Ghazali hat diese vier Stufen mit einer Walnuß verglichen, die vier Bestandteile hat: die äußere Haut oder Schale, die innere Haut, den Kern und in ihm das Öl. Um diese Analogie zu verdeutlichen, könnte man sagen, *Shariat* sei die äußere Schale, *Tariqat* die innere Haut, *Haqiqat* der Kern und *Marefat-e-haqiqat* das Öl. »Während der Aspirant durch diese vier Stufen voranschreitet, erwirbt er ein stetig wachsendes Maß von Gewißheit hinsichtlich der Wahrheit. Diese anhaltenden Gewißheiten nennen die Sufis:

1) *Ilm-ul-yaqin*
2a) *Yaqin-ul-yaqin*
2b) *Ain-ul-yaqin*
3) *Haqq-ul-yaqin*
4) *Urf-ul-yaqin*

1) *Ilm-ul-yaqin* oder intellektuelle Gewißheit (Überzeugung) entsteht aus felsenfestem Glauben.

344

2a) *Yaqin-ul-yaqin* oder wahrnehmende Gewißheit durch Gewahrsein GOTTES entsteht aus inneren Gefühlen, Visionen oder spirituellen Erfahrungen auf dem PFAD. Es ist Überzeugung der Seele auf der ersten bis zur fünften Ebene einschließlich.

2b) *Ain-ul-yaqin* oder visuelle Gewißheit (d. h. Überzeugung durch Sehen) ist die Erfahrung, GOTT überall und durchgängig tatsächlich zu sehen. Dies ist *Antar Drishti*.

3) *Haqq-ul-yaqin* oder Gewißheit der Verwirklichung (d. h. Überzeugung durch tatsächliche Erfahrung) wird von der Seele auf der siebten Ebene der spirituellen Reise erreicht, die *Haqiqat* ist. Hier verwirklicht sich die Seele durch sich selbst. Dieser Zustand ist Aikya (Vereinigung mit GOTT).

4) *Urf-ul-yaqin* oder Gewißheit der Gnosis betrifft die Vollkommenheit der Göttlichkeit im Menschen, durch die der Mensch, der das Leben GOTTES führt, alle Geheimnisse des SELBST und des Universums kennt. Die hier ins Spiel gebrachte Fähigkeit ist das universale Gemüt (*Sarvabhaumic Manas* oder *Aql-e-kull*), der Sitz aller göttlichen Unterscheidungsfähigkeit.

Um diese Arten von Überzeugung noch weiter zu erläutern, wollen wir annehmen, jemand erfahre davon, daß sich in einem bestimmten Gefäß Milch befindet. Impliziten Glauben an dieses Wissen durch den Intellekt und intuitive Wahrnehmung zu haben, nennt man *Ilm-ul-yaqin* und *Yaqin-ul-yaqin*. Ist der Betreffende nicht mit dieser intellektuellen und intuitiven Überzeugung zufrieden und macht sich tatsächlich die Mühe, zum Gefäß zu gehen und die Milch mit eigenen Augen zu sehen und auf diese Weise überzeugt zu werden, daß die Wirklichkeit mit seinem intellektuellen und intuitiven Wissen übereinstimmt, erfährt er die als *Ain-ul-yaqin* bezeichnete Gewißheit. Die Milch zu trinken und in jeder Hinsicht eins mit ihr zu werden, verschafft ihm die Erfahrung von *Haqq-ul-yaqin*. Und in sich selbst das Wissen all dessen zu finden, was Milch ausdrückt und darstellt, etwa Zucker, Wasser, Fett, Vitamine und so weiter, und in der Lage zu sein, diese und die verschiedenen Möglichkeiten des Gebrauchs von Milch anderen in Einzelheiten zu beschreiben, ist die Gewißheit des WISSENS oder der Gnosis, also *Urf-ul-yaqin*, das das Stadium von *Marefat-e-haqiqat* ist.

Fünf Arten des Wissens

Nach Ansicht der Sufis gibt es fünf Arten von Wissen, die menschliche Wesen beeinflussen.

Die erste ist das Wissen um die Welt, das auf das Erlangen materiellen Wohlergehens beschränkt ist.

Die zweite ist das Wissen des *Shariat*, das zumeist von denen genutzt wird, die es erworben haben, um ihre Gegner mit der wortgewandten Kriegführung von Logik und Argumenten zu überwältigen. Dieses Wissen ist das der exoterischen Theologen.

Die dritte Art von Wissen ist die des spirituellen PFADES. Und man findet es bei denen, die sich ernsthaft innerer Disziplin unterworfen und die Gesellschaft der Exoteriker gemieden haben. In diesem Wissen bleibt das Ego noch erhalten, und das Bewußtsein von Gut und Böse haftet noch an der Seele. Das Wissen der Philosophen und Denker befindet sich auf der Trennungslinie zwischen der zweiten und dritten Art des Wissens.

Die vierte Art des Wissens ist das Wissen um GOTT – das SELBST (*Haqiqat*). Bei dem, der dieses Wissen erreicht, gibt es keine Spur mehr eines falschen Ichs und alle Überreste von Dualität verschwinden.

Die fünfte Art von Wissen ist die wahre Gnosis – das *Marefat* des *Haqiqat*, das laut der Erklärung Meher Babas ein vollständiges Wissen um GOTT und ein vollständiges Wissen um das Universum ist. Das ist das Wissen der VOLLKOMMENHEIT, wie es der *Rasool* (*Avatar*) und der *Qutub* (der *Sadguru*) besitzen.

Wenn eine Seele nicht alle verschiedenen Stufen des Wissens durchläuft, kann die höchste Stufe von *Tasawwuf* (Weisheit) niemals erreicht werden, die man *Suluk* nennt (Rückkehr zu normalem Bewußtsein). Wer diese Stufe der Gnosis erreicht, hat Anspruch darauf, ein vollkommener Sufi (VOLLKOMMENER MEISTER) genannt zu werden. Es gibt jedoch Fälle, in denen Personen die vierte Stufe des Wissens erreicht haben, ohne die Zwischenstadien durchlaufen zu haben. Sie sind jedoch sehr ungewöhnlich und kommen nur vor, wenn solche Personen von einem VOLLKOMMENEN MEISTER geführt werden.

Meher Baba unterteilt alle spirituell fortgeschrittenen Seelen in fünf Grundtypen: GOTT-Verschmolzene (VOLLKOMMENE), GOTT-Berauschte, In-GOTT-Versunkene, GOTT-Verbundene und GOTT-Verrückte. Der Leser sei verwiesen auf Kapitel 1, die Seiten 21–37 des Buches *The Wayfarers* von Dr. William Donkin, das Meher Babas Darstellung dieser Thematik beschreibt.

17 Paramatma ist Unendlich und Alles (S. 149)

Paramatma ist UNENDLICH und ALLES.

Alle *Atmas* befinden sich **im** *Paramatma*.

Einige *Atmas* erfahren die grobstoffliche Welt, einige erfahren die feinstoffliche Welt und einige die mentale Welt. Einige erfahren *Paramatma*.

Da alle *Atmas* **im** *Paramatma* sind, haben sie auch diese unterschiedlichen Erfahrungen **im** *Paramatma*. Diejenigen, die erfahren (die Erfahrenden) und die Erfahrungen selbst sind alle im *Paramatma*. Obwohl die Erfahrenden und die Erfahrungen **im** *Paramatma* sind, gehören sie nicht **zum** *Paramatma*! Sie gehören zum NICHTS.

Paramatma ist das ALLES, und das NICHTS befindet sich im ALLES.

Daher sind sich die *Atmas* nur des *Sharir*, *Pran* oder *Manas* und nicht des SELBST bewußt. Anders ausgedrückt: Solche *Atmas* sind sich des Nichts bewußt und nicht des Alles. Solche *Atmas* erleben die grobstoffliche, feinstoffliche oder mentale Welt und erleben nicht den *Paramatma*. Das heißt, sie erleben das Nichts und erleben nicht das Alles. Daher kann man sagen, daß die im *Paramatma* befindlichen *Atmas* sich nicht des Selbst bewußt sind und nicht den *Paramatma* erfahren. Sie sind sich vielmehr des Nichts bewußt, sie gehören zum Nichts und sie erfahren das Nichts.

Diese *Atmas* identifizieren sich so realistisch mit dem Nichts, daß sie augenscheinlich zum Nichts werden.

Jedes Wesen ist personifiziertes Nichts.

Alle Wesen und Dinge sind Personifizierungen des Nichts – das im Alles ist.

18 Fünf spirituelle Tatsachen (S. 184)

1. GEWÖHNLICHES MENSCHLICHES WESEN	Der Mensch als Mensch sieht sich selbst in jedem und allem.
2. *PIR* AUF DER SECHSTEN EBENE	Der Mensch als Mensch sieht Gott in jedem und allem.
(3) *MAJZOOB* AUF DER SIEBTEN EBENE	Gott als Gott sieht Sich Selbst
(4) *QUTUB*	Gott als Mensch sieht Sich Selbst gleichzeitig in jedem und allem.
(5) ERLÖSER	Gott als Gott und Mensch sieht Sich Selbst gleichzeitig in jedem und allem.

– Meher Baba

19 Wahre Geburt und wahrer Tod (S. 189)

Es gibt *eine* wahre Geburt und *einen* wahren Tod. Man wird einmal geboren und stirbt tatsächlich nur einmal.

Was ist die wahre Geburt?

Sie ist die Geburt eines Tropfens im Ozean der WIRKLICHKEIT. Was ist gemeint mit der Geburt eines Tropfens im Ozean der WIRKLICHKEIT? Es ist die Ankunft der Individualität, geboren aus der Unteilbarkeit durch einen Schimmer des ersten endlichsten Bewußtseins, das die Auffassung von Begrenztheit ins Unbegrenzte einbrachte und dort fixierte.

Was ist mit dem wahren Tod gemeint?

Er ist die Befreiung des Bewußtseins von allen Beschränkungen. Die Freiheit von allen Beschränkungen ist wahrer Tod. Er ist wirklich der Tod aller Beschränkungen. Er ist Befreiung. Zwischen der wahren Geburt und dem wahren Tod gibt es keine solche Wirklichkeit wie die sogenannten Geburten und Tode.

Was in dem als Geburt und Tode bekannten Zwischenstadium wirklich geschieht, ist, daß die Beschränkungen des Bewußtseins langsam verblassen, bis das Bewußtsein von allen Beschränkungen frei ist. Letztlich erfährt das von allen Beschränkungen befreite Bewußtsein auf ewig die unbeschränkte WIRKLICHKEIT. Wahres Sterben ist wie wahres Leben. Daher betone ich: Stirb für GOTT und du wirst als GOTT leben.

Du bist zuerst ein Kind. Dann wirst du alt und legst den Körper ab. Doch du stirbst niemals und wirst niemals geboren. Im Osten glauben die Anhänger des Vedanta an Reinkarnation und an eine Anzahl von Geburten und Toden, bis man GÖTTLICHKEIT erreicht. Die Muslime glauben an nur eine Geburt und nur einen Tod. Die Christen und die Anhänger von Zoroaster glauben dasselbe. Alle haben recht. Jesus, Buddha, Mohammed, Zoroaster – sie alle meinten genau das, was ich mit wahrer Geburt und wahrem Tod meine. Ich sage, du wirst einmal geboren und stirbst einmal.

Alle die sogenannten Geburten und Tode sind nur Schlaf- und Wachzustände. Der Unterschied zwischen Schlaf und Tod ist, daß du nach dem Schlaf erwachst und dich im selben Körper wiederfindest. Nach dem Tod jedoch erwachst du in einem anderen Körper. Du stirbst niemals. Nur die Seligen sterben und werden eins mit GOTT.

20 Fana und Fana-fillah (S. 210)

Fana ist der Zustand unbewußten Bewußtseins.

Im *Fana-fillah* ist sich die Seele aller Dinge nicht bewußt, ausgenommen daß das SELBST GOTT ist.

Bevor die Seele ihren menschlichen Zustand verliert und den göttlichen Zustand des *Nirvikalpa* erlangt, muß sie den Vakuum-Zustand des *Nirvana* erleben.

Nirvana ist das grenzenlose Vakuum, ein Zustand, in dem sich die Seele voll und ganz des wahren NICHTS bewußt ist. Und wenn im Zustand des *Nirvana* der menschliche Körper abgelegt wird, dann geht man in den Zustand der grenzenlosen GLÜCKSELIGKEIT GOTTES über.

In einigen Fällen folgt dem *Nirvana* unmittelbar und unweigerlich *Nirvikalpa* oder *Fana-fillah*, in dem die Seele sich des wahren ALLES voll bewußt ist. *Nirvana* und *Nirvikalpa* sind so eng miteinander verknüpft, daß man beides als das göttliche Ziel bezeichnen kann.

täuschendes Nichts = täuschendes Alles
wahres NICHTS = weder Alles noch Nichts
wahres ALLES = GOTT der UNENDLICHE

Täuschendes Nichts führt zu täuschendem Alles; und wahres NICHTS führt zu wahrem ALLES. Täuschendes Nichts ist mit falschem Alles verknüpft; und wahres NICHTS ist mit wahrem ALLES verknüpft. Schließlich endet täuschendes Nichts in täuschendem Alles, und wahres NICHTS endet in wahrem ALLES. In der Dualität ist falsches Nichts falsches Alles. In der Einheit sind wahres NICHTS und wahres ALLES eins.

Meher Baba hat auch folgende Punkte betont:

1) Das wahre Ziel ist, GOTT in menschlicher Form zu verwirklichen; wer jedoch seinen Körper ablegt, bevor er GOTT-Verwirklichung erreicht (d. h. wer seinen Körper im Zustand

des *Nirvana* ablegt, bevor er den Zustand des *Nirvikalpa* erreicht), dessen Ziel ist die Befreiung (*Mukti*) aus dem Kreislauf der Wiedergeburt. Er erlebt nur Unendliche Glückseligkeit.

2) Die Individualität desjenigen, der den *Nirvikalpa*-Zustand erreicht, wird als unendlich und unbegrenzt beibehalten, selbst nachdem er den menschlichen Körper abgelegt hat, und es gibt eine durchgehende Erfahrung des »Ich bin Gott«. Wer jedoch *Mukti* (Befreiung) erreicht, der erfährt »Ich bin *Anand*« (»Ich bin Unendliche Glückseligkeit«). Und das begrenzt seine Erfahrung unbegrenzter Individualität des »Ich bin Unendliche Macht-Wissen-Glückseligkeit« gleichzeitig.

3) Unendliches Wissen ist der wichtigste Aspekt der Dreifachnatur Gottes, wenn ein Individuum Gott in menschlicher Form erkennt. Unendliche Glückseligkeit bleibt der wichtigste Aspekt der Erfahrung von jemandem, der seinen Körper im Zustand des *Nirvana* abgelegt hat und *Mukti*, d. h. Befreiung, als das Ziel erreicht.

4) Der *Majzoob-e-Kamil* erlebt Unendliches Wissen-Macht-Glückseligkeit gleichzeitig, und wenn er wieder zu normalem Bewußtsein herabkommt, d. h. wenn er auch dualitäts-bewußt ist und sich nicht mehr im Zustand des *Majzoob-e-Kamil* befindet, dann erfährt er nicht nur Wissen-Macht-Glückseligkeit, sondern er benutzt sie auch während er seinen menschlichen Körper besitzt.

21 Die Sufi-Konzeption von Fana und Baqa (S. 213)

Dies ist eine kurze Untersuchung der Begriffe *Fana* und *Baqa*, wie sie von den Sufis verstanden werden. Jede Ebene verfügt über ihr eigenes *Fana* und *Baqa*. Man sollte daran denken, daß das *Fana* der Ebenen nicht das *Fana* der siebten Ebene ist und das *Baqa* der Ebenen nicht das *Baqa* des *Qutub*-Zustands, des Zustands der Vollkommenheit, ist.

Nachfolgend ein paar der Hauptpunkte des Vergleichs nach der Sufi-Gnosis. Dabei wird sich zeigen, daß ihre Darstellung zumeist in Bezug zur siebten Ebene steht und daß ihre Begriffe natürlich eine transzendente Anwendung haben.

Fana bedeutet Auslöschung oder Vernichtung. Es ist ein Zustand, der nicht von Dauer ist.

Baqa bedeutet wörtlich Permanenz und ist ein Zustand, der für alle Zeiten anhält.

Fana bedeutet das Ende des Reisens **hin zu** GOTT.

Baqa bedeutet den Beginn des Reisens **in** GOTT.

Fana soll nicht als ein Attribut betrachtet werden; es ist nicht wie die Auflösung von Zucker in Wasser. Laut Hujwiri bedeutet es nicht das Verschwinden der Essenz.

Baqa repräsentiert das, was vorher nicht nichtexistent war und was hinterher nicht nichtexistent sein wird, wie die Essenz GOTTES.

Fana ist das Verschwinden der Auffassung von *Ghair* (das Andere, also Dualität).

Baqa ist das WISSEN um GOTT, das man nach dem Verschwinden von *Ghair* erlangt.

Fana ist laut Mahmud Shabistari im *Gulshan-e-Raz* der Tod der Leidenschaft, des Eigensinns und des Ich, was zu einem spirituellen Erwachen zum ewigen Leben (*Baqa*) führt. Es bedeutet auch die Vergessenheit des trügerischen Ichs (*Khudi*), das so lange die Wirklichkeit des Menschen (GOTT) vor ihm selbst verborgen hat. Wenn der Aspirant die Empfindung hat, daß sein Selbst ausgelöscht ist, ist das noch ein Makel. Der höchste Zustand ist die Auslöschung der Auslöschung.

Fana ist zweifacher Art, äußerlich und innerlich:

Inneres *Fana*. Das ist das *Fana* großer Taten und der Glorie göttlicher Taten. Der Besitzer dieses *Fana* ist derart versunken in göttliche Taten, daß er sich selbst und alles um sich herum vergißt, ausgenommen den Wunsch und den Willen GOTTES. Einige heilige Aspiranten haben dieses *Muqam* erlangt, in dem sie so gleichgültig gegenüber physischen Bedürfnissen sind, daß GOTT jemanden bestimmt, der sich um sie kümmert.

Äußeres *Fana*. Dies ist das *Fana* der Eigenschaften im *Zat* (WIRK-LICHKEIT). Der Besitzer von *Hal* (Erfahrung) in der Offenbarung der Attribute GOTTES ist manchmal ins *Fana* seiner eigenen Eigenschaften versunken und manchmal in die Manifestation des Einflusses (*Asar*) und des Ruhmes (*Tajalli*) GOTTES.

Äußeres *Fana* ist ein Bestandteil der Gebieter des Herzens und der Gefährten des *Hal*.

Inneres *Fana* ist den Edlen eigen, die dem Bann des *Hal* entwachsen sind und den Schleier des Herzens durchdrungen haben. Und aus der Gemeinschaft der Menschen des Herzens haben sie sich der Gemeinschaft der Bekehrer des Herzens (GOTT) angeschlossen.

Baqa, das in Beziehung zum äußeren *Fana* steht, bedeutet folgendes: Nach dem *Fana* der Begierde und des Willens macht GOTT den Sklaven zu einem Meister der Begierde und des Willens und verleiht ihm absolute Kontrolle über die Zügel des Lenkens.

Baqa, das in Beziehung zum inneren *Fana* steht, bedeutet folgendes: Die Seele wird weder zu GOTT als Schleier der SCHÖPFUNG noch zur SCHÖPFUNG als der Schleier GOTTES. Im *Fana* ist GOTT der Schleier der Schöpfung, und für diejenigen, die den Zustand des *Fana* noch nicht erreicht haben, ist die SCHÖPFUNG der Schleier GOTTES.

22 Die Involution des Bewußtseins (S. 218)

Meher Baba kommentiert weiter:

»Volles Bewußtsein, das vollendet ist, sobald die erste menschliche Form angenommen wird, zieht sich nach und nach, Ebene nach Ebene, zurück. Diese Involution des Bewußtseins (eines bereits vollendeten Bewußtseins) beginnt zum ersten Mal, wenn die festgefügten grobstofflichen Eindrücke beginnen ausgedünnt zu werden. Das Bewußtsein erlebt so die erste Ebene. Während die Eindrücke ausgedünnt werden, zieht das Bewußtsein sich

immer mehr zurück (involviert es), und es erfährt die zweite
Ebene, und so weiter, bis die siebte Ebene erlangt wird.

Rückzug des Bewußtsein bedeutet, daß zuerst das Bewußtsein,
welches vollendet war, auf grobstoffliche Eindrücke fokussiert
und weit davon entfernt war, auf das SELBST fokussiert zu sein.
Später, im Verlauf der Involution, wenn die Eindrücke mit Hilfe
verschiedener Erfahrungen von Gegensätzen nach und nach
immer mehr ausgedünnt werden, verschiebt das Bewußtsein in
Übereinstimmung damit seinen Fokus allmählich auf das SELBST.
Auf der siebten Ebene ist das Bewußtsein kein geprägtes Bewußtsein mehr, was natürlich dazu führt, daß das Bewußtsein sich auf
sein SELBST fokussiert. Das bedeutet, daß das Bewußtsein sich mit
dem SELBST identifiziert, da alle Eindrücke verschwunden sind.

23 Fünf algebraische Definitionen (S. 221)

1. GOTT	= Unendliche Existenz + UNENDLICHES WISSEN + UNENDLICHE GLÜCKSELIGKEIT − NICHTBEWUSSTSEIN = Sat + Chit + Anand − Nichtbewußtsein = Satchitanand − Nichtbewußtsein
2. VOLLKOMMENER MEISTER = Qutub = Sadguru	= Unendliche Existenz + UNENDLICHES WISSEN + UNENDLICHE GLÜCKSELIGKEIT + BEWUSSTSEIN = Bewußt, unendlich zu sein, und gleichzeitig des Endlichen bewußt
3. ERLÖSER = Vollkommener Mensch = Insan-e-Kamil = Puratan Purush = Buddha	Saheb-e-Zaman = Rasool = Avatar = LEBENDIGER CHRISTUS = UNENDLICHE EXISTENZ + UNENDLICHES WISSEN + UNENDLICHE GLÜCKSELIGKEIT + BEWUSSTSEIN = Bewußt, unendlich zu sein, und bewußt, gleichzeitig endlich zu sein
4. Mensch oder Jiv-Atma oder Insan	= Körper + Energie + Gemüt + Bewußtsein + Seele
5. Majzoob-e-Kamil	= Göttliches »Ich« = Göttliches Bewußtsein − endliches Bewußtsein

24 Die vier Arten von Mukti oder Befreiung (S. 222)

Hier werden einige wohlbekannte Begriffe zur Beschreibung
verschiedener Arten von Vollkommenheit kurz erwähnt, so daß
der Suchende sie in den Rahmen der Thematik der GOTT-Ver-

wirklichung einfügen kann. Bei der Beschreibung dieser Arten von Vollkommenheit wird das Schlüsselwort *Mukti*, das wörtlich »Befreiung« bedeutet, hier verwendet, um vier Arten der Befreiung zu definieren.

In der folgenden Tabelle gehören alle vier Arten der Befreiung (*Mukti*) der Seele zur siebten Ebene.

1. Gewöhnliches *Mukti* (gewöhnliches *Moksha*)
2. *Videh* Mukti
3. *Jivanmukti*
4. *Param Mukti*

1. Gewöhnliches *Mukti* (*Moksha*)

Gewöhnliches *Mukti* (*Najat*) wird nur nach dem Tod durch einige außergewöhnlich Gottes-fürchtige, wahrheitsliebende, gute Seelen erreicht. Und dieses *Mukti* kommt gewöhnlich drei bis fünf Tage nachdem die Seele den Körper verlassen hat. Da dieses *Mukti* ohne den Körper erlangt wird, genießt die individuelle Seele nur Glückseligkeit (*Anand*). Und auch wenn Macht und Wissen vorhanden sind, kann solch ein *Mukta* sie nicht erfahren. Eine derart befreite Seele ist sich nur der Glückseligkeit der Vereinigung bewußt; und für sie existiert die Schöpfung nicht länger, wodurch der ständige Kreislauf von Geburten und Toden ein Ende findet.

Nirvikalpa Samadhi darf nicht mit diesem gewöhnlichen *Mukti*- oder *Moksha*-Zustand verwechselt werden. Sollte eine Seele den *Mukti*-Zustand erreichen, dann geschieht das **nach** dem Tod des physischen Körpers. Eine solche Seele erreicht Gott, doch geschieht das nur nach dem Tod. Daher besteht eine bedeutsame Unterscheidung zwischen gewöhnlichem *Mukti* einerseits und *Nirvikalpa Samadhi* andererseits, weil das letztere erfahren werden kann, während die Seele den Körper behält und auf diese Weise zum *Videh Mukta* wird.

2. *Videh Mukti*

Einige als *Videh Muktas* bekannte Gott-verwirklichte Seelen behalten ihren Körper während drei oder vier Tagen, nachdem sie

Verwirklichung erlangt haben. Ihr Bewußtsein ist vollständig mit ihrem eigenen WAHREN SELBST (GOTT) verschmolzen, weshalb sie sich nicht ihres Körpers oder der SCHÖPFUNG bewußt sind. Sie erleben ständig die UNENDLICHE GLÜCKSELIGKEIT, die UNENDLICHE MACHT und das UNENDLICHE WISSEN GOTTES, der jetzt ihr eigenes Selbst ist, doch können sie diese nicht in der SCHÖPFUNG anwenden, noch können sie anderen helfen, Befreiung zu erlangen. Nichtsdestoweniger ist ihre Gegenwart auf der Erde während der wenigen Tage, die sie hier verweilen, ein Zentrum der Ausstrahlung der UNENDLICHEN MACHT, des UNENDLICHEN WISSENS und der UNENDLICHEN GLÜCKSELIGKEIT GOTTES. Und diejenigen, die sich ihnen nähern, die ihnen dienen und sie verehren, ziehen unendlichen Nutzen daraus. Andere behalten den Körper je nach der Triebkraft ihres »*Prarabdha*« für Jahre. Der *Videh Mukta* ist der *Brahmi Bhoot* oder der *Majzoob-e-Kamil* der Sufis, und er erfährt automatisch die Dreifachnatur GOTTES – *Sat-Chit-Anand*.

3. *Jivanmukti*
Der *Jivanmukta* (*Azad-e-Mutlaq*) in *Turiya Avastha* (*Fana-ma-al-baqa*) genießt ALLSELIGKEIT, ALLWISSEN und ALLMACHT, und sein Bewußtsein ist das des »Ich bin GOTT«-Zustands und auch das der drei Sphären – der grobstofflichen, feinstofflichen und mentalen. Da er jedoch keine Pflichten hat, nutzt er GLÜCKSELIGKEIT, WISSEN und MACHT nicht für andere.

4. *Param Mukti*
Der *Param Mukta*, der auch VOLLKOMMENER MEISTER, *Qutub* oder *Sadguru* genannt wird, kommt nach der GOTT-Verwirklichung zum normalen Bewußtsein zurück und ist sich gleichzeitig des »Ich bin GOTT«-Zustands und der drei relativen Existenzen und ihrer entsprechenden Sphären bewußt. Er genießt nicht nur ALLMACHT, ALLWISSEN und ALLSELIGKEIT, sondern er nutzt sie auch durch das universale Gemüt und den universalen Körper auf allen Ebenen der Existenz.

Solche *Param Muktas* sind sich ihrer selbst als GOTT bewußt, sowohl in Seinen nichtmanifestierten wie Seinen manifesten

Aspekten. Sie kennen sich selbst sowohl als die unveränderliche göttliche Essenz (*Zat*) als auch als die unendlich vielfältigen Manifestationen (*Sifat*). Sie erfahren sich selbst als GOTT außerhalb der SCHÖPFUNG, als GOTT den SCHÖPFER, BEWAHRER und ZERSTÖRER sowie als GOTT, der die Begrenzungen der SCHÖPFUNG akzeptiert und transzendiert hat. Das bedeutet, daß so jemand jedes einzelnen der in der Farbtafel VIII dargestellten zehn Zustände GOTTES bewußt ist.

Der *Param Mukta* erfährt und verwendet ständig den absoluten Frieden und die Vollkommenheit der Dreifachnatur GOTTES – *Sat-Chit-Anand*. Er genießt und erleidet ganz und gar das göttliche Spiel der SCHÖPFUNG. Er kennt sich selbst als GOTT in allem und ist daher in der Lage, jedem spirituell zu helfen, und kann andere Seelen dazu bringen, GOTT durch irgendeine der vier Arten von *Mukta* zu verwirklichen. Er ist tatsächlich der Helfer der Menschen im einzelnen und der SCHÖPFUNG im allgemeinen.

25 Eine Zusammenfassung der vier Arten von Mukti (S. 222)

Meher Baba faßt diese vier Arten von Mukti auf folgende Weise zusammen:

Art von *Mukti*	Bewußtsein	Pflicht in der Dualität
gewöhnliches Mukti	nur Anand (GLÜCKSELIGKEIT); kein Bewußtsein von »Ich bin GOTT« oder von Dualität.	nein
Videh Mukti	»Ich bin GOTT« (Sat-Chit-Anand oder WISSEN, MACHT und GLÜCKSELIGKEIT) ohne Bewußtsein der Dualität.	nein
Jivanmukti	»Ich bin GOTT« (Sat-Chit-Anand) mit Bewußtsein der Dualität.	nein
Param Mukti	gleichzeitig »Ich bin GOTT« (Sat-Chit-Anand) mit Dualität und Göttlichkeit in Aktion.	ja

[Siehe auch Zusammenfassung auf S. 397] (Anm. d. Hrsg.)

26 Anzeichen der Vollkommenheit (S. 226)

In Beantwortung der Frage eines Schülers nach einer unfehlbaren Methode, einen VOLLKOMMENEN MEISTER zu erkennen, erläuterte Meher Baba: »Ein gewöhnlicher Mensch mag nicht imstande sein, zufriedenstellend zwischen den verschiedenen Stufen spiritueller Errungenschaft bis hinauf zur sechsten Ebene zu unterscheiden. Er mag zwar erkennen können, daß solche Seelen fortgeschritten sind, aber nicht in welchem Maße sie fortgeschritten sind. Kommt jedoch ein aufrichtiger und geduldiger Wahrheitssucher in Kontakt mit jemandem, der spirituell vollkommen ist, dann wird er gewisse äußere Anzeichen beobachten, die untrennbar mit innerer spiritueller Vollkommenheit verbunden sind.

Die wichtigsten dieser Anzeichen sind folgende drei: Zuerst einmal ist VOLLKOMMENHEIT nicht nur ›Einssein mit GOTT‹, sondern die durchgehende und ununterbrochene Erfahrung des ›Einsseins in allem‹. Ein VOLLKOMMENER MEISTER erfährt und verwirklicht durchgängig und ohne Unterbrechung sein eigenes SELBST als das SELBST in allen. Diese innere Erfahrung manifestiert sich objektiv in der Spontaneität der Liebe, die so jemand gegenüber der gesamten SCHÖPFUNG empfindet oder zum Ausdruck bringt. Für ihn ist nichts anziehend oder abstoßend. Gut und Böse, Heiliger und Sünder, Schönheit und Häßlichkeit, Weisheit und Dummheit, Gesundheit und Krankheit – sie alle sind Modi seiner eigenen Manifestation. Wenn verkörperte VOLLKOMMENHEIT irgendeine lebendige Kreatur liebt, hätschelt oder füttert, dann empfindet und genießt sie das, als liebe, hätschele und füttere sie ihr eigenes SELBST. In diesem Stadium ist keine Spur von etwas ›anderem‹ übrig geblieben.

Das zweite Anzeichen ist die Atmosphäre von GLÜCKSELIGKEIT, die VOLLKOMMENHEIT in ihrer unmittelbaren Umgebung ausstrahlt, eine Atmosphäre, die ein danach suchender Fremder zu empfinden nicht umhin kann. Ein VOLLKOMMENER MEISTER genießt nicht nur unendliche SELIGKEIT, sondern erfährt auch universales Leiden. Die Heftigkeit des Leidens wird jedoch vom

358

überwältigenden Gefühl der GLÜCKSELIGKEIT aufgehoben oder unterdrückt. Daher kann Vollkommenheit nach außen hin angesichts jeglicher Form von Leid und Verfolgung auf segensreiche Weise ruhig erscheinen.

Das dritte Anzeichen von Vollkommenheit ist ihre Macht, sich jeder Ebene von Menschlichkeit anzupassen. Sie kann auf einem Thron ebenso gelassen sein wie in der Gosse. Sie kann auf sehr natürliche Weise sparsam im Umgang mit den Armen, extravagant gegenüber den Reichen, prunkvoll im Umgang mit Königen, Weise im Umgang mit Gelehrten und einfach gegenüber den Ungebildeten und Unwissenden sein. Ebenso wie ein Lehrer Anfängern und Fortgeschrittenen eine Sprache auf unterschiedliche Weise lehrt, paßt sich auch ein VOLLKOMMENER MEISTER der Bildungsebene derjenigen an, die er spirituell erheben will.«

Ghaus Ali Shah Qalander sagte einmal während eines Vortrags über spirituelle Vollkommenheit (*Faqiri*): »Einem Schüler Vollkommenheit zu verleihen, ist eine Angelegenheit eines Bruchteils einer Sekunde. Ein ins Ohr gesprochenes Wort reicht aus, um jemanden aus der Endlichkeit in die Unendlichkeit zu erheben, und eine derartige Verwandlung hängt nicht von Gebeten oder vom Fasten ab.«

Maulana Rumi sagte:

Dād-i ūrā qābilīyat-i shart nīst
Balkih shart-i qābilīyat dād-i ūst.

Göttliche Gnade wird nicht durch Bedingungen der Fähigkeit beschränkt.
Fähigkeit wird in Wirklichkeit von Göttlicher Gnade bedingt.

Als er dies hörte, bemerkte einer der Schüler: »Meister, wenn Verwirklichung so leicht erreicht werden kann, warum müssen sich dann Jünger zwangsläufig einer so langen Periode von Prüfungen und der Askese unterwerfen?« Als Antwort erzählte Ghaus Ali Shah folgende Anekdote:

»Da war einmal ein Mann, dem zwei vom Rost und Schmutz vieler Jahre verkrustete Gefäße gehörten. Er beschloß, sie reinigen zu lassen. Er übergab ein Gefäß einem Fachmann, der versprach, es in vierzig Tagen zu reinigen, und das andere einem Mann, der versprach, die Arbeit an einem einzigen Tag zu erledigen. Der Fachmann begann wissenschaftlich-methodisch an dem Gefäß zu arbeiten. Er unterwarf es im Verlauf von vierzig Tagen vielen unterschiedliche Bearbeitungsmethoden, bis das Gefäß nicht nur blitzsauber sondern auch gebrauchsfähig war.

Der zweite Mann, der versprochen hatte, die Arbeit an einem Tage zu erledigen, bediente sich der sehr drastischen Methode, das Gefäß in einem gewaltigen Feuer zu brennen. Dadurch wurde das Gefäß zwar schnell und vollständig gereinigt, jedoch brüchig und wertlos. Daraus kann man also ersehen, daß zwar beide Gefäße sauber wurden, daß jedoch nur das Gefäß, das einem längeren Prozeß unterworfen wurde, auch gebrauchsfähig war.«

Dann erklärte der MEISTER weiter, daß ein VOLLKOMMENER MEISTER genau aus diesem Grund einem Aspiranten selten Verwirklichung zukommen läßt, sondern daß er ihn langsam dorthin führt, so daß er zu einem robusten, nützlichen Gefäß für das Werk GOTTES werden kann.

In diesem Zusammenhang bemerkte Meher Baba einst gegenüber seinen Jüngern: »Verwirklichung kann Jedermann in Sekundenschnelle gewährt werden. Das ist dann nur für diesen Menschen selbst und von keinem Nutzen für andere. Die Periode der Askese, der Selbstverleugnung und Mühsal, der man sich bei einem MEISTER unterwirft, erzeugt Kraft und verleiht die Autorität, die VERWIRKLICHUNG, sobald man sie erlangt hat, für die spirituelle Erweckung anderer zu verwenden.«[78]

---

78 [Siehe auch: Meher Baba, »Vollkommenheit«, in: *Darlegungen über das Leben in Liebe und Wahrheit*, Frankfurt am Main: Fischer Taschenbuch Verlag (Reihe »Spirit«), 1996, S. 100 ff., was ein Verständnis des Unterschieds zwischen spiritueller Vollkommenheit und der im Bereich der Dualität zu erlangenden Vollkommenheit angeht. (Anm. d. Hrsg.)]

27 Hal und Muqam (S. 227)

Hier das Wesentliche über *Hal* (Erfahrung) und *Muqam* (Stadium) im Lichte der Sufi-Gnosis. Einige Sufis glauben, es gebe keinen bemerkenswerten Unterschied zwischen *Hal* und *Muqam*. Sie behaupten, jedes *Muqam* sei zu Beginn *Hal* und entwickle sich am Ende zu *Muqam*. Das gilt für alle zu den feinstofflichen und mentalen Sphären gehörigen Ebenen. Viele machen jedoch einen Unterschied zwischen *Hal* und *Muqam*.

So meint Abdullah Haris Muhasibi von Basra:

Hal ist das Geschenk GOTTES; es ist so flüchtig wie ein Blitz und wird durch Übung (*Mujahida*) sichergestellt.
Muqam ist das Ergebnis von Bußfertigkeit und wird durch die konstante Überschattung von *Hal* sichergestellt.

Der Autor des *Awarif-ul-Maarif* formuliert es so:

Hal bedeutet ein verborgenes Geschehen, das von der höheren Welt ins Herz des Pilgers herabsteigt, und es kommt und geht, bis die göttliche Anziehungskraft ihn von der untersten auf die höchste Ebene gezogen hat.
Muqam ist die Station auf dem PFAD, bei der der Pilger ankommt. Sie wird zu seinem Aufenthaltsort, bis er weiter fortschreitet.
Hal wird nicht vom Pilger kontrolliert; der Pilger wird von ihm kontrolliert.
Muqam steht unter dem Einfluß des Reisenden.
Hal ist ein Geschenk (*Maohib*).
Muqam ist eine Errungenschaft (*Kasb*).
Hal kann niemals existieren ohne Beziehung zu *Muqam*.
Muqam kann niemals existieren ohne Beziehung zu *Hal*.

Scheich Mohammed Ibrahim, der auch unter dem Namen Ghazur-e-Ilahi bekannt ist, sagt in seinem *Irshadat*:

Wenn *Hal* sich fortsetzt, wird es zu *Muqam*. Wer auch immer Hal einmal bekommt, ist ein Anfänger, und wer darin fortfährt, wird ein Eingeweihter.

Meher Baba erläutert:

Im allgemeinen Sinn des Wortes ist *Hal* die innere Erfahrung (wozu die kontrollierte wie die unkontrollierte Ekstase gehört) der relativen Existenzen von der ersten bis zur sechsten Ebene (Stadium) des PFADES. Im speziellen Sinne ist *Hal* der Zustand göttlicher Ekstase und wird stets je nach seinem relativen *Muqam* in unterschiedlicher Stärke erfahren. Im Vedanta nennt man *Hal Bhav*, und *Muqam* wird *Sthan* genannt.

Muqam bedeutet das Verbleiben des Pilgers auf einer bestimmten Ebene, in jenem besonderen *Hal*.

Hal und *Muqam* bleiben zusammen bis hinauf zur sechsten Ebene. *Hal* dominiert stets das *Muqam*.

Auf der siebten Ebene existieren *Hal* und *Muqam* nicht.

Wo es *Hal* gibt, da gibt es Dualität. Kommt jemand von der siebten Ebene herunter zu normalem Bewußtsein und etabliert sich auf irgendeiner Ebene, um dort Pflichten zu erfüllen, dann wird diese besondere Ebene zu seinem *Muqam*. Daher gibt es für den *Qutub* (*Sadguru*) kein *Hal*, es gibt nur *Muqam*. Gewöhnliche Menschen, die von Natur aus emotional sind, können gewöhnliches *Hal* genießen, während sie Musik hören. Das ist jedoch ein Pseudo-*Hal* und nicht vergleichbar mit dem spirituellen *Hal* eines Pilgers auf dem PFAD.

28 Die Ankunft des Avatar (S. 236)

Auf die Frage, ob der *Avatar* die erste individuelle Seele sei, die GOTT-verwirklicht wurde, antwortete Meher Baba:

»Es war GOTT, der als erster unendlich bewußt wurde (siehe die Erläuterung in Zustände GOTTES II-B). Alles das bedeutet, daß GOTT Sich Selbst als erster verwirklichte. Gleichzeitig ist

GOTT in Seinem Zustand II-A unendlich unbewußt (siehe Erläuterung in Zustände GOTTES II-A). Die anderen Zustände GOTTES und alle göttlichen Zustände sind das Ergebnis davon, daß GOTT im Zustand II-A ewig danach strebt, unendliches Bewußtsein zu erlangen.

Als Ergebnis von alledem stellt sich heraus, daß der Mensch GOTT wird.

Der *Sadguru* ist Mensch-GOTT (d. h. ein Mensch, der GOTT wird) und muß den Prozeß von Evolution und Involution durchlaufen. Hingegen ist der *Avatar* GOTT-Mensch; das heißt, GOTT wird direkt Mensch, ohne den Prozeß von Evolution und Involution zu durchlaufen.

Die fünf *Sadguru* (*Qutubs*, VOLLKOMMENE MEISTER) bewirken die Ankunft des *Avatar* (*Rasool*, CHRISTUS, Buddha) auf Erden. Daher war die Ankunft des ersten *Avatar* auf Erden nicht möglich, ohne daß es zunächst fünf *Sadguru* gab, die dieses Kommen bewerkstelligten. Dementsprechend wurden am Anfang zunächst die fünf VOLLKOMMENEN MEISTER verwirklicht, und danach fand dann die erste Ankunft des *Avatar* auf Erden statt.

Ob es seit Adam sechsundzwanzig *Avatare* oder einen Lak und vierundzwanzigtausend Propheten gegeben hat, wie manchmal behauptet wird, oder ob Jesus CHRISTUS der letzte und einzige Messias oder ob Mohammed der letzte Prophet war – alles das ist unwesentlich und unbedeutend, wenn man Ewigkeit und WIRKLICHKEIT in Betracht zieht. Es hat wenig Zweck darüber zu streiten, ob es zehn oder sechsundzwanzig oder eine Million *Avatare* gegeben hat. Die Wahrheit ist, daß der *Avatar* stets ein und derselbe ist und daß die fünf *Sadguru* die Ankunft des Avatar auf Erden bewirken. Das hat sich einen Zyklus nach dem anderen zugetragen, und Millionen von Zyklen müssen vergangen sein und werden weiterhin vergehen, ohne die Ewigkeit im geringsten zu beeinflussen.

29 Die Gnosis der siebten Ebene (S. 237)

Meher Baba beschreibt die Gnosis von »Ich bin GOTT«[79] der siebten Ebene, also die eines *Majzoob*, eines *Azad-e-Mutlaq*, eines *Qutub* beziehungsweise des *Rasool* wie folgt:

I *MAJZOOB* (*Brahmi Bhoot*)
   Anal Haqq – das bedeutet: »Ich bin GOTT« (endlos).

II *AZAD-E-MUTLAQ* (*Jivanmukta*)
   Anal Haqq, mit
   Hama ba man ast – das bedeutet: »Alles ist mit Mir.«

III *QUTUB* (*Sadguru*)
   Anal Haqq, gleichzeitig mit
   Hama man am – das bedeutet: »Alles ist Ich.«
   Hama dar man ast – das bedeutet: »Alles ist in Mir.«
   Hama az man ast – das bedeutet: »Alles ist aus Mir.«

IV *SAHEB-E-ZAMAN* (*Avatar*)[80]
   Anal Haqq, gleichzeitig mit
   Man ham am – das bedeutet: »Ich bin Alles.«
   Man dar hama am – das bedeutet: »Ich bin in Allem.«
   Hama az man ast – das bedeutet: »Alles ist aus Mir.«
   Hama dar man ast – das bedeutet: »Alles ist in Mir.«

30 Der Avatar und der Sadguru (S. 237)

Der Sinn dessen, was Meher Baba hier mitzuteilen wünscht, ist: »Wenn man von einem *Sadguru* sagt, er sei gesund oder krank,

---

79 Nach der Entkörperung (physischer Tod) bleibt die Gnosis von ihnen allen weiterhin endlos »Ich bin GOTT«.

80 [Als Hinweis auf den subtilen Unterschied zwischen der Gnosis des *Qutub* und des *Saheb-e-Zaman* (*Avatar*) erklärte Meher Baba weiterhin:
Die Gnosis des *Qutub* ist: »Ich bin GOTT und GOTT ist ALLES«, während die Gnosis des *Saheb-e-Zaman* ist: »Ich bin GOTT und Ich bin ALLES.«]

dann wird all das von gewöhnlichen Menschenwesen gesagt, gesehen und empfunden. Die grundlegende Wahrheit aus der Perspektive des *Sadguru* ist, daß weder Gesundheit noch Krankheit noch irgend etwas anderes sein Sein (Unendlichkeit) im geringsten beeinflußt (berührt), weil er sich vollkommen der ILLUSION als Täuschung bewußt (völlig gewahr) ist und sich deshalb völlig dessen bewußt ist, daß Krankheit und Gesundheit täuschend (illusorisch) sind (d. h. sie sind das Ergebnis des NICHTS).

Wie könnte das NICHTS jemals einen Einfluß auf ihn haben? Der *Sadguru* hat die Eindrücke des NICHTS durch den Prozeß der Evolution, Reinkarnation und Involution überwunden, und er hat verwirklicht, daß er ALLES ist (was natürlich das NICHTS einschließt). Auch wenn der *Sadguru* innerhalb des Gesetzes der SCHÖPFUNG verbleibt, berührt ihn das Gesetz selbst jedoch nicht.

›*Sadguru*‹ bedeutet, daß ein Mensch GOTT geworden ist. Wenn daher der Mensch GOTT **geworden** ist, kann er nicht länger Mensch **sein**, und wenn er als Mensch leben muß, dann muß er als Mensch handeln, sich als Mensch verhalten oder wie ein Mensch erscheinen, indem er spontan alle natürlichen Eigenschaften des Menschen in die Tat umsetzt, das heißt sie demonstriert.

Da er ein VOLLKOMMENER MEISTER ist, spielt der *Sadguru* seinen Part auf allen Niveaus und allen Ebenen so vollkommen (oder er spielt die Rolle oder er durchlebt die Rolle), daß er gewöhnlichen Menschen unter allen Umständen und in jeder Hinsicht so **erscheint**, als sei er ein Mensch unter den Menschen der grobstofflichen Welt. Für diejenigen, die sich auf den feinstofflichen Ebenen befinden, **erscheint** er ebenso wie einer der Menschen auf den feinstofflichen Ebenen, und für diejenigen auf den mentalen Ebenen erscheint er ebenfalls als einer von ihnen.

Der *Sadguru* befindet sich gleichzeitig auf der Ebene des Niedrigsten und des Höchsten. Einerseits ist er in der Unendlichkeit (WIRKLICHKEIT) etabliert, und andererseits ist er der

Meister der ILLUSION. Also stehen dem *Sadguru* die beiden Extreme zur Verfügung, und die Versöhnung (der Ausgleich) zwischen ihnen könnte nur bewerkstelligt und durch alle Zwischenstadien und Zustände bewahrt werden, wenn der Sadguru auf allen Ebenen und Niveaus gleichzeitig **aktiv** ist.

Im Falle des *Avatar* liegen die Dinge ganz anders. Der ganze Unterschied besteht darin, daß *Sadguru* bedeutet, daß der Mensch zu GOTT wird, während *Avatar* bedeutet, daß GOTT Mensch wird. Es ist sehr schwierig, die volle Bedeutung des Wortes ›*Avatar*‹ zu begreifen. Für die Menschheit ist es leicht und einfach zu erklären, der *Avatar* sei GOTT und dies bedeute, daß GOTT Mensch wird. Das ist jedoch nicht alles, was das Wort ›*Avatar*‹ bedeutet oder vermittelt.

Zutreffender wäre es zu sagen, daß der *Avatar* GOTT ist und daß GOTT für die ganze Menschheit Mensch wird – und daß GOTT gleichzeitig für alle Sperlinge in der SCHÖPFUNG ein Sperling wird, für alle Ameisen in der SCHÖPFUNG eine Ameise, für alle Schweine in der SCHÖPFUNG ein Schwein, für alle Staubkörner in der SCHÖPFUNG ein Staubkorn, für die gesamte Luft in der SCHÖPFUNG ein Partikel Luft und so weiter für alles und jedes, was es in der SCHÖPFUNG gibt.

Wenn die fünf *Sadgurus* die Präsentation der GÖTTLICHKEIT GOTTES in der ILLUSION bewirken, dann hat das die Auswirkung, daß diese GÖTTLICHKEIT die ILLUSION durchdringt und sich in zahllosen unterschiedlichen Formen präsentiert – in grobstofflichen, feinstofflichen und mentalen. Demzufolge mischt GOTT sich in avatarischen Perioden als Mensch unter die Menschen, als Ameise unter die Ameisen, und so weiter. Aber die weltlichen Menschen können das nicht wahrnehmen, und deshalb sagen sie einfach, GOTT sei Mensch geworden, und geben sich mit diesem Verständnis in ihrer eigenen Welt der Menschlichkeit zufrieden.

Was auch immer das Verständnis des Menschen sein mag, es bleibt die Tatsache, daß der *Avatar* **zu etwas wird** und der *Sadguru* **handelt**.

Die Krankheit des *Avatar* hat nichts damit zu tun, daß er Karma von Individuen übernimmt. Da der *Avatar* GOTT ist, der in jeder Hinsicht Mensch geworden ist, gibt es keinen Grund, warum Er nicht für alle natürlichen Neigungen eines menschlichen Wesens empfänglich sein sollte. Schließlich ist Gott Mensch geworden, und Er **ist** in der Tat Mensch. Aber auch wenn der *Avatar* tatsächlich krank wird, genauso wie ein Mensch, der krank wird, muß man daran denken, daß Er gleichzeitig auch Seine Unendliche Macht, Sein Unendliches Wissen und Seine Unendliche Glückseligkeit hinter sich hat.

Der *Avatar* nimmt niemals das Karma von Individuen auf sich, aber Sein Gottestum funktioniert universal.«

31 Handeln und Nichthandeln (S. 238)

I. Im Jenseits-des-Jenseits-Zustand Gottes gibt es nichtbewußtes Nichthandeln.

II. Im Zustand der Gott-Verwirklichung gibt es bewußtes Nichthandeln. Dies ist der Zustand der Vollkommenheit jedoch **nicht** des Vollkommenen Meisters.

III. Im Zwischenzustand (zwischen I und II) gibt es bewußtes Handeln.
Handlungen fördern *Sanskaras* (Eindrücke). *Sanskaras* wiederum brüten mehr Handlungen aus und schaffen Fesseln. In diesem Zustand gibt es Fesselung.

IV. Im Zustand des *Majzoob* auf der siebten Ebene gibt es nichtbewußtes Handeln.

V. Im Zustand des Vollkommenen Meisters gibt es bewußtes **aktives** Nichthandeln.
Vollkommene Meister sind frei von *Sanskaras*. Sie haben keine Eindrücke. Da dem so ist, kann es keinen Raum für Handeln aus eigenem Antrieb geben. Ihr Leben ist eins des Nichthandelns, doch aufgrund der Umstände in ihrer Umgebung werden sie aktiv. Handlungen der Vollkommenen Meister werden durch die Umgebung hervorgerufen – durch die Atmosphäre, die jeweils herrscht.

Beispiele:

   I. Der JENSEITS-DES-JENSEITS-Zustand GOTTES läßt sich vergleichen mit einem Kind, das fest in einer Wiege schläft. Das ist ein Beispiel nichtbewußten Nichthandelns.

   II. Der Zustand der GOTT-verwirklichten Person (nicht eines VOLLKOMMENEN MEISTERS) läßt sich vergleichen mit einem Kind, das hellwach ist, aber noch in der Wiege liegt. Dies ist ein Beispiel bewußten Nichthandelns.

   III. Der Zwischenzustand zwischen I und II läßt sich mit einem Kind vergleichen, das wach ist und sich außerhalb der Wiege befindet. Dies ist ein Beispiel für bewußtes Handeln.

   IV. Der Zustand des *Majzoobs* auf der siebten Ebene läßt sich mit einem Schlafwandler vergleichen. Der Schlafwandler geht herum oder verrichtet andere Handlungen im Schlaf und ist sich nicht dessen bewußt, was er in diesem Zustand tut. Ähnlich verrichtet der *Majzoob* auf der siebten Ebene Handlungen und ist sich dieser Handlungen nicht bewußt. Er ist nichtbewußtes Handeln: Er ißt, trinkt, spricht usw., aber all dies ist sein nichtbewußtes Handeln.

   V. Der Zustand eines VOLLKOMMENEN MEISTERS läßt sich mit einem Kind vergleichen, welches hellwach ist und in der Wiege liegt und ständig von der Menschheit gewiegt wird. Dies ist bewußtes **aktives** Nichthandeln. Nichthandeln ist das Sein innerhalb der Wiege, und aktives Nichthandeln ist das Wiegen der Wiege durch andere.

32 Meher Baba über Hierarchie (S. 238)

Meher Baba sagt: In jedem Zyklus der Zeit,[81] der zwischen 700 und 1 400 Jahre dauert, gibt es elf Zeitalter von 65 bis 125 Jahren Länge. Vom Anfang bis zum Ende eines jeden Zyklus' gibt es insgesamt 55 VOLLKOMMENE MEISTER, und das bedeutet, daß

---

81 Im Vedanta wird ein Zeitzyklus *Yuga* genannt, und ein Zeitalter ist ein *Kal*; die Sufis nennen einen Zyklus *Daor* oder *Zaman* und ein Zeitalter *Waqt*.

jedes Zeitalter nur fünf VOLLKOMMENE MEISTER hat. Im letzten, dem elften Zeitalter eines jeden Zyklus ist auch der *Avatar* (*Saheb-e-Zaman*) gegenwärtig. Neben den 55 VOLLKOMMENEN MEISTERN und dem *Avatar* gibt es in jedem Zyklus auch 56 *Majzoobs-e-Kamil*. Diese *Majzoobs*, die den Zustand des *Fana-fillah* erfahren, sind die ›schlafenden‹ oder ›inaktiven‹ Partner in der Führung des göttlichen Spiels (*Lila*) der SCHÖPFUNG.

	VOLLKOMMENE MEISTER (*Sadguru*)	VOLLKOMMENE (*Majzoobs-e-Kamil*)	
1. Zeitalter	5	7	von denen 4 den Körper unmittelbar nach der Verwirklichung verlassen
2. Zeitalter	5	3	
3. Zeitalter	5	7	von denen 4 den Körper unmittelbar nach der Verwirklichung verlassen
4. Zeitalter	5	3	
5. Zeitalter	5	7	von denen 4 den Körper unmittelbar nach der Verwirklichung verlassen
6. Zeitalter	5	3	
7. Zeitalter	5	7	von denen 4 den Körper unmittelbar nach der Verwirklichung verlassen
8. Zeitalter	5	3	
9. Zeitalter	5	7	von denen 4 den Körper unmittelbar nach der Verwirklichung verlassen
10. Zeitalter	5	3	
11. Zeitalter	5	6	von denen 3 den Körper unmittelbar nach der Verwirklichung verlassen
Avatar	1		
	56	56	

Wenn wir diese Farbtafel studieren, sollten wir an Folgendes denken:

1) Ein Zyklus dauert etwa 700 bis 1 400 Jahre und besteht aus 11 Zeitaltern. Jedes Zeitalter dauert etwa 65 bis 125 Jahre; seine Länge hängt, wie die Länge eines Zyklus', von den materiellen, spirituellen und universellen Umständen ab.

2) In jedem Zeitalter besteht die funktionierende Hierarchie aus 7000 spirituellen Wesen (entweder fortgeschrittenen oder vollkommenen). Die fortgeschrittenen Wesen befinden sich auf den Ebenen eins bis sechs oder zwischen diesen Ebenen, und die VOLLKOMMENEN sind entweder *Sadgurus* oder *Majzoobs*. In jedem Zeitalter vom ersten bis einschließlich dem zehnten gibt es fünf *Sadguru* (*Qutubs*), von denen einer der *Qutub-e-Irshad* ist.

3) Im elften und letzten Zeitalter eines Zyklus' hört der *Qutub-e-Irshad* auf, als solcher zu fungieren, sobald der *Avatar* (*Saheb-e-Zaman* oder ERLÖSER) in Person sein eigenes Amt des CHRISTUS-Status (*Muqam-e-Muhammadi*) antritt. Damit bleibt die Zahl von fünf *Sadgurus* in jedem Zeitalter konstant.

4) Die vollkommenen *Majzoobs* alternieren in jedem der aufeinanderfolgenden Zeitalter; im ersten gibt es sieben, im zweiten drei, im dritten sieben, und so weiter. Im elften Zeitalter jedoch gibt es sechs *Majzoobs-e-Kamil*.

In jenen Zeitaltern, in denen es mehr als drei *Majzoobs* gibt, das heißt im ersten, dritten, fünften, siebten, neunten und elften Zeitalter, verlassen die zusätzlichen den Körper **unmittelbar** nach Erlangen der Verwirklichung (*Majzoobs-e-Kamil*). Das heißt, daß im ersten, dritten, fünften, siebten und neunten Zeitalter vier der sieben *Majzoobs* sofort nach der Verwirklichung sterben und daß im elften und letzten Zeitalter, in dem es sechs vollkommene *Majzoobs* gibt, drei sofort nach der Verwirklichung sterben.

Das Resultat ist, daß in jedem einzelnen Zeitalter **nur** drei *Majzoobs* im Körper bleiben. Aus der Perspektive des **Funktionierens** der Hierarchie gibt es in jedem Zeitalter also tatsächlich nur drei *Majzoobs*.

Meher Baba verteilt die 7000 Mitglieder der **funktionierenden** Hierarchie für ein bestimmtes Zeitalter wie folgt zwischen den sieben spirituellen Ebenen:

370

Auf der ersten Ebene und auch zwischen der 1. und 2., zwischen
der 2. und 3., zwischen der 3. und 4., zwischen der 4. und 5., zwischen der 5. und 6. und zwischen
der 6. und 7. .... 5 600
Auf der zweiten Ebene........................ 666
Auf der dritten Ebene........................ 558
Auf der vierten Ebene........................ 56
Auf der fünften Ebene 56
Auf der sechsten Ebene........................ 56
Auf der siebten Ebene (d. h. *Majzoobs* im Körper) 3
VOLLKOMMENE MEISTER (*Sadguru*) 5

7 000

Der *Avatar* im elften Zeitalter jedes Zyklus
bringt die Zahl auf........................... 7 001

Es gibt immer, zu allen Zeiten und in allen Zeitaltern, sechsundfünfzig GOTT-verwirklichte Seelen oder *Shiv-Atmas* in menschlicher Form auf Erden. Und von diesen sechsundfünfzig sind nur
acht öffentlich als aktive Mitglieder der **funktionierenden** spirituellen Hierarchie anerkannt und fungieren als solche. Die
gesamte Hierarchie hat 7 000 Mitglieder, welche die ihnen zugeteilten spirituelle Pflichten je nach ihrem spirituellen Fortschritt
oder ihrer Vollkommenheit auf verschiedenen Ebenen des
Bewußtseins erfüllen.
   Die verbleibenden achtundvierzig GOTT-Verwirklichten befinden sich nicht innerhalb der funktionierenden spirituellen
Hierarchie von 7 000 Mitgliedern. Sie bleiben abseits, und die
Leute erkennen ihre Göttlichkeit nicht, obwohl alle achtundvierzig dieselbe Erfahrung haben und sich desselben göttlichen
Zustands des »Ich bin GOTT« wie die anderen acht erfreuen.
Diese achtundvierzig stehen sozusagen auf der Warteliste und
sind bereit, einzuspringen, für den Fall, daß eines oder mehrere der funktionierenden Mitglieder den Körper ablegt bzw.
ablegen.

Von den acht GOTT-verwirklichten Seelen die der funktionierenden spirituellen Hierarchie von 7 000 Mitgliedern vorstehen,
sind fünf VOLLKOMMENE MEISTER, die – abgesehen davon, daß sie
eine breite öffentliche Anerkennung genießen – im Rahmen des
zum Wohle der gesamten Menschheit zu leistenden spirituellen
Dienstes eine Pflicht zu erfüllen haben. Die verbleibenden drei
sind *Majzoobs*, die, obwohl sie GOTTESSCHAFT erlangt haben und
im physischen Körper verweilen, keine spirituelle Pflicht gegenüber der Menschheit zu erfüllen haben. Trotzdem sind sie
eine Quelle spiritueller Förderung für alle, die mit ihnen in Berührung kommen.

Man könnte also sagen: Während die fünf VOLLKOMMENEN
MEISTER der gesamten Menschheit spirituell dienen, gewinnen
die **wenigen**, die mit den drei *Majzoobs* in Berührung kommen
und ihnen dienen, spirituelle Förderung durch sie, während die
achtundvierzig GOTT-Verwirklichten abseits von Anerkennung
und Funktion stehen, bis eine Lücke in der funktionierenden spirituellen Hierarchie entsteht, indem einer oder mehrere der acht
GOTT-Verwirklichten den physischen Körper ablegt bzw. ablegen.

33 Die Ankunft Gottes als Avatar (S. 240)

Das Universum ist aus GOTT gekommen. GOTT ist nicht aus dem
Universum gekommen. ILLUSION ist aus der WIRKLICHKEIT
gekommen. Die WIRKLICHKEIT ist nicht aus der ILLUSION gekommen. GOTT allein ist wirklich; das Universum an sich ist Illusion.

Das in der ILLUSION gelebte Leben GOTTES, als der *Avatar* und
als VOLLKOMMENER MEISTER, ist nicht illusorisch. Dagegen ist
GOTTES in der SCHÖPFUNG gelebtes Leben, als belebte und unbelebte Dinge, sowohl wirklich als auch illusorisch. Illusion, das
illusorische Leben, und GOTTES Leben in der ILLUSION sind nicht
und können nicht ein und dasselbe sein. Die Illusion hat kein
Leben und kann kein Leben haben. Illusion ist Illusion und kann
nichts an sich sein. Illusorisches Leben heißt Leben in ILLUSION,
mit ILLUSION, umgeben von ILLUSION, und obwohl es Leben ist

372

(wie es von der Seele in der SCHÖPFUNG erfahren wird), ist es illusorisches Leben. Aber GOTTES in der ILLUSION gelebtes Leben ist nicht illusorisch, denn obwohl GOTT das illusorische Leben lebt, bleibt er Seiner eigenen WIRKLICHKEIT bewußt.

GOTT ist absolut unabhängig, und das Universum ist völlig abhängig von GOTT. Doch wenn die VOLLKOMMENEN MEISTER das Herabsteigen GOTTES auf Erden bewirken, dann machen sie die WIRKLICHKEIT und die ILLUSION wechselseitig voneinander abhängig. Und so geschieht es, daß Seine unendliche Gnade und grenzenlose Liebe ewig zu denen herangezogen werden, die in der ILLUSION versunken sind.

Unendliche Gnade und grenzenlose Liebe fungieren als ein hervorragendes Bindeglied zwischen GOTT und dem Universum, und die Menschen, die zu GOTT werden, (*Sadguru*, VOLLKOMMENE MEISTER oder *Qutubs*) machen ewig Gebrauch von diesem Bindeglied und ebenso tut es GOTT, der zum Menschen wird (der *Avatar*, CHRISTUS oder *Rasool*), und auf diese Weise wird das Universum zum ewigen Spielgefährten GOTTES. Durch dieses hervorragende Bindeglied etablierte der *Avatar* nicht nur das Leben in seinem göttlichen Spiel, sondern er etablierte auch das Gesetz in der ILLUSION. Und dieses Gesetz, das vom GOTT-Menschen oder dem *Avatar* etabliert wird, ist das Gesetz des gesetzlosen UNENDLICHEN, und es ist auf ewig wirklich und zur gleichen Zeit illusorisch. Es ist dieses Gesetz, das das Universum regiert – sein gesamtes Auf und Ab. Erschaffung und Zerstörung werden von diesem Gesetz gelenkt.

In der zyklischen Periode wird GOTTES unabhängige ABSOLUTHEIT dazu gebracht, durch den GOTT-Menschen als GOTTES Willen auf dieses Gesetz einzuwirken, und dies bedeutet, daß alles und jedes, was der *Avatar* will, von GOTT befohlen ist.

34 Tauhid oder der einheitliche Zustand Gottes (S. 250)

Das Prinzip das *Tauhid*, den einheitlichen Zustand GOTTES, einbezieht, ist unverbrüchlich. Es ist die letzte Grundlage aller bekannten Religionen und das Ziel der spirituellen Disziplin sowohl im Sufismus als auch im Vedanta. *Tauhid* in der Theorie zu akzeptieren ist das Privileg der Massen, aber sich in der Erforschung von *Tauhid* hinzugeben ist die Spezialität einiger weniger Auserwählter. Das ist sowohl leicht als auch schwer. *Tauhid* ist scheinbar so leicht, daß überall auf der Welt von Kanzeln und Podien davon gesprochen wird, und doch ist es so schwer zu erlangen, daß die besten Bemühungen darum zu nichts als Bestürzung und Verwirrung führen.

Die Einheit GOTTES in ihrem transzendenten Aspekt ist das *Tauhid-e-tanzihi* (Absolute Einheit) des Sufismus und das *Advaita* des Vedanta. Das Problem von *Tauhid* präsentiert sich in vielfältigen Aspekten, wie es von der alten Geschichte mehrerer blinder Männer, die einen Elefanten untersuchen, illustriert wird. Jeder berührte einen anderen Teil der Kreatur und bildete sich eine andere Meinung. Die individuelle Annäherung an die Thematik ist relativ gesehen durchaus wahr und unbezweifelbar, und doch ist der Elefant als Ganzer etwas ganz anderes und ist für die Blinden nicht zu verstehen. Es folgen einige Aussagen herausragender Sufis über *Tauhid* und jene Aspekte von *Tauhid*, für die sie sich interessieren:[82]

---

82 Die augenscheinlichen Widersprüche in den Worten der Sufis gehen einzig und allein zurück auf die Beschränkungen der Mittel zum Ausdruck der erfahrenen Wahrheiten und zur Beschreibung der verwirklichten Wahrheit in verschiedenen Kontexten, unter verschiedenen Umständen und aus verschiedenen Perspektiven, die immer in einer einzelnen Erfahrung oder Verwirklichung als Ganzer zusammenkommen. Meher Baba sagt, daß solche verbalen Unterschiede keinen Widerspruch darstellen, sondern daß sie sich als Ausdrucksweisen der erfahrenen und verwirklichten Wahrheiten, die diesen Widersprüchen zugrunde liegen, gegenseitig ergänzen. Erklärungen in dieser Hinsicht, die auf den vorangegangenen Seiten bereits gegeben wurden, sollten deshalb stets berücksichtigt werden, also:
Seite 293: Die Annäherung an die WAHRHEIT ist individuell, und was die Details angeht, hängt viel von den eigenen spirituellen Tendenzen, der physischen Verfassung und äußeren Umständen ab.
Seite 299: Tausend Suchende mögen sich ebenso vieler Erfahrungen erfreuen, und doch ist der PFAD der Gnosis nur einer.

»*Tauhid* ist jene Wirklichkeit, in der die Eindrücke (*Nuqush*) ausgelöscht sind, und Wissen erscheint und GOTT bleibt so unbefleckt und rein, wie Er zuvor war.«
– Junayd von Baghdad

»*Tauhid* ist das Wissen um GOTT, und dieses Wissen macht es dem Gnostiker möglich, zwischen dem Ursprünglichen (*Qadim*) und dem Nichtwesentlichen (*Hadas*) Sein zu unterscheiden. Der transzendente Zustand des *Tauhid* impliziert die Verneinung des *Tauhid*.
– Junayd von Baghdad

»Tauhid ist die Auslöschung des Liebenden in den Attributen des Geliebten.«
– Jehsangir Samnani

Tauhid hat zwei Aspekte: einer ist der Zustand und der andere ist seine Beschreibung. Der deskriptive Aspekt von *Tauhid* gehört zu der weltlichen Mission der Propheten, und der Zustand hat mit dem unendlichen und grenzenlosen Ozean zu tun. Der deskriptive Aspekt hängt von der Mitwirkung von Sprache, Sehvermögen, Gehör und Erkenntnisvermögen ab, und diese alle bedürfen separater Bestätigung. Etwas auf der Basis äußerer Beweise zu bestätigen setzt Dualität voraus, und *Tauhid* ist frei von jeder Spur von Dualität. Glaube in einem Menschen wan-

---

Seite 311: Trotz der unterschiedlichen Aspekte der Erfahrungen der ERFAHRUNG, werden alle Aspekte zusammen und gleichzeitig erfahren.

Seite 337: Einerseits wird man durch mehr Details stärker verwirrt, andererseits erklären weniger Details die Dinge weniger. Das führt zu einer Vielfalt von Begriffen und Ausdrucksweisen, die von verschiedenen Standpunkten aus und in verschiedenen Kontexten gebraucht werden. Wo keine tatsächliche Erfahrung vorhanden ist, erscheinen die Beschreibungen ein und derselben Sache oft widersprüchlich. Doch im Licht relativer Erfahrungen oder der endgültigen Verwirklichung der WAHRHEIT erweisen sich eben diese Widersprüche in Wirklichkeit als einander ergänzende Ausdrucksweisen für dieselbe eine Wahrheit.

delt über den vollen Marktplatz der Dualität, und dieses Stadium läßt sich keineswegs abtun.

Deskriptives *Tauhid* ist wie eine Lampe, während *Tauhid* an sich und für sich die Sonne ist. Wenn die Sonne erscheint, dann verschwindet das Licht der Lampe ins Nichts. Deskriptives *Tauhid* ist veränderlich, während der Zustand von *Tauhid* unveränderlich und ewig ist. Die Worte, die von der Zunge ausgesprochen werden, werden vom Herzen überstimmt. Wenn man auf der spirituellen Reise die Station des Herzens einnimmt, dann ist die Zunge nutzlos und stumm. Später wird dann auch das Herz vom Geist (*Jan*) übermannt, und in diesem Stadium spricht der Wanderer mit Ihm. Diese Rede steht nicht in Beziehung zur Essenz, sondern in Beziehung zu ihrem Attribut. Das Attribut verändert sich, nicht jedoch die Essenz (*Ayn*). Die Sonne erwärmt das Wasser, wodurch das Attribut sich ändert, nicht aber das Wasser. Deshalb ist »schon allein der Versuch, *Tauhid* zu bestätigen, eine Entartung der klaren Reinheit von *Tauhid*«. (*'Asbat ut-tauhīd, fāsidūn fit-tauhīd*.)

Tauhid verschleiert für den Unitarier (*Mawahid*) die Schönheit der ABSOLUTEN EINHEIT (*Jamal-e-ahadiyat*). *Tauhid* ist aus diesem Grunde suspekt, weil man es sich von sich selbst wünscht.

»Wenn jemand über *Tauhid* schreibt, ist er ein *Mulhid* (Rationalist); jemand, der darauf hinweist, ist ein Dualist; jemand, der darauf schließt, ist ein Götzendiener; jemand, der darüber spricht, ist unverantwortlich; jemand, der Stillschweigen darüber bewahrt, ist unwissend; jemand, der denkt, es verwirklicht zu haben, macht sich selbst etwas vor; jemand, der sich vorstellt, ihm nahe zu sein, ist weit davon entfernt; jemand, der es mit dem Intellekt abwägt und sich Vorstellungen davon macht, ergeht sich in Wunschdenken; und jemand, der es findet, ohne zu suchen, ist der Verlorene.«
– Abu Bakr Shibli

»Spricht man in Beziehung zum (philosophischen) Absolutismus (*Tanzeeh*) von *Tauhid*, dann qualifiziert man es, und wenn

man es als qualifiziert (*Tashbeeh*) bezeichnet, dann macht man es begrenzt und endlich. Bringt man die beiden Extreme jedoch ins Gleichgewicht, so ist das perfekt und genau das Wünschenswerte.«
– Muhyuddin Ibn Arabi

»*Tauhid* ist im Wesentlichen Vergessenheit des *Tauhid*. Jene, die zum normalen Bewußtsein zurückkehren, haben notwendig eine Arbeit auf der materiellen Ebene zu tun. So könnte man *Tauhid* mit einem Kreditgeber vergleichen, dem man nie im Leben angemessen und vollständig zurückzahlen kann.«
– Quduntul-Kubra

Tauhid ist das einheitliche Stadium GOTTES; darum kann man nicht darüber sprechen, denn in diesem transzendenten Zustand gibt es niemanden, an den man sich wenden könnte.

Nach einer Klassifizierung der Sufis gibt es entsprechend oder gleichbedeutend mit den unterschiedlichen Stadien der spirituellen Entfaltung des Menschen fünf Hauptkategorien von *Tauhid*. Diese nennt man:

a) *Tauhid-e-aqwali* – die verbale Einheit GOTTES.
b) *Tauhid-e-afa'ali* – die aktive Einheit GOTTES.
c) *Tauhid-e-ahwali* – die gefühlte Einheit GOTTES.
d) *Tauhid-e-sifati* – die Einheit der Attribute GOTTES.
e) *Tauhid-e-zati* – die Einheit der Essenz GOTTES.

a) *Tauhid-e-aqwali* ist das *Tauhid* der Mehrheit der Menschheit, die an irgendeinen Propheten (*Avatar*) und seine Botschaft glaubt. In diesem Stadium sieht man die bloße verbale Akzeptanz GOTTES oder der Einheit GOTTES sowie die Erfüllung von Pflichten, die bis dahin vom Gesetzgeber vorgeschrieben wurden, als ausreichend für die Vorbereitung auf künftige Stadien des spirituellen Lebens an. Dies nennt man auch *Tauhid-e-shariat*.

b) *Tauhid-e-afa'ali* betrifft jene, die tatsächlich in den Pfad eingeweiht wurden. Der Ausdruck der Einheit GOTTES bei solchen Eingeweihten der feinstofflichen Sphäre (*Alam-e-makalut*) stimuliert im Wesentlichen das Leben der reinen Seelen, der Engel. In diesem Stadium wird im Inneren die Überzeugung genährt, daß hinter allem, sei es gut oder schlecht, die motivierende Macht GOTTES steht.

c) *Tauhid-e-ahwali* dämmert den fortgeschrittenen Seelen in der fünften Sphäre auf der mentalen Ebene. In diesem Stadium findet die Seele sich ausgestattet mit direkter Strahlung der GÖTTLICHKEIT und leistet anderen in den feinstofflichen und grobstofflichen Sphären bewußt oder unbewußt immense Hilfe.

d) *Tauhid-e-sifati* gehört zur sechsten Ebene in derselben Sphäre (der mentalen). Alle Aspekte der Materialität aus den grobstofflichen sowie der Subtilität aus den feinstofflichen Sphären, die der Seele noch anhaften, werden hier völlig entfernt und aufgelöst, so wie das Funkeln der Sterne vom Licht der Sonne vertrieben wird. Sowohl das *Tauhid* von (c) als auch das von (d) gehören zur selben mentalen Sphäre (*Alam-e-jabrut*), und (b), (c) und (d) werden alle drei zusammen auch *Tauhid-e-tariqat* genannt.

e) *Tauhid-e-zati* ist GOTT-Verwirklichung in der fünften WIRKLICHEN SPHÄRE von *Haqiqat*, wozu die verschiedenen Stadien oder Aspekte des *Marefat-e-haqiqat* bzw. *Halat-e-Muhammadi* im Stadium von *Lahut* und von *Haqiqat-e-Muhammadi* im Stadium des *Hahut* oder der Sphäre der WIRKLICHKEIT gehören.

Die Sufis sind sich darin einig, daß unter den verschiedenen Aspekten, die zur Verwirklichung oder *Tauhid-e-zati* gehören, die Akzentuierung des Unterschiedes von *Ubudiyat* (Dienerschaft) zwischen Mensch und GOTT der vollkommenste ist. Diese spirituelle Tatsache hat die Kirche falsch dargestellt und falsch angewandt, indem sie behauptet, daß der Mensch Mensch und GOTT GOTT ist und daß der Mensch niemals zu GOTT werden kann noch daß GOTT zum Menschen devolvieren kann. Die der Situation zugrundeliegende Wahrheit ist jedoch, daß nach der Verwirklichung von *Tauhid-e-zati* die Betonung von *Ubudiyat* (Dienerschaft) die dritte Reise der *Saliks* bedeutet, die *Seyr-e-ma* genannt wird, die Rückkehr zu normalem Bewußtsein **mit** GOTT.

Die verschiedenen Stadien und Aspekte von *Tauhid*, die oben diskutiert wurden, werden im Folgenden nochmals in tabellarischer Form zusammengefaßt:

Stadien	Aspekte	Sphären
Tauhid-e-aqwali	Waqif (Grobstofflich-Bewußter)	Alam-e-nasut (erste Sphäre)
Tauhid-e-afa'ali	Wasif (Preisender)	Alam-e-malakut (zweite Sphäre)
Tauhid-e-ahwali	Arif (Wissender)	(dritte Sphäre)
Tauhid-e-sifati	Ashiq (Liebender)	Alam-e-jabrut
Tauhid-e-zati	1. Ashiq-o-mashuq (Liebender und Geliebter in einem)	1. Alam-e-lahut
	2. Ashiq (Liebender) und Mashuq (Geliebter) gleichzeitig	2. Alam-e-hahut (fünfte Sphäre)

Wujudiyyah und Shuhudiyyah

Unter den verschiedenen Arten von Unitariern (*Ahl-e-tauhid*) sind die wichtigsten und kontroversesten die beiden Denkschulen, die als *Wujudiyyah* und *Shuhudiyyah* bekannt sind.

Muhyuddin Ibn Arabi ist der größte Advokat der *Wujudiyyah*-Schule, welche *Wahdat-ul-wujud* (die Einheit der Existenz) vertritt; das entspricht dem Advaita im Vedanta, der von dessen größtem Exponenten Sankaracharya vertreten wird. Nach Ghazur-e-Ilahi behauptete Ibn Arabi, daß die Existenz (*Wujud*) nicht mehr als eine und dieselbe ist, daß sie sich selbst durch sich selbst manifestiert wie Wasser, das sich selbst durch Begrenzung in der Form von Eis manifest ist. Wenn im Zustand des *Fana* die

Begrenzung (die Form) verschwindet, dann bleibt nur das ABSO-
LUTE und wird *Hu Hu* (Er, Er).

Scheich Shahabuddin Suhrawardi, einer der Hauptförderer
der *Shuhudiyyah*-Schule, charakterisierte deren Philosophie als
Wahdat-ul-shuhud (Apparentismus), der Vishistadvaita des
Vedanta, und behauptet, daß in *Fana Bandah* (das Begrenzte)
Kaanahu Hu (wie Er) und nicht *Hu Hu* (Er, Er) wird, so wie
Eisen im Feuer zwar wie Feuer wird, aber nicht zum Feuer selbst
– die Wirklichkeit des Eisens ist eine ganz andere als die des
Feuers. Die *Shuhudiyyahs* definieren zwei verschiedene Existenzen (*Zat*) und zwei unterschiedliche Dinge, die in Betracht kom-
men – Eisen und Feuer. Das Eisen wird vorübergehend zu Feuer,
und dann ist das Eisen wieder Eisen und Feuer ist Feuer.

Mirza Jan Janan sagt, die Beziehung zwischen dem nichtma-
nifesten Aspekt GOTTES und dem manifesten Aspekt GOTTES
sei vergleichbar mit der zwischen dem Ozean, den Wellen und
den Blasen. Daß es diese Vielfalt gibt, beeinflußt keineswegs die
EINHEIT der WIRKLICHKEIT oder stört diese. Dies ist *Wahdat-
ul-wujud* (Identitätismus). Im Kontrast dazu ist die andere Position, welche die Beziehung zwischen GOTT und dem Geschaffenen als die zwischen dem Original und seinem Schatten oder
der Sonne und ihren Strahlen bestimmt, *Wahdat-ul-shuhud*
(Apparentismus).

Das *Wahdat-ul-wujud* von Ibn Arabi ist von der Höhe von
Ahadiyat (bewußte Einheit) aus formuliert, und die Gnosis, die
zu diesem Zustand gehört, ist deshalb »*Hama ust*« (ALLES ist Er).

Das *Wahdat-ul-shuhud* von Scheich Shahabuddin Suhrawardi, auch als *Mujaddid* bekannt, ist von derselben Höhe der
WIRKLICHKEIT (*Haqiqat*) aus formuliert, aber die zum Ausdruck
gebrachte Gnosis ist »*Hama az ust*« (alles ist aus Ihm).

Die beiden Lehren und die daraus resultierenden Kontrover-
sen sind eine spätere Entwicklung zu Beginn des gegenwärtigen
Daor-e-qalandari (Zyklus der Meisterschaft), sind also noch
nicht während der Lebenszeit des arabischen PROPHETEN entstanden. Die Lehre der *Wujudiyyahs* basiert auf Erfahrung kombiniert mit Vernunft, und die *Shuhudiyyahs* gründen ihre Lehre

auf Erfahrung kombiniert mit den koranischen Aspekten des gemeinsamen Interesses.

Ibn Arabi leugnet Transzendenz und Immanenz, weil sie Dualität implizieren. Er behauptet, daß GOTT eins ist und daß Er allein existiert. Alle anderen Dinge, die zu existieren scheinen, sind Seine Manifestationen als *Tajalliyat*. Deshalb ist GOTT identisch mit *Sifat* (Attributen), und alle göttlichen Namen sind identisch mit dem Benannten, der *Allah* ist. Die Heiligen, die zur *Wujudiyyah*-Schule des Denkens gehören, haben die Einheit der Existenz (*Wahid-ul-wujud*) im Blick, das erste *Tajalli* (Manifestation) GOTTES aus dem Zustand des *Ahadiyat*. Deshalb sind die späteren Devolutionen (also die mentalen, feinstofflichen und grobstofflichen Welten) wie ein Schatten (*Zil*), der nichts ist und als solcher nur ein Abschattung von *Zat* (der göttlichen Essenz) darstellt. Der Schatten (*Zil*) verdankt seine Existenz jedoch GOTT und ist von Ihm abhängig, der Er unendlich und ewig ist. Also **ist** der Schatten ebenfalls – in dem Sinne, in dem die *Wujudiyyahs* alles als GOTT ansehen, auch die Schatten (die mentalen, feinstofflichen und grobstofflichen Welten), die keine unabhängige Existenz besitzen.

Die *Shuhudiyyahs* postulieren, wie schon gesagt, zwei *Zats*, einerseits das der Wirklichkeit und zum anderen das der Nichtwirklichkeit, das von GOTT und das von *Bandah*. Das *Zat* von *Bandah* ist null und nichtig (*Adum*), und dieses *Adum* (Nichts) ist relational und nicht wirklich (*Haqiqi*). Wird das Nichts (*Adum*) als eine Essenz (WIRKLICHKEIT) angesehen, dann muß es zwei *Zats* geben, und das führt zu einem Dualismus. Das *Adum-e-izafi* ist nur relativ ein *Adum* (Nichts). Es ist bloße Null. Wird zu einer Null noch irgendeine Anzahl von Nullen hinzugefügt, dann verändert sich der Wert der Zahl nicht. *Adum* ist deshalb ein Symbol im Wissen GOTTES. Da dem *Zat* Vollkommenheit eigen ist, ist GOTT die VOLLKOMMENHEIT selbst. Unvollkommenheit bezieht sich auf *Adum*, und deshalb ist das »Böse« die Manifestation von *Adum* (nichtexistente Existenz). Der *Mujaddid* bestätigte nur die Lehre vom *Wahdat-ul-shuhud* (Apparentismus) und betonte sie erneut, jene Lehre, die ursprünglich von

Abdul Karim al-Jili, dem Autor des *Al-Insan-ul-Kamil* begründet wurde.

Es ist jedoch eine spirituelle Tatsache, daß die *Wujudiyyah*-Philosophie von erhabenerer Art ist und keinerlei Erwägungen von Annehmlichkeit oder Kompromiß zuläßt. Die Gnosis von Meher Baba ist auf beide Weisen der Annäherung an die WAHRHEIT gleichermaßen anwendbar, und wenn man sie nachvollziehen will, wie sie in den »Zehn Zuständen GOTTES« dargestellt ist, dann wäre es hilfreich, wenn der Suchende einigermaßen mit der sufischen Darstellung des *Tanazzulat* – den Devolutionen des ABSOLUTEN – durch die aufeinanderfolgenden Stadien der Manifestation, welche man die *Khamsa Wujudat* (Fünf Existenzen) der Sufi-Welt nennt, vertraut wäre.

Die Gnosis aller VOLLKOMMENEN SUFIS impliziert, daß GOTT im JENSEITS-DES-JENSEITS-Zustand unerkennbar und undefinierbar ist. Will man diesen Zustand GOTTES (*Wara-ul-Wara*), der JENSEITS-DES-JENSEITS ist, begreifen, dann erweisen sich die Flügel des Denkens und der Vorstellungskraft als gelähmt. Im JENSEITS-DES-JENSEITS-Zustand **ist** der ABSOLUTE GOTT (*Wujud-e-Mutlaq*).

Die Sufis haben diesen transzendenten Zustand GOTTES auf vielfältige Weise beschrieben, zum Beispiel:

Ghaib-ul-Ghaib (der VERBORGENE der VERBORGENEN).

Majhul-un-Nat (der UNERKENNBARE und der UNDEFINIERBARE). In diesem Zustand gibt es für das *Zat* keine Kenntnis von Sich Selbst.

Munqata-ul-Izharat (der Zustand, in Bezug auf den alle Hinweise fallengelassen werden).

Al Ama (der DUNKLE NEBEL), was den Zustand der latenten Potentialität GOTTES in Beziehung zu seinem innerlichen Aspekt des JENSEITS-DES-JENSEITS impliziert und ebenfalls in seinem äußerlichen Aspekt des *Ahadiyat* (bewußte EINHEIT), worin *Zat* sich seiner transzendenten EINHEIT bewußt ist.

Meher Baba erklärt, daß GOTT, auch wenn er vom JENSEITS-Zustand (bewußte EINHEIT) nicht zum JENSEITS-DES-JENSEITS-Zustand zurückkehren kann, Er doch weiß, daß Er UNENDLICHE

EXISTENZ, UNENDLICHES WISSEN und UNENDLICHE GLÜCKSELIG-
KEIT **war** und **ist**, und von daher weiß, das Sein ursprünglicher
Zustand der JENSEITS-DES-JENSEITS-Zustand (Zat-al-Baht) war.

Um jedoch die Thematik für die Suchenden verständlich zu
machen, haben die Sufis das GÖTTLICHE THEMA in Begriffen von
Devolutionen oder Manifestationen fünf verschiedener Arten
behandelt, als da sind:

Khamsa Wujudat oder Fünf Arten der Existenz

1) *Wahid-ul-wujud* (EINHEITLICHE EXISTENZ) ist die erste
   Manifestation oder *Tajalli-e-avval* im *Alam-e-lahut* der
   WIRKLICHEN SPHÄRE und stellt das Stadium von *Ahadiyat*
   (bewußte EINHEIT) dar.

2) *Arif-ul-wujud* (WISSENDE EXISTENZ) ist das mit *Haqiqat-e-
   Muhammadi* (WIRKLICHKEIT Mohammeds) oder *Nur-e-
   Muhammadi* in Zusammenhang stehende Stadium,[83] das
   Stadium von *Hahut* in der SPHÄRE DER WIRKLICHKEIT. Dies ist
   das Stadium, in dem *Wahdiyat* sich des *Wahidiyat* bewußt ist
   (bewußte EINHEIT ist der EINHEIT-in-der-Vielfalt bewußt).
   Dies ist die zweite Manifestation, das *Tajalli-e-dovvom*.

3) *Mumtan-ul-wujud* (NEGATIVE EXISTENZ) ist das dritte Stadium der Manifestation (*Tajalli-e-sevvom*). Dies ist *Alam-e-
   jabrut* (die mentale Sphäre), und an diesem Punkt beginnt
   das Stadium von *Wahidiyat* (EINHEIT in der Vielfalt).

4) *Mumkin-ul-wujud* (MÖGLICHE EXISTENZ) enthält unter
   anderen Dingen die Welt der Engel und Geister und wird
   Alam-e-malakut (die feinstoffliche Sphäre) genannt, welche
   die Sphäre der ENERGIE ist. Dies stellt *Tajalli-e-chaharom* dar,
   das vierte Stadium der Manifestation.

---

83 *Haqiqat-e-Muhammadi*: die Verwirklichung von GOTTES ursprünglichem
   Wort.
   Nur-e-Muhammadi: der Ausdruck von GOTTES ursprünglichem WORT.
   Haqiqat-e-Muhammadi enthält *Nur-e-Muhammadi*, aber *Nur-e-Muham-
   madi* enthält **nicht** *Haqiqat-e-Muhammadi*.

5) *Wajib-ul-wujud* (NOTWENDIGE EXISTENZ) umfaßt alles, was mit der grobstofflichen Existenz zu tun hat. Dies wird bei den Sufis *Alam-e-nasut* (die grobstoffliche Sphäre) genannt und ist der fünfte Aspekt der Manifestation, das *Tajalli-e-panjom*.

Diese Arten der Existenz stellen fünf Devolutionen GOTTES aus dem JENSEITS-Zustand dar; sie werden *Tajalliyat-e-khamsa* (fünf Manifestationen) oder *Khamsa-wujudat* (fünf Existenzen) genannt.

Wir werden nun jede von ihnen in der aufsteigenden Reihenfolge behandeln, beginnend mit *Wajib-ul-wujud* (NOTWENDIGE EXISTENZ) bis hin zu *Wahid-ul-wujud* (EINHEITLICHE EXISTENZ).

In der Domäne von *Shariat* (Gesetz) bedeutet *Wajib-ul-wujud* (NOTWENDIGE EXISTENZ) für den Theologen der ABSOLUTE GOTT, von Dem alle Stufen der Existenz ihr Sein ableiten. Die Sufis benutzen den Begriff jedoch zur Bezeichnung von allem, was grobstofflich und materiell ist. *Wujud* bedeutet hier Körper, da man von der evolvierenden Seele in der Stein-, Pflanzen-, Säugetier- und Menschenform nicht sagen kann, daß sie sich ohne das aus fünf Elementen bestehende grobstoffliche Medium entwickelt. Diese grobstoffliche Existenz im Stadium des *Wajib-ul-wujud* ist ein großer von GOTT gewährter Segen, denn ohne sie wäre das Erlangen der Stadien der Vollkommenheit, Heiligkeit und Führerschaft undenkbar.

Der grobstoffliche Körper ist ein wunderbarer und einzigartiger Mechanismus, in dem all die anderen vier relativen und wahren Existenzen, die feinstoffliche, die mentale, die supramentale und GOTT selbst vorhanden sind. Darum wird der menschliche Körper von den Sufis ein *Alam-e-saghir* (Mikrokosmos) genannt, welcher eine verkleinerte Form des *Alam-e-kabir* (Makrokosmos) ist, welcher alle fünf Existenzen enthält, deren Mysterium niemand ohne die Hilfe des universalen Gemüts eines VOLLKOMMENEN MEISTERS oder des ERLÖSERS enträtseln kann.

Wajib-ul-wujud (NOTWENDIGE EXISTENZ oder die grobstoffliche Sphäre) leitet ihre Existenz von *Mumkin-ul-wujud* (feinstoffliche Sphäre) ab oder ist die Reflexion davon. Die Bezie-

384

hung zwischen GOTT und der SCHÖPFUNG in diesem Stadium ist die zwischen Herr und Sklave. Das sich entwickelnde Bewußtsein oder Gemüt dieses Stadiums wird *Nafs-e-ammara* (wollüstiges Ich) genannt, und es hat die natürliche Tendenz, sich an allem, was grobstofflich ist, zu erfreuen. Hier wird die Idee der Beziehung GOTTES zum Menschen *Tauhid-e-aqwali* (verbale Einheit mit GOTT) genannt, bei der die Existenz GOTTES verbal anerkannt wird.

Mumkin-ul-wujud (MÖGLICHE EXISTENZ oder die feinstoffliche Sphäre) leitet ihre Existenz von *Mumtan-ul-wujud* (der mentalen Sphäre) ab. Hier ist die Beziehung, die zwischen GOTT und Seinen manifestierten Attributen besteht, von der Art, wie sie zwischen Vater und Kindern besteht. Hier ist GOTT gütig, gnädig und wacht über seine Kinder, die sorglos sind, ohne Gedanken an Bestrafung oder Belohnung, ohne Verlangen nach Wissen und ohne Sehnsucht nach spirituellen Errungenschaften. Solche Wesenheiten werden allgemein als Engel bezeichnet. Das Bewußtsein dieser Sphäre (*Alam-e-malakut*) wird als *Nafs-e-lawaama* (schmachvolles Ich) dargestellt, und die Auffassung GOTTES in diesem Stadium wird *Tauhid-e-afa'ali* (Einheit des Handelns) genannt, was bedeutet, daß die Wesenheiten dieser Welt einzig und allein mit der ihnen zugeteilten Aufgabe beschäftigt sind, GOTT zu erinnern.

Mumtan-ul-wujud (NEGATIVE EXISTENZ oder die mentale Sphäre) enthält die fünfte und die sechste Ebene des PFADES, der in diesem Stadium *Wahidiyat* (EINHEIT in der Vielfalt) erreicht. *Wahidiyat* beginnt auf der fünften und erreicht seinen Zenit auf der sechsten Ebene und enthält explizit in sich alle Details der SCHÖPFUNG, die die feinstoffliche und die grobstoffliche Sphäre umfangen. Dies ist das *Alam-e-jabrut*, das seine Existenz von *Arif-ul-wujud* (dem Stadium des *Haqiqat-e-Muhammadi*) ableitet und eine Reflexion davon ist. Es wird aus einem einfachen Grunde *Mumtan-ul-wujud* oder NEGATIVE EXISTENZ genannt, nämlich weil *Mumtana* das bedeutet, was nichtexistent ist, und *Wujud* die Form oder den Körper der Existenz bedeutet. Das Wort *Mumtan-ul-wujud* bedeutet also, daß darin die Form nichtexistent ist. Dieses Stadium ist dem Samen vergleichbar, der in sich das Potential für die Wurzeln und die Äste eines Baumes enthält, die, wenn sie voll entwickelt und manifestiert sind, die feinstofflichen und die grobstofflichen Ebenen repräsentieren. Die Sufis bezeichnen dies als *La Makan*, worin alle Vorstellungen von Zeit und Raum in einem Punkt zusammenlaufen.

Das Bewußtsein der mentalen Sphäre wird von den Sufis auf der fünften Ebene *Nafs-e-mutmainna* genannt, was das beseligte Ich oder das zufriedene Ich bedeutet, und auf der sechsten Ebene *Nafs-e-mulhima*, das inspirierte Ich. Hier ist die Beziehung zwischen GOTT und der SCHÖPFUNG wie die zwischen dem GELIEBTEN und dem Liebenden, und die Auffassung GOTTES in diesen Stadien nennen die Sufis *Tauhid-e-ahwali* (Einheit des Fühlens). Dies ist das Stadium, das *Haqiqat-e-insani* (WIRKLICHKEIT des Menschen) genannt wird und in dem der Mensch GOTT von Angesicht zu Angesicht gegenübersteht, in dem er sein Ego jedoch noch nicht abgestreift hat und sich noch im Bereich der Dualität befindet.

Wahid-ul-wujud (EINHEITLICHE EXISTENZ) im Stadium von *Alam-e-lahut* oder der Sphäre der WIRKLICHKEIT ist der Zustand, indem GOTT sich erstmals Seines *Ahadiyat* (bewußte EINHEIT) bewußt wurde, und *Arif-ul-wujud* im Stadium von *Alam-e-hahut* derselben Sphäre der WIRKLICHKEIT ist der Zustand von *Wahdiyat-e-wahidiyat* (bewußte EINHEIT der EINHEIT-in-der-Vielfalt), der auch *Haqiqat-e-Muhammadi* genannt wird.

Im Zustand des *Wara-ul-Wara* war GOTT nach der Lehre der Sufis ein verborgener Schatz und wollte erkannt werden. Kaum brachte »der verborgene Schatz« den Wunsch zum Ausdruck, sich selbst zu kennen, da wurde er schon seiner selbst als LICHT (*Nur*) oder *Nur-e-Muhammadi* bewußt, welches implizit und latent die Existenz der gesamten Schöpfung und der manifesten Welt in sich trägt. Darauf bezugnehmend, hat der Prophet Mohammed gesagt: »GOTT schuf zuerst mein Licht, und aus meinem Licht trat das Universum ins Sein.« Dies ist der Aspekt des *Jamal* (Schönheit) im Wissen GOTTES, der in *Tauhid-e-zati* (EINHEIT DER ESSENZ) enthalten ist. Hier ist die Beziehung, die

386

zwischen GOTT und der SCHÖPFUNG besteht, die zwischen dem LIEBENDEN und dem Geliebten. Hier ist der LIEBENDE GOTT und Mohammed ist der Geliebte. GOTT besitzt hier vollkommenes Bewußtsein sowohl Seiner Selbst als auch der SCHÖPFUNG.

Wahid-ul-wujud (EINHEIT DER EXISTENZ) ist die erste Begrenzung GOTTES im JENSEITS-DES-JENSEITS-Zustand und eines der Stadien der fünften Sphäre, das *Lahut* genannt wird. Die ist das Stadium des bewußten ABSOLUTISMUS, der, wenn er vom *Arif-ul-wujud* (WISSENDE EXISTENZ) benutzt wird, ihm die Erfahrung sowohl von *Fana* als auch von *Baqa* gibt. Dieses Stadium ist, wie alle anderen Stadien des PFADES, jenseits von Gemüt und Intellekt und läßt sich nicht in Worte fassen; er schließt *Tajalli-e-jamal* (Offenbarung der Schönheit) und *Tajalli-e-jalali* (Offenbarung der SELIGKEIT) ein. *Tajalli-e-jalali* ist das, was einer Seele die Erfahrung von *Fana* (vollständige Auslöschung) verleiht, und *Tajalli-e-jamali* verleiht ihr erneut das Bewußtsein der Normalität, was von den Sufis *Baqa* (Permanenz) genannt wird. *Tajalli-e-jalali* ist auch *Ashqiyyat*, worin GOTT der GELIEBTE und der Mensch der Liebende ist. Und *Tajalli-e-jamali* ist *Mashuqiyat*, worin GOTT der LIEBENDE und der Mensch der Geliebte ist. Dies letztere ist die höchste spirituelle Manifestation, *Faqr* oder *Faqiri* genannt.

Im *Alam-e-lahut* und *Alam-e-hahut* der fünften, der WIRKLICHEN SPHÄRE befinden sich die Stadien der VOLLKOMMENHEIT in den jeweiligen Aspekten *Ashiq-o-mashuq* (LIEBENDER und GELIEBTER in EINEM) sowie *Ashiq* (LIEBENDER) und *Mashuq* (GELIEBTER) gleichzeitig. In *Alam-e-jabrut* (mentale Sphäre) sind die Stadien von *Ashiq* (Liebender) und *Arif* (Gnostiker), in *Malakut* (feinstoffliche Sphäre) ist das Stadium des Aufzählens der Attribute, und in *Nasut* (grobstoffliche Sphäre) ist das Stadium des *Waqif* (Grobstofflich-Bewußten). Beschreibt man die Stadien in aufsteigender Reihenfolge, dann ist es so, daß der *Waqif*, der Bewußte, wenn er noch bewußter wird, in das Stadium von *Wasif* (Attribute) eintritt. Und von *Wasif* gelangt er zum Stadium von *Irfan* (Gnosis), von *Irfan* wiederum erreicht er das Reich der Mysterien GOTTES (*Maarif*). Vom Stadium des

Maarif aus wird ihm der Anblick GOTTES präsentiert, was ihm den Status eines Liebenden verleiht, und wenn er letztlich zur LIEBE wird, dann findet er, daß er selbst das A und O aller Dinge war. In diesem Stadium von *Huyat* ist alles in dem »Ich bin GOTT«-Zustand GOTTES aufgelöst.

35 Maya[84] (S. 261)

Die Kraft, die einen Menschen spirituell blind, taub usw. hält, ist seine eigene Unwissenheit, die vom Prinzip der kosmischen Unwissenheit regiert wird, welche *Maya* genannt wird.[85]

Maya verstehen heißt das Universum verstehen. Alle falschen Werte und falschen Überzeugungen verdanken sich dem Zugriff von *Maya*. Ganz besonders der Intellekt spielt der *Maya* in die Hände, denn der Intellekt ist nicht begabt mit dem Bewußtsein, welches erkennt, daß GOTT die WAHRHEIT ist. Die WAHRHEIT kann nur erkannt werden, wenn man die kosmische Illusion, die aufgrund der *Maya* als wirklich erscheint, transzendiert hat.

Maya, das Prinzip der Unwissenheit, kann nur transzendiert werden, wenn der Aspirant in der Lage ist zu erkennen, daß die *Maya* GOTTES Schatten und als solcher nichts ist. Das Rätsel der *Maya* löst sich erst nach der SELBST-Verwirklichung von selbst.

36 Meher Baba sagt: (S. 287)

A. Das spirituelle Paradox

»Wenn die Unwissenheit nicht entfernt ist und bis dies geschieht und WISSEN erlangt wird (das Wissen, durch das das göttliche

---

84 [Meher Baba, »Maya«, wie zitiert in Irene Conybeare, *In Quest of Truth*, Kakinada, A. P., Indien: Swami Satya Prakash Udaseen, o. J., S. 274 f. (Anm. d. Hrsg.)]

85 [Siehe auch »Māyā« in Meher Baba, *Darlegungen über das Leben in Liebe und Wahrheit*, Frankfurt am Main: Fischer Taschenbuch (Reihe »Spirit«), 1996, S. 395 ff. (Anm. d. Hrsg.)]

Leben erfahren und gelebt wird), erscheint alles, was zum Bereich des Spirituellen gehört, paradox: Von GOTT, den wir nicht sehen, sagen wir, er sei wirklich; und von der Welt, die wir sehen, sagen wir, sie sei unwirklich. In der Erfahrung existiert das, was für uns existiert, nicht wirklich; und das, was für uns nicht existiert, existiert wirklich.

Wir müssen uns selbst verlieren, um uns selbst zu finden; also ist der Verlust selbst ein Gewinn. Wir müssen dem Ich sterben, um in GOTT zu leben; also bedeutet der Tod Leben. Wir müssen innerlich völlig leer werden, um ganz von GOTT eingenommen zu werden; also bedeutet vollständige Leere die absolute Fülle. Wir müssen des Ichseins völlig entkleidet werden, indem wir nichts sind, um von der Unendlichkeit GOTTES absorbiert werden zu können; also bedeutet nichts ALLES.«

B. Existenz ist Substanz und Leben ist Schatten

»EXISTENZ ist ewig, während das Leben vergänglich ist.

Vergleichsweise ist die EXISTENZ das, was dem Menschen sein Körper bedeutet, und das Leben ist wie die Kleidung, die seinen Körper bedeckt. Derselbe Körper wechselt seine Kleidung je nach der Jahreszeit, der Zeit und den Umständen, so wie die eine und ewige EXISTENZ durch die zahllosen und verschiedenartigen Aspekte des Lebens hindurch immer vorhanden ist.

Bis zur Unkenntlichkeit vom Mantel des Lebens mit seinen vielfältigen Schichten und Farben verhüllt, ist die EXISTENZ unveränderlich. Es ist das Gewand des Lebens mit seinen vielfältigen Schleiern von Gemüt, Energie und grobstofflichen Formen, welches die EXISTENZ ›überschattet‹ oder überlagert und die ewige, unteilbare und unveränderliche EXISTENZ als vergänglich, vielfältig und sich ständig verändernd darstellt.

EXISTENZ ist allesdurchdringend und ist die allen Dingen zugrundeliegende Essenz – sei sie belebt oder unbelebt, wirklich oder unwirklich, zu verschiedenen Spezies gehörig oder von einförmiger Form, kollektiv oder individuell, abstrakt oder substantiell.

In der Ewigkeit der EXISTENZ gibt es keine Zeit. Es gibt keine Vergangenheit und keine Zukunft, nur die immerwährende Gegenwart. In der Ewigkeit ist nichts jemals geschehen, und nichts wird je geschehen. Alles geschieht im nicht endenden JETZT.

EXISTENZ ist GOTT, während Leben Illusion ist.

EXISTENZ ist WIRKLICHKEIT, während das Leben Einbildung ist.

EXISTENZ ist immerwährend, während das Leben vergänglich ist.

EXISTENZ ist unveränderlich, während das Leben sich ständig verändert.

EXISTENZ ist Freiheit, während das Leben eine Fessel ist.

EXISTENZ ist unteilbar, während das Leben multipel ist.

EXISTENZ ist nicht wahrnehmbar, während das Leben täuschend ist.

EXISTENZ ist unabhängig, während das Leben von Gemüt, Energie und grobstofflichen Formen abhängt.

EXISTENZ **ist**, während das Leben zu sein scheint:

EXISTENZ ist deshalb nicht Leben.

Geburt und Tod markieren nicht den Anfang und das Ende des Lebens. Während die zahlreichen Stadien und Zustände des Lebens, welche die sogenannten Geburten und Tode ausmachen, von den Gesetzen der Evolution und der Reinkarnation regiert werden, tritt das Leben mit der Ankunft der ersten schwachen Strahlen des begrenzten Bewußtseins **nur einmal** ins Sein, und es unterliegt dem Tod **nur einmal**, wenn das unbegrenzte Bewußtsein der unendlichen EXISTENZ erlangt wird.

EXISTENZ, der allwissende, allmächtige, allgegenwärtige GOTT, ist jenseits von Ursache und Wirkung, jenseits von Zeit und Raum, jenseits aller Handlungen.

EXISTENZ berührt alles, alle Dinge und alle Schatten. Nichts kann jemals die EXISTENZ berühren. Selbst die Tatsache ihres Seins berührt die EXISTENZ nicht.

Um die EXISTENZ zu verwirklichen, muß man das Leben abstreifen. Es ist das Leben, welches das grenzenlose SELBST mit

Begrenzungen versieht. Das Leben des begrenzten Selbst (Ich) wird vom Gemüt aufrechterhalten, welches Eindrücke erzeugt, von der Energie, welche den Antrieb liefert, diese Eindrücke dadurch anzusammeln und zu zerstreuen, daß sie zum Ausdruck gebracht werden, und durch die grobstofflichen Formen und Körper, die als die Instrumente fungieren, durch welche die Eindrücke durch **Handlungen** aufgebraucht, verstärkt und schließlich ausgeschöpft werden.

Das Leben ist eng mit Handlungen verquickt. Das Leben wird durch Handlungen gelebt. Das Leben erhält durch Handlungen Wert. Das Überleben des Lebens hängt von Handlungen ab. Erkennendes Leben ist Handlungen – Handlungen von gegensätzlicher Natur, bejahende und verneinende Handlungen, konstruktive und destruktive Handlungen.

Das Leben dem endgültigen Tod erliegen lassen heißt deshalb, alle Handlungen enden zu lassen. Wenn Handlungen vollständig zu Ende gehen, erfährt das Leben des begrenzten Ich sich selbst spontan als die EXISTENZ des unbegrenzten SELBST. Ist die EXISTENZ verwirklicht, dann ist die Evolution und Involution des Bewußtseins vollendet, die Illusion verschwindet und das Gesetz der Reinkarnation bindet nicht mehr.

Einfach vom Ausführen von Handlungen Abstand zu nehmen wird den Handlungen nie ein Ende setzen. Das würde nur bedeuten, noch eine andere Handlung auszuführen – die des Nichthandelns.

Den Handlungen zu entfliehen ist nicht das Heilmittel zum Ausrotten der Handlungen. Das würde das begrenzte Ich vielmehr darauf ausrichten, sich stärker auf die Handlung des Flüchtens selbst einzulassen, wodurch weitere Handlungen erzeugt werden. Handlungen, gute wie schlechte, sind wie Knoten im verschlungenen Faden des Lebens. Je hartnäckiger man sich bemüht, die Knoten des Handelns zu lösen, desto fester werden sie gezurrt und desto verschlungener wird der Faden.

Nur Handlungen können Handlungen aufheben, etwa so wie ein Gift der Wirkung eines anderen Gifts entgegenwirken kann. Ein tiefsitzender Dorn kann mit Hilfe eines anderen Dorns oder irgendeines spitzen Gegenstandes, der einem Dorn ähnelt, etwa einer Nadel, herausgezogen werden, wenn dieser Gegenstand geschickt und vorsichtig gehandhabt wird. Genauso können Handlungen durch andere Handlungen vollständig ausgerottet werden – wenn sie von einem aktivierenden Handelnden begangen werden, der sich vom »Ich« unterscheidet.

Karma Yoga, Dnyan Yoga, Raj Yoga und *Bhakti Yoga* dienen dem Zweck, herausragende Wegweiser auf dem Pfad der WAHR-HEIT zu sein. Sie weisen den Suchenden auf das Ziel der ewigen EXISTENZ hin. Doch die durch Handlungen genährte Umklammerung durch das Leben hat den Aspiranten derart im Griff, daß er selbst mit Hilfe dieser inspirierenden Wegweiser nicht in die richtige Richtung gelenkt werden kann. Solange das SELBST noch von Handlungen gebunden ist, wird der Aspirant oder selbst der Pilger auf dem Pfad zur WAHRHEIT notwendig durch Selbsttäuschung in die Irre gehen.

Durch alle Zeitalter hindurch haben *Sadhus* und Suchende, Weise und Heilige, *Munis* und Mönche, *Tapasavis* und *Sanyasis*, Yogis, Sufis und *Talibs* ihr Leben lang darum gerungen, dem Labyrinth der Handlungen zu entfliehen und die ewige EXI-STENZ durch Überwindung des Lebens zu verwirklichen, und sie haben sich dabei unsäglichen Mühen unterworfen.

Sie scheitern in ihren Bemühungen, weil ihr ›Ich‹, je heftiger sie damit ringen, um so stärker in die Umklammerung des Lebens gerät – durch Handlungen, welche intensiviert werden, durch Selbstkasteiungen und Bußfertigkeit, durch Klausuren und Pilgerfahrten, durch Meditation und Konzentration, durch Affirmationen und stille Kontemplation, durch intensive Akti-vität und Inaktivität, durch Schweigen und Beredsamkeit, durch *Japas* und *Tapas* und durch alle Arten von *Yogas* und *Chillas*.

Emanzipation von der Umklammerung des Lebens und Frei-heit von dem Labyrinth der Handlungen werden für alle mög-lich gemacht und von einigen Wenigen erlangt, wenn man sich einem VOLLKOMMENEN MEISTER, *Sadguru* oder *Qutub* anvertraut und seine Gnade und Führung anruft. Der VOLLKOMMENE MEI-STER wird unweigerlich immer nur den einen Rat geben: sich ihm

total hinzugeben. Die Wenigen, die alles, was sie haben, hingeben – Gemüt, Körper, Besitz –, so daß sie mit ihrer totalen Hingabe dem Vollkommenen Meister auch bewußt ihr eigenes
›Ich‹ hingeben, behalten doch immer noch ihr Sein selbst, so daß
sie bewußt Handlungen ausführen können, die nun allein vom
Diktat des Meisters aktiviert werden.

Solche Handlungen nach der Hingabe des eigenen ›Ich‹ sind
nicht länger die eigenen Handlungen. Deshalb ist es möglich,
mit diesen Handlungen alle anderen Handlungen, die das Leben
nähren und erhalten, auszurotten. Das Leben wird dadurch allmählich leblos und erliegt schließlich durch die Gnade des Vollkommenen Meisters seinem endgültigen Tod. Das Leben, das
den standhaften Aspiranten einst daran hinderte, die immerwährend Existenz zu verwirklichen, kann nun nicht länger
seine eigene Täuschung bewirken.

Ich habe in der Vergangenheit betont, ich sage euch jetzt und
ich werde immerdar Zeitalter nach Zeitalter wiederholen, daß
ihr euren Mantel des Lebens abstreifen und die Existenz verwirklichen sollt, die auf ewig die eure ist.

Der einfachste Weg zur Verwirklichung dieser Wahrheit der
unveränderlichen, unteilbaren, allesdurchdringenden Existenz
besteht darin, sich mir vollkommen hinzugeben; so total, daß ihr
euch nicht einmal mehr eurer Hingabe bewußt seid, daß ihr nur
noch bewußt seid, um mir zu gehorchen und so wie ich es euch
befehle und wann ich es euch befehle zu handeln.

Wenn ihr immerwährend leben wollt, dann sehnt euch nach
dem Tod eures täuschenden Ich in der Hand der totalen Hingabe
an mich. Dieser *Yoga* ist die Essenz aller *Yogas* in einem.«

C. Die vier Reisen

»Gott ist unendlich, und Sein Schatten ist ebenfalls unendlich.
Der Schatten Gottes ist der unendliche Raum, der die unendliche grobstoffliche Sphäre beherbergt, welche mit ihrem Vor-
kommen von Millionen von Universen innerhalb und außerhalb
der Reichweite des menschlichen Wissens die Schöpfung dar-

stellt, die aus dem Punkt der Endlichkeit in der unendlichen EXISTENZ, welche GOTT ist, hervorging.

In diesen Millionen von Universen gibt es viele Systeme mit Planeten. Einige sind in gasförmigem Zustand, einige sind im Zustand der Verfestigung, einige aus Stein und Metall, einige haben sogar Vegetation. Auf einigen Planeten haben sich auch Lebensformen wie die Würmer entwickelt, einige haben zudem Fische, einige haben zudem Vögel, einige haben zudem Säugetiere und einige wenige haben sogar Menschenwesen.

Es ist also so, daß es im Bereich der Myriaden von Universen Planeten gibt, auf denen die sieben Reiche der Evolution manifestiert werden und wo die Evolution des Bewußtseins und der Form abgeschlossen ist.

Aber nur auf dem Planeten Erde reinkarnieren sich menschliche Wesen und machen sich auf den involutionären Pfad zur SELBST-Verwirklichung.

Die Erde ist in dem Sinne das Zentrum dieser unendlichen grobstofflichen Sphäre von Millionen von Universen, daß sie nämlich der Punkt ist, zu dem jegliches Menschen-Bewußtsein wandern muß, um sich auf den involutionären Pfad machen zu können.

Dieser involutionäre Pfad hat sieben Stationen, und die Ankunft bei der siebten Station vollendet die erste Reise zu GOTT.

Auch wenn die Vollendung dieser Reise das ZIEL aller menschlichen Seelen ist, machen sich doch nur einige wenige Seelen zu einer bestimmten Zeit dazu auf. Die Ankunft am Ende dieser Reise ist das Ertrinken der Individualität im OZEAN des unendlichen Bewußtseins, und die Vollendung der Reise ist die Absorption der Seele in den Zustand des »Ich bin GOTT« mit vollem Bewußtsein. Als GOTT erfährt die Seele dann UNENDLICHE MACHT, UNENDLICHES WISSEN und UNENDLICHE GLÜCKSELIGKEIT.

Von all jenen Seelen, die die erste Reise vollenden, machen sich wiederum nur sehr wenige auf die zweite Reise. Diese Reise hat keine Stationen. Es ist eine augenblickliche Reise – die Reise

394

des unendlichen Bewußtseins, das aus der Absorption im »Ich bin GOTT«-Zustand aufgerüttelt wird, um als GOTT in GOTT zu verweilen. In diesem Zustand wird die Individualität wiedererlangt; die Individualität ist jetzt jedoch unendlich, und diese Individualität umfaßt das grobstoffliche Bewußtsein, und so erfährt die Seele als Mensch und GOTT UNENDLICHE MACHT, UNENDLICHES WISSEN und UNENDLICHE GLÜCKSELIGKEIT mitten im Allerendlichsten – die uneingeschränkte Seele weiß um ihre Uneingeschränktheit mitten in der Einschränkung.

Die dritte Reise wird nur von jenen unternommen, denen die zweite Reise gelungen ist und deren Los es ist, die Bürde der Ausübung von UNENDLICHER MACHT, UNENDLICHEM WISSEN und UNENDLICHER GLÜCKSELIGKEIT zu tragen und so das Leben GOTTES gleichzeitig als Mensch und als GOTT zu leben.

Es leben zu jedem gegebenen Zeitpunkt nur fünf solche Meister auf der Erde, und die kontrollieren die Bewegungen der Universen und die Geschäfte in der Welt der Menschen. Nur wenn einer dieser fünf VOLLKOMMENEN MEISTER seinen Körper ablegt, kann einer von denen, die als GOTT in GOTT verweilen, vorangehen und die dritte Reise vollenden, um das frei gewordene Amt zu bekleiden.

Es ist die Pflicht dieser fünf VOLLKOMMENEN MEISTER, die Ankunft des URALTEN (*Avatar*) herbeizuführen und Ihm die Verwaltung Seiner eigenen SCHÖPFUNG zu übertragen.

All jene, die GOTTES Leben auf Erden leben und all jene, die als GOTT in GOTT auf Erden verweilen, streifen dann, wenn sie ihren Körper ablegen, auch für immer ihr feinstoffliches und ihr mentales Vehikel ab, und sie sterben vollkommen als GOTT, wobei sie unendliche Individualität bewahren und UNENDLICHE MACHT, UNENDLICHES WISSEN und UNENDLICHE GLÜCKSELIGKEIT erfahren. Dies ist die vierte Reise.

In Wirklichkeit werden diese vier Reisen niemals gereist, denn für GOTT gibt es keinen Ort, wohin er reisen könnte. Er ist ohne Anfang und ohne Ende. Und alles, was den Anschein erweckt zu sein, erschien aus Dem, das keinen Anfang hat, und verschwindet wieder in Das, was kein Ende hat.«

37 Die Welt des Astralen (S. 341)

Es gibt keine astrale Welt als solche. Die astrale Welt ist kein Teil der feinstofflichen Welt. Es gibt jedoch zwischen der grobstofflichen und der feinstofflichen Welt sieben Hüllen, welche die sogenannte Welt des Astralen bilden, und diese dient als ein Bindeglied zwischen diesen beiden Welten.

Man könnte sagen, daß eine grobstofflich-bewußte Seele einen Astralleib hat, der das Grobstoffliche mit dem Feinstofflichen verbindet. Man könnte das Astrale einen Eindruck des Feinstofflichen auf das Grobstoffliche nennen, welcher weder grobstofflich noch feinstofflich ist.

Im Schlaf, im gewöhnlichen Traumzustand, erfährt man die Eindrücke der grobstofflichen Welt unterbewußt mit dem feinstofflichen Körper und **nicht** mit dem Astralleib. Alle Erfahrungen in der Welt des Astralen, die durch das Medium des Astralkörpers erfahren werden, sind so unbedeutend wie Träume.

Nach der Entkörperung erfährt die Seele im Astralleib die Welt des Astralen. Wird die Seele verkörpert, dann wird der Astralleib abgestreift, und mit dem neuen grobstofflichen Körper erhält die Seele einen frischen Astralleib. Doch so lange sie nicht verkörpert wird, widerfahren dem feinstofflichen und dem mentalen Körper durch das Medium des Astralkörpers die Erfahrungen des Zustands von Himmel und Hölle, und zwar in Übereinstimmung mit den Eindrücken, die angesammelt wurden, während sie sich in verkörpertem Zustand befand.

Der spirituelle PFAD beginnt erst mit der Involution des Bewußtseins, wenn die Seele anfängt, die erste Ebene der feinstofflichen Welt zu erfahren, und nicht etwa dann, wenn sie bloß Zugang zu den astralen Phänomenen aus der grobstofflichen Welt hat. In dem Zustand, wo die Seele die erste Ebene der feinstofflichen Welt voll erfährt, reißt die Verbindung zur astralen Hülle, die das Feinstoffliche mit dem Grobstofflichen verbunden hatte, ein für allemal ab.

GOTT-VERWIRKLICHUNG DURCH DEN MENSCHEN

(Der Mensch wird auf ewig zu GOTT)

Die Sphäre der Wirklichkeit

Die Gnosis des »Ich bin GOTT« ist jedem von ihnen gemeinsam und endet nicht beim physischen Tod.

sufisch	Majzoob-e-Kamil	Jam oder Halat-e-Muhammadi	Alam-e-lahut	Anal Haqq
vedantisch[86]	Brahmi Bhoot	Nirvikalpa Samadhi	Vidhyan	Aham Brahmasmi
mystisch	der Vollkommene	GOTT-verschmolzen	Überbewußtsein	Ich bin GOTT
sufisch	Majzoob-Salik oder Salik-Majzoob	Jam abwechselnd mit oder ohne Farq	Fana-ma-al-baqa	»Anal Haqq« abwechselnd mit oder ohne »Hama ba man ast«
vedantisch	Parambansa	Nirvikalpa Samadhi abwechselnd mit oder ohne Bewußtsein von Tribhuvan	Turiya Avastha	Shivoham abwechselnd mit oder ohne Jivoham
mystisch	GÖTTLICHER ÜBERMENSCH	GOTT-Bewußtsein abwechselnd mit oder ohne Schöpfungsbewußtsein	GÖTTLICHER KNOTENPUNKT	»Ich bin GOTT« abwechselnd mit oder ohne »Alles ist mit Mir«
sufisch	Azad-e-Mutlaq oder Saheb-e-jamo-farq	Jam mit Farq	Fana-ma-al-baqa	»Anal Haqq« mit »Hama ba man ast«
vedantisch	Jivanmukta	Sabaj Samadhi mit Bewußtsein von Tribhuvan	Turiya Avastha	Shivoham mit Jivoham
mystisch	BEFREITER INKARNIERTER	GOTT-Bewußtsein mit Schöpfungsbewußtsein	GÖTTLICHER KNOTENPUNKT	»Ich bin GOTT« mit »Alles ist mit Mir«
sufisch	Qutub	Jam-ul-jam oder Baqa-billah oder Farq-ba-dul-jam	Muqam-e-Muhammadi	»Anal Haqq«, »Hama man am«, Hama dar man ast« und »Hama az man ast« gleichzeitig
vedantisch	Sadguru	Sabaj Samadhi oder Atmapratistha-pana mit der Pflicht des Tribhuvan	Vidhyan Bhumika	Shivoham und Sarvoham gleichzeitig
mystisch	Vollkommener Meister	Mensch-Gott	Gott-Bewußtsein und Schöpfungsbewußtsein gleichzeitig	»Ich bin Gott« und »Alles bin Ich, Alles ist in Mir und aus Mir« gleichzeitig

86 vedantische oder mit dem Vedanta verwandte Begriffe

ANMERKUNG ZUR TABELLE AUF SEITE 397:

Jam ist Bewußtsein der Vereinigung mit GOTT. *Farq* ist Bewußtsein der Getrenntheit von GOTT. Farq impliziert deshalb das Bewußtsein einer der drei Sphären oder aller drei Sphären – grobstofflich, feinstofflich, mental.

Hal (die innere Erfahrung der relativen Existenz) herrscht nur auf den Ebenen bis hinauf zur sechsten Ebene. Auf der siebten Ebene gibt es kein *Hal*.

Epilog

GOTT ist überall und **tut** alles.
GOTT ist in uns und **weiß** alles.
GOTT ist außerhalb von uns und **sieht** alles.
GOTT ist jenseits von uns und **IST** alles.
GOTT allein **IST**.

Glossar

Dieses Glossar ist eine Sammlung von Begriffen, die Meher Baba beim Diktieren von *Der göttliche Plan der Schöpfung* benutzt hat. Die fremdsprachlichen Begriffe stammen zum größten Teil aus den Traditionen des Sufismus und des Vedanta. Fast alle kommen aus dem Arabischen, Persischen oder dem Sanskrit. Während Meher Baba in der Zeit seines Schweigens mit der Buchstabentafel Der göttliche Plan der Schöpfung diktierte, verwendete er, um bei der Übermittlung des Gemeinten Zeit zu sparen, Begriffe aus bis zu vier Sprachen in einem Satz. Andererseits benutzte er ein Wort manchmal in einem etwas anderen Sinn als jener präzisen Bedeutung, die es beispielsweise in der Lehre des Vedanta hat. In solchen Fällen definierte er den Begriff durch den Kontext, in dem er ihn benutzte.

Die Definitionen in diesem Glossar betreffen also die Bedeutung, in der ein Wort von Meher Baba verwendet wird. Der Buchstabe (S) nach einem Wort besagt, daß es sufischen Ursprungs ist und aus dem Arabischen oder Persischen kommt. Der Buchstabe (V) bedeutet, daß es sich um einen Sanskrit-Terminus handelt, ein Wort, das im allgemeinen aber nicht immer so benutzt wird, wie es von der Tradition des Vedanta benutzt wird. Bei Wörtern, die aus anderen Sprachen stammen (etwa Hindi oder Marathi), ist das angemerkt. Westliche Termini wurden nicht kursiviert.

Die Schreibweise aller fremdsprachlichen Wörter im Text von *Der göttliche Plan der Schöpfung* entspricht dem Gebrauch bei Meher Baba und seiner *Mandali*. Sie werden im Glossar in dieser Schreibweise angeführt. Zu unserem Glück hat Meher Baba, bevor er seinen Körper ablegte, dieses Glossar noch durchgesehen und autorisiert, nachdem ich es ihm mit der Post zugesandt hatte.

Hinter jedem Wort im Glossar findet sich die Transliteration in englische Buchstaben in Anlehnung an das von der Library of Congress der Vereinigten Staaten benutzte System. Dieses System wird im *Cataloging Service Bulletin* Nr. 64 vom Februar 1964 beschrieben.

Ludwig H. Dimpfl, 5. April 1971

* * *

Abdal (S): (abdāl) Ein Meister, zu dessen Charakteristika gehört, daß er seinen physischen Körper nach Belieben gegen einen anderen austauschen kann.

Abrar (S): (abrār) Ein Heiliger der fünften Ebene. V.: *Mahapurush* (*Sant*).

Adam: Die erste Seele, die den Zyklus der Evolution (vom Stein zum Menschen) sowie der Involution (vom Menschen zurück zu GOTT) vollendete. Traditionell als der erste Mensch bezeichnet. Auch der erste *Avatar*.

Adhyatma Marga (V): (adhyātmamārga) Der spirituelle PFAD. S: *Tariqat, Rah-e-tariqat*.

Adhyatmic Marga (V): (adhyātmikamārga) = *Adhyatma Marga*.

Adum (S): ('adam) NICHTSEIN.

Advaita (V): (advaita) ABSOLUTE EINHEIT. Das EINE ohne ein Zweites. S: *Tauhid-e-tanzihi*. Der Advaita wird auch die »nichtdualistische« Schule des Vedanta genannt, die von Sankaracharya begründet wurde. Vergleichbare Ansichten werden vom *Wujudiyyah* im Sufismus vertreten.

Afrad (S): (afrād) Ein fortgeschrittener Pilger auf der sechsten Ebene. V: *Satpurush*.

Afridgar (S): (āfrīdgār) Der SCHÖPFER. V: *Brahma*.

Ahadiyat (ahadīyat) Wörtl.: EINSSEIN. BEWUSSTE EINHEIT. Das höchste Bewußtsein. S: *Halat-e-Muhammadi*. V: *Vidnyan*.

402

Aham Brahmasmi (V): (ahambrahmāsmi) »Ich bin GOTT.« S: *Anal Haqq.*

Ahl-e-tauhid (S): (ahl-i tauhīd) Angehöriger der mystischen Schulen, die sich mit *Tauhid*, der Einheit GOTTES, befassen. Die *Wujudiyyah* und die *Shuhudiyyah.*

Ahuramazda (Zoroastrisch): ALLMÄCHTIGER GOTT. S: *Allah.* V: *Paramatma.*

Aikya (V): (aikya) VEREINIGUNG. S: *Haqiqat, Vasl.*

Ain-ul-yaqin: Siehe: *Yaqin.*

Akhyar (S): (akhyār) Ein fortgeschrittener Pilger auf dem PFAD. V: *Mahatma.*

Akmal (S): (akmal) Ein HÖCHSTVOLLKOMMENER. Seltene Art eines GOTT-verwirklichten *Salik* in *Baqa-billah*, der eine Pflicht in der Dualität zu erfüllen hat, der aber keinen Kreis von Jüngern hat. Er wird auch ein *Salik-e-Akmal* genannt.

al-: (Der arabische Artikel wird in der Alphabetisierung nicht berücksichtigt.)

Alam-e-hahut (S): ('ālam-i hāhūt) Die Sphäre der MEISTER-SCHAFT. Jener Aspekt der fünften (WIRKLICHEN) Sphäre, von dem aus der *Qutub* und der *Avatar* das Universum lenken. V: *Vidnyan Bhumika.*

Alam-e-jabrut (S): ('ālam-i jabrūt) Die mentale Sphäre, welche die fünfte und sechste Ebene des Bewußtseins umfaßt. V: *Mano Bhuvan.*

Alam-e-kabir (S): ('ālam-i kabīr) Der Makrokosmos, der die fünf Arten der Existenz (*Khamsa Wujudat*) umfaßt.

Alam-e-lahut (S): ('ālam-i lāhūt) Die Sphäre der VOLLKOMMEN-HEIT. V: *Vidnyan.*

Alam-e-malakut (S): ('ālam-i malakūt) Die feinstoffliche Sphäre, welche die erste bis zur vierten Ebene des Bewußtseins umfaßt. V: *Pran Bhuvan.*

Alam-e-nasut (S): ('ālam-i nāsūt) Die grobstoffliche Sphäre. Die Welt der Materie, deren die meisten Menschenwesen allein bewußt sind. V: *Anna Bhuvan.*

Alam-e-saghir (S): ('ālam-i saghīr) Der Mikrokosmos. Der menschliche Körper.

Allah (S): (allāh) GOTT im JENSEITS-Zustand. ALLMÄCHTIGER GOTT. V: *Paramatma.* Zoroastrisch: *Ahuramazda, Yezdan.*

ALLES, das: GOTT der UNENDLICHE. Da das ALLES alles ist, schließt es auch das NICHTS ein.

al Ama (S): (al-a'mā) Der DUNKLE NEBEL. Eine Bezeichnung des JENSEITS-DES-JENSEITS-Zustands GOTTES.

Anal Haqq (S): (anālhaqq) »Ich bin GOTT.« V: *Aham Brahmasmi.*

Anand (V): (ānanda) GLÜCKSELIGKEIT. S: *Musarrat.*

Anant (V): (ananta) UNENDLICHKEIT. S: *La Mahdood.*

Anna (Hindi): (ānā) Eine kleine Münze, ein Sechzehntel einer Rupie.

Anna Bhumi (V): (annabhūmi) Die grobstoffliche Welt. S: *Alam-e-nasut.*

Anna Bhumika (V): (annabhūmikā) Die grobstoffliche Ebene.

Anna Bhuvan (V): (annabhuvana) Die grobstoffliche Sphäre. S: *Alam-e-nasut.*

Antar Drishti (V): (antardrsti) Wörtl.: Inneres »Sehen« (Schau GOTTES). Überzeugung durch Schau. S: *Ain-ul-yaqin.* Siehe: *Yaqin.*

Anwar (S): (anvār) Plural von *Nur;* siehe dort. Siehe auch unter *Tajalli.*

Aql-e-kull (S): ('aql-i kull) Das von den VOLLKOMMENEN MEISTERN erlangte UNIVERSALE GEMÜT. V: *Sarvabhaumic Manas.*

Arif (S): ('ārif) Wörtl.: Wissender. Eine Seele auf der fünften Ebene des Bewußtseins.

Arif-ul-wujud: Siehe unter *Wujud.*

Arsh-e-ala (S): ('arsh-i 'alā) Wörtl.: Der hohe Thron. Der höchste spirituelle Zustand, d. h. der des *Avatar* oder VOLLKOMMENEN MEISTERS. V: *Vidnyan Bhumika.*

Asan (V): (āsana) Haltung, wie etwa für die Meditation.

Asar (S): (asar) Der Einfluß (GOTTES, wie er von dem Empfänger von *Hal* erfahren wird).

Ashiq (S): ('āshiq) Wörtl.: Liebender. Eine Seele auf der sechsten Ebene des Bewußtseins.

Ashiq-o-mashuq (S): ('āshiq o ma'shūq) Der LIEBENDE und der

GELIEBTE in EINEM, der Aspekt GOTTES in der Sphäre der VOLLKOMMENHEIT, *Alam-e-lahut.*

Ashqiyyat (S): ('ashqiyyat) Der Zustand, ein Liebender zu sein. Die Offenbarung der Herrlichkeit in der ersten Manifestation, worin GOTT der GELIEBTE und der Mensch der Liebende ist.

Asman (S): (āsmān) Ebene. V: *Bhumika.*

Atma (V): (ātmā) (auch *Atman*: Ātman) Die Seele. S: *Jan* oder *Ruh.*

Atmapratisthapana (V): (ātmapratisthāpana) = *Sahaj Samadhi.* Siehe: *Baqa-billah.*

Attar, Scheich Fariduddin, von Nishapur. Autor des *Mantiq-ut-Tayr* (»Die Konferenz der Vögel«). Er wurde während der mongolischen Plünderung von Nishapur im Jahre 1229 getötet.

Avatar (V): (avatāra) Der CHRISTUS, der ERLÖSER, der URALTE. S: *Rasool, Saheb-e-Zaman.*

Awagawan (Hindi): (āvāgavan) Siehe: *Rij'at.*

Awarif-ul-Maarif (S): ('avārifulma'ārif) »Die Geschenke der Gnosis«, eine Abhandlung des sufischen Scheichs Suhrawardi aus dem dreizehnten Jahrhundert.

Ayn (S): ('ain) (oder *Ain*) Die ESSENZ, synonym mit *Zat.* Auch das Auge oder Schau.

Azad-e-Mutlaq (S): (āzād-i mutlaq) Der BEFREITE INKARNIERTE. GOTT im neunten Zustand. V: *Jivanmukta.*

Azl-ul-Azal (S): (azalulazāl) Die EWIGKEIT der Ewigkeiten. Eine Bezeichnung des JENSEITS-DES-JENSEITS-Zustands GOTTES.

Bandah (S): (bandah) Wörtl.: Sklave, Diener. Die in der Illusion gefesselte begrenzte Seele.

Baqa (S): (baqā') Verweilen. Siehe: *Fana-baqa.*

Baqa-billah (S): (baqā' billāh) Das Verweilen in GOTT am Ende der ZWEITEN GÖTTLICHEN REISE. V: *Atmapratisthapana, Sahaj Samadhi.*

Baqa-ul-baqa (S): (baqā'lbaqā') Der Zustand GOTTES, der zum GOTT-MENSCHEN wird (GOTT, der Sich Selbst als der *Avatar* kennt).

Ba sifat ba surat (S): (bā sifat bā sūrat) Mit Eigenschaften versehen und in der Form manifest. V: *Saguna Sakar.*

Bhav (V): (bhāva) Ekstase. Form der Hingabe (in Bezug auf die Gottheit). Trance. S: *Hal.*

Bhumika (V): (bhūmikā) Ebene. Stadium. S: *Asman.*

Bihoshi (S): (bī hūshī) Wörtl.: Unbewußtheit. Ein unwillkürlicher Verlust des Interesses an der Welt, verursacht von Rückschlägen oder persönlichem Unglück. Unbewußtheit ist von geringem spirituellem Wert.

Bikhudi (S): (bī k͟hvudī) Selbstvergessenheit; sie gehört zu den ersten Schritten auf dem spirituellen PFAD.

Brahma (V): (brahmā) Der SCHÖPFER. S: *Afridgar.*

Brahman (V): (brahman) Die WIRKLICHKEIT. S: *Haqq.*

Brahmand (V): (brahmānda) Der Kosmos. Das illusorische Universum.

Brahmi Bhoot (V): (brahmībhūta) Die GOTT-verschmolzene Seele. GOTT im Zustand VIII. S: *Majzoob-e-Kamil.*

Buddha: Der *Avatar*, dessen Lehre uns durch die buddhistische Religion übertragen wird. Er wurde etwa 568 v. Ch. in Magadha (Bihar, Indien) geboren und starb etwa 477 v. Chr.

Chilla (S): (cillah) Die Periode von vierzig Tagen (der Askese).

Chilla-nashini (S – Hindi): (cillah-nasīnī) Sich vierzigtägiger Askese unterziehen.

Chit (V): (cit) GÖTTLICHES WISSEN. S: *Marefat.*

Daor (S): (daur) = *Zaman*: Ein Zeitzyklus von 700 bis 1 400 Jahren Dauer, der immer dann beginnt, wenn der *Avatar* auftritt. V: *Yuga.*

Daor-e-Qalandari (S): (daur-i qalandarī) Der Zyklus der MEISTERSCHAFT.

Darlegungen über das Leben in Liebe und Wahrheit (engl. Originaltitel: *Discourses*) Eine Sammlung von Vorträgen, die Meher Baba zwischen 1938 und 1944 gehalten hat.

Darshan (V): (darsana) Wörtl.: Sehen, Audienz. Das Erscheinen des MEISTERS zu einer bestimmten Zeit, um seinen Verehrern

Segen zu spenden, manchmal in der Form von *Prasad* (siehe dort).

Das Göttliche Thema: Meher Babas Abriß der Thematik in *Der göttliche Plan der Schöpfung*, zuerst 1943 veröffentlicht. Dieser Abriß wurde als Anhang (14) in *Der göttliche Plan der Schöpfung* aufgenommen.

Dharma Shastra (V): (dharmaśāstra) Der exoterische Pfad. Orthodoxie. S: *Shariat*.

Divan (S): (divān) Einer der Hauptstile persischer Dichtung. Viele Poeten haben in diesem Stil geschrieben. Eine Sammlung der Gedichte eines Autors in diesem Stil wird dessen *Divan* genannt. Siehe: Hafiz.

Dnyan (V): (jñāna) Gnosis. S: *Irfan*.

Do Alam (S): (do 'ālam) Zwei Sphären, nämlich die grobstoffliche (*Duniya*) und die feinstoffliche/mentale (*Uqba*) einschließlich der vierten (zusammengesetzten) Sphäre. V: *Tribhuvan*.

Donkin, Dr. William: (1911–1969) Britischer Arzt und langjähriger Jünger Meher Babas; er traf ihn zuerst 1933 in London. Autor von *The Wayfarers*.

Duniya (S): (dunyā) Siehe unter *Do Alam*.

Fana, das endgültige (S): (fanā') Vernichtung (Auslöschung) des Gemüts (Ich). V: *Manonash* (*Nirvana*).

Fana-baqa (S): (fanā' baqā') Kann sich auf eine der drei Arten der Erfahrung von Auslöschung/Verweilen beziehen, zwischen denen man folgende Parallelen ziehen kann: 1) Das tägliche Einschlafen und Wiederaufwachen des gewöhnlichen Menschen; 2) die Auslöschung (*Fana*) eines bestimmten Aspekts des trügerischen Ich, das dem Eintritt in jede Ebene des Pfades vorausgeht, und das Leben des Lebens (*Baqa*) auf dieser Ebene; und 3) das wahre *Fana-fillah* des *Majzoob-e-Kamil* und das *Baqa-billah* des *Jivanmukta* und *Sadguru*.

Fana-fillah (S): (fanā' fīllāh) Der »Ich bin Gott«-Zustand des Vollkommenen. V: Nirvikalpa Samadhi.

Fanakar (S): (fanākār) Der Zerstörer. V: *Shiva; Mahesh.*

Fana-ma-al-baqa (S): (fanā' m'ahulbaqā') Der neunte Zustand Gottes im Göttlichen Knotenpunkt. V: *Turiya Avastha.*

Fana-ul-fana (S): (fanā'lfanā') Der Zustand Gottes der zum Menschen wird (direktes Herabsteigen Gottes auf Erden als *Avatar*).

Faqiri (S): (faqīrī) Wörtl.: Armut. Das Leben eines Derwisch. Auch: Die höchste spirituelle Manifestation. Vollkommenheit.

Faqr (S): (faqr) = *Faqiri.*

Farq (S): (farq) Bewußtsein der Getrenntheit von Gott.

Farq-ba-dul-jam (S): (farq badūljam') = *Baqa-billah*, siehe dort.

Al-Futuhat-al-Makkiyya (S): (al-futūhātulmakkiyyah) Siehe unter Ibn Arabi.

Ghaib-ul-Ghaib (S): (ghaibulghaib) Das Verborgene des Verborgenen. Eine Bezeichnung des Jenseits-des-Jenseits-Zustands Gottes.

Ghair (S): (ghair) Wörtl.: Das Andere. Dualität.

Ghazali, Imam Muhammad: Prominenter muslimischer Theologe und Autor über Sufismus. Wurde etwa 1059 in Tus (Khorasan) geboren und starb 1111.

Ghunghat (Hindi): (ghūnghata) Wörtl.: Der Schleier einer Frau. Symbolisch der Schleier der Unwissenheit.

Gott-Mensch: Der Christus. Der Messias. S: *Rasool.* V: *Avatar.*

Gulshan-e-Raz (S): (gulshan-i rāz) »Das Geheimnis des Rosengartens«, ein Sufi-Gedicht von Maulana Shabistari aus dem dreizehnten Jahrhundert.

Guna (V): (guna) Siehe unter *Sifat.*

Hadas (S): (hadas) Das, was bedingt oder abgeleitet ist. Vergleiche: *Qadim.*

Hafiz, Shamsuddin Muhammad: Vollkommener Meister des vierzehnten Jahrhunderts aus Shiraz. Bekannt für seinen *Divan* (siehe dort). Meher Babas Lieblingsdichter.

Hahut (S): (hāhūt) Meisterschaft.

Hairat (S): (hairat) Bezauberung.

Hal (S): (hāl) Eine spirituelle Trance, die Ekstase mit sich bringt und die erfahren wird, wenn man in eine neue Station oder eine Ebene eintritt. V: *Bhav.*

Halat-e-Muhammadi (S): (hālat-i muhammadī) = *Ahadiyat*: Die bewußte Einheit GOTT-verwirklichter Seelen.

Hama az man ast (S): (hamah az man ast) Alles ist aus Mir.

Hama az ust (S): (hamah az ūst) Alles ist aus Ihm.

Hama ba man ast (S): (hamah bah man ast) Alles ist mit Mir.

Hama ba ust (S): Alles ist mit Ihm.

Hama dar man ast (S): (hamah dar man ast) Alles ist in Mir.

Hama dar ust (S): (hamah dar ūst) Alles ist in Ihm.

Hama man am (S): (hamah manam) Alles bin Ich.

Hama ust (S): (hamah ūst) Alles ist Er.

Haqiqat (S): (haqīqat) Die WAHRHEIT. Die WIRKLICHKEIT.

Haqiqat-e-insani (S): (haqīqat-i insānī) Die WIRKLICHKEIT des Menschen. Der Zustand des Heiligen auf der sechsten Ebene, der GOTT von Angesicht zu Angesicht schaut.

Haqiqat-e-Muhammadi (S): (haqīqat-i muhammadī) Die Wirklichkeit Mohammeds. VOLLKOMMENE MEISTERSCHAFT. Der zehnte Zustand GOTTES.

Haqiqi (S): (haqīqī) Wirklich. Vergleiche: *Izafi.*

Haqq (S): (haqq) Wörtl.: Wahrheit. Die WIRKLICHKEIT. GOTT.

Haqq-ul-yaqin: Siehe unter *Yaqin.*

Hu (S): (hū) Wörtl.: Er. GOTT.

Hujwiri, Ali ben Uthman: Autor des *Kashf-al-Mahjub* (»Enthüllung des Geheimnisses«). Geboren etwa 1000 n. Chr. in Ghazna; gestorben etwa 1075 n. Chr.

Huwal akher (S): (huvalākhir) Er ist der Letzte.

Huwal awwal (S): (huvalavval) Er ist der Erste.

Huwal batin (S): (huvalbātin) Er ist innerlich.

Huwal zaher (S): (huvazzāhir) Er ist äußerlich.

Huyat (S): (huvīyat) Wörtl.: Er-heit. GOTT, der Sich Selbst als Er Selbst kennt. Gottschaft.

Ibn Arabi, Muhyuddin: Im Juli 1165 in Spanien geborener VOLLKOMMENER MEISTER; gestorben im Oktober 1240 in Damaskus. Seine Darlegung des Sufismus findet sich in seinem Hauptwerk *Al-Futuhat-al-Makkiya*.

Illusion: Die Schöpfung der *Maya*; die Universen, die die grobstofflich-bewußte Seele fälschlich für WIRKLICHKEIT hält.

Ilm-ul-yaqin: Siehe unter *Yaqin*.

Insan (S): (insān) Der Mensch. Das Individuum. V: *Manava*.

Insan-e-Kamil (S): (insān-i kāmil) Der VOLLKOMMENE (d. h. GOTT-verwirklichte) MENSCH. V: *Shiv-Atma*.

Al-Insan-ul-Kamil (S): (al-insānalkāmil) »Der vollkommene Mensch«, eine Abhandlung von Abdul Karim al-Jili, einem Sufi des vierzehnten Jahrhunderts.

Iqbal, Dr. Muhammad: Pakistanischer Dichter und Philosoph, 1873 in Sialkot, Punjab, geboren.

Irfan (S): ('irfān) Gnosis. Das WISSEN des *Arif*; auch das WISSEN jener auf der sechsten und der siebten Ebene. V: *Dnyan*.

Irteqa (S): (irtiqā') Evolution. V: *Utkranti*.

Israfeel (S): (isrāfīl) Der Erzengel Raphael.

Izafi (S): (izāfī) Relational oder relativ. Vergleiche: *Haqiqi*.

Izraeel (S): ('izrā'īl) Der Erzengel Israel.

Jalal (S): (jalāl) Herrlichkeit. SELIGKEIT.

Jalaluddin Rumi, Maulana: VOLLKOMMENER MEISTER des dreizehnten Jahrhunderts. Gründer der Mevlevi (»drehenden«) Derwische. Autor des *Masnavi*.

Jam (S): (jam') Wörtl.: Becher. Bewußte Einheit mit GOTT. GOTT-Verwirklichung.

Jamal (S): (jamāl) Schönheit.

Jamal-e-ahadiyat (S): (jamāl-i ahadīyat) Die Schönheit der ABSOLUTEN EINHEIT.

Jam-ul-jam (S): (jam'uljam') = *Baqa-billah*, siehe dort.

Jan (S): (jān) Die Seele. V: *Atma* oder *Atman*.

Jan-e-jismi (S): (jān-i jismī) Siehe: *Jiv-Atma*

Janan (S): (jānān) Der GELIEBTE.

410

Japas (V): (japa – Singular) Wiederholungen, im allgemeinen von *Mantras* oder Gebeten.

Jesus: von Nazareth, der CHRISTUS.

Jibraeel (S): (persisch: jibrā'il; im Koran: jibrīl) Der Erzengel Gabriel.

al-Jili, Abdul Karim: Autor des *Al-Insan-ul-Kamil* (»Der vollkommene Mensch«) und Gründer der sufischen Schule des Apparentismus (Wahdat-ul-shuhud). Gestorben etwa 1480 n. Chr.

Jism-e-altaf (S): (jism-i altaf) Der mentale Körper oder Mentalleib. V: *Karan Sharir*.

Jism-e-kasif (S): (jism-i ka$\underline{s}$īf) Der grobstoffliche Körper oder Leib. V: *Sukshma Sharir*.

Jism-e-latif (S): (jism-i latīf) Der feinstoffliche Körper oder Leib. V: *Sukshma Sharir*.

Jivanmukta (V): (jīvanmukta) Ein VOLLKOMMENER. S: *Azad-e-Mutlaq, Saheb-e-jamo-farq, Salik-e-Kamil*. Siehe auch: *Mukta*.

Jivanmukti (V): Siehe unter *Mukti*.

Jiv-Atma (V)): (jīvātmā) Die verkörperte Seele. Das Individuum. S: *Jan-e-jismi*.

Jivoham (V): (jīvo'ham) »Ich bin individuell.«

Junayd von Bagdad: Der gefeierte Sufi-Scheich des neunten Jahrhunderts. Gestorben etwa 910 n. Chr.

Kaanahu Hu (S); (kā'nnahu hū) Wörtl.: Genau Er. Wie Er. So beschreibt die *Shuhudiyyah*-Schule das, was die Seele beim endgültigen *Fana* wird.

Kabir: Der VOLLKOMMENE MEISTER von Benares aus dem vierzehnten Jahrhundert, 1435–1518 n. Chr.

Kal (V): (kāla) Ein Zeitalter von etwa 65 bis 125 Jahren Dauer. In jedem Zyklus gibt es elf Zeitalter. S: *Waqt*.

Kamil (S): (kāmil) = *Salik-e-Kamil*: Siehe unter *Salik*.

Karamat (S): (karāmat) (Plural *Karamaat*: karāmāt) Ein Wunder, das von Menschen auf der fünften und sechsten Ebene gewirkt wird.

Karan Sharir (V): (karanasarīra) Der mentale Körper oder Mentalleib. S: *Jism-e-altaf*.

Karma (V): (karma) Wörtl.: Handlung, Tat. Schicksal. Die natürlichen und notwendigen Geschehnisse im Verlauf des Lebens eines Menschen, die von seinen vergangenen Leben konditioniert sind.

Karma Kanda (V): (karmakānda) Siehe: *Shariat*.

Karor (Hindi): (karora) 100 Laks. Zehn Millionen (10 000 000).

Kasb (S): (kasb) Etwas Erworbenes, wie beim Kaufen und im Handel. Vergleiche: *Maohib*.

Kashf-al-Mahjub (S): (kashfalmahjūb) Siehe: Hujwiri.

Khamsa Wujudat (S): (k̲h̲amsah vujūdāt) Die fünf Arten der Existenz. Die fünf Devolutionen GOTTES im JENSEITS-DES-JENSEITS-Zustand hin zum Menschen. Siehe; *Wujud*.

Khudi (S): (k̲h̲vudī) Das trügerische Ich.

Krishna: Der *Avatar*, dessen Geschichte in dem epischen Hindu-Gedicht *Mahabharata* erzählt wird. Seine Darlegung für den Krieger Arjuna kurz vor der Schlacht ist als die *Bhagavad Gita* bekannt.

Lahar (Hindi, Marathi): (lahara) Wörtl.: Welle, Grille, Laune. Die LAUNE GOTTES, welche die SCHÖPFUNG verursachte.

Lahut (S): (lāhūt) Vollkommenheit.

Lak (Hindi): (lākh) 100 000. V: *Laksha*.

La Mahdood (S): (lā mahdūd) Das UNENDLICHE. V: *Anant*.

La Makan (S): (lā makān) Wörtl.: Ortlos; »Nicht«-Punkt. Der »Same« in der mentalen Sphäre, in dem alle Ideen von Zeit und Raum in einem Punkt zusammenkommen und aus dem die feinstoffliche und die grobstoffliche Welt ausstrahlen.

La sifat la surat (S): (lā sifat lā sūrat) Eigenschaftslos und formlos. V: *Nirguna Nirakar*.

Lila (V): (līlā) Das »GÖTTLICHE SPIEL« der SCHÖPFUNG. Das »Spiel«, das GOTT spielt, welches das UNIVERSUM manifestiert.

Maarif (S): (ma'ārif) Das Reich der Mysterien GOTTES (das Reich des GÖTTLICHEN WISSENS).

Mahachaitanya (V): (mahācaitanya) Überbewußtsein. Volles Bewußtsein, das völlig als bewußtes BEWUSSTSEIN involviert ist.

412

Mahakarana Sharir (V): (mahākaranasarīra) DER UNIVERSALE KÖRPER.

Mahapralaya (V): (mahāpralaya) Eine große Auflösung des Universums am Ende eines kosmischen Zeitalters. S: *Qiamat*.

Mahapurush (V): (mahāpurusa) Ein Heiliger der fünften Ebene. S: *Wali, Abrar*.

Mahatma (V): (mahātmā) Eine große Seele. S: *Akhyar*.

Mahayogi (V): (mahāyogī) Ein *Yogi* der vierten Ebene.

Mahesh (V): (mahesa) = *Shiva*, der ZERSTÖRER. S: *Fanakar*.

Majhul-un-Nat (S): (majhūlnna't) Das Unwissbare und Undefinierbare. Eine Bezeichnung des JENSEITS-DES-JENSEITS-Zustands GOTTES.

Majzoob (S): (majzūb) Wörtl.: Absorbiert in. Einer, der in eine Ebene des involvierenden Bewußtseins absorbiert ist.

Majzoob-e-Kamil (S): (majzūb-i kamil) Die GOTT-verschmolzene Seele (der siebten Ebene). V: *Brahmi Bhoot*.

Majzoobiyat (S): (majzūbīyat) Der achte Zustand GOTTES, der des *Majzoob-e-Kamil*.

Majzoob-Salik (S): (majzūb salik) Ein VOLLKOMMENER, dessen *Majzoob*-ähnliche Eigenschaften vorherrschend sind. V: *Paramhansa*.

Man dar hama am (S): (man dar hamah am) Ich bin in allem.

Man hama am (S): (man hamah am) Ich bin alles.

Mana (Marathi oder Hindi): (mana) Wörtl.: Gemüt; auch der mentale Körper oder Mentalleib. S: *Jism-e-altaf*. V: *Manas*.

Manava (V): (mānava) Siehe unter *Insan*.

Mandali (Hindi): (mandalī) Die Mitglieder des Kreises um Meher Baba. V: *Mandala* = Kreis.

Mano Bhumi (V): (manobhūmi) Die mentale Welt. S: *Alam-e-jabrut*.

Mano Bhumika (V): (manobhūmikā) Die mentale Ebene.

Mano Bhuvan (V): (manobhuvana) Die mentale Sphäre. S: *Alam-e-jabrut*.

Manonash (V): (manonāsa) Vernichtung des Gemüts (Ich). S: das endgültige *Fana*.

Mantiq-ut-Tayr (S): (mantiquttair) »Die Konferenz der Vögel«, eine allegorische Geschichte von Scheich Fariduddin Attar, eine Sufi des elften/zwölften Jahrhunderts.

Mantra (V): (mantra) Ein heiliger Name oder Satz, den ein Jünger von seinem Meister zur Übung spiritueller Disziplin erhält. S: *Wazifa*.

Maohib (S): (maohib) Gegebenes; ein Geschenk. Vergleiche: *Kasb*.

Marefat (S): (ma'rifat) GÖTTLICHES WISSEN. V: *Chit, Dnyan*.

Marefat-e-haqiqat (S): (ma'rifat-i haqīqat) Die Gnosis der WIRK-LICHKEIT. Die Gnosis des VOLLKOMMENEN MEISTERS oder *Avatar*, der eine Pflicht in der DUALITÄT zu erfüllen hat. V: *Satyanubhuti*.

Mashuq (S): (ma'shūq) Der GELIEBTE.

Mashuqiyat (S): (ma'shūqīyat) Wörtl.: Der Zustand, der Geliebte zu sein. Die Offenbarung von Schönheit in der ersten Mani-festation (*Tajalli-e-avval*), worin GOTT der LIEBENDE und der Mensch der Geliebte ist.

Masnavi (S): (maṣnavī) Jalaluddin Rumis literarisches Haupt-werk. Siehe auch: *Divan*.

Mast (S): (mast) Eine GOTT-berauschte Seele auf dem PFAD.

Masti (S): (mastī) Siehe: *Suluk*.

Mawahid (S): (muvahhid) Ein Unitarier; einer der *Ahl-e-tauhid*.

Maya (V): (māyā) Wörtl.: Illusion. Täuschendes Festhalten. Das, was das NICHTS als alles erscheinen läßt. Die Wurzel der UNWISSENHEIT. Der Schatten GOTTES. S: *Mejaz*.

Mejaz (S): (majāz) = *Maya*.

Mensch-GOTT: Ein VOLLKOMMENER MEISTER. S: *Qutub*. V: *Sadguru*. Siehe auch: GOTT-Mensch.

Mevlevi (S): (molavī) Siehe: Jalaluddin Rumi.

Mikaeel (S): (mīkā'īl) Der Erzengel Michael.

Mojeza (S): (mu'jizah) (Plural: *Mojezat*: mu'jizāt) Ein von einem *Avatar* oder *Qutub* gewirktes Wunder.

Moksha (V): (moksa) Siehe: *Mukti*.

Muhammad: (muhammad) Der PROPHET, 570–632 n. Chr.

Muhasibi von Basra, Abdullah Haris: Schriftsteller, der bereits früh über *Hal* und *Muqam* geschrieben hat.

Mujaddid (S): (mujaddid) Apparentist. Anhänger der Lehre des *Wahdat-ul-shuhud*.

Mujahida (S): (mujāhadah) Übung; Bestrebung; Bemühen. V: *Sadhana*.

Mukammil (S): (mukammil) DER IM HÖCHSTEN MASSE VOLLKOMMENE. Der VOLLKOMMENE MEISTER. Auch *Salik-e-Mukammil* oder *Qutub* genannt. V: *Sadguru*.

Mukta (V): (mukta) Einer der BEFREIUNG erlangt hat (vom Kreislauf der Wiedergeburt).

Videh Mukta: (videhamukta) (Die GOTT-verschmolzene Seele = *Brahmi Bhoot*. S: *Majzoob-e-Kamil*.

Jivanmukta: (jīvanmukta) Der BEFREITE INKARNIERTE. S: *Azad-e-Mutlaq, Salik-e-Kamil*.

Param Mukta: (paramamukta) Der VOLLKOMMENE MEISTER = *Sadguru*. S: *Qutub., Salik-e-Mukammil*.

Mukti (V): (mukti) Befreiung. Entlassung aus dem Kreislauf von Geburten und Toden (d. h. der Reinkarnation).

Gewöhnliches *Mukti*: = *Moksha*. Die Befreiung, die die meisten Seelen erreichen. S: *Najat*.

Videh Mukti: (videhamukti) »Ich bin GOTT«-Zustand ohne Bewußtsein der Dualität.

Jivanmukti: (jīvanmukti) »Ich bin GOTT«-Zustand mit Bewußtsein der Dualität.

Param Mukti: (paramamukti) »Ich bin GOTT«-Zustand, in dem GOTT-Bewußtsein und Schöpfungsbewußtsein gleichzeitig gegeben sind.

Mulhid (S): (mulhid) Atheist. V: *Nastik*.

Mumkin-ul-wujud: Siehe unter *Wujud*.

Mumtan-ul-wujud: Siehe unter *Wujud*.

Munis (V): (muni – Singular) Wörtl.: Einer, der Schweigen übt. Ein heiliger Mann, Einsiedler, Asket.

Munqata-ul-Izharat (S): (munqata'ulizhārāt) Der Zustand, in Bezug auf den alle Hinweise fallengelassen werden. Eine Bezeichnung des JENSEITS-DES-JENSEITS-Zustands GOTTES.

Munsiff, Dr. Abdul Ghani: Langjähriger Jünger von Meher Baba. Gestorben am 20. August 1951.

Muqaddar (S): (muqaddar) Siehe: *Prarabdha.*

Muqam (S): (maqam) (Plural: maqāmat) Eine Station oder Ebene auf dem PFAD.

Muqam-e-furutat (S): (maqām-i furūtat) Der GÖTTLICHE KNOTENPUNKT. V: *Turiya Avastha.*

Muqam-e-hairat (S): (maqām-i hairat) Der Ort der Bezauberung. Eine Station auf dem Pfad, die zwischen der dritten und der vierten Ebene liegt; hier kann der Aspirant in seinem spirituellen Fortschreiten lange aufgehalten werden.

Muqam-e-Muhammadi (S): (maqām-i muhammadi) Zustand, in dem GOTT-Bewußtsein und Schöpfungsbewußtsein gleichzeitig gegeben sind. V: *Vidnyan Bhumika.*

Musarrat (S): (masarrat) GLÜCKSELIGKEIT. V: *Anand.*

Mutawassit (S): (mutavassit) Fortgeschrittene Seele: V: *Sadhu.*

Nad (V): (nāda) Klang. Die himmlische Musik. Das ursprüngliche WORT.

Nafs (S): (nafs) Das Ich; das trügerische Ego.

Nafs-e-ammara (S): (nafs-i ammārah) Das lüsterne Ich. Das Bewußtsein der grobstofflichen Welt oder Sphäre.

Nafs-e-lawaama (S): (nafs-i lavāmah) Das schmachvolle Ich. Das Bewußtsein der feinstofflichen Sphäre.

Nafs-e-mulhima (S): (nafs-i mulhimah) Das inspirierte Ich. Das Bewußtsein der Seele auf der sechsten Ebene.

Nafs-e-mutmainna (S): (nafs-i mutmā'innah) Das beseligte Ich. Das Bewußtsein der Seele auf der fünften Ebene.

Najat (S): (najāt) Befreiung. V: gewöhnliches *Mukti,* siehe dort.

Nastik (V): (nāstika) Atheist. S: *Mulhid.*

NICHTS, das: Der unendliche Schatten GOTTES, der ALLES ist.

Nirakar (V): (nirākāra) Ohne Form. S: *La Surat.*

Nirguna (V): (nirguna) Eigenschaftslos. S: *La Sifat.*

Nirvana (V): (nirvāna) Das erste Stadium des WAHREN *Fana.* In einigen Fällen folgt darauf unmittelbar das zweite Stadium, das *Fana-fillah.*

Nirvikalpa Samadhi: Siehe unter *Samadhi.*

Nuqush-e-amal (S): (nuqūsh-i āmāl) Wörtl.: Die Eindrücke von Handlungen. V: *Sanskaras*, siehe dort.

Nur (S): (nūr) (Plural: *Anwar*) Glanz.

Nur-e-Muhammadi (S): (nūr-i muhammadī) Das Licht dessen Gottes als erstes gewahr wurde, und zwar als Konsequenz des Verlangens (der Laune), Sich Selbst zu kennen.

Om (V): (aum) Gott. Auch: Das erste Wort, der Urklang am Anfang des Anfangs der Schöpfung. Siehe auch: *Nad*.

Paramatma (V): (paramātmā) (oder *Paramatman*) Allmächtiger Gott. S: *Allah*. Zoroastrismus: *Ahuramazda, Yezdan*.

Paramhansa (V): (paramahamsa) Ein Vollkommener, der manchmal in Gott »ertrunken« ist; in diesem Fall wird er ein *Majzoob-Salik* genannt. Manchmal ist er sich auch der Schöpfung bewußt; in diesem Fall wird er ein *Salik-Majzoob* genannt.

Param Mukta: Siehe unter *Mukta*.

Param Mukti: Siehe unter *Mukti*.

Paratpar Parabrahma V): (parātparaparabrahma) Der Jenseits-des-Jenseits-Zustand (der erste Zustand) Gottes. S: *Wara-ul-Wara, Ghaib-ul-Ghaib*.

Parvardigar (S): (parvardigār) Der Bewahrer oder Erhalter. V: *Vishnu*.

Pir (S): (pīr) Ein Meister der sechsten Ebene. V: *Satpurush*.

Pran (V): (prāna) Wörtl.: Lebensenergie. Der feinstoffliche Körper. Auch: Der Atem allen Lebens.

Pran Bhumi (V): (prānabhūmi) Die feinstoffliche Welt. S: *Alam-e-malakut*.

Pran Bhumika (V) (prānabhūmikā) Die feinstoffliche Ebene.

Pran Bhuvan (V): (prānabhuvana) Die feinstoffliche Sphäre. S: *Alam-e-malakut*.

Prarabdha (V): (prārabdha) Die sanskarischen Bindeglieder, die nicht nur bestimmen, wie lange Zeit jemand im Körper verweilt, sondern die auch den Lauf des Lebens selbst determinieren. Unausweichliches Schicksal. S: *Muqaddar*.

Prasad (V): (prasāda) Ein kleines Geschenk, gewöhnlich etwas Eßbares, das ein MEISTER als konkreten Ausdruck seiner Liebe vergibt. Wenn man es schluckt, wirkt es als ein Same, der sich schließlich zu vollentwickelter Liebe auswachsen wird. Ein gnädiges Geschenk des MEISTERS.

Punar Janma (V): (punarjanma) Reinkarnation. S: *Rij'at.*

Puratan Purush (V): (purātana purusa) Wörtl.: Ein Vollkommener. S: *Insan-e-Kamil.*

Qadim (S): (qadīm) Das, was ursprünglich (alt) ist. Vergleiche *Hadas.*

Qiamat (S): (qiyāmat) Die große (endgültige) Auflösung des Universums. V: *Mahapralaya.*

Qudrat (S): (qudrat) GÖTTLICHE MACHT. V: *Sat.*

Qurbat (S): (qurbat) Wörtl.: Nähe. Beziehung zu GOTT.

Qurb-e-farayiz (S): (qurb-i farā'iz) Unwillkürliche (notwendige) Nähe: die Beziehung des *Avatar* zu GOTT.

Qurb-e-nawafil (S): (qurb-i navāfil) Willkürliche Nähe: die Beziehung eines VOLLKOMMENEN MEISTERS zu GOTT.

Qutub (S): (qutb) Wörtl.: Die Nabe oder Achse. Ein VOLLKOMMENER MEISTER. V: *Sadguru.*

Qutub-e-Irshad (S): (qutb-i irshād) Das Oberhaupt der fünf lebenden *Qutubs*, der die Geschicke des Universums lenkt. In einem avatarischen Zeitalter wird dieses Amt vom *Avatar* eingenommen.

Qutubiyat (S): (qutubīyat) VOLLKOMMENE MEISTERSCHAFT. Der zehnte Zustand GOTTES.

Rah-e-tariqat (S): (rāh-i tarīqat) Siehe: *Tariqat.*

Rahrav (S): (rahrev) Einer, der den PFAD durchwandert. V: *Sadhak.*

Rama: Der *Avatar*, dessen Leben das Thema des hinduistischen Epos *Ramayana* ist.

Rasool (S): (rasūl) Der ERLÖSER, der CHRISTUS. V: *Avatar.*

Rij'at (S) (rij'at) Reinkarnation. V: *Punar Janma, Awagawan.*

Ruh (S): (rūh) = *Jan.* Seele. V: *Atma.*

Sadguru (V): (sadguru) Ein VOLLKOMMENER MEISTER. S: *Qutub*.

Sadhak (V): (sādhaka) Einer, der den PFAD durchwandert. S: *Rahrav*.

Sadhana (V): (sādhana) Siehe: *Mujahida*.

Sadhu (V): (sādhu) Ein Pilger. Eine fortgeschrittene Seele. S: *Mutawassit*.

Sadrat-ul-muntaha (S): (sadratulmuntahā) Die letzte Grenze. Der Punkt in der vierten (zusammengesetzten) Sphäre, über den keine nichtverkörperte Seele (wie Engel oder Erzengel) hinausgehen kann, um sich GOTT anzunähern.

Saguna (V): (saguna) Mit Eigenschaften versehen. S: *Ba Sifat*.

Sahaj Samadhi (V): Siehe: *Samadhi*.

Sahavas (Hindi): Eine von einem Meister abgehaltene Versammlung, bei der seine Verehrer sich seiner Gesellschaft, d. h. seiner physischen Präsenz, erfreuen können.

Saheb-e-jamo-farq (S): (sāhib-i jam' o farq) = *Azad-e-Mutlaq*: Der BEFREITE INKARNIERTE; ein VOLLKOMMENER. Eine Seele im neunten Zustand GOTTES. V: *Jivanmukta*.

Saheb-e-Zaman (S): (sāhib-i zamān) = *Rasool*, siehe dort.

Sakar (V): (sākāra) Ohne Form. S: *Ba Surat*.

Salb-e-wilayat (S): (salb-i vilāyat) Der Akt, in dem ein VOLLKOMMENER MEISTER oder *Avatar* einer Seele auf den ersten vier Ebenen ihre Wunderkräfte entreißt.

Salik (S): (sālik) Einer, der bewußt göttliche Erfahrung einer der sechs Ebenen hat. Wahrer *Salik* = Der Mensch als GOTT, der den Zustand von *Baqa-billah* erfährt.

Salik-e-Akmal (S): (sālik-i akmal) Ein HÖCHSTVOLLKOMMENER.

Salik-e-Kamil (S): (sālik-i kāmil) Ein VOLLKOMMENER. V: *Jivanmukta*.

Salik-e-Mukammil (S): (sālik-i mukammil) Ein ZUHÖCHSTVOLLKOMMENER = *Qutub*. V: *Sadguru*.

Salik-Majzoob (S): (sālik majzūb) Siehe: *Paramhansa*.

Samadhi (V): (samādhi) Trance, die durch spirituelle Meditation induziert wird.

Nirvikalpa Samadhi: (nirvikalpasamādhi) Der »Ich bin GOTT«-Zustand des VOLLKOMMENEN. Zum Ausdruck gebrachte Göttlichkeit. S: *Fana-fillah*.

Sahaj Samadhi: (sahajsamādhi) Der mühelose und durchgängige Zustand der VOLLKOMMENHEIT des VOLLKOMMENEN MEISTERS oder *Avatar*. Göttlichkeit in Aktion. S: *Baqa-billah*.

Sankaracharya: Hinduistischer VOLLKOMMENER MEISTER, der Gründer der *Advaita*-Schule des Vedanta. 686–718 n. Chr.

Sanskaras (V): (samskāra – Singular) Eindrücke. Auch Eindrücke, die in der Seele aus vergangenen Leben verbleiben; sie determinieren unsere Wünsche und Handlungen im gegenwärtigen Leben. S: *Nuqush-e-amal*.

Sant (Hindi): (santa) Heiliger. S: *Abrar, Wali*. V: *Mahapurush*.

Sanyasis (V): (samnyāsī – Singular) Jene, die der Welt entsagt haben.

Sarvabhaumic Manas (V): (sārvabhaumika manas) Das UNIVERSALE GEMÜT. S: *Aql-e-kull*.

Sarvoham (V): (sarvo'ham) »Ich bin ALLES.« S: *Hama man am*.

Sat (V): (sat) GÖTTLICHE MACHT. S: *Qudrat*.

Satpurush (S): (satpurusa) Ein Heiliger der sechsten Ebene. S: *Pir, Afrad*.

Satyanubhuti (V): (satyānubhūti) Die Gnosis der WIRKLICHKEIT. S: *Marefat-e-haqiqat*.

Seyr-e-ma Allah (S): (sair-i m'ahullāh) Wörtl.: Ausflug mit GOTT. Die DRITTE GÖTTLICHE REISE.

Shabistari, Maulana Mahmud: Der im dreizehnten Jahrhundert lebende sufische Autor des *Gulshan-e-Raz*.

Shakti (V): (sakti) Macht, Kraft.

Shamsi Tabriz: Ein VOLLKOMMENER MEISTER und wandernder Derwisch, der der spirituelle Meister von Jalaluddin Rumi war. Gestorben 1246 n. Chr.

Shariat (S): (sharī'at) Der exoterische Pfad; Orthodoxie. V: *Dharma Shastra, Karma Kanda*.

Sharir (V): (sarīra) Wörtl.: Körper. Der grobstoffliche Körper.

Shibli, Abu Bakr: Ein Jünger des Junayd von Baghdad. Gestorben 946 n. Chr.

Shiva (V): (sīva) = *Mahesh*: der ZERSTÖRER. Auch: GOTT. S: *Fana-kar.*

Shiv-Atma (V): (sivātman) (auch: *Shivatman*) Eine vollkom-mene, GOTT-verwirklichte Seele. S: *Insan-e-Kamil.*

Shivoham (V): (sivo'ham) »Ich bin GOTT.« *Aham Brahmasmi.* S: *Anal Haqq.*

Shobada (S): (shu'badah) Eine Zurschaustellung von Kräften durch Menschen auf der ersten bis einschließlich der dritten Ebene.

Shuhudiyyah (S): (shuhūdiyyah) Die apparentistische Schule des Sufismus. Die entsprechende Schule des Vedanta ist *Vishist-advaita.*

Siddhis (V): (siddhi – Singular) GÖTTLICHE KRÄFTE, auch okkulte Kräfte. S: *Tajalliyat.*

Sifat (S): (sifat) Die Eigenschaften GOTTES im Gegensatz zu Sei-ner göttlichen Essenz (*Zat*). V: *Guna.*

Sthan (V): (sthāna) Eine Station. S: *Muqam.*

Sthul Sharir (V): (sthūlasarīra) Der grobstoffliche Körper. S: *Jism-e-kasif.*

Sufis (S): (sufī – Singular) Die Mystiker, deren Ursprünge im Mittleren Osten liegen. Ihre Anfänge gehen in vorgeschicht-liche Zeiten zurück. Sie existierten zur Zeit von Zoroaster und wurden von Muhammad wiederbelebt. Heute gibt es sie in allen Teilen der Welt.

Suhrawardi, Scheich Shahabuddin: 1145–1234 n. Chr. Autor des *Awarif-ul-Maarif.* Vertreter des Apparentismus (*Wahdat-ul-shuhud*).

Sukshma Sharir V): (sūksmasarīra) Der feinstoffliche Körper oder Leib. S: *Jism-e-latif.*

Suluk (S): (sulūk) Im Gegensatz zu *Masti*. Die Rückkehr zu nor-malem (Schöpfungs-)Bewußtsein nach der GOTT-Verwirli-chung, wie sie wahrhaft von den WAHREN *Saliks* im *Baqa-billah* erfahren wird.

Sulukiyat (S): (sulūkīyat) Das endgültige *Sulukiyat* ist der Zustand des WAHREN *Salik* in *Baqa-billah.*

Tajalli (S): (tajallī) (Plural: *Tajalliyat*: tajalliyāt) Wörtl.: Manifestation. Die Herrlichkeit GOTTES, wie sie vom Aspiranten auf dem spirituellen PFAD erfahren wird.
1) Die Manifestation GOTTES als Seine illusorische SCHÖPFUNG.
2) Kräfte der ersten drei Ebenen der feinstofflichen Welt.
3) Göttliche Kräfte der vierten Ebene (Anwar-o-tajalliyat).
Tajalli-e-avval (S): (tajalli-yi avval) Die erste Manifestation, *Wahid-ul-wujud*.
Tajalli-e-chaharom (S): (tajalli-yi cahārum) Die vierte Manifestation, *Mumkin-ul-wujud*.
Tajalli-e-dovvom (S): (tajalli-yi duvvum) Die zweite Manifestation, *Arif-ul-wujud*.
Tajalli-e-jalali (S): (tajalli-yi jalālī) Die Offenbarung oder Manifestation der Herrlichkeit, die der Seele die Erfahrung von *Fana, Ashqiyyat* verleiht.
Tajalli-e-jamal (S): (tajalli-yi jamālī) Die Offenbarung oder Manifestation von Schönheit, die der GOTT-verwirklichten Seele das Bewußtsein der Normalität verleiht (*Mashuqiyyat*).
Tajalli-e-panjom (S): (tajalli-yi panjum) Die fünfte Manifestation, *Wajib-ul-wujud*.
Tajalli-e-sevvom (S): (tajalli-yi sivvum) Die dritte Manifestation, *Mumtan-ul-wujud*.
Tajalliyat (S): Plural von *Tajalli*, siehe dort.
Tajalliyat-e-khamsa (tajalliyāt-i khamsah) Die fünf Manifestationen = *Khamsa Wujudat*, die fünf Arten der Existenz. Siehe: *Wujud*.
Talib (S): (tālib) Ein Suchender.
Tanazzulat (S): (tanazzulat) Die Devolutionen des ABSOLUTEN durch die fünf Arten der Existenz.
Tantriker: (V: tantrika – Singular) Jene die durch tantrische Übungen okkulte Kräfte beherrschen. Tantrische Übungen basieren auf den *Tantras* genannten Schriften. Die *Tantras* beschreiben Praktiken (die der Legende nach ursprünglich vom Herrn Shiva niedergeschrieben wurden), welche zu solchen Kräften führen.
Tanzeeh (S): (tanzīh) Absolut. Transzendent.

Tapas (V): (tapa – Singular) Askese. Asketische Übungen.

Tapasavis (V): (tapasavī – Singular) Asketen.

Tariqat (S): (tariqat) Der spirituelle PFAD. Der esoterische Pfad des spirituellen Fortschreitens. V: *Adhyatmic Marga*.

Tasawwuf (S): (tasavvuf) Die spirituelle WEISHEIT.

Tashbeeh (S): (tashbīh) Ähnlich. Mit Eigenschaften. Gleichgeworden. Verglichen.

Tauba (S): (taubah) Reue. Eine Abkehr vom Leben der Sinne und Hinwendung zu GOTT, die aus einem spontanen Sehnen entsteht. Das erste der spirituellen Stadien oder *Muqamat*.

Tauhid (S): (tauhīd) Der einheitliche Zustand GOTTES.

Tauhid-e-afa'ali (S): (tauhīd-i afa'ālī) Die aktive Einheit GOTTES; die Vereinigung, die von einer Seele auf den feinstofflichen Ebenen erlangt wird.

Tauhid-e-ahwali (S): (tauhīd-i ahvālī) Das Gefühl der Einheit GOTTES; die Vereinigung, die von einer Seele auf der fünften Ebene erlangt wird.

Tauhid-e-aqwali (S): (tauhīd-i aqvālī) Die verbale Einheit GOTTES; die von der Mehrheit der Menschen, die den PFAD noch nicht betreten haben, erlangbare Vereinigung.

Tauhid-e-shariat (S): (tauhīd-i sharī'at) Die Vereinigung des Gesetzes = *Tauhid-e-aqwali*.

Tauhid-e-sifati (S): (tauhīd-i sifātī) Die Einheit GOTTES in Eigenschaften; die Vereinigung, die von einer Seele auf der sechsten Ebene erlangt wird.

Tauhid-e-tanzihi (S): (tauhīd-i tanzīhī) ABSOLUTE EINHEIT. V: *Advaita*.

Tauhid-e-tariqat (S): (tauhīd-i tarīqat) Die Vereinigung jener auf dem spirituellen PFAD. Sie umfaßt *Tauhid-e-afa'ali, -ahwali* und *-sifati*.

Tauhid-e-zati (S): (tauhīd-i ẓātī) Die Einheit GOTTES in der Essenz. Das *Tauhid* der GOTT-verwirklichten Seele.

Täuschung: Siehe unter »Illusion«.

Tawajjoh (S): (tavajjuh) Wörtl.: Einfluß. Der Akt des Wegreißens der Schleier vor dem inneren Auge eines Aspiranten durch einen *Wali*, der in die physischen Augen des Aspiranten starrt.

Tribhuvan (V): (tribhuvana) Die dreifache Sphäre. Das geschaffene Universum, das aus der grobstofflichen, feinstofflichen und mentalen Sphäre besteht und die vierte (zusammengesetzte) Sphäre einschließt. S: *Do Alam* (*Duniya* und *Uqba*).

Turiya Avastha (V): (turīyāvasthā) Der Zustand des GÖTTLICHEN KNOTENPUNKTS. S: *Fana-ma-al-baqa* im *Muqam-e-furutat*.

Ubudiyat (S): ('ubūdīyat) Dienerschaft. Die Rolle der Wahren *Saliks*, die zu normalem Bewußtsein zurückgekehrt sind, um zum Wohle der in Fesseln lebenden Menschheit zu wirken.

Unwissenheit: Das Wissen im Bereich der Illusion, das ohne höheres spirituelles WISSEN ist. Der Zustand des Wissens der grobstofflich-bewußten Seele.

Uqba (S): ('uqbā) Siehe: *Do Alam*.

Urf-ul-yaqin: Siehe unter *Yaqin*.

Utkranti (V): (utkrānti) Evolution. S: *Irteqa*.

Vairagya (V): (vairāgya) Andauernde (unwiderrufliche) Entsagung.

Vaitag (V): (Marathi) Vorübergehende Entsagung aufgrund von Frustration.

Vasl (S): (vasl) Siehe: *Aikya*.

Vedanta-Anhänger (V): (vedānta) Jene, die die Philosophie des Vedanta betreiben, die nicht nur auf der Essenz der vier Vedas basiert, sondern auch auf heiligen Schriften, die später als die Vedas geschrieben wurden, wie etwa die Upanischaden.

Videh Mukta: Siehe unter *Mukta*.

Videh Mukti: Siehe unter *Mukti*.

Vidnyan (V): (vijñāna) Bewußte Einheit. Das höchste göttliche Bewußtsein. S: *Ahadiyat*.
Der überbewußte Zustand des VOLLKOMMENEN. S: *Alam-e-lahut*.

Vidnyan Bhumika (V) (vijñānabhūmikā) Zustand, in dem GOTT-Bewußtsein und Schöpfungsbewußtsein gleichzeitig gegeben sind: das Bewußtsein der VOLLKOMMENEN MEISTER. (Der *Maj-*

zoob-e-Kamil ist in *Vidnyan Bhumika* nur G OTT-bewußt.) S: *Muqam-e-Muhammadi.*

Vishistadvaita (V) (visistādvaita) Die vedantische Schule, die Ansichten vertritt, welche denen der *Shuhudiyyah* (Apparentisten) vergleichbar sind.

Vishnu (V) (visnu) Der BEWAHRER. S: *Parvardigar.*

Wahdat-ul-shuhud (S): (vahdatushshuhūd) Wörtl.: Einheit des Zeugen. Apparentismus.

Wahdat-ul-wujud (S): (vahdatulvujūd) Wörtl.: Einheit der Existenz. Identitätismus.

Wahdiyat (S): (vahdīyat) BEWUSSTES EINSSEIN.

Wahdiyat-e-wahidiyat (S): (vahdīyat-i vahidīyat) BEWUSSTES EINSSEIN, das sich des EINSSEINS-IN-DER-VIELFALT bewußt ist. Dies ist das Bewußtsein des *Haqiqat-e-Muhammadi* im *Alam-e-hahut* (Sphäre der MEISTERSCHAFT).

Wahidiyat (S): (vahidīyat) Einssein, das sich der Vielheit bewußt ist. Das *Tauhid* der ILLUSION.

Wahid-ul-wujud: Siehe unter *Wujud.*

Wajib-ul-wujud: Siehe unter *Wujud.*

Wali (S): (valī) Wörtl.: Freund. Einer, der *Wilayat* (siehe dort) besitzt. Häufig in einem eingeschränkteren Sinne benutzt, um einen Heiligen auf der fünften Ebene zu bezeichnen. V: *Mahapurush.*

Wali Allah (S): (valī allāh) Wörtl.: Ein Freund GOTTES. Ein *Wali.*

Waqif (S): (vāqif) Wörtl.: Einer, der weiß. Eine grobstofflich-bewußte Seele.

Waqt (S): (vaqt) Ein Zeitalter von 65–125 Jahren Dauer. In jedem Zyklus gibt es elf Zeitalter. V: *Kal.*

Wara-ul-Wara (varā'ulvarā') GOTT in Zustand I. Der JENSEITS-DES-JENSEITS-Zustand GOTTES. V: *Paratpar Parabrahma.*

Wasif (S): (vāsif) Wörtl.: Ein Preisender. Eine feinstofflich-bewußte Seele.

Wayfarers, The: Ein Buch von William Donkin, das Meher Babas Arbeit mit den *Masts* beschreibt. Es wurde 1948 von Adi K. Irani in Indien veröffentlicht.

Wazifa (S): (vazīfah) Ein *Mantra* (siehe dort).

Wilayat (S): (vilāyat) Wörtl.: Freundschaft (mit GOTT). Der Zustand einer Seele auf der fünften und sechsten Ebene.

Wujud (S): (vujūd) Wörtl.: Existenz.

Arif-ul-wujud: ('arifulvujūd) Einer, der um die Existenz weiß (wissende Existenz); eine Beschreibung des *Qutub* in der Sphäre der MEISTERSCHAFT (*Alam-e-hahut*). Entspricht der zweiten Manifestation (*Tajalli-e-dovvom*).

Mumkin-ul-wujud: (mumkinulvujūd) Mögliche Existenz einer Seele in der feinstofflichen Sphäre (*Alam-e-malakut*). Entspricht der vierten Manifestation (*Tajalli-e-chaharom*).

Mumtan-ul-wujud: (mumtana'lvujūd) Negative Existenz einer Seele in der mentalen Sphäre (*Alam-e-jabrut*). Entspricht der dritten Manifestation (*Tajalli-e-sevvom*).

Wahid-ul-wujud: (vahidulvujūd) Einheitliche Existenz, die bewußte Einheit (*Ahadiyat*), die von dem *Majzoob* in der Sphäre der Vollkommenheit (*Alam-e-lahut*) erfahren wird. Entspricht der ersten Manifestation.

Wajib-ul-wujud: (vājibulvujūd) Notwendige Existenz des normalen grobstofflich-bewußten Individuums in der grobstofflichen Sphäre (*Alam-e-nasut*). Entspricht der fünften Manifestation (*Tajalli-e-panjom*).

Wujud-e-Mutlaq (S): (vujūd-i mutlaq) Die ABSOLUTE EXISTENZ.

Wujudat (S): (vujūdāt) Existenz.

Khamsa Wujudat: (khamsah vujūdāt) Die fünf Arten der Existenz. Siehe *Wujud*.

Wujudiyyah (S): (vujūdiyyah) Die sufische Schule des Identitätismus, deren Ansichten mit denen der *Advaita*-Schule des *Vedanta* vergleichbar sind.

Yaqin (S): (yaqīn) Gewißheit. Überzeugung.

Ain-ul-yaqin: ('ainulyaqīn) Die Überzeugung durch Schau, welche daraus entsteht, daß man GOTT auf der sechsten Ebene von Angesicht zu Angesicht sieht. V: *Antar Drishti*.

Haqq-ul-yaqin: (haqqulyaqīn) Die Gewißheit der Verwirklichung.

Ilm-ul-yaqin: ('ilmulyaqīn) Intellektuelle Überzeugung, die auf felsenfestem Glauben basiert.

Urf-ul-yaqin: ('urfulyaqīn) Die Gewißheit der Gnosis des *Avatars* und des Vollkommenen Meisters, die ihr Wissen benutzen, um den in Fesseln lebenden Seelen zu helfen.

Yaqin-ul-yaqin: (yaqīnulyaqīn) Überzeugung der Seelen von der ersten bis einschließlich der fünften Ebene.

Yezdan (Zoroastrismus): Allmächtiger Gott. V: *Paramatma*. S: *Allah*.

Yoga (V): (yoga) Wörtl.: Vereinigung. Der Zustand eines Individuums, wenn sein Leben in Denken und Handeln in völliger Übereinstimmung mit der Quelle seines Seins selbst steht.
Es gibt verschiedene Arten des *Yoga*, wie zum Beispiel:
Bhakti Yoga: (bhaktiyoga) Der *Yoga* der Liebe oder Hingabe.
Dnyan Yoga: (jñānayoga) Der *Yoga* des Wissens.
Karma Yoga: (karmayoga) Der *Yoga* des Handelns.
Raj Yoga: (rājayoga) Der Yoga, der sich der Meditation und Kontemplation bedient.

Yogi (V): (yogī) = *Sadhak*: Einer, der den Pfad durchschreitet. S: *Rahrav*.

Yuga (V): (yuga) Ein Zeitzyklus von etwa 700 bis 1 400 Jahren Dauer, der beginnt, wann immer der *Avatar* erscheint. S: *Daor*, *Zaman*.

Zaman (S): (zamān) = *Yuga*.

Zat (S): (ẓāt) Gottes göttliche Essenz.

Zat-al-Baht (S): (ẓātalbaht) Die reine Essenz. Eine Bezeichnung des Jenseits-des-Jenseits-Zustands Gottes.

Zil (S): (zill) Wörtl.: Fußnote; Anhang, Schwanz. Gottes illusorische Manifestation.

Zoroaster: (auch: Zarathustra) Der frühzeitliche *Avatar*, der im Iran lebte; er ist einer der frühesten, von denen wir Aufzeichnungen kennen.

Register

428

430

www.ingramcontent.com/pod-product-compliance
Lightning Source LLC
Chambersburg PA
CBHW040412110426

42812CB00033B/3359/J